TEORIA DO FATO JURÍDICO

PLANO DA VALIDADE

Marcos Bernardes de Mello

Doutor em Direito pela PUC-SP. Mestre pela Faculdade de Direito do Recife (UFPE). Professor Emérito da Universidade Federal de Alagoas. Professor Voluntário de Direito Civil (Graduação) e da disciplina Conceitos Jurídicos Fundamentais do Curso de Mestrado da Faculdade de Direito de Alagoas (UFAL). Membro da Academia Alagoana de Letras Jurídicas. Membro do Instituto dos Advogados Brasileiros e do Instituto dos Advogados de Alagoas. Membro do Instituto Histórico e Geográfico de Alagoas. Membro da Academia Alagoana de Letras.

TEORIA DO FATO JURÍDICO

PLANO DA VALIDADE

15ª edição

2019

saraiva jur

ISBN 978-85-536-0850-8

DADOS INTERNACIONAIS DE CATALOGAÇÃO NA PUBLICAÇÃO (CIP)
ANGÉLICA ILACQUA CRB-8/7057

Mello, Marcos Bernardes de

Teoria do fato jurídico : plano da validade / Marcos Bernardes de Mello. – 15. ed. – São Paulo : Saraiva Educação, 2019.

1. Eficácia e validade do direito 2. Fato jurídico I. Título.

18-2140 CDU 347.13

Índice para catálogo sistemático:

1. Atos jurídicos : Direito civil 347.13

saraiva EDUCAÇÃO | saraiva jur

Av. das Nações Unidas, 7.221, 1º andar, Setor B
Pinheiros – São Paulo – SP – CEP 05425-902

SAC 0800-0117875
De 2ª a 6ª, das 8h às 18h
www.editorasaraiva.com.br/contato

Direção executiva Flávia Alves Bravin
Direção editorial Renata Pascual Müller
Gerência editorial Roberto Navarro
Gerência de produção Ana Paula Santos Matos

Edição Eveline Gonçalves Denardi (coord.)
Iris Ferrão

Produção editorial Luciana Cordeiro Shirakawa
Rosana Peroni Fazolari

Arte e digital Mônica Landi (coord.)
Claudirene de Moura Santos Silva
Fernanda Matajs
Guilherme H. M. Salvador
Tiago Dela Rosa
Verônica Pivisan Reis

Planejamento e processos Clarissa Boraschi Maria (coord.)
Juliana Bojczuk Fermino
Kelli Priscila Pinto
Marília Cordeiro

Fernando Penteado (coord.)
Mônica Gonçalves Dias
Tatiana dos Santos Romão

Novos projetos Melissa Rodriguez Arnal da Silva Leite

Diagramação Markelangelo Design Editorial
Revisão Amélia Kassis
Capa Karina Kempter

Produção gráfica Marli Rampim
Sergio Luiz Pereira Lopes
Impressão e acabamento Meta Brasil

Data de fechamento da edição: 18-2-2019

Dúvidas? Acesse www.editorasaraiva.com.br/direito

CL 605467 CAE 645080

ÍNDICE

TÍTULO II

DA INVALIDADE DOS ATOS JURÍDICOS

Capítulo I

NOÇÕES FUNDAMENTAIS

Capítulo II

GRAUS DA INVALIDADE

Capítulo III

ESPÉCIES DE INVALIDADE

TÍTULO III

DA NULIDADE

Capítulo I

DAS CAUSAS DE NULIDADE

Capítulo II

DA INCAPACIDADE ABSOLUTA DO AGENTE

Capítulo III

DA INCOMPATIBILIDADE COM A BOA-FÉ E A EQUIDADE

Capítulo IV

ILICITUDE, IMPOSSIBILIDADE E INDETERMINABILIDADE DO OBJETO

Capítulo V

ILICITUDE DO MOTIVO DETERMINANTE DO NEGÓCIO JURÍDICO

Capítulo VI

DESRESPEITO A DISPOSIÇÃO LEGAL SOBRE FORMA

Capítulo VII

DA SIMULAÇÃO

TÍTULO IV

DA ANULABILIDADE

Capítulo I

DAS CAUSAS DE ANULABILIDADE EM GERAL

Capítulo II

DA FALTA DE ASSENTIMENTO DE OUTREM

Capítulo III

DOS VÍCIOS DA VONTADE

Capítulo IV

DO ERRO

Capítulo V

DO DOLO

Capítulo VI

DA COAÇÃO

Capítulo VII

DO ESTADO DE PERIGO

Capítulo VIII

DA LESÃO

Capítulo IX

DA FRAUDE CONTRA CREDORES

Capítulo X

ANULABILIDADE POR IMPOSIÇÃO LEGAL

TÍTULO V

CARACTERÍSTICAS E CONSEQUÊNCIAS DA INVALIDADE

Capítulo I

INTRODUÇÃO

Capítulo II

INVALIDADE E EFICÁCIA

Capítulo III

EXTINÇÃO DA INVALIDADE

Capítulo IV

LEGITIMAÇÃO PARA ALEGAR A INVALIDADE

Capítulo V

DA DESCONSTITUIÇÃO DO NEGÓCIO INVÁLIDO

Capítulo VI

DA CONVERSÃO

APRESENTAÇÃO

Há três situações distintas a considerar na vida de um fato jurídico: existência, validade e eficácia. Por isso, Pontes de Miranda (*Tratado de direito privado*, t. I, Prefácio) propôs a divisão do mundo jurídico (= mundo integrado pelos fatos jurídicos) em três planos diferentes, através dos quais se desenvolve, em toda sua integralidade, no campo dogmático, o fenômeno jurídico: plano da existência, plano da validade e plano da eficácia.

No plano da existência se inicia a vida dos fatos jurídicos. Nele entram, sem exceção, todos os fatos que, por sua relevância para a convivência social, foram erigidos à categoria de suporte fáctico de norma jurídica e, ao ocorrerem no mundo fáctico, são juridicizados pela sua incidência. Esse é o plano do ser. Aqui somente se indaga se o fato jurídico existe, quer dizer, se o suporte fáctico da norma jurídica se concretizou suficientemente (= todos os elementos previstos pela norma se realizaram) e, portanto, se ela incidiu.

Nele não tem pertinência saber-se se o fato jurídico é válido ou é inválido, se é eficaz ou se ainda não o é, ou se nunca o será. Essas são indagações que somente devem e podem ser feitas nos planos da validade e da eficácia, respectivamente, para os quais ele passará. Portanto, se o fato jurídico existe (= está no plano da existência) é que se poderá falar em validade e em eficácia. Nunca antes.

Do plano da existência, o fato jurídico passa ao plano da validade, onde aqueles que têm a vontade como elemento cerne do núcleo do suporte fáctico (atos jurídicos lícitos *lato sensu*) sofrem uma triagem e são classificáveis como válidos, nulos ou anuláveis, conforme haja ou não deficiências nos elementos complementares do suporte fáctico.

Os fatos jurídicos que não têm a vontade como elemento relevante do suporte fáctico (= fato jurídico *stricto sensu*, ato-fato jurídico) e todos os fatos jurídicos ilícitos *lato sensu*, porque não estão sujeitos a serem avaliados segundo os parâmetros de validade, passam diretamente ao plano da eficácia. Os atos jurídicos lícitos *lato sensu*, porém, somente têm acesso ao plano da eficácia após o exame a que nos referimos no parágrafo anterior e conforme a situação em que se encontrar cada um. Assim:

(*a*) Se o ato jurídico é válido, está apto a produzir sua eficácia específica (= direitos/deveres, pretensões/obrigações, ações e exceções) e pode ter, desse modo, acesso, de logo, ao plano da eficácia.

(*b*) Se o ato é nulo, em geral fica impedido de ingressar no plano da eficácia e de produzir seus efeitos próprios. Somente aqueles a que, em raríssimos casos, a lei atribui efeitos, como o casamento putativo, entram no plano da eficácia.

(*c*) Se, finalmente, o ato jurídico é anulável, entra de logo no plano da eficácia e produz *interimisticamente* seus efeitos até que seja *convalidado* pela preclusão ou pela prescrição, conforme o caso, *sanado* pela confirmação, hipóteses em que os efeitos se tornam definitivos, ou *desconstituído* pela sua anulação.

Considerando esse desenvolvimento integral do fenômeno jurídico, uma teoria geral do fato jurídico há de ser composta pelo estudo do fato jurídico nesses três planos, partindo da realidade dos sistemas jurídicos e elevando-o a um nível de abstração tal que os conceitos gerais possam ajustar-se às situações possíveis.

Este trabalho constitui a segunda parte da trilogia que nos propusemos a elaborar, visando a sistematizar uma teoria geral do fato jurídico. No primeiro deles, nosso *Teoria do fato jurídico*, hoje já em sua 7ª edição, estudamos o fato jurídico ao plano da existência (por isso incluímos um subtítulo "Plano da existência"). Neste o fizemos sob o aspecto da validade, estando em elaboração a análise no plano da eficácia.

Nesta obra procuramos desenvolver uma exposição sistemática das questões da validade de um modo geral, nos vários ramos do direito, levantando-as com base no estudo comparativo dos grandes sistemas jurídicos do Ocidente, mas com especial referência ao sistema jurídico pátrio, de modo a alcançar um grau de abstração compatível com uma teoria jurídica. A análise das questões, a fizemos desde os fundamentos do Direito romano, quando pertinentes, até encontrarmos os atualíssimos problemas que envolvem as relações de consumo reguladas pelo Código de Defesa do Consumidor.

Não contém este livro uma teoria geral da validade (ou da nulidade), porquanto esta nos parece uma tarefa impossível. Conforme mostramos no desenvolvimento da matéria, as necessidades práticas do direito impõem que soluções particularizadas sejam dadas às questões relativas à validade dos atos jurídicos. Assim, as peculiaridades que se encontram nos diversos ramos da Ciência Jurídica constituem um obstáculo à formulação de conceitos que, pelo seu nível de abstração, atendam a todas as situações possíveis. Fracassaram, pelo que nos consta, todas as grandes tentativas científicas de elaborar uma teoria geral da validade dos atos jurídicos.

Procuramos, no entanto, abranger a questão da validade em todos os campos do direito, mencionando, quando necessário, as peculiaridades em cada um deles.

Escrevemos este livro pensando em todos os que lidam com o direito, desde o estudante. Por isso, sem descuidarmos um só momento do rigor científico que a Ciência do Direito exige no tratado de suas matérias, procuramos, como o fizemos na *Teoria do fato jurídico*: plano da existência, manter uma linguagem acessível, tornando compreensíveis os conceitos abstratos pelo emprego de exemplos que os fazem concretos.

Na literatura jurídica nacional não nos parece haver uma obra sistemática e atualizada sobre a validade, e consequentemente a nulidade dos atos jurídicos em geral. A notável obra de Martinho Garcez, *Nullidades dos actos jurídicos*, premiada pelo então Instituto da Ordem dos Advogados Brasileiros, data de 1896. O livro do Des. Francisco Pereira de Bulhões Carvalho, *Sistema de nulidades dos atos jurídicos*, apesar de seu grande valor, tem preocupação diferente de um estudo sistematizado da matéria. Há, evidentemente, o *Tratado de direito privado*, t. IV, de Pontes de Miranda, mas, pela profundidade e pela despreocupação didática com que trata a questão, não é próprio a estudantes, por exemplo.

O nosso norte científico, como sempre, é o pensamento de Pontes de Miranda; por isso à sua memória dedicamos esta obra.

Esperamos que, como acontece em relação à *Teoria do fato jurídico:* plano da existência, este trabalho sirva a quantos lidam com o direito, eliminando dúvidas e permitindo uma visão precisa do fenômeno jurídico, particularmente nesse campo tão complexo da validade dos atos jurídicos.

Estaremos sempre abertos a críticas e sugestões que nos permitam aperfeiçoar nossos estudos, permitindo-nos melhor servir à Ciência do Direito e à comunidade que dela se utiliza.

Maceió, julho de 1994.

Marcos Bernardes de Mello
Ladeira Geraldo Melo Santos, 150
Farol — Maceió-AL
CEP 57021-240

NOTA À 15ª EDIÇÃO

A entrada em vigor da Lei n. 13.146, de 6 de julho de 2015, denominada Estatuto da Pessoa com Deficiência (que será referido no texto apenas como EPD), que foi editada em razão de haver o Brasil subscrito a Convenção Internacional sobre Direitos das Pessoas com Deficiência, aprovado, com foros de emenda constitucional, nos termos do art. 5º, § 3º, da Constituição Federal, através do Decreto Legislativo n. 186, de 9-7-2008, e pelo Decreto n. 6.949, de 25-8-2008, atribuindo plena capacidade de agir às pessoas com deficiência, por qualquer causa e em qualquer grau, teve acentuada influência no plano da validade dos atos jurídicos *lato sensu* lícitos. A partir dessa lei, somente há incapacidade absoluta em razão de ser a pessoa menor de 16 anos. Da mesma forma, a incapacidade relativa ficou restrita aos menores entre 16 e 18 anos, aos ébrios habituais, aos viciados em tóxico, aos pródigos e àquelas pessoas que, por causa permanente ou transitória, não puderem exprimir sua vontade (essa última hipótese era causa de incapacidade absoluta, na redação original do Código Civil, sendo agora de incapacidade relativa. Tanto antes como hoje essa causa constitui um equívoco do legislador, conforme mostramos desde as edições anteriores).

Daí ser imperiosa a revisão do texto para adequá-lo às novas normas, o que fazemos nesta edição. Para este trabalho tivemos a valiosa e prestimosa colaboração de um de meus netos, Manoel Victor de Mello Vianna, a quem faço públicos meus agradecimentos.

Atualizamos o texto, também, em relação às citações que fazemos do novo Código Civil e Comercial da Nação Argentina, Lei n. 26.994, de 7-10-2014.

Com o mesmo espírito de sempre, nos colocamos à disposição de quantos desejem nos prestigiar com suas sempre pertinentes observações sobre este trabalho, com o que nos dão a oportunidade de aperfeiçoá-lo, ao tempo em que continuamos a agradecer a Deus a força para continuar contribuindo, embora em um mínimo, para a cultura jurídica nacional.

Maceió, em Ponta Verde, agosto de 2018.

Marcos Bernardes de Mello

Rua Prof. Vital Barbosa, 10, Ponta Verde, CEP 57035-400, Ponta Verde, Maceió, Alagoas

E-mail: mbmello@uol.com.br

NOTA À 14ª EDIÇÃO

Nesta edição nos limitamos a fazer a revisão para corrigir defeitos e atualizar o seu conteúdo. Desejo agradecer a colaboração do Prof. Mario Godoy, de Recife (PE), que, com competência e dedicação, procedeu, espontaneamente, a uma rigorosa leitura crítica do texto, identificando e apontando imperfeições, a maioria das quais foram reparadas.

Considerando a recente sanção da Lei n. 13.105, de 16 de março de 2015, que decretou o novo Código de Processo Civil, decidimos rever as remissões ao CPC de 1973, passando a citar já as novas normas processuais. Assim, a matéria processual já está atualizada, apesar de o novo CPC somente entrar em vigor em 16 de março de 2016 (CPC, art. 1.045). As citações relativas a processo de execução contra devedor insolvente continuam a ser as mesmas, considerando que o novo CPC não tratou da matéria, mantendo em vigor as normas do CPC de 1973, que deverão continuar a ser aplicadas, até que nova legislação seja adotada (novo CPC, art. 1.052).

Outra observação. Em outubro de 2014, a Argentina adotou um novo Código Civil. No entanto, até o momento desta revisão, ainda não conseguimos ter acesso ao seu texto oficial. Nem as editoras mais importantes oferecem edições dele. Acrescente-se que, segundo informações veiculadas por *sites* jurídicos, há um grande desconforto nos meios jurídicos argentinos com o Código, inclusive alegações de que seria formalmente inconstitucional. Por esses motivos decidimos manter a remissão ao Código de 1869, fazendo expressa menção a esse fato.

Continuamos à disposição de quantos desejem nos prestigiar com suas sempre pertinentes observações sobre este trabalho, com o que nos dão a oportunidade de aperfeiçoá-lo, ao tempo em que continuamos a agradecer a Deus a força para continuar contribuindo, embora em um mínimo, para a cultura jurídica nacional.

Maceió, em Ponta Verde, março de 2015.

Marcos Bernardes de Mello

Rua Prof. Vital Barbosa, 10, Ponta Verde, CEP 57035-400, Ponta Verde, Maceió, Alagoas

E-mail: mbmello@uol.com.br

NOTA À 13ª EDIÇÃO

Além da revisão de alguns poucos tópicos para atualizá-los diante de novidades legislativas ou jurisprudenciais, modificamos o critério que usávamos para fazer as citações do *Tratado de direito privado*, de Pontes de Miranda, indicando o tomo e a página respectiva. A partir desta edição a citação mencionará o tomo e o parágrafo, com a alínea, se houver, em que a obra é dividida. Adotamos esse critério pensando em facilitar a conferência pelo leitor, levando em conta que há várias edições da obra publicadas por diferentes editoras, notadamente a última promovida pela Editora Revista dos Tribunais, em que, ao texto original integralmente preservado, foram adicionados trabalhos de atualização legislativa, doutrinária e jurisprudencial, elaborados por ilustres juristas, aumentando em muito o número de páginas de cada tomo. Por isso, na indicação bibliográfica, não indicamos uma edição específica, mas qualquer uma, de qualquer editora.

Reiteramos, aqui, nossos agradecimentos àqueles que nos ajudam a aprimorar este livro, suscitando dúvidas e questões, bem como fazendo-lhe críticas e observações. Continuamos à disposição.

Maceió, em Ponta Verde, outubro de 2013.

Marcos Bernardes de Mello

Rua Prof. Vital Barbosa, 10, CEP 57035-400

E-mail: mbmello@uol.com.br

NOTA À 11ª EDIÇÃO

Nesta 11ª edição, além de atualização do conteúdo, em face de modificações legislativas, procuramos revê-lo para obter maior precisão científica e linguística, de modo a aprimorar cada vez mais esta obra, com a finalidade de torná-la mais clara e objetiva. Aproveitamos, ainda, para ampliá-la em alguns pontos, incluindo algumas matérias.

Queremos mais uma vez reiterar que continuamos à disposição de quantos desejem honrar-nos com suas observações, que sempre nos ajudam a aprimorar este livro, em benefício de seus leitores. Para isto, disponibilizamos nosso e-mail: mbmello@uol.com.br.

Maceió, em Ponta Verde, janeiro de 2011.

Marcos Bernardes de Mello

NOTA À 10ª EDIÇÃO

Esta obra chega à sua 10ª edição. Esse fato constitui razão de justo orgulho para nós. Mas, não apenas isto: bem ressalta sua importância científica na literatura jurídica nacional e sua utilidade para todos aqueles que cultuam a Ciência do Direito. Como sempre, temos tido o cuidado de mantê-la atualizada, analisando e discutindo, quando consideramos relevantes, questões novas levantadas pela doutrina. Do mesmo modo, buscamos também corrigir seus defeitos que, sabemos, não são poucos.

Queremos reafirmar que continuamos à disposição de quantos desejem honrar-nos com suas observações, que sempre nos ajudam a aprimorar este livro, em benefício de seus leitores. Para isto, disponibilizamos nosso e-mail: mbmello@uol.com.br.

Maceió, em Ponta Verde, janeiro de 2010.

Marcos Bernardes de Mello

NOTA À 7ª EDIÇÃO

Esta 7ª edição está atualizada de acordo com as normas estabelecidas pela Lei de Recuperação de Empresas e Falência — LRE (Lei n. 11.101, de 9-2-2005) naquilo que diz respeito aos atos do falido em fraude contra credores. Sob esse aspecto, poucas foram as alterações significativas em relação à anterior Lei de Concordatas e Falência. Em verdade, três modificações se podem destacar: *a*) a possibilidade de o juiz, *ex officio,* reconhecer a fraude e decretar a ineficácia relativa do ato fraudulento; *b*) a inclusão, como pressupostos da revogabilidade do ato, do *concilium fraudis* (conluio fraudulento entre o falido (devedor) e o terceiro que com ele contratar) e da prova do efetivo prejuízo sofrido pela massa falida; *c*) a ampliação de 1 para 3 anos, a contar da decretação da falência, do prazo decadencial para a propositura das ações revocatória e de ineficácia relativa — embora a LRE, em seus arts. 132 e 130, apenas faça menção à ação revocatória, parece-nos indiscutível que se deve entender que essas normas se referem a ambas as ações (revocatória e de ineficácia relativa).

Quanto ao restante do livro, procuramos dar maior clareza a alguns textos, bem como discutir questões resultantes da aplicação do novo Código Civil.

Continuamos ao dispor de todos os que desejem nos prestigiar com suas sempre pertinentes observações sobre este trabalho, com o que nos dão a oportunidade de aperfeiçoá-lo, ao mesmo tempo que continuamos a agradecer a Deus a força para continuar contribuindo, embora em um mínimo, para a cultura jurídica nacional.

Maceió, em Ponta Verde, fevereiro de 2006.

Marcos Bernardes de Mello

Rua Professor Victal Barbosa, 10, Ponta Verde, CEP 57035-400, Ponta Verde, Maceió, Alagoas

E-mail: mbmello@uol.com.br

NOTA À 6ª EDIÇÃO

Com a entrada em vigor do novo Código Civil brasileiro, em janeiro de 2002, tornou-se imperiosa uma completa revisão desta obra para adequá-la ao tratamento nele dado à matéria da validade dos atos jurídicos *lato sensu*. O resultado desse trabalho está consubstanciado neste novo texto do Plano da Validade.

O novo Código Civil que, (*a*) por seus erros e equívocos, inclusive de linguagem (veja-se, apenas como exemplos, dentre outros, o art. 2º, que contém inadmissível e imperdoável pleonasmo vicioso ao enunciar que "*a personalidade da pessoa começa do nascimento com vida*", como se pudesse haver personalidade de quem não fosse pessoa, e o art. 752 que, por duas vezes, emprega a expressão "*entrega a domicílio*" [típica de entregador de pizza], em vez de usar, corretamente, *entregue em domicílio*) e (*b*) pela falta de sistema (como ressalta do tratamento dado aos companheiros na união estável e das regras do parágrafo único do art. 5º, III, IV, que preveem a cessação da incapacidade em decorrência de circunstâncias impossíveis de ocorrer, bem assim a do inciso V, primeira parte, que se refere a situação incompatível com as normas do art. 973 do mesmo Código), merece uma crítica severa, trouxe poucas novidades (para o nosso direito positivo, porque antigas nos direitos dos povos cultos) na área da validade dos atos jurídicos em geral que, no entanto, alteraram a estrutura do sistema vindo do Código de 1916. Exceto as louváveis adoções do estado de perigo e da lesão, a maioria dessas modificações não merecem aplausos, mas condenação. Vejamos, só como exemplificação, o caso da simulação e da fraude à lei.

A simulação deixou de ser causa de anulabilidade, passando a ser de nulidade, sem qualquer utilidade prática ou científica para nosso direito. Ao contrário, deu-se a uma matéria de estrito interesse individual um tratamento somente cabível a interesses públicos relevantes. Paralelamente, erigiu-se a fraude à lei à posição de causa de nulidade, também equivocadamente porque, sendo os atos *in fraudem legis*, em essência, infrações indiretas de norma jurídica, segundo a lógica do razoável, devem produzir as mesmas consequências atribuídas pela lei à infração direta. Portanto, sob pena de criarem-se situações absolutamente iníquas e ilógicas, se à infração direta a lei impõe a anulabilidade, anulabilidade deve ser a sanção para a infração indireta (fraude à lei); do mesmo modo, se a sanção consiste na nulidade, nulo deve ser o ato em fraude à lei. Considere-se, por exemplo, o disparate que se constata no caso da venda de ascendente a descendente sem o consentimento dos demais descendentes e do outro cônjuge. Se o ascendente vende diretamente ao filho sem o consentimento dos outros ou de algum, apenas, o ato é anulável (art. 496), sendo de dois anos o prazo decadencial para que se desconstitua a venda (art. 179). No entanto, se o ascendente vende ao descendente por interposta pessoa (o que configura fraude à lei), a venda será nula e imprescritível a nulidade. Ao que nos parece essa opção do legislador de dar tratamento igual à simulação e à fraude à lei teve o intuito prático, que não alcançou, de eliminar a velha e descabida, porque enganosa, discussão sobre os efeitos da simulação e da fraude à lei quando se lidava com violação de leis cogentes e cujo exemplo clássico é exatamente este de que estamos tratando da venda de ascendente a descendente. Na vigência do Código de 1916, durante mais de cinquenta anos, o STF manteve entendimento incorreto de que na venda direta haveria nulidade, com prescrição de vinte anos, enquanto se a venda fosse feita por interposta pessoa haveria anulabilidade, porque seria um ato simulado, com prescrição de quatro anos (Súmula 152). Esse erro de ver simulação na venda por interposta pessoa já estava corrigido, tendo sido pacificado o entendimento de que na venda por interposta pessoa havia fraude à lei e o ato era nulo (Súmula 494). A opção do Codificador, que parece desconhecer a verdadeira natureza da fraude à lei, em nada contribuiu para sistematizar o tratamento dado a essas espécies, como se demonstrou.

Mas, não somente nesse ponto denotam-se defeitos graves na área da validade. A inclusão de elemento subjetivo para a caracterização do erro (a escusabilidade) constitui dado complicador de sua prova, que tem ainda o condão de tornar praticamente inócua a categoria.

Por outro lado, indevidamente, o Legislador se imiscuiu em matéria própria da Ciência, não de direito positivo, e enunciou como absoluto o princípio de que o negócio jurídico nulo não convalesce pelo decurso do tempo (art. 169), desconsiderando que em matéria de validade não são possíveis afirmativas genéricas que excluam exceções. Por isso é que esse princípio está desmentido no próprio Código quando dispõe no art. 48, parágrafo único, que *decai em três anos o direito de obter a decretação de nulidade* (por violação da lei, simulação ou fraude, que são causas de nulidade) *de atos coletivos da administração de pessoa jurídica*. Ora, se há decadência em três anos do direito de anular o ato, nesse prazo convalesce, por decurso de tempo, a nulidade.

Há mais, muito mais. Aqui, porém, não é o lugar adequado para fazer uma crítica geral do Código.

Apesar de tudo isto, por imposição da lei, reestruturamos a obra de acordo com os novos institutos, desenvolvendo um trabalho não apenas de exposição, mas também de crítica.

Continuamos à disposição de quantos nos queiram honrar com suas observações para que possamos aprimorar nosso trabalho e, assim, contribuir para o aperfeiçoamento da Ciência do Direito neste País.

Maceió, março de 2004.

Marcos Bernardes de Mello

NOTA À 3ª EDIÇÃO

Como ocorreu com o nosso *Teoria do fato jurídico — plano da existência*, cuja 8ª edição já se encontra sob revisão para uma nova, este livro logrou repercussão pouco comum para obras de cunho teórico. Sua aceitação pode ser medida não apenas pela rápida comercialização de cada edição, mas, em especial, pelo expressivo volume de correspondência que a bondade e interesse dos leitores nos tem dirigido, expressando opiniões, manifestando dúvidas ou fazendo sugestões, o que nos estimula a persistir em continuado esforço no sentido de sempre aperfeiçoá-lo.

O produto desse labor reflete-se nesta 3ª edição. O texto sofreu revisão para melhor precisão e breves correções de linguagem, a fim de tornar seu conteúdo, nem sempre de fácil entendimento, mais compreensível.

Continuamos no trabalho de elaboração da terceira parte da *Teoria do fato jurídico*, de que este livro é a segunda, o *plano da eficácia*, que esperamos poder oferecer à comunidade acadêmica em muito breve.

Como sempre, nos pomos à disposição de quantos nos queiram continuar honrando com suas atiladas e inteligentes observações, sempre de inestimável utilidade para o aprimoramento desta obra, ao tempo em que agradecemos a Deus a inspiração e o ânimo para prosseguir neste trabalho.

Maceió, em Ponta Verde, outubro de 1998.

Marcos Bernardes de Mello

TÍTULO I

Da Validade dos Atos Jurídicos

CAPÍTULO I

Noções Preliminares

§ 1º Precisões terminológicas

1. Sentido de validade

Na terminologia jurídica, o vocábulo *validade* costuma ser empregado com diversas acepções.

(*a*) No campo da Filosofia do Direito é utilizada:

(*a.a*) Para designar o plano lógico, *plano do dever-ser*, em que se desenvolve o fenômeno jurídico, diferente do plano da causalidade física, natural, que constitui o *plano do ser*. Por isso, tem-se que validade está em oposição a causalidade. Validade é produto de imputação do homem aos fatos, enquanto causalidade é facticidade, realidade física, completamente alheia e infensa à imputação, mesmo porque o *ser é irredutível ao dever-ser*. Nesse sentido, diz-se que o direito se desenvolve num *plano de validade*.

(*a.b*) Utiliza-se, ainda, para qualificar o direito que está conforme, ou não, com os seus próprios fundamentos, sejam éticos, sociológicos ou dogmáticos. Nessa acepção, as normas que integram o ordenamento jurídico serão consideradas *válidas* ou *inválidas*, consoante estejam, ou não, de acordo com aqueles fundamentos.

A questão da validade do direito, sob esse aspecto (filosófico), é extremamente controvertida na doutrina, como mostramos em nosso *Direito. Uma concepção de sua validade*, p. 17 e s.

(*b*) No plano da Sociologia Jurídica, a validade de uma norma ou mesmo de todo um ordenamento jurídico significa que aquela norma ou aquele ordenamento é aceito, atendido, pela comunidade jurídica a que diz respeito, ou seja, a comunidade se comporta segundo os seus comandos. Aqui *validade* tem o mesmo significado que *efetividade*. Não é somente usual, como é preferido pela maioria da doutrina, pela forte influência de Hans Kelsen, porém, o emprego da palavra *eficácia* para designar esse aspecto da validade do direito. Esse termo (*eficácia*), no entanto, nos parece impróprio porque gera confusão com outros sentidos mais específicos de eficácia, tais como eficácia jurídica (= efeitos decorrentes dos fatos jurídicos) e eficácia normativa (= incidência da norma jurídica sobre seu suporte fáctico, criando o fato jurídico). Sobre isto, *vide* nosso *Teoria do fato jurídico*: plano da existência, § 16.1.

(*c*) No campo da Teoria Jurídica em que o direito é visto sob a perspectiva da Dogmática Jurídica, *validade* é qualificação que se atribui a atos jurídicos, inclusive de natureza legislativa, que são conformes com o direito daquela comunidade, especificamente, não contendo qualquer mácula que os torne defeituosos. Sob esse aspecto é que se fala em atos jurídicos válidos ou, ao contrário, em atos jurídicos nulos ou anuláveis (= inválidos), bem assim em leis e atos normativos válidos ou inválidos, nestes casos por conflitos com disposições constitucionais (inconstitucionalidade) ou com normas jurídicas infralegais de hierarquia superior (ilegalidade), por exemplo.

Acrescente-se a isso que em cada um desses ramos científicos divergem os doutrinadores entre si quando pretendem definir o que entendem por validade. Sobre a matéria, como se vê, grassam extremas divergências, variando as opiniões segundo as convicções filosóficas de cada um.

Há, no entanto, expressões específicas que, com maior propriedade e a vantagem de não gerar confusões terminológicas, podem designar a *validade* sob esses vários aspectos, a saber:

1º) *legitimidade do direito,* para definir a validade da ordem jurídica sob o fundamento filosófico (axiológico), ético;

2º) *efetividade do direito*, para nomear a validade das normas jurídicas sob a óptica sociológica;

3º) *vigência do direito,* para referir-se à validade sob a perspectiva dogmática, definindo a presença das normas jurídicas *hic et hoc* no mundo social.

Em rigor, para evitar a evidente ambiguidade terminológica que resulta do emprego do vocábulo validade, parece-nos que *valência*[1] deve ser a palavra adequada para expressar, genericamente, esses aspectos do fenômeno jurídico. *Validade*, diferentemente, deve ser reservada para denotar tão somente a perfeição dos atos jurídicos (inclusive os normativos) em face do direito positivado de certa comunidade, portanto, na dimensão dogmática do direito.

Neste trabalho, fazemos um corte metodológico para cingir a questão da validade a essa dimensão dogmática do direito, ao problema da validade, propriamente dita, dos atos jurídicos em geral, não dizendo respeito, senão eventualmente, quando o exigir o desenvolvimento do tema, aos outros aspectos da valência do direito. *Plano da validade*, assim, se refere à parte do mundo jurídico em que se apura a existência ou a inexistência de défice nos elementos nucleares do suporte fáctico dos atos jurídicos que influem na sua perfeição, implicando serem válidos ou inválidos. Essa divisão do mundo jurídico em planos (da existência, da validade e da eficácia, como proposto por Pontes de Miranda no Prefácio de seu monumental *Tratado de direito privado*) tem caráter lógico (e metodológico), mas de inquestionável utilidade prática para o trato dos problemas que surgem no dia a dia do direito, consoante mostramos em nosso *Teoria do fato jurídico*: plano da existência.

2. Sentido de ato jurídico

Dentre as espécies de fatos jurídicos, diz-se *ato jurídico "lato sensu"* aquele em que a vontade consciente constitui o elemento cerne de seu suporte fáctico. Os atos jurídicos *lato sensu* ou são lícitos ou ilíci-

1. Valência é expressão que empregamos para evitar confusão com validade. Em edições anteriores usávamos a palavra validez, que resolvemos abandonar por se tratar de palavra do idioma castelhano. Anotamos que os dicionários consultados registram valência como palavra própria da terminologia da Química e da Biologia, que se refere à capacidade de combinação. No entanto, em seu étimo está a palavra latina *valentia, æ,* substantivo apelativo feminino que significa "força corpórea, vigor, robustez, coragem, valentia" (Saraiva, *Novíssimo dicionário latino-português*, 10. ed., Rio de Janeiro e Belo Horizonte, Livraria Garnier, 1993). Com o sentido que aqui estamos a empregá-la, a encontramos, na literatura jurídica nacional, em Lourival Vilanova (*Causalidade e relação em direito*, p. 33 e 103) e em Paulo de Barros Carvalho (*Curso de direito tributário*, p. 59), por exemplo.

tos. Os lícitos, por sua vez, se dividem em atos jurídicos *stricto sensu*[2] e negócios jurídicos, os quais são classificáveis, ainda, segundo o campo da Ciência Jurídica em que nascem, em atos e negócios jurídicos de direito privado ou público, de direito processual, constitucional, administrativo, civil, comercial, e assim por diante (por uma opção exclusivamente metodológica, tratamos separadamente os atos jurídicos lícitos dos ilícitos; *vide* sobre isto nosso *Teoria do fato jurídico*: plano da existência, Cap. X).

Em geral, a doutrina costuma estudar os problemas relativos à validade restringindo-os aos negócios jurídicos. Mas, neste estudo sistemático que desenvolvemos sobre as vicissitudes por que passam os fatos jurídicos no plano da validade, parece-nos imprescindível que sejam abrangidas todas as espécies possíveis de atos jurídicos que possam ser afetados pela sanção da invalidade. E nessa situação estão todos os atos e negócios jurídicos, em todas as áreas do direito. Não são apenas os negócios jurídicos que podem ser válidos ou inválidos, mas também os atos jurídicos *stricto sensu* e aqueles outros, especiais, como os atos normativos (emendas constitucionais, leis, decretos etc.). Desse modo, para evitar constantes explicitações com o objetivo de precisar sobre a que espécie de ato jurídico *lato sensu* nos estamos referindo no correr desta obra, adotamos o critério de empregar a expressão *ato jurídico* sempre com generalidade, em sentido lato, apenas usando as denominações específicas (= negócio jurídico, ato jurídico *stricto sensu*, ato normativo, *e. g.*) quando necessária a particularização. A utilização, portanto, da expressão *ato jurídico* não constitui uma desconsideração da categoria *negócio jurídico*, que reconhecemos e adotamos, mas somente uma simplificação por questão de metodologia na exposição do tema.

---

2. O Legislador Civil nacional de 2002 adotou a distinção entre negócio jurídico e ato jurídico *stricto sensu*, o que é louvável, mas empregou terminologia inadequada e imprópria quando deu a esse último a denominação de *ato jurídico lícito* (Título II, do Livro III, da Parte Especial). A impropriedade e inadequação decorrem de que ato jurídico lícito é gênero de que são espécies o negócio jurídico e o ato jurídico *stricto sensu*, conforme a linguagem de Pontes de Miranda. Do modo como está no Código, cria-se a impressão de que o negócio jurídico não seria um ato jurídico lícito. Melhor, bem melhor, porque consagrado pela doutrina, teria sido usar-se a denominação *ato não negocial,* se não se quisesse utilizar a terminologia ponteana, muito mais precisa. Diante da manifesta imperfeição, reservamo-nos o direito de continuar a usar a denominação adequada para não incidir na incorreção do legislador.

§ 2º Ato jurídico e validade. Validade e invalidade (conceituação)

Diz-se *válido* o ato jurídico cujo suporte fáctico é perfeito, isto é, os seus elementos nucleares não têm qualquer deficiência invalidante, não há falta de qualquer elemento complementar. *Validade*, no que concerne a ato jurídico, é sinônima de perfeição, pois significa a sua plena consonância com o ordenamento jurídico[3].

Ao contrário, quando o suporte fáctico se concretiza suficientemente, mas (*a*) algum de seus elementos nucleares é deficiente (por exemplo: vontade manifestada diretamente pelo absolutamente incapaz, ou pelo relativamente incapaz sem o assentimento do assistente (pais, tutor, curador), ou está eivada de vício invalidante, como erro, dolo etc., ou, então, seu objeto é ilícito, imoral, indeterminável ou impossível), (*b*) ou lhe falta algum elemento complementar (não foi observada a forma prescrita em lei, *e. g.*), o sistema jurídico o tem como *ilícito*[4], impondo-lhe como sanção a *invalidade*[5].

---

3. O Decreto-Lei n. 4.657, de 4-9-1942 (inadequadamente *apelidado* de Lei de Introdução às normas do Direito Brasileiro), ao definir ato jurídico perfeito como aquele "já consumado segundo a lei vigente ao tempo em que se efetuou" (art. 6º, § 1º), embora, aparentemente, se refira apenas à sua realização, tem como pressuposto da *perfeição* a sua validade, uma vez que, se inválido, o ato não se poderá considerar *consumado segundo a lei*. A concepção da invalidade como consequência de deficiência de elementos do suporte fáctico está em Pontes de Miranda (*Tratado de direito privado*, t. IV, § 356, 1, *et passim*). Também, embora falando-se em *vícios intrínsecos*, *vício de elemento constitutivo do negócio jurídico* e outras expressões semelhantes, se encontra em Oertmann (*Introducción al derecho civil*, p. 279), Enneccerus, Kipp e Wolff (*Tratado de derecho civil*, v. 2, t. 1, p. 366), Scognamiglio (*Contributo alla teoria del negozio giuridico*, p. 353), Messineo (*Manual de derecho civil y comercial*, v. 2, p. 355), Stolfi (*Teoría del negocio jurídico*, p. 77) e Guggenheim (*L'invalidité des actes juridiques en droit suisse et comparé*, p. 66), que, sob evidente influência de Kelsen, propõe uma definição de ato jurídico válido em que o caracteriza como o ato humano a que o direito *imputa* efeitos jurídicos, desde que esteja "conforme as condições postas para sua validade pela norma hierarquicamente superior".

4. *Vide*, adiante, no § 4º e nota 20, análise sobre elementos nucleares e complementares do suporte fáctico, e no § 16, estudo sobre a natureza ilícita do ato inválido.

5. A doutrina, tradicionalmente, emprega os termos *nulidade* e *anulabilidade*, ou apenas *nulidade*, para referir-se à situação oposta à validade. O mais comum, mesmo, é o uso da palavra *nulidade* como sinônimo de invalidade (Colin e Capitant,

A invalidade, em essência, constitui uma sanção[6] imposta pelo sistema ao ato jurídico que, embora concretize suporte fáctico previsto em suas normas, importa, em verdade, violação de seus comandos cogentes. A recusa de validade a um ato jurídico consubstancia uma forma de punição, de penalidade[7], à conduta que infringe as normas jurídicas, através da qual se busca impedir que aqueles que a praticaram possam obter os resultados jurídicos e práticos vantajosos que o ato válido possibilitaria.

Cours élémentaire de droit civil français, v. 1, p. 78, e Lloveras de Resk, *Tratado teórico-práctico de las nulidades*, p. 4, por exemplo), embora haja autores, como Messineo (*Manual de derecho civil y comercial*, v. 2, p. 434 *et passim*) e Pugliatti (*Instituzioni di diritto civile*,v. 3, p. 221), que têm *invalidade como sinônimo de anulabilidade*.

Temos a *invalidade*, no entanto, como gênero de que são espécies a nulidade e a anulabilidade. Por essa razão, no trato genérico da matéria, em vez de empregar as expressões *nulidade* ou *anulabilidade*, preferimos utilizar a expressão *invalidade*, uma vez que tem sentido abrangente de todas as espécies possíveis de serem encontradas no mundo do direito, como o fazem, por exemplo, Pontes de Miranda (*Tratado de direito privado*, t. IV, *passim*), Oertmann (*Introducción al derecho civil*, p. 279), Enneccerus, Kipp e Wolff (*Tratado de derecho civil*, v. 2, t. 1, p. 365), Santoro-Passarelli (*Doctrinas generales del derecho civil*, p. 297-298), Stolfi (*Teoría del negocio jurídico*, p. 77 *et passim*), Betti (*Teoria geral do negócio jurídico*, v. 3, p. 7 *et passim*), Fedele (*La invalidità del negozio giuridico di diritto privato*, p. 4 *et passim*), Guggenheim (*L'invalidité des actes juridiques en droit suisse et comparé*, p. 63 *et passim*), dentre tantos outros.

[Von Tuhr, porém, considera atécnica a expressão *invalidade* porque não estaria mencionada no texto do BGB (*Teoría general del derecho civil alemán*, v. II, t. 1, p. 303), o que nos parece uma objeção destituída de valor científico, evidentemente, porque cabe à ciência dar o trato correto às questões, independentemente do que dispõe o legislador, inclusive para dar-lhe instrumentos de correção de seus erros e impropriedades terminológicas.]

No tratamento da matéria empregaremos, sempre, a palavra *invalidade* para designar o oposto à validade, portanto, com sentido genérico, reservando o uso das expressões *nulidade* e *anulabilidade*, exclusivamente, para mencionar a espécie respectiva. O Código Civil de 2002 usa o vocábulo invalidade, corretamente, no sentido a que nos referimos (*vide* a denominação dada ao Capítulo V, do Título I, do Livro III da Parte Geral).

6. Guggenheim, *L'invalidité des actes juridiques en droit suisse et comparé*, p. 11 *et passim*, e nosso *Teoria do fato jurídico*: plano da existência, § 64, 3.3.2. *Vide*, adiante, no § 17, análise sobre o caráter de sanção da invalidade.

7. Scognamiglio, *Contributo alla teoria del negozio giuridico*, p. 344 e 366.

§ 3º Fundamentos da validade

O problema da validade dos atos jurídicos transcende a pura Dogmática Jurídica, situando-se, mesmo, no plano da Axiologia Jurídica, além de constituir uma exigência lógica decorrente do próprio caráter sistemático do direito.

A natureza imputacional das normas jurídicas põe o direito no plano do dever-ser, num *plano de valência* (*vide* nota 1), não no plano do ser, da *causalidade natural,* como vimos. Por isso, diferentemente do que acontece com as leis da causalidade natural, em que os fenômenos nelas *descritos* não se podem realizar de modo diferente do previsto, sob pena de serem consideradas *falsas*, as leis (normas) jurídicas podem sofrer violações sem que isso afete a sua *valência* (no sentido de vigência). Como consequência dessa possibilidade, o direito necessita de preservar a integridade de suas normas individualmente e do ordenamento, como um todo, o que faz repelindo, por meio de sanções, as condutas que as infringem, as contrariam. Essas sanções variam em intensidade na ordem direta da gravidade da violação, indo desde as penas que atingem a própria pessoa do infrator, em sua vida (pena de morte), em sua liberdade (penas de prisão) ou em seu patrimônio (penas pecuniárias, de perdimento de bens e as indenizativas), até aquelas que o privam de direitos (penas de perdimento de direitos) ou que desconsideram a utilidade prática de seus atos (invalidade e ineficácia). O tipo da sanção que se imputa ao ato contrário a direito depende, naturalmente, da natureza do ato (ilícito penal ou ilícito civil) e da importância da violação. Mas a imputação da sanção em si, como repúdio ao ilícito, resulta da atividade axiológica do legislador, que, valorando os atos segundo os valores fundamentais da juridicidade e os contingentes resultantes da cultura de cada comunidade, os qualifica e pune os seus autores.

Os atos jurídicos são, em última análise, instrumentos de realização do tráfico social. São atos humanos que, pela sua relevância econômica ou moral, pela sua importância para a vida em sociedade, são recepcionados pelo direito, que os toma como suportes fácticos de normas jurídicas, integrando-os em um esquema, um modelo, que define o seu conteúdo, a sua forma e outros requisitos específicos conforme o tipo. Ao juridicizá-los (= torná-los atos jurídicos), a norma lhes atribui relevância jurídica, através da qual se poderão concretizar as finalidades práticas a que se destinam.

Essa atribuição de validade, no entanto, implica a necessidade de que os requisitos prescritos para o modelo jurídico sejam atendidos por aqueles que dele se utilizam. Se as normas sobre o conteúdo, a forma e os outros requisitos traçados para o ato jurídico são desatendidas, o direito o repele, negando-lhe validade jurídica, do que decorre torná-lo inútil para as finalidades práticas pretendidas pelos que o realizam[8].

A imputação de invalidade a um ato jurídico constitui, como observa Bobbio[9], uma forma de assegurar a integridade do ordenamento jurídico, que, recusando utilidade jurídica, e consequentemente prática, aos atos jurídicos realizados com infringência de suas normas, resguarda a sua *valência* (no sentido de vigência) como um todo e de cada uma de suas normas, em particular.

A invalidade, seja nulidade ou anulabilidade, tem, portanto, caráter de sanção com a qual se punem condutas que violam certas normas jurídicas (*vide*, adiante, § 17), porque lhe é próprio o mesmo fundamento lógico comum às demais sanções: repelir as infrações às normas, assegurando a integridade da vigência do sistema jurídico.

A definição das regras sobre a validade dos atos jurídicos e, por decorrência, sobre as invalidades, embora resulte de uma atividade axiológica, valorativa, tem cunho, predominantemente, dogmático, o que faz com que variem de legislação a legislação, no tempo e no espaço. Parece-nos, no entanto, indiscutível que, do ponto de vista axiológico, como ocorre com qualquer instituição jurídica, embora caiba ao legislador, livremente, dispor sobre o problema da validade (e, evidentemente, sobre as invalidades), definindo a sua natureza, as suas causas, espécies, características e prescrevendo as sanções respectivas, há questões limites que relativizam a sua liberdade: a ilicitude em sentido lato, que inclui a moralidade e a impossibilidade natural do objeto.

Na realidade, o problema da ilicitude do objeto do ato jurídico, inclusive sua moralidade, precisamente porque envolve contrariedade a direito e à moral, implicando, assim, a negação da própria ordem jurídica, se põe no estrito plano dos valores, acima, portanto, do puro dogmatismo. Por isso, em relação à ilicitude e à imoralidade do objeto não se pode admitir ao legislador a liberdade para desconsiderá-las como cau-

---

8. Larenz, *Derecho civil*: parte general, p. 583-584.

9. *Teoria della norma giuridica*, p. 188.

sas de invalidade ou mesmo de atenuar-lhes as consequências[10]. Não estaremos no plano da ilicitude propriamente dita, mas sim num plano axiológico onde os problemas têm outro matiz, vão mais além, e dizem respeito à própria *legitimidade* do ato legislativo, que, por si, já constitui questão limite do próprio direito.

Por outro lado, a questão da impossibilidade natural do objeto está relacionada com o problema da natureza das coisas, que o direito não pode desconhecer ou desprezar. Do mesmo modo, a impossibilidade de conhecer o objeto, inclusive por conduzir à sua indeterminação absoluta, é insuperável: o que se não pode conhecer não pode ser objeto de ato jurídico.

§ 4º A moderna concepção de validade

Em razão desse caráter eminentemente dogmático que tem a problemática da validade, o tratamento que o legislador lhe dispensa reflete, naturalmente, as concepções filosóficas e axiológicas de cada época e de cada cultura[11]. Exceto no que se refere às questões limites da ilicitude, *lato sensu,* e da impossibilidade natural do objeto, não há problemas cujas soluções sejam aprioristicamente postas. O legislador tem liberdade de dar à validade (e à invalidade) o tratamento que lhe pareça mais adequado. Assim, é possível ao sistema jurídico ter a nulidade como causa (*a*) de *insuficiência* do suporte fáctico, do que decorreria a

---

10. Pontes de Miranda, *Tratado de direito privado*, t. IV, § 396; Von Tuhr, *Teoría general del derecho civil alemán*, v. 2, t. 1, p. 202; Larenz, *Derecho civil*: parte general, p. 584. Na Colômbia, no entanto, a reforma do Código Civil levada a efeito em 1936, através da Lei n. 50, estabeleceu que as nulidades são sanáveis pela prescrição extraordinária, que é de vinte anos, mesmo que a sua causa seja a ilicitude do objeto. O texto do art. 2º dessa Lei n. 50, de 1936, é claro: "Cuando no es generada por objeto o causa ilícitos, puede sanar-se (a nulidade) por la ratificación de las partes, *y en todo caso por prescripción extraordinaria*". Apesar da generalizada reação da doutrina (veja-se, por exemplo, a opinião de Guillermo Ospina Fernandez e Eduardo Ospina Acosta na *Teoría general de los actos o negocios jurídicos*, p. 466 e s.), a norma permanece em vigor e sendo aplicada. A nosso ver, no entanto, trata-se de uma norma *ilegítima*, uma vez que violenta valores jurídicos fundamentais, inclusive nega a própria necessidade de manter-se íntegro o sistema jurídico.

11. Betti (*Teoria geral do negócio jurídico*, v. 3, p. 12), que se refere a "variáveis condições históricas e sociológicas".

inexistência do ato jurídico ou (*b*) de *deficiência* do suporte fáctico, o que faria o *ato existente, porém inválido, ou ineficaz*.

No direito romano, concebia-se o nulo como inexistente. *Nullus* quer mesmo dizer *nenhum*, coisa alguma[12]. *Irritus* é que designava o ato existente passível de nulidade, e tinha, mais propriamente, o sentido de inútil, como se pode concluir das lições de Gaius[13], significado que mais se aproxima ao que hoje se atribui à invalidade.

Como observa Pontes de Miranda[14], a mudança das concepções filosóficas sobre ser e valer determinou uma revisão nos conceitos romanísticos, passando a invalidade a ser tratada como questão de deficiência do suporte fáctico, não de insuficiência, motivo pelo qual, modernamente, não se deve ter o ato jurídico inválido como *inexistente*, mas, sim, como *existente*, porém *deficiente*[15].

No campo doutrinário, entretanto, esse entendimento não é pacífico. Há doutrinadores, como também legislações, que entendem ser o ato nulo (também o ato ineficaz) juridicamente inexistente[16]. Essa posi-

---

12. Pontes de Miranda, *Tratado de direito privado*, t. IV, *et passim*; Colin e Capitant, *Cours élémentaire de droit civil français*, v. 1, p. 79; Cifuentes, *Negocio jurídico*, p. 569. Etimologicamente, *nullus* vem de *nec* (= não) + *ullus* (= algum), ou seja, nenhum. Planiol (*Traité élémentaire de droit civil*, v. 1, n. 328, nota 1) cita os seguintes textos: "*Nullum est negotium, nulla obligatio; nihil agitur, nihil actum est*" (Dig., Liv. II, Tit. 14, fr. 1, § 3, *De pactis*); "*... ut ea, quae lege fieri prohibentur, si fuerint facta, non solum inutilia, sed pro infectis etiam habeantur*" (C. Liv. I, Tít. 14, *lex* 5).

13. *Institutas*, II, 145-148.

14. *Tratado de direito privado*, t. IV, § 356, 2.

15. Em razão do caráter eminentemente dogmático dos problemas relativos à validade, como anotamos no texto, as soluções adotadas ficam ao alvedrio do legislador, donde nada impedir que o sistema jurídico opte por considerar geradoras de *insuficiência do suporte fáctico* as hipóteses que conduzem à invalidade, o que implica ter-se *por inexistente o fato jurídico*. Tal opção foi adotada no Código Civil de Québec de 1988, que, em seu art. 1422, dispõe: *Le contrat frappé de nullité est réputé n'avoir jamais existé* (O contrato nulo reputa-se como se nunca houvesse existido), destoando da unanimidade dos modernos sistemas jurídicos, que as têm como causadoras de *deficiência do suporte fáctico*, portanto, de *nulidade* e *anulabilidade*, ou de *impugnabilidade* (como no BGB).

16. Fedele (*La invalidità del negozio giuridico di diritto privato*, p. 19), por exemplo, chega a considerar sinônimas as expressões *invalidade* e *inexistência*. No mesmo sentido Colin e Capitant, *Cours élémentaire de droit civil français*, v. 1, n. 68; Aubry e Rau, *Cours de droit civil français*, v. 1, § 37, dentre muitíssimos outros.

ção, no entanto, nos parece insustentável em face da lógica. Há, pelo menos, três dados que revelam claramente a inviabilidade de ter-se por inexistente o ato nulo ou ineficaz: (*a*) a eficácia do ato jurídico putativo, (*b*) a conversibilidade do ato inválido e (*c*) a necessidade de desconstituição do ato inválido[17].

Realmente, (*a*) os efeitos do ato jurídico nulo (casamento putativo, *e. g.*) comprovam a sua existência, uma vez que implicaria inquestionável contrassenso o atribuir-se efeito ao que não existe. Também não tem sentido considerar a eficácia putativa como consequência exclusiva da boa-fé, porque esta constitui, somente, um elemento que se agrega ao ato jurídico nulo para fazê-lo eficaz. A boa-fé somente tem razão de ser quando referida ao ato jurídico específico. Na verdade, o ato nulo putativo tem como suporte fáctico o seu próprio acrescido da boa-fé de algum ou de ambos os figurantes. O casamento putativo = casamento nulo + boa-fé dos nubentes, ou de apenas um deles.

Acrescente-se a isto que, no direito brasileiro, em relação aos filhos, a eficácia do casamento, mesmo nulo, é completa e incondicional, uma vez que produz todos os seus efeitos, independentemente da boa-fé de ambos os cônjuges ou de qualquer deles[18]. Isto evidencia que os efeitos da putatividade não decorrem apenas da boa-fé, a qual, é bom repetir, constitui somente um dos elementos do suporte fáctico de certo ato putativo.

(*b*) Por outro lado, os sistemas jurídicos admitem a conversão do negócio jurídico inválido em outro que seria válido com os mesmos pressupostos fácticos do primeiro, desde que atenda à vontade negocial dos figurantes do ato jurídico (Código Civil, art. 170). É possível, por

17. O Código Civil mexicano se refere expressamente à inexistência do ato jurídico "por falta de consentimento ou de objeto que possa ser matéria sua", declarando que tal ato não produzirá efeito *legal* algum, nem é sucetível de valer por confirmação, nem por prescrição" (art. 2.224). Essa disposição, como se pode constatar, não confunde o nulo com o inexistente. Em verdade, o que ali está descrito é, realmente, caso de inexistência, uma vez que faltam os elementos essenciais à concreção do suporte fáctico de um ato jurídico: vontade consciente e objeto juridicamente admitido.

18. A Constituição Federal de 1988 eliminou qualquer distinção entre filhos, seja quanto à natureza da relação entre os pais ou quanto aos direitos pessoais e patrimoniais decorrentes da filiação, consolidando tendência vinda desde a Lei do Divórcio (n. 6.515, de 26-12-1977), art. 14, parágrafo único. Por isso, é criticável a menção do art. 1.561 à eficácia putativa do casamento em relação aos filhos.

exemplo, converter-se uma nota promissória que seria nula como tal, por lhe faltar algum elemento formal essencial à validade, em uma confissão de dívida válida e eficaz.

(*c*) Do mesmo modo, é pacífico na doutrina que há necessidade de desconstituição do ato inválido, ou seja, é preciso excluir do mundo jurídico o ato anulável e também, em algumas espécies, o ato nulo. Como veremos mais adiante (§ 75), a desconstituição do ato anulável é indispensável em face da necessidade de desfazimento de seus efeitos que se produzem regularmente até o momento da sua decretação. A falta de impugnação acarreta a sanação da anulabilidade do ato e tornar-se definitiva a sua eficácia. Já no tocante ao ato nulo, a desconstituição somente é necessária quando (*i*) há dúvida em relação à nulidade, impondo-se o seu reconhecimento pelo juiz, ou, (*ii*) necessariamente, quando há registro público do ato jurídico, de que são exemplos o casamento e o acordo de transmissão de bem imóvel. Caso seja evidente, indiscutível a nulidade e não haja registro público do ato jurídico, é despicienda sua desconstituição judicial, uma vez que esta se refere, tão somente, ao ato em si, para expulsá-lo do mundo jurídico, pois não há efeitos a desfazer. Os efeitos do ato nulo, quando há (= putatividade), jamais podem ser desconstituídos, porque são definitivos. Se há necessidade de desconstituição (= desfazimento) é porque o ato inválido existe no mundo jurídico, evidentemente.

Parece bastante claro que, se a nulidade acarretasse a inexistência do negócio jurídico, não seriam possíveis a atribuição de eficácia putativa ao ato inválido nem sua conversão em outro válido e menos ainda haver necessidade de sua desconstituição. *O que não é não pode ser, não pode produzir efeitos, nem precisa ser desfeito.*

Atualmente, a concepção rigorosamente científica das questões referentes à existência, validade e eficácia dos fatos jurídicos se relaciona com os problemas relativos à formação do suporte fáctico e à perfeição de seus elementos.

No suporte fáctico há elementos nucleares (= cerne e elementos completantes) e complementares, além dos integrativos[19]. Os primeiros compõem o suporte fáctico em si, sendo elementos de sua suficiência. Em sua falta, não se concretiza suficientemente o suporte fáctico e, por-

19. Sobre isto, *vide* nosso *Teoria do fato jurídico*: plano da existência, § 12, 6.

tanto, não se forma o fato jurídico. São *pressupostos de existência* do fato jurídico.

Já os elementos complementares não integram o núcleo do suporte fáctico dos fatos jurídicos; apenas, o complementam. Dizem respeito, em geral, à perfeição dos elementos nucleares do suporte fáctico. Não são elementos de suficiência do suporte fáctico, porém de sua eficiência. Suas consequências nunca se relacionam à existência dos atos jurídicos, pois se dão, exclusivamente, no plano da validade ou da eficácia, uma vez que são, somente, *pressupostos de validade e/ou de eficácia.* Por isso, não é só possível, mas comum, ocorrerem situações em que o suporte fáctico se concretiza no mundo, porém, deficientemente, com imperfeição, pela falta de algum elemento complementar[20]. Nesse caso, como os elementos complementares não têm influência quanto à existência do fato jurídico, mas, sim, em relação à sua validade e eficácia, ou somente à eficácia, o fato jurídico existirá, no entanto, com o defeito (invalidade ou ineficácia) decorrente da deficiência relativa aos elementos nucleares.

---

20. Um exemplo esclarecerá melhor: Um contrato de compra e venda tem como elementos nucleares (*a*) o acordo de vontades (= cerne) sobre (*b*) o objeto e (*c*) o preço (= elementos completantes).

(*a*) O acordo de vontades, no entanto, deve ser feito por pessoas capazes (= capacidade de agir), segundo a forma prescrita ou não proibida em lei. (*b*) O objeto deve ser lícito e possível. (*c*) O preço deve ser ajustado em moeda nacional, já determinado, podendo ser determinável, segundo critérios preestabelecidos. Além disso, é necessário que a vontade seja perfeita, isto é, não esteja inquinada por vícios em sua formação (erro, coação, por exemplo). Esses são elementos complementares.

Desse modo, se há um contrato em que duas pessoas concordam uma em vender e outra em comprar a casa n. 150 da Rua *x*, pelo preço *y*, existe um negócio jurídico de compra e venda, simplesmente porque todos os elementos nucleares do suporte fáctico se concretizaram (= suporte fáctico suficiente).

Se, no entanto, um dos contratantes era incapaz, um dos elementos do suporte fáctico, a vontade, embora exista (= suficiente), é deficiente. Ocorre o mesmo se o objeto é ilícito; ou se foi deixada a um dos contratantes a fixação do preço; ou se foi feita por escritura particular, quando deveria ter sido por instrumento público. Em qualquer dessas situações o negócio existe, porque todos seus elementos nucleares estão presentes, porém é inválido, porque há deficiência em elemento nuclear.

Se, embora não haja qualquer um daqueles defeitos, a vontade manifestada foi viciada por coação, por exemplo, o negócio existe, mas é anulável, também por deficiência em elemento cerne (= nuclear), a vontade.

A validade e a eficácia dos atos jurídicos são questões relacionadas aos elementos complementares do suporte fáctico (a eficácia pode depender de elemento integrativo) e se põem, assim, no terreno da eficiência, da perfeição, dos elementos que integram o núcleo do suporte fáctico dos atos jurídicos *lato sensu* lícitos, especificamente.

§ 5º Existir, valer, ser eficaz

Como parece suficientemente demonstrado, *existir, valer e ser eficaz são situações distintas em que se podem encontrar os fatos jurídicos*. Mostramos, em nosso *Teoria do fato jurídico*: plano da existência, Cap. V, a impossibilidade lógica de serem confundidas as três situações, precisamente porque se passam em planos diferentes.

O fato jurídico *existe* como resultado da incidência de uma norma sobre o seu suporte fáctico suficientemente composto.

O ser válido (valer), ou inválido (não valer), já pressupõe a existência do fato jurídico[21]. Da mesma forma, para que se possa falar de eficácia (= *ser eficaz*) é necessário que o fato jurídico exista. A recíproca, porém, em ambos os casos, não é verdadeira.

O existir independe, completamente, de que o fato jurídico seja válido ou de que seja eficaz. O ato jurídico nulo é fato jurídico como qualquer outro, só que deficientemente. A deficiência de elemento do suporte fáctico o faz inválido. Assim também ocorre com a eficácia (*vide* nosso *Teoria do fato jurídico*: plano da existência, § 18, 3.2).

Do mesmo modo, não há uma relação essencial entre a validade e a eficácia do ato jurídico. Em geral, o ato jurídico precisa de ser válido para ser eficaz. Não, porém, essencialmente. O ato jurídico inválido, quando anulável, produz todos os seus efeitos até que sejam (ato e efeitos) desconstituídos por sentença judicial; mesmo quando nulo, há hipóteses em que é eficaz (casamento putativo, *e. g.*). Também há situações em que o ato jurídico válido é ineficaz, ao menos temporariamente, quanto a seus efeitos específicos, de que são exem-

---

21. Pontes de Miranda, *Tratado de direito privado*, t. IV, § 357, 1; Llambías, *Efectos de la nulidad y de la anulación de los actos jurídicos*; Larenz, *Derecho civil*: parte general, p. 624; Betti, *Teoria geral do negócio jurídico*, v. III, p. 18).

plos o testamento antes da morte do testador, os negócios jurídicos sob condição suspensiva antes do implemento da condição e os negócios jurídicos que dependem de elemento integrativo (registro público, *e. g.*), antes que este ocorra.

Ser válido, ou inválido, e ser eficaz, ou ineficaz, são *qualificações* distintas atribuídas ao fato jurídico pelas normas jurídicas. O existir (= ser fato jurídico) constitui, portanto, pressuposto essencial da validade, ou invalidade, e da eficácia, ou ineficácia, do fato jurídico, donde implicar uma *contradictio in adiecto* dizer-se, por exemplo, que o fato jurídico nulo, ou o ineficaz, é inexistente, porque somente o que existe pode ser qualificado.

É preciso considerar que, embora a invalidade seja a mais importante das causas de ineficácia, não é a única. A própria natureza do ato jurídico pode determiná-la, como exemplificamos acima.

Depois, é necessário deixar claro que não tem sentido, do ponto de vista lógico, falar-se de ineficácia do ato inexistente e compará-la à ineficácia do ato nulo, porque (*a*) a ineficácia, quando referida a "ato inexistente", constitui consequência irremovível do não ser (o *não ser* não pode produzir coisa alguma), enquanto (*b*) em relação ao nulo a ineficácia resulta, na verdade, de uma *recusa* de eficácia, como repúdio à ilicitude que o sistema impõe à invalidade como sanção.

De tudo isto resulta claro que há um único dado essencial a ser ponderado: a existência do fato jurídico. A partir dela é que se pode falar de validade ou invalidade e de eficácia ou ineficácia. Se se falar em inexistência do fato jurídico já não se poderá falar em invalidade ou ineficácia. Mas falar-se em ineficácia ou invalidade não pode levar a se ter como consequência, nem remota, a inexistência.

Essa posição científica, de rigor lógico irretocável, não é, porém, pacificamente aceita na doutrina (*vide* nosso *Teoria do fato jurídico*: plano da existência, Cap.V, em especial a nota n. 127).

§ 6º Sobre a impossibilidade de elaboração de uma teoria geral da validade (ou das nulidades)

Desde Domat, no seu célebre *Loix civile,* doutrinariamente, tem havido tentativas de elaboração de uma *teoria geral das nuli-*

dades dos atos jurídicos[22]. Há, porém, dificuldades irremovíveis que tornam a tarefa praticamente impossível.

Com efeito, uma teoria geral tem por finalidade, a partir da análise da realidade do seu objeto, enunciar princípios tão gerais que, harmonicamente estruturados, sintetizem e expliquem sua *essência* (do objeto), aplicando-se, sem exceções, a todas as situações possíveis. Uma teoria geral que precise lançar mão de exceções para cobrir pontos que não consegue explicar com seus enunciados gerais é imperfeita, incompleta. A elaboração de uma teoria geral na área do direito, portanto, tem de partir da análise das normas do direito objetivo, e num processo gradativo de abstração chegar à enunciação de princípios tão gerais que a eles se ajustem todas as espécies que integram a instituição jurídica respectiva[23].

Considerando essa concepção, a elaboração de uma teoria geral das nulidades nos parece uma missão irrealizável[24], em face da desuni-

---

22. Planiol (*Traité élémentaire de droit civil*, v. 1, n. 331), Zannoni (*Ineficacia y nulidad de los actos jurídicos*, p. 1), Cifuentes (*Negocio jurídico*, p. 572), Llambías (*Efectos de la nulidad y de la anulación de los actos jurídicos*, p. 3), Lloveras de Resk (*Tratado teórico-práctico de las nulidades*, p. 27), Fedele (*La invalidità del negozio giuridico di diritto privato*, p. 253 *et passim*), Guggenheim (*L'invalidité des actes juridiques en droit suisse et comparé*, p. 63 e s.) e Simler (*La nullité partielle des actes juridiques*, p. 2), por exemplo, dentre muitos outros, se referem expressamente a essa teoria geral. A citada obra de Guggenheim tem como subtítulo "*Essai d'une théorie générale*". Aubry e Rau, *Cours de droit civil français*, no índice geral alfabético dos doze volumes, fez constar "*Nullité, théorie générale*", indicando o primeiro tomo, embora no texto apontado não se encontre menção à expressão *teoria geral*.

23. Llambías (*Efectos de la nulidad y de la anulación de los actos jurídicos*, p. 3) se refere a uma "*teoria geral das nulidades*", que define como um "conjunto sistemático de disposições legais que privam de seus efeitos próprios aos atos violadores de uma norma de direito imperativo". Nessa definição há um equívoco. Uma teoria geral não pode ser considerada "como um conjunto sistemático de disposições legais", mas, sim, um conjunto de *princípios gerais que definem a essência da instituição jurídica*. Vale destacar, ademais, que se trata de níveis diferentes de linguagem: um *prescritivo* (disposições legais) e outro *descritivo* (princípios), portanto, inconfundíveis.

24. Sobre a prática impossibilidade de elaboração de uma teoria geral das nulidades é necessário destacar a obra de René Japiot, *Des nullités en matière d'actes juridiques*. *Vide*, também, Orlando Gomes (*Introdução ao direito civil*, p. 407 e s.), Aubry e Rau (*Cours de droit civil français*, v. 1, p. 186) e Planiol (*Traité élémentaire de droit civil*, v. 1, n. 329), entre outros. Guggenheim (*L'invalidité des

formidade com que as espécies são tratadas no plano do direito positivo dos povos. Para atender às realidades e necessidades sociais, o legislador se vê na contingência de adotar regras que, por constituírem exceções às regras gerais, criam a impossibilidade de serem traçadas as características essenciais comuns a todas as espécies, o que permitiria a definição dos princípios gerais extraídos das normas de direito positivo dos povos. Na verdade, não há ponto no campo das nulidades em que se possam enunciar regras sem que haja a necessidade de mencionar pelo menos uma exceção[25].

Vejamos apenas alguns exemplos:

(*a*) Não é possível dizer-se que todo ato nulo é ineficaz, porque há o casamento que, mesmo nulo, é eficaz em relação aos filhos e o pode ser em relação aos cônjuges, neste caso se contraído de boa-fé [cfr. Lei do Divórcio (n. 6.515, de 26-12-1977), art. 14, parágrafo único, e Código Civil, art. 1.561][26].

(*b*) Não se pode dizer que a nulidade não convalesce pelo decurso do tempo, apesar da expressa disposição do art. 169 do Código Civil, porque, por exemplo, a decisão do órgão colegiado da pessoa jurídica que seja nula por violar lei cogente ou for viciada por simulação ou fraude à lei se torna definitiva (= convalesce a nulidade) após três anos, uma vez que esse é o prazo decadencial estabelecido pelo art. 48, parágrafo único, do Código Civil para anulá-la. Acrescente-se, ainda: (*i*) a possibilidade de conversão do negócio jurídico em outro

---

actes juridiques en droit suisse et comparé) aponta dificuldades para a elaboração de uma teoria da nulidade, em face da diversidade de tratamento com que o direito positivo resolve as questões de validade em cada um de seus ramos. Valle Ferreira (Subsídios para o estudo das nulidades, *Rev. da Faculdade de Direito da UFMG*, *3*:29 e s.) chama a atenção para as divergências terminológicas e metodológicas como causas das dificuldades no trato da matéria.

25. Aubry e Rau (*Cours de droit civil français*, v. 1, § 37) tentou a enunciação de regras gerais a que chamou, no índice geral alfabético da obra, no 12º volume, de Teoria Geral das Nulidades. No entanto, no final do texto (v. 1, p. 186), diz expressamente: "De resto, as regras enunciadas no presente parágrafo não devem ser aplicadas senão ressalvadas as modificações estabelecidas em certas matérias especiais, e notadamente naquelas do casamento". Isto confirma a nossa observação.

26. Esse não é o único exemplo. No direito mexicano, diferentemente do nosso, o art. 2.226 do Código Civil dispõe que "a nulidade absoluta (= nulidade) por regra geral não impede que o ato produza provisoriamente seus efeitos, os quais serão destruídos retroativamente quando se pronuncie pelo juiz a nulidade. Dela se pode prevalecer todo interessado e não desaparece pela confirmação ou prescrição".

que, sendo válido, atenda ao fim visado pelas partes; (*ii*) a questão da preclusão da nulidade no direito processual e no direito eleitoral, e (*iii*) o tratamento dado à nulidade no direito colombiano, como referimos na nota 9[27].

(*c*) Nem é correto afirmar-se que a nulidade pode ser decretada de ofício pelo juiz ou que é alegável por qualquer interessado ou pelo Ministério Público, porque tal assertiva somente é pertinente quando se refere a regras de interesse público. Quando, mesmo em se tratando de nulidade, o interesse a proteger é de natureza pessoal e privada, a legitimação para a ação de nulidade é restrita a quem tem o interesse lesado, donde depender de sua provocação (*vide*, adiante, sobre a nulidade dependente de alegação).

(*d*) Nem se pode sustentar que o ato jurídico nulo não é passível de confirmação, porque há sistemas jurídicos, como o colombiano, que a permitem (*vide* nota 10).

Como é evidente, a enunciação de princípios gerais se torna impossível em uma matéria em que estão sempre presentes tantas exceções. A nosso ver, se um enunciado contém exceções, esse não se pode considerar uma regra geral. Ou não se encontrou a regra geral, portanto, o enunciado que abrange todas as espécies possíveis, sendo errônea ou insuficiente aquela formulação, ou não é possível formulá-la. Ao que nos parece, isto é o que ocorre no campo da validade dos atos jurídicos e, por isso, fracassaram todas as tentativas de elaboração de uma teoria geral da nulidade.

(*Vide*, no final da obra, Quadro Comparativo das Principais Características da Nulidade e da Anulabilidade.)

§ 7º Fatos jurídicos que passam pelo plano da validade

Porque dentre as diversas espécies de fatos jurídicos lícitos a vontade somente constitui elemento nuclear do suporte fáctico dos atos ju-

27. No direito processual, a nulidade, salvo algumas espécies particulares, somente pode ser decretada pelo juiz se invocada pelas partes tempestivamente, sob pena de preclusão, em decorrência da qual já não poderá ser alegada e, portanto, decretada, ficando, por consequência, definitivamente sanada. No direito eleitoral, as nulidades precluem sempre, exceto, ainda durante o decurso do processo eleitoral, as que envolvam questões constitucionais (Código Eleitoral, art. 259).

rídicos *lato sensu* (= atos jurídicos *stricto sensu* e negócios jurídicos), apenas esses passam pelo plano da validade[28].

Com efeito, não é possível ter-se como inválido um fato jurídico *stricto sensu*, porque seria absolutamente sem sentido dizer-se que um fato da natureza é nulo ou anulável. A natureza é infensa à vontade humana. O fato natural existe, *é*, por si próprio, independentemente das qualificações que o homem lhe atribua. Jamais se poderia dizer nulo um nascimento, ou uma morte, por exemplo, precisamente porque ocorrem no mundo das realidades naturais e, por isso mesmo, não podem ser desconsiderados sem que se contrarie a natureza das coisas. A presença física do fato no mundo não pode ser negada, simplesmente[29].

Do mesmo modo e pelos mesmos motivos, é impossível desprezar-se o resultado fáctico (= físico) que integra o suporte fáctico do ato-fato jurídico classificável como ato real. Embora decorrente de conduta humana, o fato resultante a ela sobreleva, além da circunstância de que, para o direito, essa conduta é sempre *avolitiva* (= a vontade, no ato-fato, é juridicamente irrelevante). Ter-se como nula a caça, ou a pesca, ou a pintura de um quadro (= especificação), porque, por exemplo, o caçador, o pescador ou o pintor seja absolutamente incapaz, constituiria evidente incoerência, pois que a apreensão do animal ou do peixe e a presença física do quadro no mundo não podem ser apagadas do plano das realidades fácticas.

Quanto ao ato ilícito *lato sensu*, exceto o ilícito invalidante, apesar de apenas se tratar de conduta, também seria um contrassenso considerá-lo nulo, porque apenas beneficiaria o agente infrator. A invalidade é, na verdade, uma espécie de sanção cuja finalidade consiste em privar das vantagens que possa obter do ato jurídico aquele que o pratica em contrariedade a normas jurídicas cogentes. Ora, o ato ilícito traz consigo, já como efeito específico, uma penalidade, e, assim, tê-lo como nulo implicaria negar a punição ao infrator, uma vez que, de ordinário, a invalidade acarreta a ineficácia do ato.

Além disso, o ato jurídico inválido, ele próprio, já configura uma categoria especial de ato ilícito.

O ato jurídico lícito, no entanto, diferentemente das outras espé-

28. *Vide*, sobre isto, Pontes de Miranda, *Tratado de direito privado*, t. IV, § 356, 1; Biagio de Giovanni, *La nullità nella logica del diritto*, p. 14.

29. Nosso *Teoria do fato jurídico*: plano da existência, § 33.

cies acima aludidas, tem como cerne de seu suporte fáctico somente a vontade, traduzida em conduta que objetiva realizar, em geral, *um interesse em obter uma consequência vantajosa para quem a pratica.* A conduta, embora se dê no mundo da realidade, está sujeita a valoração, porque, do ponto de vista jurídico, se põe no plano do dever-ser. Para o direito a conduta ou é lícita ou ilícita (mesmo aquelas ditas irrelevantes podem ser classificadas dentre as condutas lícitas, considerando-se o princípio segundo o qual *o que não está proibido está permitido*). Em razão desse caráter valorativo, é possível, sem que se violente a natureza das coisas, desconsiderá-la, apagando-a do mundo jurídico como se jamais houvesse ocorrido. Isto, porém, não é admissível quando estão envolvidas realidades físicas, naturais (que constituem o núcleo dos fatos jurídicos *stricto sensu* e dos atos-fatos jurídicos), uma vez que não é possível dizer-se que o *ser não é* sem que se incida em afirmativa inconsistente, porque incompatível com a realidade a que se refere.

Por isso, somente atos jurídicos lícitos passam pelo plano da validade, onde o direito faz a triagem entre os válidos e os não válidos (= inválidos). A ilicitude invalidante nasce, exatamente, nesse plano, onde incidem as normas jurídicas de eficácia invalidante. O ato jurídico ingressa no plano da existência simplesmente como ato jurídico. O ser válido ou inválido apura-se apenas no plano da validade, onde, precisamente, incidem as normas jurídicas cuja eficácia se resume à invalidação dos atos jurídicos (= normas jurídicas invalidantes)[30].

---

30. *Vide* nosso *Teoria do fato jurídico*: plano da existência, § 19, 4.

CAPÍTULO II
Dos Pressupostos de Validade

§ 8º Considerações gerais

Consoante mostramos antes, a definição dos pressupostos de validade do ato jurídico se põe no campo da Dogmática Jurídica. É, portanto, uma questão de técnica jurídica. Cada sistema jurídico os estabelece segundo os critérios que o norteiam, embora haja parâmetros axiológicos que devam ser atendidos, como, por exemplo, a conformidade do ato jurídico com o direito (= licitude e possibilidade jurídica do objeto) e a natureza das coisas (= possibilidade natural do objeto), que constituem limites gerais de validade. Por isso, tem-se como pressuposto primeiro de validade que o ato jurídico não seja contrário a direito cogente, nem à natureza das coisas. A infração de norma cogente, seja impositiva ou proibitiva, quando não estabeleça, ela própria, outra sanção, acarreta, só por si, a invalidade (nulidade) do ato jurídico (Código Civil, art. 166, VII). Do mesmo modo, se o seu objeto é fisicamente impossível.

O tratamento dado pela doutrina à questão da validade e da invalidade não é uniforme. Em geral, quando se trata de definir os pressupostos de validade, costuma-se relacioná-los, apenas, às causas de *nulidade*, esquecendo-se de que a *anulabilidade* é também uma forma de *invalidade* dos atos jurídicos.

Esse posicionamento, pela sua quase unanimidade, se reflete no direito positivo. Assim é que, no direito brasileiro, o Código Civil (art. 104) apenas menciona (*a*) a capacidade do agente, (*b*) a licitude, possibilidade e determinabilidade do objeto e (*c*) a obediência à forma prescrita ou não defesa em lei, como pressupostos específicos de validade do ato jurídico. Essa enumeração legal, como se vê, é insuficiente, incompleta, porque não menciona todas as causas que acarretam a invalidade de atos jurídicos, deixando de referir-se, explicitamente, à moralidade do objeto (Código Civil, art. 122, primeira parte) e à incompatibilidade com norma jurídica cogente (Código Civil, art. 166, VI), como também à inexistência de deficiências em elementos do núcleo do suporte fáctico dos atos jurídicos, dentre as quais se incluem os vícios que afetam a higidez da manifestação da vontade e outros defeitos que comprometem a perfeição do seu suporte fáctico e causam sua anulabilidade (Código Civil, art. 171)[31], bem assim a falta de assentimento de outras pessoas que, em certas situações, é exigida (Código Civil, art. 1.647 c/c o art. 1.649, *e. g.*).

Se o legislador expressou-se com imperfeição, cabe à doutrina corrigi-lo, sistematizando a matéria, segundo os critérios da precisão científica. Com esse objetivo podemos classificar os pressupostos de validade dos atos jurídicos em três categorias, quanto: (*a*) *ao sujeito*; (*b*) *ao objeto*; e (*c*) *à forma da exteriorização da vontade*[32].

(*a*) A primeira categoria se refere ao problema da *manifestação da vontade,* visando a resguardá-la em relação à sua *consciência* e *autenticidade*. Tem *cunho protectivo* das pessoas e de seu patrimônio.

(*b*) A segunda tem por fundamento a consonância do ato jurídico com o direito ou com a natureza das coisas, considerando-se aí a licitude, a moralidade, a determinabilidade e a possibilidade do seu objeto.

(*c*) E, finalmente, a terceira se baseia no pressuposto de que certos atos jurídicos, pela sua relevância, devem ser praticados segundo solenidades especiais e obedecendo a determinada forma capaz de melhor *documentar* a conclusão do negócio, facilitando a sua prova.

No direito público, inclui-se ainda, como requisito formal de validade, a *publicidade do ato administrativo*, cuja falta, quando constitui elemento específico de seu suporte fáctico, implica sua nulidade, por

---

31. Poder-se-ia sustentar que os chamados vícios da vontade caracterizariam situações de ilicitude, donde estarem incluídos na referência a objeto ilícito. É verdade que se podem ter como ilícitos o dolo, a fraude contra credor, a simulação (hoje causa de nulidade) e a coação, e como imorais o estado de perigo e a lesão. Nunca, porém, o erro, que constitui uma falsa representação sobre a realidade, deformando a vontade quanto à "natureza do ato, o objeto da declaração, ou alguma das qualidades a ele essenciais", nem, também, a falta de anuência.

32. Pontes de Miranda (*Tratado de direito privado*, t. IV, § 356, 1) ensina nesse mesmo sentido, com a diferença de que, quanto ao sujeito, limita o pressuposto de validade à capacidade de obrar, como denomina a capacidade de agir, enquanto temos como nele incluída a questão da perfeição da vontade (= inexistência dos denominados "vícios" da vontade). Betti (*Teoria geral do negócio jurídico*, v. 2, p. 9) faz uma classificação tripartite, mas não se refere à forma, dando como terceira categoria "a situação do sujeito em relação ao objeto", ou seja, a legitimidade. Como mostraremos no § 11, adiante, a legitimidade não pode ser considerada causa de nulidade, no direito brasileiro, mas de ineficácia.

força do *princípio constitucional da publicidade* (Constituição de 1988, art. 37), e também ineficácia[33].

§ 9º Pressupostos relativos ao sujeito

É usual, em doutrina, por força do tratamento dado pela lei ao problema, restringir-se a questão dos pressupostos de validade relativos ao sujeito, exclusivamente, à sua capacidade para a prática dos atos da vida civil. Sem razão, no entanto.

É assente que a vontade constitui o elemento cerne do ato jurídico, havendo necessidade de que a sua exteriorização seja consciente, de modo que a inconsciência da manifestação da vontade conduz à própria inexistência do ato jurídico[34]. Por isso, a consciência dessa exteriorização deve ser a mais perfeita possível, razão pela qual os ordenamentos jurídicos estabelecem critérios gerais que devem ser atendidos para que se possa admitir como plenamente consciente a vontade.

(*i*) O primeiro deles, no campo das relações de direito privado e no tocante às pessoas físicas, é o que define, abstratamente, a capacidade para a prática de ato jurídico, dita *capacidade de agir*[35], e que busca fi-

---

33. É nula, por exemplo, a concorrência a que não se der publicidade na forma legalmente estabelecida. É nulo o contrato administrativo que não foi publicado, por exemplo. No Estado de Alagoas há norma explícita sobre ineficácia do ato administrativo por falta de publicidade (art. 280 da Constituição Estadual).

34. Sobre o assunto, *vide* nosso *Teoria do fato jurídico*: plano da existência, Cap. X.

35. A capacidade de agir também se costuma denominar, usualmente, capacidade de exercício. Alguns, como Pontes de Miranda (*Tratado de direito privado*, t. I, § 27 *et passim*), Larenz (*Derecho civil*: parte general, p. 102) e Domenico Barbero (*Sistema del derecho privado*, v. 1, p. 199), a chamam de capacidade de obrar.

Há doutrinadores, no entanto, que criticam o emprego da expressão *capacidade de exercício*, alegando que teria significado semântico especificamente relacionado com o poder de exercer pessoalmente os direitos (o que nem sempre requer capacidade de agir) e não com o de atuar, praticando atos jurídicos (o que mais própria e especificamente diz respeito à capacidade). Essa opinião nos parece, porém, extremada em seu rigor, se considerarmos que o contratar constitui ato de exercício do direito de contratar, o que supera a impropriedade. Consideramos, assim, sem relevância científica a crítica, mas preferimos o emprego da expressão *capacidade de agir*.

Há, também, autores, embora em menor número, que empregam outras denominações, como capacidade de fato e capacidade de gozo.

xar, genericamente, a aptidão de discernimento[36] das pessoas para conhecer e avaliar as consequências práticas, materiais (não jurídicas) de seus atos[37], conforme a sua experiência de vida refletida pela idade, o estado de sanidade física ou mental[38] e a condição cultural.

No plano do direito público, esse requisito se denomina *competência* e se caracteriza pela atribuição de poder ao agente público para praticar o ato respectivo. O mesmo ocorre relativamente às pessoas jurídicas em geral, no que diz respeito aos órgãos que as *presentam*, embora, nesse caso, a sua falta se possa refletir, apenas, no plano da eficácia.

(*ii*) O segundo diz respeito à perfeição da vontade manifestada, quanto (*a*) à sua compatibilidade com a realidade dos fatos a que se refere, (*b*) a ter sido livre e espontânea, (*c*) à veracidade, consciente, de seu conteúdo e (*d*) a não ser lesiva a terceiro.

Aqui surgem os problemas relativos (*a*) ao erro e ao dolo, (*b*) à coação, (*c*) ao estado de perigo e à lesão que, ou influem sobre a autenticidade da manifestação da vontade, fazendo com que se manifeste querer o que não se quereria se a realidade fosse conhecida (erro e dolo) ou, objetivamente, não se quer (coação), ou, ainda, se o contexto fáctico determinante da declaração fosse diferente (estado de perigo e lesão), (*d*) à simulação relativa caracterizada por atos cujos conteúdos volitivos não são, intencionalmente, verdadeiros e (*e*) à fraude contra credores constituída por atos, que, mesmo sem intenção, lesam créditos de terceiros.

Acrescentem-se a estes os referentes à *boa-fé,* à *equidade* e à *probidade.* No regime do Código Civil de 1916, enquanto nos negócios jurídicos que não configuravam, *stricto sensu*, relações de consumo, as questões da invalidade eram regidas pelas normas que regulavam as fi-

36. Savigny, *Sistema del derecho romano actual*, v. 2, p. 210 e § 106. Larenz, *Derecho civil*: parte general, p. 120; Santoro-Passarelli, *Doctrinas generales del derecho civil*, p. 17.

37. Santoro-Passarelli, *Doctrinas generales del derecho civil*, p. 119; Mota Pinto, *Teoria geral do direito civil*, p. 154.

38. Com a adoção do EPD o problema da sanidade física ou mental como elemento essencial à validade dos atos jurídicos perdeu muito de sua importância no direito nacional, considerando-se a plena capacidade de agir da pessoa com deficiência mental ou intelectual, bem assim com desenvolvimento mental incompleto, seja qual for sua natureza e grau (art. 6º). Sob esse aspecto, restaram como causas de incapacidade relativa apenas a embriaguez habitual, a toxicomania e, a nosso ver, a prodigalidade.

guras invalidantes tradicionais nele previstas (acima mencionadas); naqueles abrangidos pela incidência do Código de Defesa do Consumidor as nulidades tinham, e ainda têm, causas específicas[39], inclusive a má-fé e a quebra da equidade. A probidade não era explicitamente referida em momento algum. Naquele contexto normativo, fora da área das relações de consumo, a boa-fé era considerada apenas como princípio aplicável à interpretação dos negócios jurídicos, isso como influência de doutrina estrangeira, uma vez que o Código Civil de então era silente nesse ponto. A aplicação da equidade nas relações civis em sentido estrito, por sua vez, somente era admitida como fundamento de decisão judicial, desde que houvesse autorização do legislador (CPC, art. 140, parágrafo único)[40].

Apesar disto, sustentamos que a boa-fé devia ser considerada pressuposto de validade dos atos jurídicos, ao argumento de que a presença da *má-fé* na realização dos negócios jurídicos implica, em última análise, uma deformação da vontade, comparável ao dolo, o que torna defeituosa a sua manifestação. O figurante contratual que age contrariamente à boa-fé engana o outro figurante de modo que o induz a efetivar negócio jurídico que não efetuaria se conhecesse a verdade. É evidente que sua repercussão se vincula diretamente à moralidade, podendo até pensar-se em imoralidade do objeto. Entretanto, é preciso destacar que intrinsecamente se trata de defeito que afeta a integridade da vontade negocial, motivo pelo qual a incluíamos dentre os pressupostos relativos ao sujeito.

O problema da *equidade*, diferentemente, tem seu reflexo no equilíbrio das relações contratuais. A falta de equidade não vicia diretamente a vontade manifestada, mas gera uma situação de benefício em favor de um dos contratantes, em geral o contratante mais forte, como o produtor ou fornecedor nas relações de consumo, em detrimento do outro, cau-

---

39. Código de Defesa do Consumidor (Lei n. 8.078, de 11-9-1990), art. 51. Sobre isto, *vide* Paulo Luiz Netto Lôbo, *Condições gerais dos contratos e cláusulas abusivas*, p. 177-178, e Grinover et al., *Código Brasileiro de Defesa do Consumidor*, p. 344.

40. Alguns exemplos de permissivos legais de juízo de equidade: Lei n. 9.307/96 (Lei de Arbitragem), art. 2º. O Código Civil, em uma de suas poucas inovações que merecem encômios, em vários momentos permite ao juiz decidir por equidade, como ocorre, *v. g.*, nos arts. 156, parágrafo único, 157, § 2º, 404, parágrafo único, 413, 423, 479 e 480.

sando-lhe uma posição de desvantagem e consequentes prejuízos. Por isso, também a incluímos dentre os pressupostos relativos ao sujeito.

No campo das relações regidas pelo Código Civil, excluídos, portanto, os negócios jurídicos que se inserem na área de incidência do Código de Defesa do Consumidor, a doutrina e a jurisprudência, por influência de legislações estrangeiras, entendiam que a boa-fé deveria ser considerada tão somente como dado relevante relativamente à interpretação dos negócios jurídicos. Essa orientação está agora positivada no art. 113 do Código Civil. No entanto, o Legislador Civil de 2002 ao adotar a norma contida no art. 422 do Código Civil, segundo a qual *os contratantes são obrigados a guardar, assim na conclusão do contrato, como em sua execução, os princípios da probidade e boa-fé,* nos permite entender que a presença da má-fé ou da improbidade por parte de figurante na formação do negócio jurídico passam a constituir causas de invalidade do negócio jurídico, em face da afetação da vontade e da violação da moralidade que deve presidir as relações negociais.

Finalmente, em alguns casos, para atos de disposição de bens, se exige a atuação complementar de outrem (= anuência), em geral como medida protectiva das pessoas (assistência aos incapazes) ou resguardativa do patrimônio (anuência do cônjuge).

§ 10. Capacidade de agir do agente

O direito atribui a todo ser humano, indistintamente, e a certos entes por ele criados *capacidade jurídica* que se caracteriza como a atribuição da possibilidade de ser sujeito de direito, isto é, de poder ser titular de direitos e obrigações na ordem civil (Código Civil, art. 1º). É, portanto, a capacidade jurídica imanente à personalidade civil, mas, não apenas a ela, uma vez que há entes não personificados que a têm. Essa imanência conduz, em geral, a doutrina a confundir capacidade jurídica com personalidade de direito. Erroneamente, porém, uma vez que o conceito de capacidade jurídica é bem mais amplo que o de personalidade civil[41].

41. Na verdade, embora toda pessoa (física ou jurídica) seja sujeito de direito (= tem capacidade jurídica), há outros entes que também o podem ser. É o caso, por exemplo, do nascituro e do *concepturo* a quem se resguardam os direitos hereditários, da herança jacente, da sociedade não personificada (denominada impropriamente de sociedade de fato ou irregular), da massa falida, que, sem serem pessoas, são titulares

A capacidade jurídica é genérica. Há, no entanto, como conteúdo dela, capacidades específicas[42], dentre as quais está a capacidade para praticar, pessoalmente e sem a interferência de terceiros (= representante ou assistente legal), os atos jurídicos que o sujeito de direito necessitar realizar (= *capacidade de agir*, também denominada *capacidade de obrar* ou, ainda, inadequadamente, *de exercício*). Como instrumentos protectivos das pessoas naturais, os sistemas jurídicos estabelecem li-

---

de obrigações e direitos. Se a esses seres se atribui a titularidade de certos direitos e obrigações, de capacidade processual, de legitimidade *ad causam* etc., não há como negar-lhes a condição de sujeitos de direito. O ser pessoa, do ponto de vista jurídico, é atribuição (= eficácia jurídica) que o direito faz aos seres humanos e a certos entes criados pelos homens. O fato de o sistema jurídico não lhes reconhecer personalidade jurídica não lhes tira a condição de titulares de situações jurídicas. *Vide* como complemento a nota 42, nosso *Teoria do fato jurídico*: plano da eficácia, 1ª Parte, Cap. V (a partir de sua 11ª ed., já revista de conformidade com o Estatuto da Pessoa com Deficiência); e o nosso artigo Achegas para uma teoria das capacidades em direito, *Revista de Direito Privado*, São Paulo: Revista dos Tribunais, n. 3, jul./set. 2000, p. 9-34, que precisa ser lido considerando a sua inadaptação ao referido EPD.

42. Conforme mostramos em nosso *Teoria do fato jurídico*: plano da eficácia, 1ª Parte, § 23, acompanhando observação de Pontes de Miranda (*Tratado de direito privado*,t. I, § 49, 1 *et passim*), é preciso considerar, na área do direito privado, que há várias espécies de capacidade: (*a*) capacidade para a prática de ato-fato jurídico; (*b*) capacidade para praticar ato jurídico *stricto sensu;* (*c*) capacidade negocial (= para realizar negócio jurídico); (*d*) capacidade de herdar (legitimação hereditária); (*e*) capacidade para ser empresário; (*f*) capacidade de praticar ato ilícito civil; e (*g*) capacidade para obrigar-se por fato jurídico indenizativo, que se desdobra em (*g.a*) capacidade para obrigar-se por ato ilícito; e (*g.b*) capacidade para obrigar-se por ato-fato indenizativo.

No plano do direito público as questões da capacidade para praticar crime (capacidade delitual, ou o ser imputável), da capacidade para exercer direitos públicos, da capacidade processual têm disciplinamento próprio, em cada ramo.

Todas as capacidades, a nosso ver, constituem conteúdo da capacidade jurídica, que é a base sobre que se estruturam as demais capacidades específicas. Portanto, é possível ter-se a capacidade jurídica integralmente, como acontece com o ser humano plenamente capaz, a quem são atribuídas todas as capacidades específicas, ou tê-la somente em parte, como ocorre com as pessoas jurídicas e os incapazes, bem assim com os sujeitos de direito não personificados.

Esse assunto está tratado com maior aprofundamento em nosso *Teoria do fato jurídico*: plano da eficácia, 1ª Parte, acima citado. Nosso enfoque, neste momento, se restringe ao aspecto da capacidade para a prática de atos jurídicos *lato sensu*, portanto, da capacidade para realizar atos jurídicos *stricto sensu* e negociais, considerando suas repercussões no plano da validade.

mitações à capacidade de agir, que se expressam na inaptidão (= incapacidade) para realizar, pessoalmente, atos jurídicos válidos.

A capacidade de agir é estado pessoal. Ser capaz é qualificação atribuída pelo direito às pessoas em geral, sendo que, em relação aos seres humanos, nem todos a têm. Diz-se incapaz aquele a quem as normas negam a capacidade de praticar, pessoalmente, ato jurídico *lato sensu* válido. A incapacidade, na verdade, constitui exceção à regra da capacidade donde se concluir que todos são capazes, exceto os declarados, em lei, incapazes[43]. Tem por fundamento a necessidade de proteger as pessoas naturais que, por algum motivo relacionado à vivência nas relações negociais, à sanidade física ou mental (*vide*, antes, nota n. 38), à situação cultural ou à impossibilidade física de administrar seus bens e praticar os atos respectivos, são consideradas sem experiência de vida (= menores de idade), sem as condições de discernimento que lhes permitam ter a plena consciência das consequências práticas de seus atos (= ébrios habituais, viciados em drogas e pródigos)[44], ou, ainda, quem não possa, mesmo por causa temporária, exprimir sua vontade.

Não há, no direito brasileiro, incapacidade em razão do sexo, do estado civil, ou de deficiência física, mental ou intelectual das pessoas, quanto a esta última, em face da plena capacidade civil outorgada pelos arts. 6º e 84 do EPD.Tanto a mulher como o homem, quando casados, sofrem algumas limitações quanto ao exercício de certos direitos, que, no entanto, não configuram incapacidade. Em todos os regimes de bens do matrimônio, exceto no de separação absoluta (Código Civil, art. 1.647, I) e, eventualmente, no de participação final nos aquestos, nesse quando houver avença no pacto antenupcial (Código Civil, art. 1.656), não pode qualquer dos cônjuges alienar os bens imóveis, mesmo que não integrem a comunhão, sem a anuência do outro. Isso, porém, não constitui caso de

---

43. Savatier, *La théorie des obligations*, p. 157; Weill e Terré, *Droit civil. Les obligations*, p. 247; Flour e Aubert, *Droit civil. Lesobligations*, v. 1 — L'Acte Juridique, p. 161; Starck, *Droit civil*:obligations, p. 408. A regra do art. 1.123 do Code de Napoléon é explícita: "*toute personne peut contracter si elle n'en est pas déclarée incapable par la loi*".

44. Santoro-Passarelli, *Doctrinas generales del derecho civil*, p. 119; Betti, *Teoria geral do negócio jurídico*, v. II, p. 22; Savigny, *Sistema del derecho romano actual*, v. 2, p. 210 e § 106; Cifuentes, *Negocio jurídico*, p. 36; Pescatore, *Introduction à la science du droit*, p. 265-266.

incapacidade, mas de *falta de legitimação*, o que será estudado adiante no § 11. Por causa dessas limitações, o Código Civil de 1916, numa terminologia equivocada, em sua redação original e até a adoção da Lei n. 4.121, de 1962 (Estatuto da Mulher Casada), incluía a mulher casada dentre os relativamente incapazes, numa visão distorcida do problema, inclusive porque as mesmas limitações se aplicavam também ao homem casado, que, entretanto, não era considerado incapaz.

Há graus de incapacidade, considerando-se a maior ou a menor aptidão que, presumidamente, devem ter as pessoas para, pessoalmente, gerir os seus interesses e atuar realizando atos jurídicos. Assim, há (*a*) *incapacidade absoluta*, que nega, totalmente, à pessoa a possibilidade de praticar qualquer dos atos da vida civil, e (*b*) *incapacidade relativa*[45], em que a limitação se refere, apenas, a certos atos ou ao modo de praticá-los[46].

O *princípio da preponderância da tutela do incapaz*[47] rege o sistema jurídico naquilo que respeita à prática dos atos jurídicos e é predo-

---

45. Alguns doutrinadores se referem à *incapacidade natural*, que seria aquela por motivo de saúde, antes de decretada a interdição (Orlando Gomes, *Introdução ao direito civil*, p. 149; Santoro-Passarelli, *Doctrinas generales del derecho civil*, p. 21). Esse conceito, no entanto, se já não tinha significado jurídico, nem maior importância prática antes da vigência do EPD porque a nulidade resultante de incapacidade por motivo de insanidade mental se devia apurar em relação ao momento da prática do ato, tendo a interdição do incapaz eficácia *ex tunc*, atualmente se tornou completamente sem interesse, considerando-se não mais haver incapacidade absoluta por motivo de insanidade mental, ou física, havendo sido excluído do sistema jurídico nacional o instituto da interdição por esses motivo. A curatela, quando necessária em relação a pessoas com deficiência, *constitui medida protetiva extraordinária, proporcional às necessidades e às circunstâncias de cada caso, e durará o menor tempo possível* (EPD, art. 84, § 3º.)

46. Exemplos: a partir dos dezesseis anos o indivíduo pode fazer testamento (Código Civil, art. 1.860, parágrafo único), aceitar mandato (Código Civil, art. 666), ser testemunha (Código Civil, art. 228, I). O pródigo pode praticar todos os atos da vida civil, exceto os relativos à disposição de bens, a endividamento e aos atos processuais (Código Civil, art. 1.782).

47. Pontes de Miranda, *Tratado de direito privado*, t. IV, § 386, 2. A extinção dos casos de incapacidade por motivo de deficiência física, mental e intelectual pelo EPD, reduziu, significativamente, a área de incidência desse princípio, em especial sua repercussão no plano da validade. Não há mais hipóteses de nulidade por esse motivo. E anulabilidade, a nosso ver, somente existe quando, estando o deficiente sob curatela, pratica, sem a assistência do curador, negócio jurídico incluído nos limites do decreto de curatela.

minante em relação a quaisquer outros referentes ao tráfico jurídico. Qualquer limitação à salvaguarda do incapaz é sempre excepcional e somente pode ser instituída por lei. Não é possível, também, que sejam criadas, convencionalmente (= por meio de negócio jurídico), quaisquer restrições a essa proteção do incapaz além das previstas legalmente, sob pena de nulidade (*vide* a distinção que fazemos entre *limitação* e *restrição* na nota n. 67).

Por isso, o direito considera nulo o ato jurídico quando praticado, diretamente, pelo absolutamente incapaz[48], e anulável quando realizado pelo relativamente incapaz sem a presença de quem o deve assistir, naqueles casos em que não lhe seja permitido praticá-lo sem assistência[49].

1. Idade e capacidade

A idade é o primeiro dado considerado pelos ordenamentos jurídicos no deferimento da capacidade de agir. A experiência mostra que o ser humano, de modo geral, somente depois de certa idade, adquire a vivência necessária que o torna apto a conduzir, pessoalmente, seus interesses. Não há critérios aprioristicamente estabelecidos. Cada comunidade jurídica, segundo sua própria valoração, define com que idade as pessoas devem ser consideradas capazes para a prática dos atos jurídicos.

No direito brasileiro, até os dezesseis anos a pessoa é absolutamente incapaz. Dos dezesseis aos dezoito anos, a incapacidade é relativa. A maioridade (= a plena capacidade por motivo de idade), por-

---

48. Na prática de atos jurídicos, os absolutamente incapazes são representados (= o ato é praticado pelo representante em nome do incapaz, que dele não participa) e os relativamente incapazes, naqueles atos que não lhes são permitidos praticar sozinhos, são assistidos (= o incapaz pratica o ato pessoalmente, mas em conjunto com quem o deve assistir) por seus pais, tutor ou curador, conforme a espécie, dependendo, algumas vezes, de autorização judicial, com audiência do órgão do Ministério Público, como nas vendas de bens imóveis pertencentes ao incapaz, por exemplo.

49. A anulabilidade é a sanção imposta pelo art. 171 do Código Civil para o ato jurídico praticado pelo relativamente incapaz sem o consentimento de seu assistente. Quando se trata de silvícola, o art. 8º da Lei n. 6.001, de 19-12-1973 (Estatuto do Índio), tem por *nulos* os atos praticados entre o índio não integrado e pessoa estranha à comunidade indígena quando não tenha havido assistência do órgão tutelar competente, atualmente a Funai.

tanto, somente é alcançada aos dezoito anos completos (Código Civil, art. 5º)[50].

Cessa, no entanto, a incapacidade decorrente da idade:

(*a*) pela emancipação, concedida em conjunto pelos pais, ou, na falta de um deles, pelo outro, independentemente de homologação judicial, ou, na falta de ambos, por sentença do juiz, ouvido o tutor, desde que o menor seja púbere (= tenha dezesseis anos completos);

(*b*) pelo casamento;

(*c*) pelo exercício de cargo público efetivo;

(*d*) pela colação de grau científico em curso de ensino superior;

(*e*) pelo estabelecimento empresarial ou relação de emprego em razão do que o menor, com dezesseis anos completos, tenha economia própria[51].

---

50. (*a*) No direito alemão, a incapacidade absoluta termina aos sete anos (BGB, § 104, 1). Dos sete aos dezoito anos há incapacidade relativa. (*b*) No direito francês, a incapacidade vai até aos dezoito anos (art. 388), cessando esta pela emancipação que se dá pelo casamento (art. 476) ou pela outorga familiar, tendo o menor dezesseis anos completos (art. 477). Não há norma explícita sobre a incapacidade relativa, mas o Code Civil permite que o menor, após os dezesseis anos, pratique, pessoalmente, certos atos jurídicos, como, por exemplo, testamento, limitando-se, porém, à disposição da metade daquilo que poderia dispor um maior (art. 904). (*c*) Também o Código Civil italiano, art. 2º, conforme a redação que lhe deu o art. 1º da Lei n. 39, de 8 de março de 1975, estabelece, apenas, a idade limite da incapacidade (18 anos), declarando, porém, que "com a maioridade adquire-se a capacidade para realizar todos os atos *para os quais não esteja estabelecida uma idade diversa*".

51. O Código Civil, art. 5º, parágrafo único, I, dispõe que a emancipação deve ser concedida pelos pais, ou por um deles na falta do outro, mediante instrumento público, independentemente de homologação judicial, ou ainda por sentença do juiz, ouvido o tutor, se o menor tiver dezesseis anos completos. Na hipótese de divergência entre os pais, deverá caber ao juiz suprir o consentimento, desde que a recusa seja injusta.

O tratamento dado pelo Legislador Civil de 2002 aos demais casos em que pode cessar a eficácia da menoridade (= incapacidade), exceto o casamento, demonstra a falta de sistema do Código e a inadequação das normas às situações fácticas possíveis. Explicamos. Basicamente, o Código reproduziu as mesmas causas de cessação de incapacidade, previstas no Código de 1916, com leves alterações redacionais, sem levar em conta, porém, que o tempo em que dura a incapacidade relativa ficou reduzido a dois anos (dos 16 aos 18 anos). Na vigência daquele diploma legal

Essas regras são específicas e se referem, particularmente, à capacidade para praticar, na área civil, atos jurídicos[52].

Não há incapacidade por *velhice*. Após a maioridade somente pode haver incapacidade (relativa): (*a*) por embriaguês habitual ou vício em tóxico, (*b*) por impossibilidade, temporária ou permanente, de expressar a vontade, e (*c*) por prodigalidade.

---

todas as hipóteses consideradas eram possíveis de ocorrer, porque a incapacidade relativa ia até os vinte e um anos; portanto, aos dezoito anos a pessoa ainda era relativamente incapaz. No entanto, entre dezesseis e dezoito anos, ninguém pode: (*a*) exercer cargo público efetivo; (*b*) colar grau em curso de ensino superior; (*c*) ter economia própria, como empresário (atividade que somente pode ser exercida por quem seja plenamente capaz, conforme os arts. 972 e 974), ou, o que é muito improvável, por força de relação de emprego. São normas cuja incidência não pode ocorrer, ou dificilmente ocorrerá, pela impossibilidade (ou quase) de concreção do suporte fáctico.

Pode-se pensar que haveria exagero nessa última afirmativa quanto à possibilidade de alguém colar grau em curso superior antes de completar 18 anos, considerando, atualmente, a proliferação de cursos de curta duração. Em regra, esses cursos têm duração mínima de dois anos e parece ser muito difícil alguém concluir curso de segundo grau com menos de 16 anos (salvo a excepcionalidade das pessoas ditas superdotadas), o que permitiria a ocorrência da hipótese legal. Em relação ao empresário, os citados artigos do Código Civil, exigindo a necessidade de representante ou de assistente para que o incapaz possa ser empresário, demonstra que ele não alcança a capacidade, mas, ao contrário, continua incapaz. Há evidente contradição entre o art. 5º, V, e o art. 974 do Código.

52. Como referido na nota 42, as outras espécies de capacidade na área do direito civil e em outros ramos do direito podem ser, e são, diferentes. Por exemplo: (*a*) a capacidade para praticar fato jurídico *stricto sensu* e ato-fato jurídico é plena, não sofre limitações, precisamente porque a vontade não é elemento do suporte fáctico. Para que ocorra o fato-evento do nascimento com vida não há necessidade de que haja *vontade* e muito menos *vontade consciente*. (*b*) Para obrigar-se por atos ilícitos o incapaz responde pelos prejuízos que causar, se as pessoas por ele responsáveis não tiverem obrigação de fazê-lo ou não dispuserem de meios suficientes (Código Civil, art. 928). (*c*) A capacidade de praticar ilícito criminal, ou seja, aquela que faz com que a pessoa seja penalmente imputável, no direito penal brasileiro está fixada em dezoito anos (Constituição de 1988, art. 228). (*d*) A capacidade para votar em eleições para mandatos políticos começa aos dezesseis anos.

Não há, portanto, regras ou princípios *a priori* postos para a concessão da capacidade, cabendo ao legislador dispor segundo critérios valorativos, naturalmente com base em dados da experiência, ou apurados pela Ciência, que mostram o grau de discernimento das pessoas em conhecer o alcance das consequências de seus atos. A plena capacidade civil concedida pelo EPD às pessoas com deficiência física, mental e intelectual, bem demonstra o arbítrio que tem o legislador em definir as causas de incapacidade.

A *senilidade, quando torna a pessoa deficiente, não gera incapacidade, mesmo relativa;* apenas constitui motivo para que possa ser posta em curatela, o que, porém, não a torna incapaz (desde o EPD), embora necessite da assistência do curador para praticar os atos jurídicos relacionados na declaração de curatela, mas, exclusivamente, quanto a esses. Assim, se o ato jurídico não está incluído nos limites da curatela é prescindível a assistência do curador.

2. Sanidade mental e física

O direito, tradicionalmente, considerava pressuposto da capacidade de agir ser o indivíduo mentalmente são, com desenvolvimento mental e intelectual completo, bem assim que não tivesse deficiência física que lhe restringisse a possibilidade de compreensão das circunstâncias e o impedisse, mesmo por causa transitória, de expressar, conscientemente, sua vontade, como acontece com o surdo-mudo (quando não consegue se comunicar, seja por que meio for, de modo inteligível), os ébrios habituais e os viciados em tóxicos.

O Código Civil de 2002, acompanhando o desenvolvimento da Ciência, passou a dar tratamento diferenciado às pessoas naturais que, de algum modo, tivessem prejudicada a integridade de suas faculdades mentais e intelectuais, estabelecendo uma gradação da incapacidade de agir segundo o nível da afetação de sua capacidade de discernimento. A causa e o grau da deficiência mental, que não eram levados em conta no regime do Código de 1916, passaram a ter importância fundamental quanto à fixação da incapacidade.

O EPD, no entanto, dogmatizando os princípios enunciados em seus arts. 6º (*a deficiência não afeta a plena capacidade civil da pessoa*) e 84 (*a pessoa com deficiência tem assegurado o direito ao exercício de sua capacidade legal em igualdade de condições com as demais pessoas*), deu novas redações aos arts. 3º e 5º, com o que aboliu, em definitivo e completamente, a incapacidade de agir das pessoas com ausência ou redução de discernimento por motivo de deficiência física, mental ou intelectual, seja qual for a sua causa e grau. Desde aí, somente são considerados incapazes: (*a*) absolutamente, os menores de 16 anos, e (*b*) relativamente, (*i*) os menores entre 16 e 18 anos, (*ii*) os ébrios habituais e os viciados em tóxicos, (*iii*) os que, mesmo por causa transitória, não puderem expressar sua vontade e (*iv*) os pródigos.

A *cegueira* já não estava entre as causas de incapacidade em geral. O cego, apesar de sua deficiência física, não era considerado incapaz. Sofria, porém, limitações quanto à prática de certos atos jurídicos, em razão de ser privado do domínio do sentido da visão, como, *e.g.*, a de não poder fazer testamento por outra forma que não a pública (Código Civil, art. 1.867), e a de não poder ser testemunha quando o conhecimento do fato que se pretendia provar dependesse do sentido que lhe faltava (Código Civil, art. 228, III). Essas limitações não implicavam incapacidade de agir em sentido próprio, mas, tão somente, (*i*) a do art. 1.867 se destinava a evitar que a pessoa cega ficasse exposta a ser lograda, por exemplo, com a troca, sem o seu consentimento e conhecimento, do instrumento particular ou cerrado do testamento por outro com disposições diferentes das que constavam do documento original, e (*ii*) a de testemunhar apenas consistia em reconhecimento da sua impossibilidade física de conhecer o fato.

O EPD revogou expressamente a norma do art. 228, III. Foi, contudo, silente quanto ao art. 1.867, dando azo a dúvida sobre sua revogação implícita, em face do § 1º do art. 2º da Lei de Introdução às Normas do Direito Brasileiro. A nosso entender, considerando: (*a*) que o EPD é lei ordinária editada com o objetivo específico de internar no ordenamento jurídico nacional os princípios da Convenção Internacional sobre Pessoas com Deficiência, cujo fim último consiste, conforme declarado em seus princípios gerais (art. 3º) e na enunciação das obrigações gerais a que se devem sujeitar os seus subscritores (art. 4º), na busca pela eliminação das relações sociais, sob seus múltiplos aspectos, de toda e qualquer atitude ou exigência, inclusive normativa, que, de algum modo, possa implicar possível discriminação a pessoas com deficiência; (*b*) que os princípios e regras dessa Convenção, que tem *status* constitucional, devem ser aplicados em caso de omissão do EPD, por lhe ser hierarquicamente superior[53]; (*c*) que a regra do art. 1.867 do Código Civil, embora tenha a relevante finalidade de impedir que a pessoa cega possa ser alvo de fraudes implica, em última análise, uma restrição à sua capacidade de agir, que foi reconhecida plenamente e sem exceções às pessoas com deficiência, esse dispositivo da Lei Civil está revogado.

---

53. O Decreto Legislativo n. 186, de 9-7-2008, que aprovou a Convenção Internacional sobre Pessoas com Deficiência, conforme declara sua introdução, foi editado nos termos do art. 5º, § 3º, da CF, de modo que equivale a uma emenda constitucional.

O outro requisito para a plena capacidade é que o indivíduo não seja *pródigo*. Pródigo é aquele que gasta, desmesurada e insensatamente, o que tem, de modo que poderá ser levado à miséria. A prodigalidade visa mais à proteção da família do que à do patrimônio individual. Por isso, somente constitui causa de incapacidade se o pródigo é casado, se tem descendentes ou ascendentes, ou, ainda, se mantém uma união estável[54].

A prodigalidade, embora a questão seja controvertida em psiquiatria, em geral não é considerada uma forma de insanidade mental, mas, sim, um desvio de caráter[55]. Na realidade, porém, não é possível negar que constitui uma deformação da personalidade que tem por causa um desequilíbrio psíquico. Se não se pode classificá-la como insânia mental em sentido estrito, parece-nos que não será incorreto considerá-la um estado psicopatológico *lato sensu*[56].

Da prodigalidade resulta incapacidade relativa apenas à prática de atos de disposição de bens, créditos e valores, bem assim em relação à capacidade *ad processum* (= poder de, pessoal e diretamente, demandar e ser demandado).

A incapacidade do pródigo depende de interdição judicial, sendo legitimados para requerê-la somente o cônjuge, os descendentes, os ascendentes e o companheiro em união estável, ou seja, aqueles que o direito pretende resguardar dos seus efeitos.

---

54. Boa parte da doutrina tem entendido que essa orientação que adotamos não mais teria cabimento, porque a norma do art. 460 do Código de 1916, que a embasaria, não foi recepcionada pelo Código de 2002, de modo que o MP estaria legitimado a promover a curatela do pródigo, na falta de parentes. Não estamos, porém, convencidos de sua procedência, considerando que a interdição constitui uma restrição à liberdade da pessoa, o que somente se justificaria se houvesse um valor maior a resguardar, como a proteção da família.

O art. 1.768 do Código Civil apenas atribui legitimação processual para pedir a curatela aos pais ou tutor, ao cônjuge e qualquer parente. Inexplicavelmente o legislador *esqueceu* o companheiro, que de modo algum é parente. Segundo nos parece, apesar da omissão do Código, não é possível negar aos companheiros a mesma legitimação atribuída aos cônjuges para pleitear a curatela, em face do reconhecimento da união estável pela Constituição, assegurando-lhe proteção (art. 226, § 3º), e pelo próprio Código Civil (art.1.723).

55. Mota Pinto, *Teoria geral do direito civil*, p. 154.

56. Tendo mantido a incapacidade do pródigo, evidentemente, o EPD adotou a concepção de que a prodigalidade não constitui uma deficiência psíquica.

3. Condição cultural. O silvícola

Considera-se relativamente incapaz o silvícola, enquanto não integrado à comunidade nacional. A matéria é regida pelo chamado Estatuto do Índio (Lei n. 6.001, de 19-12-1973), o qual estabelece como condições para alcançar a plena capacidade civil ter o silvícola: (*a*) idade mínima de vinte e um anos; (*b*) conhecimento da língua portuguesa; (*c*) habilitação para o exercício de atividade útil, na comunhão nacional; (*d*) razoável compreensão dos usos e costumes da comunhão nacional. A plena capacidade do silvícola, provados esses requisitos, é declarada pelo juiz, após instrução sumária, ouvidos o órgão de assistência ao índio e o Ministério Público, ou, ainda, administrativamente, mediante declaração formal do próprio órgão de assistência que reconheça a sua plena integração, homologada judicialmente. Em ambos os casos, a decisão judicial deverá ser transcrita no registro civil.

A questão da incapacidade relativa do índigena foi excluída da área de incidência do Código Civil (art. 4º, parágrafo único), tendo normas específicas ditadas pelo referido Estatuto do Índio (*vide*, adiante, no § 43).

4. Interdição legal

Há doutrinadores[57] que incluem entre os incapazes os condenados a penas privativas de liberdade, argumentando que não podem exercer, pessoalmente, os atos da vida civil[58].

Em relação ao direito brasileiro não nos parece possível falar em incapacidade decorrente de condenação penal privativa de liberdade, porque não existe pena com tal eficácia. A impossibilidade física de praticar certos atos da vida civil por força da prisão, no nosso entender, não caracteriza caso de incapacidade. O condenado pode dar procuração para que lhe administrem os bens, como praticar os atos jurídicos que forem necessários e possíveis em face de sua situação. Não há impedimento de que venda, por exemplo, um bem, ou o doe, assinando pessoalmente a escritura. Aliás, o próprio Orlando

57. Orlando Gomes, *Introdução ao direito civil*, p. 179.

58. O Código Civil de 2002 corrigiu o defeito de seu antecessor que declarava absolutamente incapaz o ausente, não mais assim o considerando.

Gomes na obra citada opina que, tecnicamente, não é possível ter o condenado, igualmente ao ausente, como incapaz[59].

No sistema jurídico italiano, porém, existia a espécie[60]. O Código Penal, por exemplo, no art. 32, estabelecia, como pena acessória, que o condenado ao *ergástulo* (= pena de prisão perpétua, com trabalhos forçados e isolamento noturno — Código Penal, art. 22) ou à pena de *reclusão por mais de cinco anos* ficaria em estado de interdição legal, aplicando-se-lhe (Código Penal, art. 32,4), no que concerne à disponibilidade e administração dos bens e ainda à representação nos atos a esses relativos, as normas da lei civil sobre interdição judicial (Código Civil, art. 424). A interdição legal, na Itália, implica a nomeação de um tutor, enquanto durar a pena[61].

No direito brasileiro há sanções criminais, acessórias ou não, e civis que inabilitam as pessoas a exercer certos atos da vida civil, o que não caracteriza incapacidade em sentido próprio[62].

§ 11. Capacidade e legitimação[63]

1. Distinções quanto à essência

A capacidade de agir não se confunde com a legitimação, apesar de

59. Orlando Gomes, *Introdução ao direito civil*, p. 180.

60. Messineo, *Manual de derecho civil y comercial*, v. 2, p. 102.

61. Implica ainda a extinção ou a suspensão do poder familiar, conforme a pena seja de ergástulo ou de reclusão. De acordo com a redação original do Código Penal, a interdição legal decorrente da pena de ergástulo importava, também, a incapacidade de testar e tornava nulo o testamento que houvesse sido feito mesmo antes da condenação. No entanto, o art. 119 da Lei de 24-11-1981, n. 689, que modificou o sistema penal, aboliu essa última consequência civil da pena (= poder de testar).

62. Exemplos: a) de penas criminais: os condenados por crimes contra a probidade administrativa não podem contratar com a Administração Pública; os condenados por crime falimentar, de prevaricação, peita ou suborno, concussão, peculato, contra a economia popular, a fé pública ou a propriedade, ou, ainda, a pena criminal que vede, mesmo que temporariamente, o acesso a cargo público, não podem exercer cargo de administração em sociedade anônima; b) de sanções civis: o falido fica inabilitado a exercer qualquer atividade empresarial, desde a decretação da falência até a sentença que decide, ao final, a falência e resolve as questões criminais a ela relacionadas.

se tratar, em ambas as espécies, de aptidão subjetiva para a prática de atos jurídicos. É que, enquanto a capacidade constitui um estado pessoal relacionado ao poder de, pessoalmente e sem necessidade de assentimento assistencial, exercer os direitos e praticar os atos da vida civil, a legitimação consiste em uma posição do sujeito, capaz ou não, relativamente ao objeto do direito, que se traduz, em geral, na titularidade do direito, posição esta que tem como conteúdo o poder de disposição, bem assim o poder de aquisição e o de contrair dívidas. Excepcionalmente, a legitimação pode decorrer de *atribuição* do sistema jurídico a terceiro que não seja o titular do direito[64]. A doutrina civilística tradicional costuma usar a expressão *poder de disposição* para designar a legitimação, embora com certa impropriedade por não definir o fenômeno em toda a sua abrangente complexidade. Na verdade, conforme já é possível constatar da simples menção das espécies, a legitimação não se limita (*a*) ao poder de dispor em sentido estrito, pois se refere, também, (*b*) ao poder de adquirir e (*c*) ao de endividar-se, aos quais Von Tuhr denomina *poder passivo de disposição*[65].

1.1. Legitimação e poder de disposição

Geralmente, a legitimação para dispor (poder de disposição propriamente dito) é resultante da circunstância de ser o agente titular do direito ou do bem objeto do ato jurídico ou da prestação: somente pode dispor do direito ou do bem aquele que é o seu titular. *Dispor de um bem ou de um direito significa poder transmiti-lo a outrem, a ele renun-*

---

63. Conceito originariamente desenvolvido no campo do direito processual, a legitimação define a posição das partes quanto ao objeto da relação jurídica processual. Até pouco tempo, fora do processo era raro o seu emprego pela doutrina. No direito civil, para definir a titularidade do direito e o consequente poder da pessoa para dispor do objeto do negócio jurídico, era usual o emprego da expressão *poder de disposição*. A sua imprecisão, pela carga semântica restritiva que carrega, levou a doutrina civilística a substituí-la pelo uso do vocábulo *legitimação*, hoje de largo emprego. O problema da legitimação não é simples. As divergências quanto à sua natureza e seus efeitos são acentuadas, como veremos no texto.

64. Exemplos: o síndico em relação à massa falida; o inventariante em relação aos bens do espólio.

65. *Teoría general del derecho civil alemán*, v. II, t. 2, p. 72.

ciar ou abandoná-lo. Assim, a legitimação está ligada ao *dono* (= titular) do bem ou do direito. A lei, no entanto, excepcionalmente e atendendo a circunstâncias peculiares, atribui legitimação a quem não tem a titularidade do direito ou do bem (legitimação legal e judicial), como também permite que seja concedida negocialmente. É o que ocorre com a representação legal dos incapazes e de certas pessoas ou universalidades patrimoniais (pais, esposo, tutor, curador, síndico da massa falida, inventariante, p. ex.) ou com o juiz, que pode ordenar a alienação de bem penhorado quando perecível, *e. g.*, e no caso de mandatário (= representação negocial). A diferença entre a legitimação para dispor que tem o titular do bem ou direito e a do representante reside em que aquele dispõe em nome próprio, enquanto o representante dispõe em nome alheio, do dono. O tutor, quando aliena bem do pupilo, a que está legitimado (Código Civil, art. 1.747, IV), o faz em nome daquele e não em seu próprio. O mesmo ocorre com o pai, o curador, o mandatário e todas as pessoas que tenham representação.

A legitimação para dispor, mesmo do titular do bem ou do direito, não é absoluta e sofre *limitações*, que são impostas (*a*) por lei[66] e (*b*) pela própria natureza do direito. Os direitos indisponíveis (direitos da personalidade, de família, por exemplo) não podem, em razão mesmo de sua natureza, ser objeto de alienação.

É possível criarem-se, negocialmente, *restrições*[67] ao poder de dispor. Ao doador e ao testador permite-se gravar o bem doado, ou legado, com cláusulas de inalienabilidade, impenhorabilidade e incomunicabilidade, em consequência das quais aquele que o recebe não pode aliená-lo ou dá-lo em garantia (= penhorar, apenhar, dar em anticrese ou hipotecar), nem se comunica a cônjuge ou companheiro.

As restrições negociais à disposição de bens somente atingem a legitimação para dispor quando a lei lhes atribui eficácia real, o que somente ocorre quando são registráveis[68], e, por isso, gravam direta-

---

66. Como observa Pontes de Miranda (*Tratado de direito privado*, t. IV, § 387, 1), essa lei há de não infringir a Constituição, naquilo que limita.

67. Adotamos a distinção que Pontes de Miranda faz, em matéria de direitos reais, entre *limitação*, que decorre de lei, e *restrição*, que resulta de negócio jurídico.

68. Poucas são as restrições negociais ao poder de disposição que podem ser registradas, além das cláusulas de inalienabilidade, impenhorabilidade e incomunicabilidade referidas no texto. O acordo entre condôminos de não dividir por prazo

mente o bem. Outras quaisquer, porque seus efeitos são meramente obrigacionais, não afetam a eficácia nem a validade do ato de disposição que as contrarie. Geram, na infração, apenas, dever de indenizar. O ato não sofre de invalidade ou ineficácia[69].

As limitações e as restrições (registráveis), quando se referem ao objeto, o tornam *objeto juridicamente impossível.*

É preciso, ainda, considerar que legitimação para dispor diz respeito, especificamente, à prática de ato de disposição caracterizado pela transmissão a outrem de bem ou de direito. Quem não é dono pode vender, mas a venda é eficaz em relação ao vendedor, criando entre ele e o comprador relação jurídica de que resultam obrigações de natureza pessoal em face do comprador (obrigação de indenizar, por exemplo). O acordo de transmissão do bem, no entanto, é ineficaz relativamente ao dono da coisa. Vender, apenas, não importa transmitir. A tradição da coisa móvel, o registro do acordo de transmissão do imóvel, o endosso do título de crédito, por exemplo, é que têm o efeito real da transmissão da propriedade. Para esses atos a legitimação constitui elemento essencial de eficácia e, algumas vezes, de validade.

1.2. Legitimação e poder de adquirir

A legitimação, conforme vimos antes, não se refere, apenas, ao poder de disposição, mas também inclui o *poder de adquirir*. Em geral todas as pessoas têm legitimação para adquirir. Apesar de sua generalidade, a legitimação para adquirir, igualmente ao poder de disposição, pode sofrer limitações, no entanto, exclusivamente, em decorrência (*a*) de disposições legais, desde que conformes com a Constituição, ou (*b*) em razão da natureza do direito a ser adquirido.

---

inferior a cinco anos, ou a cláusula testamentária ou de doação estabelecendo a indivisibilidade do bem legado ou doado em condomínio por até cinco anos (Código Civil, art. 1.320 e parágrafos), são alguns deles. Não é admissível a criação de direito real (= direito que recai diretamente sobre bens) apenas por meio de negócio jurídico. Os direitos reais são *numerus clausus*, somente a lei os pode criar. São nulas as disposições negociais que criam direitos reais não previstos pelo ordenamento jurídico. O BGB, § 137, contém norma explícita sobre isto.

69. Por exemplo, se o proprietário de imóvel que deu ao vizinho preferência para adquiri-lo vende-o a terceiro sem antes lho oferecer, a venda é válida e eficaz, cabendo ao vizinho apenas o direito a pedir indenização pelos danos que houver sofrido.

(*a*) A lei proíbe que pessoas em certas situações possam adquirir bens pertencentes a determinadas pessoas, como acontece, por exemplo, com os tutores, relativamente aos bens de seus pupilos, e com as outras pessoas mencionadas no art. 497 do Código Civil.

(*b*) Em face de sua natureza, uma servidão somente pode ser adquirida pelo titular do prédio dominante (arg. ao art. 1.378 do Código Civil).

São admissíveis restrições negociais ao poder de adquirir, mas seus efeitos se restringem ao plano obrigacional, de modo que, se violadas, não implicam invalidade, apenas criam dever de indenizar.

1.3. Legitimação e poder de endividamento

Além disto, a legitimação diz respeito ainda ao *poder de endividamento* com comprometimento do patrimônio. Somente quando há legitimação o patrimônio responde pelas dívidas contraídas pelas pessoas. As dívidas contraídas por qualquer dos cônjuges somente obrigam o outro quando se referirem à aquisição de bens necessários à economia doméstica (Código Civil, art. 1.644), seja qual for o regime de bens do casamento. Da mesma forma, exceto quando o regime de bens é o da separação absoluta, nenhum dos cônjuges pode, sem o consentimento do outro, prestar fianças ou avais, ou ainda onerar bem imóvel com direito real, sob pena de anulabilidade (Código Civil, arts. 1.647 e 1.649).

Como se pode concluir, legitimação nada tem que ver com capacidade. Quem é capaz pode não ter legitimação, como, ao contrário, quem tenha legitimação pode ser incapaz. São institutos completamente diferentes.

2. Distinções quanto às consequências

As consequências da incapacidade e da falta de legitimação também são distintas. Enquanto a incapacidade leva, sempre, à invalidade, a falta de legitimação pode acarretar (*a*) somente a ineficácia do negócio jurídico em relação ao titular do bem ou direito de que se dispôs, ou, em algumas espécies, (*b*) a nulidade, como ocorre na transmissão, pela efetiva tradição de bem móvel.

(*a*) Se a venda de bem móvel ou imóvel é feita por *non domino*, o negócio jurídico da compra e venda é válido e eficaz entre os seus figurantes (= vendedor e comprador), no que diz respeito à eficácia de natureza obrigacional. Por isso, o vendedor *non domino* é obrigado a indenizar o comprador pelos danos que lhe causar. No entanto, a venda é ineficaz em relação ao dono do bem vendido.

Se, no caso de venda de bem móvel, seguir-se a tradição, há nulidade da transmissão e cabe a sua *vindicação* (*ação de vindicação*) por parte do titular da propriedade. Se o objeto da transmissão é coisa fungível e o adquirente, de boa-fé, a consumiu, cabe ao dono o direito a perdas e danos exigíveis do alienante (arg. ao Código Civil, art. 307, parágrafo único).

Quando o objeto da venda é bem imóvel e houver transmissão da propriedade (= registro do acordo de transmissão), este é nulo, impondo-se o cancelamento do registro que tanto pode decorrer de pedido, com firma reconhecida, dirigido ao oficial do registro pelo adquirente e o alienante *non domino,* independentemente da participação do proprietário, como em decorrência de sentença judicial que reconheça a nulidade da transmissão (Lei n. 6.016/73, art. 250, I e II). Cancelada a transcrição pode o proprietário *reivindicar* o imóvel por meio de *ação reivindicatória,* se não foi proposta cumulativamente com a ação de nulidade do registro. Há de se levar em contra, quanto à reivindicação, a regra do art. 879 do Código Civil.

(*b*) A transmissão ou promessa de transmissão de bem sobre o qual existe limitação ou restrição com eficácia real de alienar é nula.

(*c*) Também é nula a aquisição por pessoa impedida de fazê-lo (= sem legitimação para adquirir), de que são exemplos as espécies do art. 497 do Código Civil, como são ineficazes, quanto ao patrimônio, as dívidas contraídas por quem não tenha legitimação.

(*d*) Algumas vezes, no caso de representação legal ou negocial, há necessidade de autorização para que se possa alienar. Essa autorização constitui solenidade essencial (elemento integrativo do suporte fáctico) cuja ausência tem reflexos quanto à validade ou à eficácia do negócio jurídico, e, a rigor, não diz respeito ao poder de disposição em si. Se o pai, *e. g*., na espécie do art. 1.691 do Código Civil, aliena bem pertencente ao filho sem autorização do juiz, a disposição é nula, o mesmo acontecendo com as pessoas em situação de legitimação deferida pela lei. Nessas hipóteses não há falta de legitimação, mas ausência de ato integrativo (= solenidade essencial), razão pela qual o negócio jurídico é nulo e não ineficaz. Se o mandatário excede os poderes do mandato, disso estando ciente o adquirente, nula é a alienação (arg. ao Código Civil, arts. 665 e 673).

Na venda de ascendente a descendente, também constitui solenidade essencial, cuja falta acarreta a anulabilidade do negócio jurídico, o consentimento dos demais descendentes e do outro cônjuge ou companheiro. Em se tratando de cônjuge, é dispensável seu consentimento se o regime de bens do casamento é o da separação obrigatória (Código Civil, art. 496).

§ 12. Perfeição da manifestação de vontade (ausência de defeitos invalidantes)

A manifestação da vontade para integrar o suporte fáctico do ato jurídico há de ser (*a*) autêntica, (*b*) íntegra e hígida, no sentido de que tenha sido manifestada pelo próprio figurante ou por alguém que, negocial ou legalmente, o represente, e que não contenha defeitos que a afetem em sua perfeição.

(*a*) A questão da autenticidade da autoria da manifestação de vontade, isto é, se aquele a quem se atribui a vontade é, efetivamente, o figurante do ato jurídico, constitui elemento que diz respeito ao cerne do suporte fáctico, por isso tem implicações diretas quanto à existência do ato jurídico. Não se relaciona à sua validade.

Na falsa atribuição da manifestação de vontade a alguém, que não a manifestou, ou quando a vontade é "manifestada" à força (*vis absoluta*), não há vontade e, portanto, não há concreção do suporte fáctico do ato jurídico respectivo. Não existe, assim, ato jurídico algum[70]. A espécie é de *inexistência* em sentido próprio.

(*b*) A perfeição da vontade manifestada (= integridade e higidez) constitui elemento complementar do suporte fáctico dos atos jurídicos que atuam como pressupostos de sua validade. O sistema jurídico bra-

---

70. Exemplos: (*a*) alguém preenche nota promissória e a assina, falsificando a assinatura de outrem; (*b*) alguém toma a mão de outrem, obrigando-o a pôr sua impressão digital em nota promissória, ou outro documento, declarando-a incapacitada para assinar; (*c*) do contrato consta como figurante pessoa já morta. Nunca se deve falar em *negócio jurídico inexistente*, pois constitui uma evidente contradição; se há negócio jurídico, não é possível dizê-lo inexistente. O correto é dizer que *não há negócio*. O Código Civil do México tem norma sobre isto, art. 2.224, que dispõe: "O ato inexistente por falta de consentimento ou de objeto que possa ser matéria sua não produzirá efeito legal algum. Não é sucetível de valer por confirmação, nem por prescrição; sua existência pode ser invocada por qualquer interessado".

sileiro tem como defeitos que afetam a perfeição da manifestação da vontade os chamados vícios da vontade (= erro substancial, dolo, coação, estado de perigo e lesão), a simulação, a fraude contra credores e a falta de assentimento de alguém, quando necessária (por exemplo, dos pais, tutor ou curador do relativamente incapaz, do cônjuge na venda de bem imóvel pertencente ao outro, seja qual for o regime de bens, exceto o de separação absoluta e de participação final nos aquestos)[71].

A existência de qualquer desses defeitos acarreta a invalidade (= anulabilidade ou nulidade) do ato jurídico.

Acrescente-se a isto a boa-fé e a equidade que, nas chamadas relações de consumo, são pressupostos cuja ausência nulifica as cláusulas que regulam as condições gerais dos contratos, tornando-as abusivas, e no direito comum implicam anulabilidade dos negócios jurídicos (*vide* adiante no § 30).

§ 13. Pressupostos relativos ao objeto

Sempre que se pratica um ato jurídico dele resulta, quando possível, a eficácia que lhe é própria, concretizando-se as relações jurídicas das quais se irradiam os direitos e deveres, pretensões e obrigações, ações e exceções que compõem seu conteúdo. Dessa eficácia resultam, sempre, alterações nas esferas jurídicas dos figurantes. Essas consequências atribuídas pelas normas jurídicas ao ato jurídico constituem seu objeto. Por isso, em rigor, é possível conceituar-se o objeto do ato jurídico como a atribuição específica que as normas jurídicas lhe imputam, portanto, as alterações que ocorrem nas esferas jurídicas dos figurantes por força da criação, modificação ou extinção de relações jurídicas dele (ato jurídico) resultantes.

Consoante observa Pontes de Miranda[72], porém, a expressão *objeto do ato jurídico*, quando referida aos pressupostos de validade, não deve ser entendida ao pé da letra, em sentido próprio e estrito, porque nela se deve considerar incluída a questão da licitude, da possibilidade e da determinabilidade do *objeto da prestação*. A menção que o Legislador Civil de 2002 (art. 104, II), corrigindo omissão do Código de

---

71. Código Civil, arts. 171, I, 1.647, I, e 1.656, respectivamente.

72. *Tratado de direito privado*, t. IV, § 390, 2.

1916, fez à licitude, à possibilidade e à determinabilidade do objeto como pressupostos de validade do negócio jurídico, especialmente as duas últimas, confirma a correção dessa observação. O objeto do negócio (sentido estrito) pode ser lícito, possível e determinado; mas, se a prestação é ilícita, ou impossível, ou indeterminável, nulo será o negócio jurídico.

A questão da licitude não se limita ao plano da pura legalidade; envolve, também, o aspecto da moralidade (bons costumes) e do respeito à ordem pública. Licitude é sinônimo de conformidade com o direito, portanto, não apenas com a lei, mas, também, com a moral, que está no cerne da juridicidade, e a ordem pública. Assim, para ser lícito, o objeto do ato jurídico há de ser conforme com a lei, a moral (refletida na expressão *bons costumes*) e a ordem pública. Como o BGB (§ 138), o Código Suíço das Obrigações (art. 20), o Código Civil espanhol (art. 1.275), o Código Civil mexicano (arts. 1.830 e 1.831), o Código Civil uruguaio (art. 1.284) e o Código Civil de Portugal (art. 280º, n. 2), o Código Civil e Comercial da Argentina, promulgado em 7-10-2014 (art. 279, que expressamente se refere a moral e bons costumes), por exemplo, o Código Civil brasileiro de 2002 passou a referir-se, expressamente, à desconformidade do ato jurídico com os bons costumes (= moralidade) e a ordem pública como causa de ilicitude e de nulidade (Código Civil, arts. 13, 123, II, c/c 122 e 187). Mesmo na vigência do Código de 1916, que era omisso quanto à moralidade, a melhor doutrina já entendia que, no direito brasileiro, no conceito de licitude se incluía a compatibilidade do objeto do ato jurídico com a moral[73]. Essa conclusão se

---

73. Pontes de Miranda, *Tratado de direito privado*, t. IV, § 392, 1 e s.; Beviláqua, *Código Civil comentado*, v. 1, com. aos arts. 82 e 145, e *Direito das obrigações*, p. 25; Carvalho Santos, *Código Civil brasileiro interpretado*, v. 2, p. 275, v. 3, p. 239; Silvio Rodrigues, *Direito civil*, v. 1, p. 149; Maria Helena Diniz, *Curso de direito civil brasileiro*, v. 1, p. 220; Vicente Ráo, *Ato jurídico*, p. 157 e s.; Orlando Gomes, *Introdução ao direito civil*, p. 325; M. M. Serpa Lopes, *Curso de direito civil*, v. 1, p. 474-475; Washington de Barros Monteiro, *Curso de direito civil*, v. 1, p. 177 (em cujo texto há um evidente erro tipográfico: usou-se o verbo *excluir* em lugar de *incluir*). O Código Civil uruguaio, tratando da ilicitude da "causa" nos contratos, faz expressa referência à moral (art. 1.288, *in fine*).

A jurisprudência pátria disso não destoava, como mostra o acórdão do TJSC proferido na AC 15.863, em 4-11-1980, cuja ementa é a seguinte: "Ação de despejo. Contrato de arrendamento de casa de prostituição. Natureza ilícita do objeto do

alicerçava em hermenêutica da norma contida no art. 971 (reproduzido no art. 883 do Código atual), a qual trata a moralidade no mesmo plano da licitude[74].

§ 14. Forma e solenidades substanciais

1. No direito material

Se a lei exige, para a formalização de ato jurídico, determinada forma, esta, por constituir elemento complementar do seu suporte fáctico, há de ser atendida sob pena de invalidade. Igualmente, se o emprego de certa forma é proibido: a sua utilização faz inválido o negócio jurídico[75].

O mesmo ocorre quando se trata de solenidade que, sem integrar a forma, a norma jurídica considera essencial à validade do ato jurídico[76].

Em geral, a vontade que se mantém interna não tem significado para o direito. Somente vontade que se exterioriza e se torna conhecida de outrem pode entrar na concreção de suporte fáctico de normas jurídicas[77]. Daí a norma do art. 110 do Código Civil, segundo a qual não se leva em conta a reserva mental de querer o que não se exteriorizou, salvo se dela o destinatário tinha conhecimento. Toda expressão de vontade impõe, necessariamente, uma forma[78], que tanto pode ser escrita

---

contrato. Ato nulo. Aplicação dos arts. 145, inciso II, e 146, parágrafo único, do Código Civil. Sentença confirmada" (*Tribuna da Justiça*, n. 820, p. 6513).

74. É preciso destacar, no entanto, que a Constituição Federal de 1988, em seu art. 37, *caput*, ao enunciar os princípios que devem reger a Administração Pública, trata distintamente *moralidade* e *legalidade*. Já no inciso LXXIII do art. 5º, ao definir a legitimidade ativa para a propositura de ação popular e estabelecer os seus pressupostos de admissibilidade, menciona a lesividade à *moralidade administrativa* como causa para anulação de atos públicos sem, entretanto, referir-se à legalidade, donde se deve entender que nesse conceito de moralidade está contido o de legalidade.

75. Código Civil, art. 166, IV.

76. Código Civil, art. 166, V.

77. *Vide* sobre isto nosso *Teoria do fato jurídico*: plano da existência, § 12, 4.3 e § 38, 1.

78. Pontes de Miranda, *Tratado de direito privado*, t. III, § 332, e s.; Starck,

como oral ou gestual, por meio de sinais ou de atitudes. Basta que seja concludente e não haja norma jurídica que prescreva forma especial; até o silêncio implica anuência, se as circunstâncias ou os usos o autorizarem (Código Civil, art. 111). Quando, no entanto, se fala de forma em relação aos atos jurídicos, faz-se referência à instrumentação e a solenidades mais ou menos complexas que devem ser atendidas, segundo exigência legal ou mesmo negocial, para que se formalizem e entrem no mundo jurídico ou nele tenham validade.

No direito romano a forma era pressuposto de existência do ato jurídico. Aquele que não revestisse a forma exigida pela lei não era ato jurídico. Assim também no antigo direito germânico. A forma constituía *elemento nuclear completante* do suporte fáctico dos atos jurídicos. A doutrina jusnaturalista do século XVII, recepcionada pelo direito comum, abriu caminho à concepção atual segundo a qual o que deve importar no ato jurídico é a vontade expressada pelos figurantes, passando a forma de sua exteriorização a ter, em geral, natureza de *elemento complementar* do suporte fáctico. Com essa orientação, destaca-se a verdadeira finalidade da forma, que é, precisamente, a de documentar a conclusão do negócio jurídico, fazendo certas as manifestações de vontade, com vistas, primordial e consequentemente, à sua prova[79]. A forma, desse modo, deixou de ser, em geral, considerada um pressuposto de existência do ato jurídico (elemento completante) para o ser de sua validade (elemento complementar). Modernamente, se não tiver sido formalizado segundo as exigências legais ou negociais (= forma prescrita) ou se o foi por meio proibido (= forma defesa em lei), o ato jurídico existe, contudo, nulamente. Há, porém, espécies, embora poucas, em que a forma ainda constitui elemento completante do núcleo do suporte

---

Droit civil: obligations, p. 379; Brebbia, *Hechos y actos jurídicos,* p. 230; Betti, *Teoria geral do negócio jurídico*, v. 2, p. 143; Oertmann, *Introducción al derecho civil*, p. 219; Vicente Ráo, *Ato jurídico*, p. 175; e o nosso *Teoria do fato jurídico*: plano da existência, § 38, 1; entre tantos outros.

79. É costumeira a observação doutrinária de que não se devem confundir *forma* e *prova*. Na verdade a forma não visa somente à prova do ato jurídico, mas, sim, à certeza das declarações de vontade. Quanto mais importante o ato, maiores as exigências de forma. No entanto, toda forma especial serve, indiscutivelmente, à prova do ato jurídico. Essa afirmativa deflui como normal consequência da orientação do Código Civil, que, nos arts. 212 a 232, trata conjuntamente da forma e da prova dos atos jurídicos.

fáctico, sendo, desse modo, dado essencial à própria existência do ato jurídico, não apenas à sua validade[80].

No direito atual vigora o *princípio da liberdade de forma*, segundo o qual é livre às pessoas realizarem o negócio jurídico pela forma que melhor lhes aprouver (Código Civil, art. 107)[81], salvo se a lei prevê, expressamente para aquela espécie, forma própria especial, ou se negocialmente for exigido instrumento público (Código Civil, arts. 108 e 109).

O Código Civil brasileiro, no seu art. 166, ao definir as causas de nulidade dos atos jurídicos, se refere, (*a*) no inciso IV, à forma prescrita ou não defesa em lei, e (*b*) no inciso V, à preterição de alguma solenidade que a lei considere essencial para a sua validade.

A doutrina, por isso, costuma referir-se à existência de duas espécies de forma:

(*a*) *ad probationem*, ou seja, aquela *forma externa*, documental (Código Civil, art. 108, *e. g.*), cuja finalidade principal seria a prova do ato; e

(*b*) *ad solemnitatem*, que consistiria nos rituais impostos pela lei na realização do ato jurídico (*forma interna*)[82].

---

80. São exemplos de negócios jurídicos em que a forma constitui elemento completante, portanto, pressuposto de sua existência: os negócios jurídicos reais, em que se não houver a *tradição* do objeto (forma) não há negócio; o testamento, uma vez que não se pode considerar como tal disposições de última vontade feitas por outra forma que não as ordinárias (público, cerrado, particular e codicilo) ou especiais (marítimo, aeronáutico e militar), previstas no Código Civil. No caso do testamento, quando realizado por uma das espécies previstas pela lei, a falta de alguma solenidade (no testamento público, se as testemunhas não estiverem presentes durante todo o ato, *e. g.*) o faz nulo. A nulidade é causada pela falta de alguma solenidade prevista para a espécie (Código Civil, art. 166, V), enquanto a inexistência se dá quando as declarações são feitas por outra forma que não uma daquelas enumeradas em lei. *Vide*, sobre isto, nosso *Teoria do fato jurídico*: plano da existência, § 38, 1.

81. Pontes de Miranda, *Tratado de direito privado*, t. IV, § 399, 1; Vicente Ráo, *Ato jurídico*, p. 177; Enneccerus, Kipp e Wolff, *Tratado de derecho civil*, v. 2, t. 1, p. 123; Larenz, *Derecho civil*: parte general, p. 557; Mota Pinto, *Teoria geral do direito civil*, p. 336; Brebbia, *Hechos y actos jurídicos*, p. 231; Betti, *Teoria geral do negócio jurídico*, v. 2, p. 145; Orlando Gomes, *Introdução ao direito civil*, p. 335.

82. São exemplos dessa espécie: as solenidades do casamento (Código Civil,

Essa distinção, no entanto, não nos parece pertinente, porque:

(*a*) Primeiro, a finalidade precípua de toda a forma é *documentar* o ato jurídico, com o que se dá mais *certeza* sobre a vontade manifestada e *credibilidade* ao seu conteúdo (Código Civil, art. 219). A forma instrumental tem por objetivo principal facilitar a prova do negócio jurídico. Nesse sentido, toda forma especial é *ad probationem*.

(*b*) Segundo, não tem rigor científico o estabelecer-se uma distinção substancial entre o ato formal em que se exigem rituais (*solenidades*) mais complexos e aqueles em que esses rituais sejam mais simples. Para o testamento, por exemplo, a lei impõe uma forma escrita bem mais complexa que a do comum dos atos jurídicos, uma vez que a instrumentação, seja pública, seja particular, deve atender determinadas *solenidades*, consistentes em uma série de exigências e procedimentos especiais (Código Civil, art. 1.864), as quais são substanciais à sua validade. Essa forma complexa, porém, não difere, em sua essência, daquela de um contrato de compra e venda para o qual se exija o instrumento público. Há, é verdade, diferença no ritual (solenidades) em razão da complexidade, mas ambos os negócios jurídicos são formais e são solenes e, ao final, os documentos que deles resultam (os instrumentos do testamento e do contrato de compra e venda) se destinam, precisamente, a prová-los. Em ambos os casos, no entanto, são exigidas solenidades indispensáveis próprias de cada um (forma interna).

(*c*) Além disso, há os negócios para cuja realização a lei não exige solenidade alguma, mas que nem por isso deixam de ter forma. A doação de objeto de pequeno valor se aperfeiçoa com a simples tradição do bem; assim, também, a compra e venda de móveis. Já o acordo de transmissão decorrente de compra e venda de imóveis e todos os negócios jurídicos que visem à constituição, transferência, modificação ou renúncia de direitos reais sobre imóveis, cujo valor seja igual ou inferior a trinta vezes o maior salário mínimo vigente no País (Código Civil, art. 108), terá de ser feito por instrumento escrito, embora dispense a escritura pública (pode ser feito por instrumento particular). O acordo de transmissão oral (= não escrito) de imóvel é inadmissível em razão da necessidade de registro para que se produza sua eficácia real. Há um mínimo de solenidade, mas há.

---

arts. 1.534 a 1.536) e as do testamento (Código Civil, arts. 1.864 e s.).

Por isso, a nosso ver, em relação à forma há negócios jurídicos solenes e não solenes, portanto forma solene e não solene, apenas[83].

Diante disto, poderia parecer tautológica[84] a disposição do art. 166, V, pois constituiria uma repetição do inciso IV, cuja norma seria bastante para alcançar todas as espécies.

No entanto, a regra da Hermenêutica Jurídica, segundo a qual na interpretação das leis o intérprete deve considerar que não há palavras inúteis e, assim, procurar encontrar o seu verdadeiro sentido, leva-nos a ter que essas disposições do Código (incisos IV e V) especificam solenidades essencialmente diferentes. Há solenidades que integram a forma, dão-lhe corpo (= forma interna), enquanto outras lhe são estranhas, mas não o são relativamente ao ato em si. Por isso podemos classificá-las em: (*a*) solenidades formais e (*b*) solenidades substanciais[85].

(*a*) Solenidades formais são aquelas definidas pela lei como integrantes da forma prescrita para o ato jurídico, ou seja, o ritual exigido que integra a forma.

Exemplifiquemos: (*a.a*) No casamento civil o Código Civil exige: que a celebração seja pública (portas abertas), na presença das testemunhas (duas ou mais), perante o oficial do registro e o presidente do ato (juiz de direito, juiz de paz), o qual, após ouvir resposta positiva dos nubentes à sua pergunta de que persistem na vontade de casar, declarará efetivado o casamento, dizendo a frase prevista no seu art. 1.535. (*a.b*) Para o testamento cerrado, são solenidades formais os requisitos prescritos no art. 1.868, enquanto para o testamento particular os relacionados no art. 1.876, ambos do Código Civil. (*a.c*) A escritura pública para os pactos antenupciais e os contratos translativos ou constitutivos de direitos reais sobre imóveis de valor superior a trinta vezes o maior salário mínimo vigente do País (art. 108 do Código Civil).

---

83. Como mostramos no § 55, 8, do nosso *Teoria do fato jurídico*: plano da existência.

84. Pontes de Miranda (*Tratado de direito privado*, t. IV, § 404, 2) constata essa tautologia, mas dá tratamento distinto às espécies no correr da obra.

85. Há doutrinadores (Orlando Gomes, *Introdução ao direito civil*, p. 266, por exemplo) que também denominam *ad substantiam* as solenidades ditas *ad solemnitatem*. Não é nesse sentido que usamos a expressão *solenidade substancial*, como definiremos adiante.

(*b*) São solenidades substanciais aquelas exigências formais que a lei estabelece para a perfeição do ato jurídico, mas que não integram o seu ritual próprio. Não dizem respeito diretamente à forma, mas à realização do ato em si.

Por exemplo: (*b.a*) a autorização do juiz para que os pais o tutor ou o curador vendam bens do filho incapaz, do tutelado ou do curador (nesse último caso quando incluídos no âmbito definido da curatela); (*b.b*) o consentimento dos demais descendentes e do cônjuge (salvo quando o regime de bens for o da separação obrigatória) ou companheiro(a), para a venda de ascendente a descendente; (*b.c*) a competência do juiz para realizar o casamento civil; (*b.d*) a capacidade das testemunhas do testamento; (*b.e*) a competência do oficial para subscrever o instrumento público, bem assim que esteja no exercício regular das funções inerentes ao cargo.

Como se vê, justificam-se as duas disposições do Código Civil para que não haja dúvidas nas hipóteses em que a forma está atendida quanto à instrumentação, mas há deficiência quanto às solenidades legalmente exigidas — *e. g.*, a escritura pública (= instrumento exigido) foi subscrita pelo escrevente e não pelo tabelião, ou o foi por tabelião que não estava em exercício (= solenidade substancial); os pais venderam por escritura pública (= instrumento exigido) o bem do filho sem autorização judicial (= solenidade substancial); o ascendente vendeu por escritura pública (= instrumento exigido) ao descendente sem o consentimento dos demais descendentes e do cônjuge (quando o regime de bens não é o da separação obrigatória) ou de companheiro (solenidade substancial); em um testamento público uma das testemunhas não tinha pleno discernimento[86], ou alguma delas se retirou durante a leitura de seu texto.

Negocialmente, é possível estabelecer-se que certo negócio jurídico, para o qual não haja exigência legal de forma especial, seja realizado por meio de instrumento público. Nesse caso a forma passa a ser obrigatória e considerada "da substância do ato" (Código Civil, art. 109). Tanto o negócio jurídico como os pactos a ele adjectos têm de ser realizados segundo a forma convencional. Inclusive se a disposição sobre a forma resulta de negócio jurídico unilateral[87].

Se a forma é resultante dos usos e costumes (=*forma consuetudinária*) também há de ser considerada, mas depende de prova do costume, se assim determinar o juiz (CPC, art. 376).

2. No direito processual

O ato processual não pode ser considerado apenas pelo seu aspecto formal. Há nele, essencialmente, um conteúdo, que lhe dá substância. Sob o aspecto da validade do ato processual, tanto a sua forma propriamente dita, a sua exteriorização (= formalização), como o seu conteúdo têm de ser levados em conta, porque constituem um conjunto inseparável. Há inseparabilidade da forma e do conteúdo que a enche, desde que constitua solenidade essencial[88].

---

86. No texto original deste livro até a sua 14ª ed., dizíamos que a pessoa demente não poderia servir como testemunha em testamento, como argumento ao art. 1.860 do Código Civil, segundo o qual, além dos incapazes, não podem testar as pessoas que, no ato de fazê-lo, não tenham pleno discernimento. Esse dispositivo não foi alterado pelo EPD, de modo que essa específica vedação para testar deve implicar a de ser testemunha em testamento. Na análise que desenvolvemos sobre a vigência do art. 1.867 do Código Civil (antes, § 10, 2), concluímos que aquele dispositivo estaria revogado implicitamente, considerando a absoluta repulsa a qualquer limitação ou restrição à plena capacidade civil das pessoas com deficiência, porque consideradas discriminatórias, segundo os princípios que inspiram a Convenção Internacional sobre Pessoas com Deficiência e regem o EPD. Por isso, poder-se-ia interpretar que essa mesma conclusão se aplicaria ao art. 1.860. Entretanto, assim não se deve entender porque a falta de pleno discernimento não está relacionada diretamente à capacidade civil (que é pressuposto de validade), mas tem implicações quanto à existência do ato jurídico. Com efeito, a consciência da vontade exteriorizada para compor o suporte do ato jurídico constitui um dos elementos essenciais à existência do ato jurídico *lato sensu.* A sua ausência, por consequência necessária, implica inexistência do ato jurídico. Parece evidente que, quando falta pleno discernimento, inexiste consciência da vontade expressada e, por decorrência, não há ato jurídico (*vide* nosso *Teoria do fato jurídico*: plano da existência, § 38, 2). Não se trata, portanto, de uma incapacidade relacionada apenas às pessoas com deficiência, mas que pode afetar qualquer pessoa, mas de falta de elemento essencial que integra o cerne do núcleo do suporte fáctico do negócio jurídico do testamento. Por isso, entendemos continuar em vigor o art.1.860 do Código Civil, uma vez que não se trata de uma limitação imposta tão somente às pessoas com deficiência mental, o que implicaria incompatibilidade com a Convenção, que tem *status* de emenda constitucional, e sua revogação implícita.

87. Se o testador, por exemplo, estabeleceu seja feita por instrumento público a transmissão de certo bem móvel que deva ser realizada pelo legatário como condição para recebimento do legado, a forma pública tem de ser obedecida, sob pena de nulidade da transmissão, pelo que se terá como não cumprida a condição.

88. Exemplo no direito processual civil: (*a*) em litígio judicial que verse sobre direitos indisponíveis da Fazenda Pública é essencial que, além de estar presente no processo o seu representante judicial, promova ele, efetivamente, sua defesa; por isso, é nulo o processo (*i*) se há omissão do advogado da Fazenda em defendê-la, ou (*ii*) se re-

No direito processual, diferentemente do direito material, naquilo que se refere à forma, rege o denominado *sistema da legalidade das formas*[89], que, no entanto, não tem caráter absoluto, uma vez que atenuado pelos *princípios da relevância das formas processuais* (CPC, arts. 276 e 277, e CPP, art. 564, III), da *finalidade* (CPC, arts. 188, *in fine,* e 277) e da *não prejudicialidade* (CPC, arts. 282, § 1º, e 283, parágrafo único, e CPP, art. 563). Esse conjunto de princípios implica a adoção do *sistema da instrumentalidade da forma*[90], em decorrência do qual os atos e termos processuais independem de forma determinada, salvo se houver forma expressamente prescrita em lei; no entanto, se essa forma prescrita não for considerada relevante a ponto de se cominar a nulidade para o caso de seu descumprimento, considerar-se-á válido o ato praticado por outra forma, desde que tenha alcançado a sua finalidade e não cause prejuízo a qualquer das partes (CPC, art. 188). Por esse sistema, mais do que à forma em si, deve-se atender à *finalidade* a que se destina o ato, desde que não haja *prejuízo* para as partes.

Sob o aspecto da validade dos atos processuais, há forma (*a*) *substancial* e (*b*) *não substancial.*

(*a*) Forma substancial, também dita essencial, é aquela a que, por ser considerada indispensável, a lei comina a sanção de nulidade para o caso de não ser atendida. A sua falta não pode ser relevada, como ocorre com a intervenção necessária do Ministério Público em certos procedimentos.

(*b*) Diz-se não substancial a forma quando o seu desatendimento pode ser relevado, desde que, tendo o ato atingido a sua finalidade, não haja prejuízo para as partes.

---

conhece (= confissão) a procedência da demanda, acarretando decisão contrária à Fazenda (*e.g.* em ação de usucapião em que alguém pretenda usucapir bem pertencente à União, se o seu Procurador da Fazenda, ao invés de alegar a inusucapibilidade dos bens públicos, concordar com o pedido do autor e o juiz decidir pela procedência da pretensão, haverá nulidade do processo a partir da confissão, inclusive, e não rescindibilidade da decisão); (*b*) constitui ato nulo a sentença em que haja, *e. g.*, contradição entre a parte dispositiva e os fundamentos do *decisum* ou que não seja fundamentada.

89. Celso Agrícola Barbi, *Comentários ao Código de Processo Civil*, v. 1, t. 1, p. 34-35.

90. Ada Grinover et al., *As nulidades no processo penal*, p. 22. Dall'Agnol Jr. (*Invalidades processuais*, p. 70, e *Comentários ao Código de Processo Civil*, v. 2, p. 417) refere-se a *princípio da relevância relativa das normas legais.* Pontes de Miranda (*Comentários ao Código de Processo Civil*, t. III, p. 326) menciona o *princípio da determinação racional do nulo.*

TÍTULO II
Da Invalidade dos Atos Jurídicos

CAPÍTULO I
Noções Fundamentais

§ 15. Invalidade e ilicitude

Não há unanimidade em doutrina sobre a natureza ilícita do ato jurídico inválido, bem assim sobre o caráter de sanção da invalidade. Neste capítulo procuraremos demonstrar tanto a natureza ilícita do ato inválido como que a invalidade constitui uma sanção a ele imposta.

Uma classificação cientificamente rigorosa deve individuar as espécies segundo dados essenciais que, por lhes serem próprios e exclusivos, permitem distingui-las das demais. Quando se trata de fatos jurídicos, a sua substância reside nos elementos nucleares do seu suporte fáctico hipotético, tal como descrito na norma jurídica. O núcleo do suporte fáctico se compõe do *elemento cerne* e de *elementos completantes*[91]. Estes são os dados essenciais que permitem distinguir os fatos jurídicos para fins de classificá-los. Adotado esse critério, podemos afirmar que o *cerne* do núcleo do suporte fáctico constitui o elemento caracterizador do *gênero* a que pertence o fato jurídico, enquanto os seus elementos completantes definem cada *espécie*.

§ 16. O caráter ilícito da invalidade

Como deixamos claro em nosso *Teoria do fato jurídico*: plano da existência, § 56, 2, a contrariedade a direito compõe o núcleo do suporte fáctico do fato ilícito *lato sensu*, como seu elemento cerne, pois que consubstancia o dado essencial para a sua existência. Ato ilícito (que é

---

91. *Vide* sobre isto nosso *Teoria do fato jurídico*: plano da existência, § 12, 6.

espécie de fato ilícito) é, pois, ato jurídico cujo suporte fáctico tem como cerne a contrariedade a direito.

A invalidade, em seus diversos graus (= nulidade e anulabilidade), constitui uma sanção que o ordenamento jurídico adota para punir determinadas condutas que implicam contrariedade a direito[92].

Na verdade, a invalidade afeta, em geral, atos jurídicos que resultam: (*a*) de infração a norma jurídica cogente; ou (*b*) de defeitos na manifestação da vontade, que, em si mesmos, algumas vezes, já configuram a prática de atos essencialmente ilícitos, como o dolo e a coação, e que, em outros casos, têm por finalidade verdadeira causar, intencionalmente, prejuízo a terceiros (simulação nocente e fraude contra credores). Não somente na área do direito civil, ao qual, em geral, erroneamente, porém, se costuma ligar e limitar o trato das invalidades, mas em toda a Teoria Jurídica (sede própria para o seu estudo), a questão da invalidade dos atos jurídicos está diretamente relacionada com o problema de violação de normas jurídicas.

No campo do direito público, por exemplo, as leis e os atos normativos em geral, que são atos jurídicos de natureza especial, são nulos (= inválidos) quando infringem normas jurídicas de hierarquia superior, sejam de forma ou de fundo. É o que ocorre nos casos de inconstitucionalidade das leis e de inconstitucionalidade ou ilegalidade de atos normativos infralegais (decretos e regulamentos, por exemplo). Não importa se a norma infringida é relativa ao processo legislativo (formal), ao poder de editá-la (norma de competência) ou se a violação é a conteúdo de regra substantiva, de direito material, de fundo (casos de antinomia). Em qualquer hipótese tem-se a invalidade como consequência da infração.

Também quando se trata de atos administrativos, sejam atos da administração, contratos administrativos, ou contratos da administra-

---

92. Pontes de Miranda, *Tratado de direito privado*, t. IV, § 405 *et passim*; Orlando Gomes, *Introdução ao direito civil*, p. 400; Carvalho Santos, *Código Civil brasileiro interpretado*, v. 2, p. 226; Silvio Rodrigues, *Direito civil*, v. 1, p. 149; Franzen de Lima, *Direito civil brasileiro*, v. 1, p. 359; Betti, *Teoria geral do negócio jurídico*, v. 3, p. 11 e 35; Scognamiglio, *Contributo alla teoria del negozio giuridico*, p. 344-366; Ospina, *Teoría general de los actos o negocios jurídicos*, p. 457; Guggenheim, *L'invalidité des actes juridiques en droit suisse et comparé*, p. 11, dentre outros.

ção[93], que são atos jurídicos *stricto sensu* ou negócios jurídicos, conforme a espécie, se violam normas jurídicas cogentes, infringem a moralidade ou são lesivos ao patrimônio público, são nulos.

No campo do direito privado, a invalidade afeta os atos jurídicos *lato sensu* (= negócios jurídicos e atos jurídicos *stricto sensu*) que infrinjam normas cogentes proibitivas e impositivas, afora os casos específicos de invalidade relativos ao sujeito (incapacidade, má-fé, quebra da equidade), ao objeto (ilicitude, imoralidade, impossibilidade e indeterminabilidade), à forma e à perfeição da manifestação da vontade (= defeitos dos atos jurídicos).

Por isso, sempre que há violação de norma cogente há invalidade, desde que ela própria não preveja, especificamente, outra espécie de sanção.

Ora, parece claro, se a contrariedade a direito constitui elemento cerne da ilicitude e é, também, o fundamento da invalidade dos atos jurídicos, não é possível extrair outra conclusão senão a de que o ato jurídico inválido integra o gênero fato ilícito *lato sensu*. É uma espécie de ato ilícito, o *ato ilícito invalidante*, que, na verdade, tem natureza especial, diferente dos outros atos ilícitos, porque recebe esse caráter de ilicitude por força da incidência de normas jurídicas invalidantes, que atuam já dentro do mundo jurídico, no plano da validade. Ao entrar no plano da existência, o ato jurídico é, como qualquer outro, apenas ato jurídico. Ao alcançar o plano da validade, se há défice em elemento

---

93. A doutrina faz nítida distinção entre as três espécies: (*a*) o chamado ato da administração é aquele praticado pela autoridade competente, unilateralmente, vinculada ou discricionariamente, no exercício de atribuições próprias (por exemplo, nomeação de funcionário); (*b*) contratos administrativos (ou contratos públicos) são aqueles que se regem pelas normas do direito público, mais propriamente do direito administrativo, e se destinam à execução de obras ou serviços públicos (por exemplo, contrato de concessão de serviço público, contrato para a construção de uma ferrovia); (*c*) contratos da administração (ou contratos privados) são os que se regem pelas regras do direito privado, civil ou comercial, e têm por finalidade a prática de negócios jurídicos típicos do direito comum (por exemplo, aluguel de um imóvel para instalação de uma repartição pública). *Vide* sobre o assunto Cretella Júnior, *Tratado de direito administrativo*, v. 3, p. 15; Hely Lopes Meirelles, *Direito administrativo brasileiro*, p. 188; Marcelo Caetano, *Princípios fundamentais do direito administrativo*, p. 219; Diógenes Gasparini, *Direito administrativo*, p. 247; Diogo Figueiredo Moreira Neto, *Curso de direito administrativo*, p. 126; Celso Antônio Bandeira de Mello, *Elementos de direito administrativo*, p. 203; dentre muitos outros.

nuclear de seu suporte fáctico, decorrente de específicas contrariedades a direito, sofre a incidência da norma invalidante, cuja consequência é torná-lo inválido (= nulo ou anulável) em razão de sua natureza ilícita.

§ 17. Invalidade como sanção[94]

Antes, no § 3º, mostramos que a natureza imputacional das normas jurídicas faz com que possam sofrer violações sem que isto as afete em sua vigência (= validade, como preferem alguns doutrinadores). Dirigindo-se ao comportamento do *homo socialis*, as normas jurídicas nem sempre são atendidas, em razão mesmo do livre-arbítrio próprio do espírito humano. Como consequência dessa possibilidade, o direito necessita de preservar a validade de suas normas, o que faz repelindo as condutas que as infringem por meio de sanções com que as pune.

A experiência jurídica dos povos criou sanções que vão desde as penas mais graves, que atingem a própria pessoa do infrator, em sua vida, às mais leves, que desconsideram a utilidade prática de seus atos (= invalidade e ineficácia). Todas, das mais severas às mais suaves, constituem instrumentos que visam a manter a integridade dos comandos jurídicos.

A invalidade, por isso, tem o caráter de uma sanção que o ordenamento jurídico adota para punir certa espécie de ato contrário a direito (= ilícito). É verdade que aparenta diferenças relativamente às sanções que, de modo positivo, punem diretamente as pessoas, impondo-lhes ônus (como a perda da liberdade) e obrigações reparativas (como as de indenizar), porque a invalidade, em qualquer de seus graus (= nulidade ou anulabilidade), tem efeitos negativos, frustrantes dos fins a que se prestam, regularmente, os atos jurídicos. Mas só aparenta. Em essência não há diferenças. Em qualquer das espécies há punição ao infrator da norma, só que a invalidade, se o não alcança em sua pessoa, diretamen-

---

94. Roque Komatsu (*Da invalidade no processo civil*, p. 181, nota 18) relaciona bibliografia sobre a querela, com especial referência às nulidades processuais, portanto, formais. Ele próprio se filia à concepção de que nulidade não é sanção. Se olharmos o problema apenas pelo aspecto das nulidades formais, parece correta a posição. No entanto, vista a questão, como deve ser tratada, de modo abrangente, incluídas as invalidades de cunho material, chegaremos à conclusão de que não é possível negar-se a natureza sancionatória às invalidades, consoante se demonstrará no texto.

te, ou em seus bens, o atinge, recusando-lhe possa alcançar o objetivo colimado e obter o resultado prático *querido* com a realização do ato jurídico invalidado[95].

A nosso ver, o conceito de sanção está relacionado, necessariamente, ao de punição, entendida esta como qualquer consequência positiva ou negativa imposta pelo ordenamento jurídico às pessoas como represália a atos contrários a seus comandos. A forma de punir, o conteúdo da punição, a intensidade do ônus que acarreta não nos parecem ter significado bastante para servir como elemento de sua caracterização. Se constitui um revide do ordenamento à violação de suas normas, é evidente que se trata de uma sanção.

§ 18. As objeções doutrinárias

Há doutrinadores, no entanto, que recusam o caráter de ilicitude à nulidade, por entenderem que as normas jurídicas cuja infração acarreta a invalidade teriam a natureza de "normas técnicas"[96] (= normas que

---

95. Os sistemas jurídicos podem adotar para essas espécies de ilícito sanções diferentes da invalidade, como a inexistência ou a ineficácia. Não há paradigmas a serem seguidos nessas espécies. *Vide*, antes, § 4º, e Pontes de Miranda, *Tratado de direito privado*, t. IV, § 405 e s.

96. Partindo da distinção kantiana entre (*a*) *imperativos categóricos* (= aqueles comandos que prescrevem uma conduta boa em si mesma, cujo cumprimento não deve ser vinculado a nenhum outro fim, mas deve ser realizado sem condição, em caráter absoluto — por exemplo, fazer o bem —, que constituem as normas éticas) e (*b*) *imperativos hipotéticos* (= aqueles comandos que prescrevem uma conduta considerada idônea para obtenção de certo fim, não tendo, portanto, o caráter de boa em si mesma, de modo absoluto — por exemplo, se queres escrever bem, deves ler os clássicos da língua portuguesa) e da divisão destes em (*b.a*) *normas técnicas* (= aquelas, denominadas por Kant regras de habilidade, que visam a alcançar um fim possível — por exemplo, se te queres manter magro, deves seguir uma dieta equilibrada) e (*b.b*) *normas pragmáticas* (= aquelas denominadas, também por Kant, regras de prudência, cujo objetivo consiste em alcançar um fim real, ou seja, um fim que os homens possam perseguir ou não, ou simplesmente não possam deixar de perseguir — por exemplo, se queres ser bom, não odeies), Bobbio (*Teoria della norma giuridica*, p. 105 e s.) entende que as normas jurídicas constituem *normas hipotéticas* (p. 241) do tipo *normas técnicas*, as quais classifica em (*a*) *normas instrumentais* (ou normas técnicas em sentido próprio — p. 141) e (*b*) *normas finais*, conforme a sanção prescrita para a sua transgressão consista "(*a*) na não obtenção do fim desejado ou (*b*) na obtenção de um fim diverso daquele desejado". Em Bobbio, a expressão *normas técnicas*, portanto, define aquelas normas que

estabelecem meios formais, procedimentos para que seja alcançado certo fim), do que resultaria a impossibilidade de tê-la (a invalidade) como uma sanção em sentido próprio. Também por isso não caberia falar em ilicitude.

Essas objeções, embora sustentadas por juristas de escol, não nos parecem procedentes, consoante procuraremos demonstrar, partindo da análise de algumas opiniões.

1. A opinião de Bobbio

A partir da concepção de que os ordenamentos jurídicos, em razão mesmo da natureza deôntica de suas normas, precisam de dispor e utilizar-se de expedientes que possibilitem a sua autoconservação, de modo que, através deles, possam manter sua *validade*, apesar das previsíveis condutas contrárias a seus comandos, Norberto Bobbio entende que esses expedientes seriam de três classes: (*a*) *medidas de reação à violação*, de natureza *sancionatória*, aquelas que acarretam ao infrator um ônus (punição) ou uma obrigação (reparação) pela violação, impondo-lhe um fim oposto ao pretendido; (*b*) *medidas de vigilância*, que não implicam ônus punitivo, nem obrigação reparativa, mas, apenas, impõem uma *frustração* à obtenção do fim *querido* pelo violador; e (*c*) *medidas sanatórias*, que aceitam e corrigem a violação.

Haveria, assim, a rigor, dois tipos de sanção jurídica (uma vez que as medidas sanatórias não poderiam ser consideradas como penalidades): (*a*) aquela que *impõe* ao transgressor da norma um fim oposto àquele pretendido (medida de reação à violação) e (*b*) aquela que *impede* o transgressor da norma de alcançar o fim que pretende (medidas de vigilância). Da espécie (*a*) seriam as penalidades de natureza pecuniária ou pessoal atribuíveis às infrações das *normas finais* (como as denomina), enquanto da espécie (*b*) seria a invalidade que constituiria consequência pela violação do que denomina *normas técnicas em sentido próprio* (= normas instrumentais)[97].

---

prescrevem um meio considerado idôneo para que se alcance certo fim (por exemplo, para realizar validamente um contrato de compra e venda de imóvel de valor superior a 30 vezes o maior salário mínimo vigente no País — Código Civil, art. 108 — é obrigatório fazê-lo por escritura pública).

97. Bobbio, *Teoria della norma giuridica*, p. 141 *et passim*, e Sanzione, in *Novissimo Digesto Italiano*, v. 16, p. 530-540.

A tais fundamentos adiciona o argumento de que haveria nos ordenamentos jurídicos um aparato protectivo, que beneficiaria aqueles que cumprem as suas normas, e um aparato repressivo destinado a punir aqueles que as violam. A partir dessas premissas, conclui que somente as chamadas *medidas de reação* caracterizariam sanções propriamente ditas, por considerar que a ideia de sanção estaria relacionada, essencialmente, ao aspecto repressivo do direito que seria imanente, apenas, a essa espécie de medidas (de reação). Nas *medidas de vigilância*, porque estariam ligadas ao aparato protectivo do ordenamento jurídico, não seria possível tê-las como sanção, uma vez que não conteriam repressão, pois implicariam, apenas, frustração do ato violador.

2. A concepção de Hart

Semelhante a essa é a objeção feita por Herbert L. A. Hart[98], para quem as leis, quanto a seu conteúdo, se dividiriam em duas classes: (*a*) normas jurídicas coercitivas e (*b*) normas jurídicas outorgativas de poder às pessoas (= dispositivas). (*a*) Aquelas se caracterizariam pela prescrição de proibições à conduta humana, estabelecendo punições para o caso de serem violadas, e seriam, basicamente, as normas criminais. (*b*) As outras concederiam instrumentos aos particulares para que possam dar forma a suas relações jurídicas. O fundamento dessa classificação dicotômica, como se pode concluir, reside, apenas, no caráter coercitivo do comando legal[99].

Considerando essa divisão, Hart entende que somente as normas criminais conteriam *sanção*, porque esta se caracterizaria como uma ameaça de imposição de um mal (as consequências da punição) com a finalidade de desencorajar a conduta proibida. A invalidade, porque

98. *O conceito de direito*, p. 34 e s.

99. É preciso destacar que Hart desenvolve seu estudo com base no sistema jurídico inglês, em que as normas do direito privado (*common law*) são, na sua grande maioria, consuetudinárias. As normas outorgativas de poderes aos particulares, como as denomina, são mais de natureza formal, regulando o modo de realização dos atos jurídicos. Não há, assim, uma normatização bastante acentuada nesse campo, no que difere, extremamente, dos sistemas jurídicos de direito escrito, em que se inclui o nosso, que, às vezes, chega a exaurir, quase por completo, o campo da dispositividade. Por isso Hart, praticamente, só associa às leis penais (que denomina *coercitivas*) a imperatividade própria da cogência.

constituiria, apenas, uma recusa de efeitos, na área de normas outorgativas de poder às pessoas, não teria natureza de sanção.

3. Outra objeção. Crime e nulidade

Uma outra objeção que se costuma levantar contra a natureza sancionadora da invalidade é a de que há atos jurídicos que são válidos, mas a conduta que os realiza constitui ilícito penal, como ocorre, *e. g.*, quando alguém vende a terceiro bem que já prometera à venda, em prestações, ou vende coisa alheia como sua (Código Penal, art. 171, § 2º, I e II). Os negócios jurídicos, em si, são válidos, mas o vendedor terá praticado crime de estelionato[100].

4. Crítica a essas objeções

4.1. Como resulta evidente, essas posições de Bobbio e Hart se baseiam, tão somente, em argumento de autoridade, conflitante, aliás, com a própria realidade do fenômeno jurídico, segundo nos parece. Senão, vejamos.

(*a*) Em primeiro lugar, não há fundamento científico na afirmativa de que a invalidade seja apenas consequência da infração de normas jurídicas instrumentais, consideradas estas as que prescrevem procedimentos para que se possa alcançar um determinado objetivo no campo jurídico (normas técnicas).

Na verdade, há muitas hipóteses em que apenas existe infração a norma instrumental. É o que ocorre no direito processual, constituído que é, basicamente, por normas dessa espécie, com regras constitucionais sobre processo legislativo, e, em geral, com normas de direito formal postas, heterotopicamente, em textos legislativos de direito material (por exemplo, Código Civil, art. 108).

Essas situações, no entanto, não somente não esgotam as espécies possíveis como não são as mais significativas no campo das nulidades.

Os negócios jurídicos são inválidos sempre que infringem uma norma jurídica cogente, quando a própria norma não prevê sanção de

---

100. Gobbet, *Aspectos doutrinários da invalidade de negócio jurídico no direito privado*, p. 32.

outra natureza para a espécie (Código Civil, art. 166, VII). A nulidade por ilicitude ou impossibilidade jurídica do objeto não envolve violação de "norma técnica" — no sentido de norma instrumental —, mas decorre de infração contra o próprio ordenamento jurídico, que tem na ilicitude a sua própria negação.

No campo do direito constitucional, havendo conflitos de conteúdo entre normas infraconstitucionais e normas constitucionais substantivas, de direito material, aquelas são nulas, e nesses casos não é possível falar-se em violação de "norma técnica", precisamente porque as normas de *fundo* (de direito material) não são formais, mas imperativas (= norma final)[101].

Quando se trata de anulabilidade, cujas causas são, por exemplo, a fraude contra credor, o dolo, a coação, o erro essencial, o estado de perigo e a lesão, é claro que não se pode falar de infração formal, por se tratar de atos, evidentemente, contrários a direito e ilícitos que têm por penalidade (= sanção) a invalidade.

(*b*) Em segundo lugar, é irrelevante para descaracterizar a sanção jurídica a circunstância de que a pena não importe um ônus ou uma obrigação para o infrator, mas seja constituída pela frustração de um objetivo que persegue, exatamente por ser contrário a direito. O que caracteriza a punição é a consequência desvantajosa imposta àquele que viola a ordem jurídica, seja esta consequência a morte, a prisão, a obrigação de indenizar, a perda de direitos ou apenas a frustação de um fim almejado. Em qualquer das hipóteses o direito repele a conduta infrin

---

101. Hart, para criticar o considerar-se uma sanção a nulidade de atos legislativos (leis), faz específica menção, apenas, a aspectos formais do processo legislativo, como a ausência de *quorum* para aprovação da norma. Essa referência restrita se deve, naturalmente, ao fato de que o problema da inconstitucionalidade das leis por violação de normas constitucionais de fundo (= substanciais), como o conhecemos, não tem cabimento no direito inglês, porque: (*a*) a sua Constituição é consuetudinária, não sendo, assim, possível falar-se de rigidez constitucional, nem, portanto, em uma lei que conflite com disposição constitucional; (*b*) além disso e por isso mesmo, o princípio fundamental do direito constitucional inglês não é, como nos sistemas de direito legislado, escrito, o da *supremacia constitucional*, mas, sim, *o da supremacia do Parlamento*, em razão do qual as decisões do Parlamento têm precedência sobre as demais normas. Por essa razão apenas questões relativas à forma de editar as normas têm pertinência, sendo irrelevantes as discussões sobre inconstitucionalidade por infração de regras constitucionais de fundo.

gente de seus comandos e isto não pode ser simplesmente ignorado ou receber uma conotação diferente.

(*c*) Finalmente, a natureza sancionadora da invalidade é tão evidente que o próprio Bobbio a ela não se pôde furtar e a denomina sanção (embora faça a ressalva de que se trataria de uma espécie particular, diferentemente da sanção propriamente dita, o que realça o caráter de *argumento de autoridade* que caracteriza a sua opinião sobre essa questão).

4.2. A objeção da existência, no sistema jurídico, de condutas que, embora tipifiquem ilícito penal, são consideradas atos jurídicos válidos, apesar de aparente relevância, não tem consistência, pelos motivos que passamos a alinhar:

(*a*) Primeiro, é preciso considerar o dado essencial de que invalidade é, apenas, *uma forma* de sanção que, em geral, inibe a eficácia do ato jurídico. Não é a única, porém. Desse modo, pode, ou não, ser atribuída ao ato punível cumulativamente com outras sanções. Em verdade, é possível que a certa infração de norma jurídica o ordenamento imponha (*a.a*) somente a sanção civil da nulidade, ou (*a.b*) cumule-a com outra punição, também civil, como o dever de indenizar ou a pura ineficácia do ato, ou (*a.c*) mesmo com uma sanção de natureza criminal (pena privativa da liberdade, por exemplo), ou (*a.d*) finalmente, atribua outra sanção qualquer, diferente daquelas.

A cumulação de penas civis e criminais é comum no direito (*e. g.*, ao crime de homicídio se imputa o dever de indenizar a família da vítima). No caso em exame, embora ao ato jurídico da venda não se imponha a pena de nulidade, pune-se o infrator com a obrigação de indenizar aquele que foi lesado. Quer dizer: no plano civil, os negócios jurídicos de compra e venda cujo objeto seja a alienação a terceiro de bem já prometido à venda e de bem de terceiro como próprio constituem atos ilícitos indenizativos, não invalidantes, e também crimes, no campo criminal.

(*b*) Segundo, a punição que o sistema adotou para esses atos é, evidentemente, mais enérgica, uma vez que acarreta, para o infrator, ônus maiores do que a pura nulidade. Mas, poder-se-ia opor a esse argumento que a manutenção da validade do ato beneficiaria o ilícito, pela sua permanência eficaz no mundo jurídico. Isto, no entanto, não é verdadeiro, porque: (*b.a*) aquele que transmite a propriedade do bem não é o negócio jurídico da compra e venda, mas o acordo de transmissão, quando registrado. Ora, o acordo de transmissão constitui negócio jurídico abstrato e, por isso, não se contagia pelos vícios do negócio jurídico obrigacional. Portanto, se o terceiro que comprou o bem (no segundo negócio) teve registrado o acordo de transmissão, não há como atingi-lo. Como é evidente, esse registro somente terá sido possível por não haver o promitente comprador registrado a sua promessa de compra e venda (primeiro negócio), pois, havendo registro, a sua eficácia *erga omnes* não permite o registro posterior de outro negócio, mesmo que haja nele acordo de transmissão; (*b.b*) a eficácia do registro público é que rege a espécie. A nulidade do negócio obrigacional da compra e venda não alcançaria a transmissão ao que primeiro registrou (Código Civil, arts. 1.245 e 1.246).

(*c*) Por fim, o único verdadeiramente beneficiado pela validade do negócio jurídico é o terceiro comprador, que de modo algum se pode ter como praticante de qualquer ilícito, e, por isso mesmo, não há razão para que sofra alguma sanção. O crime é de vender, não de comprar. O comprador presume-se de boa-fé. A proteção ao contratante de boa-fé, mesmo ao terceiro de boa-fé, constitui princípio geral de direito ínsito nos sistemas jurídicos dos povos civilizados. Anular-se a transmissão implicaria punir quem não infringiu a norma. Diferentemente, anular-se o negócio obrigacional da compra e venda poderia beneficiar o infrator (vendedor), que ficaria imune quanto a indenizar aquele que foi lesado.

A maneira de punir é irrelevante; o ilícito civil existe, juntamente com o criminal, apenas a sanção é diferente da nulidade.

Não há, como se pode constatar, fundamento científico para negar o caráter de sanção à invalidade, tampouco de ato ilícito ao ato jurídico inválido.

CAPÍTULO II
Graus da Invalidade

§ 19. Nulidade e anulabilidade

1. Considerações preliminares

Os atos que importam infrações das normas jurídicas a que o direito imputa a sanção da invalidade não têm a mesma natureza nem o mesmo significado. Há deles (*a*) que afetam a própria ordem pública[102], porque implicam violação de normas jurídicas cogentes (ato com objeto ilícito ou impossível, por exemplo); outros (*b*) que prejudicam diretamente as pessoas em seus interesses particulares, privados, mas que, pelas suas consequências ilícitas, não podem ser admitidos no mundo jurídico como se fossem perfeitos.

Considerando a gravidade da infração e a importância do interesse a resguardar, os sistemas jurídicos impõem sanções de maior ou menor intensidade, punições mais ou menos severas, que refletem o grau de sua repulsa ao ato.

A estruturação em cada ordenamento jurídico do sistema das invalidades é uma questão de técnica legislativa. No direito brasileiro, há dois graus de invalidade: (*a*) *nulidade*, que constitui a sanção mais enérgica, acarretando, entre outras consequências, em geral, a ineficácia *erga omnes* do ato jurídico quanto a seus efeitos próprios, além da insanabilidade do vício, salvo exceções bem particularizadas, e (*b*) *anulabi-*

---

102. A expressão *ordem pública*, no que respeita à invalidade, não tem o sentido restrito empregado no direito público. Aqui quer designar o interesse protegido por normas jurídicas cogentes, impositivas ou proibitivas, que se impõem a todos indistintamente, interessando, por isso, ao direito como um todo. O emprego dessa expressão relacionada à nulidade não quer dizer que nos casos de anulabilidade também não haja interesse da ordem pública, isto porque a invalidade em si, em qualquer de seus graus e espécies, constitui instrumento utilizado pelo direito para escoimar de seu mundo atos ilícitos, portanto, a ele contrários, de modo a tornar possível a integridade do sistema jurídico.

lidade, cujos efeitos são relativizados somente às pessoas diretamente envolvidas no ato jurídico, o qual produz sua eficácia específica, integralmente, até que sejam desconstituídos, o ato e seus efeitos, mediante impugnação em ação própria, podendo ser convalidado pela confirmação ou pelo transcurso do tempo.

2. Divergências terminológicas. Nulidade absoluta e nulidade relativa

Não há uniformidade, nem legislativa nem doutrinária, quanto à terminologia empregada para designar essas duas espécies de invalidade.

A doutrina francesa, especialmente, denomina *nulidade absoluta* e *nulidade relativa* as espécies que denominamos *nulidade* e *anulabilidade*, respectivamente. Por sua influência, essa terminologia difundiu-se na literatura jurídica tradicional, sendo ainda hoje utilizada amiúde[103].

---

103. Apenas como exemplos, vale lembrar Aubry e Rau, *Cours de droit civil français*, v. 1, p. 183; Colin e Capitant, *Cours élémentaire de droit civil français*, v. 1, p. 82; Josserand, *Cours de droit civil positiffrançais*, v. 1, p. 92; Mazeaud e Mazeaud, *Lecciones de derecho civil*, Parte 1, v. 3, p. 332 e s.; Starck, *Droit civil*: obligations, p. 497 e s.; Flour e Aubert, *Droit civil. Les obligations,* v. 1 — L'Acte Juridique, n. 332; Giffard e Villers, *Droit romain et ancien droit français*, p. 217, entre outros. Planiol (*Traité élémentaire de droit civil*, v. 1, p. 126 e s.) faz uma síntese bastante clara da evolução da "teoria das nulidades", partindo do direito romano, até o momento em que escreveu sua importante obra. Não só os franceses, mas também os alemães mais antigos, como é exemplo Savigny, *Sistema del derecho romano actual*, v. 3, p. 350, a adotavam. O emprego desses termos tornou-se muito comum na doutrina de todo o mundo, com reflexos na própria legislação, como dissemos, pela notável influência que teve a literatura jurídica francesa. O atual Código Civil e Comercial da Nação Argentina (Lei n. 26.994, promulgada em 7-10-2014), art.386, usa essa mesma nomenclatura repetindo os arts.1.047 e 1.048, do revogado Código Civil de 1896. Assim também o mexicano, arts. 2.226 e 2.227. Em nossa literatura jurídica, afora os clássicos, ainda é comum o seu uso, como em Bulhões Carvalho (*Sistema de nulidades dos atos jurídicos*, p. 117), Washington de Barros Monteiro (*Curso de direito civil*, v. 1, p. 264 e s.), Limongi França (*Instituições de direito civil*, p. 177), Maria Helena Diniz (*Curso de direito civil brasileiro*, v. 1, p. 262) e Jefferson Daibert (*Introdução ao direito civil*, p. 275).

Entre os processualistas nacionais era e ainda é usual falar-se em nulidade absoluta e relativa (Batista Martins, *Comentários ao Código de Processo Civil*, v. 3, p. 232; Ada Grinover et al., *As nulidades no processo penal*, p. 16). Por inspiração de Carnelutti (*Sistema del diritto processuale civile*, v. 2, p. 495-497) fala-se tam-

Essas expressões constituem reflexo da constatação de que (*a*) há invalidades cujo fundamento é de ordem pública, como no caso de ilicitude do objeto, e que, por essa razão, são tratadas com mais rigor: são insanáveis e, por terem, em geral, eficácia *erga omnes*, podem ser alegadas por qualquer interessado, inclusive pelo Ministério Público, cabendo ao juiz decretá-las de ofício (= sem provocação das partes), tanto que tome conhecimento do ato ou de seus efeitos, e, por isso, seriam *absolutas*. (*b*) Diferentemente, há outras que, por dizerem respeito, mais especificamente, a interesses privados e pessoais, têm sua eficácia relacionada, exclusivamente, às pessoas que sofrem diretamente as consequências do ato jurídico, as quais, por sua vontade, podem sanar o vício; desse modo, seriam *relativas* a essas pessoas, mesmo porque somente a elas se reconhece legitimação para alegá-las em ação própria ou como defesa.

No entanto, essas expressões são usadas em outro sentido completamente diferente daquele. Com efeito, há hipóteses em que a nulidade (dita absoluta) diz respeito a interesses de ordem pessoal, apenas, e se restringem às pessoas diretamente afetadas pelo ato jurídico, e, por esse motivo, a elas somente se reconhece legitimidade para invocá-la em juízo, vedando-se a sua alegação pelo Ministério Público, bem como a sua decretação de ofício pelo juiz. É o caso da decisão de órgão colegiado de pessoa jurídica que seja nula por violação de lei cogente ou praticada com simulação, em relação à qual somente o associado tem legitimidade para propor a ação de nulidade (Código Civil, arts. 45 e 48). O mesmo ocorre com o legado deixado por pessoa casada a quem seja seu concubino (Código Civil, art. 1.900, V), cuja legitimação para anulá-lo é deferida apenas à esposa e seus descendentes. Embora se trate de nulidades que resultam da incidência dos arts. 166, VII, e 167 do Código Civil, portanto, classificáveis como "nulidades absolutas", por não terem eficácia *erga omnes,* se assemelham às "nulidades relativas". A constatação de situações dessa natureza levou alguns doutrinadores[104],

---

bém, ao lado daquelas duas espécies, em anulabilidade, como se vê em Galeno de Lacerda (*Despacho saneador*, p. 70 e s.), Moniz de Aragão (*Comentários ao Código de Processo Civil*, v. 2, p. 271 e s.) e Tereza Arruda Alvim Pinto (*Nulidades da sentença,* p. 81). Essa divisão tripartite, a nosso ver, não tem cabimento, como mostraremos no texto ao analisarmos a concepção de Carnelutti. O Código Civil (arts. 168, 176 e 178, *v. g.*) adotou corretamente a terminologia nulidade e anulabilidade, corrigindo a linguagem defeituosa do Código de 1916.

104. Por exemplo, Gondim Filho, Nullidade relativa, *Rev. Acadêmica* (da Fac. de Direito do Recife) Ano XLVII, p. 3, 1939; Cifuentes, *Negocio jurídico*, p.

que não adotam a terminologia francesa e empregam os vocábulos *nulidade* e *anulabilidade* para denominar as duas espécies de invalidades, a classificar as nulidades (*stricto sensu*, isto é, excluída a anulabilidade) em (*a*) *nulidades relativas*, quando o ato nulo somente pode ser atacado pela pessoa diretamente prejudicada, e (*b*) *nulidades absolutas*, quando, pela sua natureza de ordem pública, são alegáveis por qualquer interessado, inclusive o Ministério Público, e decretáveis de ofício pelo juiz. Nessa terminologia não se qualificam graus da invalidade, mas se distinguem espécies de nulidades em sentido próprio.

Como é evidente, essa nomenclatura, em ambos os casos, dá relevância à questão relacionada aos *limites subjetivos da eficácia da invalidade*[105]: (*a*) quando a nulidade tem efeitos *erga omnes*, porque interessa à preservação da própria ordem pública, seria absoluta; (*b*) quando tais efeitos são restritos àqueles a quem o ato alcança diretamente, em face do caráter privado dos interesses afetados, a nulidade seria relativa[106].

A impropriedade terminológica no emprego das expressões *nulidade absoluta* e *nulidade relativa* parece-nos evidente, porque (*a*) à mesma expressão são atribuídos sentidos diferentes, (*b*) o que cria ensejo ao seu emprego para designar objetos distintos. Por isso, o seu uso leva à possibilidade de incorrer-se na imprecisão de se dizer que uma *nulidade absoluta (= nulidade), quando apenas alegável pelo interessado direto, seria, também, uma nulidade relativa.* A falta de precisão, que a torna carente de cientificidade, nos leva a recusá-la, seguindo a doutrina que nos parece mais correta[107].

609; Zannoni, *Ineficacia y nulidad de los actos jurídicos*, p. 201; Lloveras de Resk, *Tratado teórico-práctico de las nulidades,* p. 35 e s.; Llambías, *Efectos de la nulidad y de la anulación de los actos jurídicos*, p. 15 e s.; Andrade, *Teoria geral da relação jurídica*, v. 2, p. 415; Carnelutti, *Teoría general del derecho*, p. 429; Pescatore, *Introduction à la science du droit*, p. 393-394; Betti, *Teoria geral do negócio jurídico*, v. 3, p. 35-36, entre tantos outros.

105. Como observa Pontes de Miranda, *Tratado de direito privado*, t. IV, § 363.

106. O atual Código Civil e Comercial da Nação Argentina contém dispositivo expresso, definindo as espécies: "Art. 386. Critério de distinção. São de nulidade absoluta os atos que contrariam a ordem pública, a moral ou os bons costumes. São de nulidade relativa os atos aos quais a lei impõe essa sanção somente em proteção de interesse de certas pessoas".

107. Pontes de Miranda, *Tratado de direito privado*, t. IV, § 363 e s., e Oertmann, *Introducción al derecho civil*, p. 280, entre outros.

Para evitar esses inconvenientes, preferimos denominar nulidades *de pleno iure* aquelas que podem ser alegadas por qualquer interessado, inclusive pelo Ministério Público, e decretadas de ofício pelo juiz (que correspondem às chamadas absolutas), e nulidades dependentes de alegação aquelas que correspondem às denominadas relativas (*vide*, adiante, § 22).

Por sua influência, principalmente na doutrina do direito processual, convém mencionar a concepção de Carnelutti[108] sobre as espécies de invalidade. Segundo esse autor, sempre muito original e brilhante, porém de rigor científico bastante discutível, haveria três espécies de invalidades: nulidade absoluta, nulidade relativa e anulabilidade, que se distinguiriam entre si em razão da eficácia, porque: (*a*) a nulidade absoluta conduziria à total ineficácia do ato, uma vez que insanável, assemelhando-se à *inexistência;* (*b*) a nulidade relativa seria sanável e, por isso, "embora o ato não seja idôneo para produzir efeitos, *pode produzi-los desde que se produzam outros fatos ou atos que se prestem para superar o defeito do requisito que falta*"; na nulidade relativa haveria um estado de *pendência suspensiva*, porque a eficácia do ato estaria suspensa, podendo tornar-se realidade se produzidos aqueles fatos ou atos de que dependeria; (*c*) a anulabilidade se caracterizaria pela circunstância de que o ato seria eficaz desde logo, mas sujeita, sua eficácia, a uma *pendência resolutiva*: alegado o vício a eficácia se desfaria.

Essa classificação de Carnelutti peca pela falta de fundamento científico. Não há base nos sistemas jurídicos para essa distinção fundada em pendência suspensiva (o ato não seria eficaz; dependeria de que fosse praticado o ato de sanação) e resolutiva (a eficácia dependeria de omissão na alegação do vício) relativamente à invalidade. Nem nos sistemas processuais. O que efetivamente há são nulidades que dependem de alegação pelo interessado e outras que operam *ipso iure*, independentemente de alegação, e anulabilidades, como mencionamos antes e mostraremos adiante.

Há, portanto, rigorosamente, apenas duas espécies de invalidade: nulidade e anulabilidade.

Dependendo do tratamento dado em cada ramo da Ciência Jurídica, poder-se-á falar nas duas espécies ou em só uma delas. No direito constitucional e no direito administrativo as invalidades se resumem a nulidades.

---

108. *Teoría general del derecho*, n. 171, e *Sistema del diritto processuale civile*, v. 2, n. 551 e 552.

No direito processual há nulidades, dependentes, ou não (*de pleno iure*), de alegação, sendo que no processo civil há, também, anulabilidades, só que estas apenas são possíveis nos atos que não dependem de sentença ou em que esta seja meramente homologatória (CPC, art. 966, § 4º).

No direito alemão, o negócio jurídico anulável é dito impugnável (*anfechtbar Rechtsgeschaft*). Assim, a figura que corresponde à nossa anulabilidade é denominada, propriamente, *impugnabilidade (anfechtbarkeit)*, que não tem, porém, exatamente as mesmas características da anulabilidade, a saber: (*a*) a anulabilidade depende, sempre, de "ação" judicial, enquanto a impugnação, em regra, independe de procedimento judicial, realizando-se por meio de uma declaração receptícia de vontade dirigida ao impugnado (§ 143), salvo casos especiais, como os de impugnação da aceitação ou renúncia da herança (§ 1.955), impugnação de disposição testamentária (§ 2.081) e de herdeiro (§ 2.342), *e. g.*; (*b*) a impugnação constitui um negócio jurídico unilateral que dispensa forma especial, salvo exceções como a do § 2.282, 3ª parte, que exige instrumento público para impugnação de disponente incapaz em pacto sucessório, por exemplo.

Em doutrina, há autores que denominam a anulabilidade de *rescindibilidade*, porque alguns códigos, como o francês, arts. 1.304 e 1.305, e o italiano, art. 1.448, dispõem que o ato anulável por lesão, *e. g.*, é *rescindível* (= *sujeito a rescisão*). Beviláqua, por exemplo, nos seus comentários ao art. 147 do Código Civil de 1916 se refere a "nulidade dependente de rescisão". Em rigor, porém, são institutos absolutamente diferentes em sua fundamentação, não cabendo, portanto, a indistinção terminológica. Com efeito, a anulabilidade tem por fundamento defeito na formação da vontade negocial (= vícios da vontade), donde afetar a higidez do elemento volitivo que constitui o cerne do suporte fáctico. A rescisão, diferentemente, tem por base defeito que atinge o objeto do negócio jurídico, não a vontade. Assim, é pertinente ter-se como rescindível o negócio jurídico em caso de evicção ou de vício redibitório, como também as sentenças (art. 966 do CPC), porque em ambas as espécies identificam-se situações em cujas bases estão defeitos que dizem respeito ao objeto. Por isso, parece inadequado o emprego de rescindibilidade como sinônimo de anulabilidade.

3. O problema do *ato inexistente*

Em doutrina, no estudo das invalidades, é comum a menção a *ato inexistente*, junto aos atos nulo e anulável. Mas, com rigor científico, é possível falar-se de ato inexistente? Parece-nos que não e demonstramos.

A concepção de ato inexistente como uma categoria autônoma, distinta da de ato nulo e ato anulável, tem sua origem na doutrina francesa, como solução a sérios problemas criados pela concepção jurisprudencial, segundo a qual, em matéria de direito matrimonial, regeria, em caráter absoluto, o princípio de que não há nulidade sem disposição de lei que a determine (*pas de nullité sans texte*). Nesse campo (do direito matrimonial), com a finalidade de salvar, o mais possível, os casamentos, as nulidades são taxativamente indicadas pela lei, limitando-se as *absolutas peremptórias* (= nulidades que o juiz não pode dispensar, diferentes das *absolutas facultativas*, que o juiz pode relevar, se não houve fraude à lei) a quatro casos: impuberdade, bigamia, incesto e ausência de consentimento dos esposos, como referem Mazeaud e Mazeaud[109]. Por consequência, casos de graves anomalias, como casamento entre pessoas do mesmo sexo ou perante oficial sem poderes para casar, por exemplo, que não eram previstos pelo Código e, por isso, não eram admitidos pelos tribunais como de nulidade, não poderiam ser desconstituídos ("anulados"), criando-se situações verdadeiramente absurdas (considerando-se os padrões morais da época).

Deveu-se a Zachariae von Lingenthal[110], ilustre jurista alemão, em seu famoso *Cours de droit civil français* (t. 3, § 450), nos albores do século XIX (1804), a adoção do expediente técnico de se terem tais casamentos como inexistentes, contornando-se as incompreensíveis limitações que eram impostas pelo acima mencionado princípio de criação jurisprudencial, o qual, no entanto, "não encontra nenhuma sustentação séria nos textos, nem nos trabalhos preparatórios, nem na história", como observam Mazeaud e Mazeaud (*Lecciones de derecho civil*, Parte 1, v. 3, p. 196). Segundo essa orientação, que passou a dominar a doutrina clássica francesa pela adesão de juristas de prestígio como Demolombre e o belga Laurent[111], sendo, ainda hoje, admitida praticamen-

---

109. *Lecciones de derecho civil*, Parte 1, v. 3, p. 197. Em vários sistemas jurídicos o casamento entre pessoas do mesmo sexo já é admitido regularmente, inclusive no Brasil.

110. Como anotam Planiol (*Traité élémentaire de droit civil*, v. 1, n. 346), Giancarlo Filanti (*Inesistenza e nullità del negozio giuridico*, p. 15, nota 36) e Zannoni (*Ineficacia y nulidad de los actos jurídicos*, p. 139).

111. Guggenheim, *L'invalidité des actes juridiques en droit suisse et comparé*, p. 7 e s.

te sem contestação, ter-se-iam de considerar, sob o aspecto das imperfeições dos atos jurídicos, três graus: o ato inexistente, o ato nulo de pleno direito (nulidade absoluta) e o ato anulável (nulidade relativa)[112].

O ato inexistente, segundo a concepção clássica, seria aquele que não reuniria os elementos de fato supostos por sua natureza ou seu objeto, em razão do que sua ausência implicaria a impossibilidade lógica de conceber-lhe a existência de modo que deveria ser considerado não somente como nulo, mas como não havido[113]. Para Planiol, corretamente, "um ato é inexistente quando lhe falta um elemento essencial à sua formação de tal modo que não se possa conceber o ato na ausência desse elemento"[114].

Já a nulidade ocorreria quando houvesse defeito em alguma condição requerida para a validade do ato jurídico[115].

O ato afetado por nulidade dita absoluta (= de pleno direito) teria a mesma situação do ato inexistente: ambos seriam ineficazes. Distinguir-se-iam entre si, para alguns, pela necessidade de desconstituição, que não existiria no caso de inexistência, mas que seria sempre imprescindível para o ato nulo[116]; para outros, a diferença residiria na circunstância de que o ato inexistente seria sempre ineficaz, jamais convalescendo pela prescrição, o que não aconteceria com o ato inválido, que seria eficaz enquanto não decretada a invalidade e poderia convalescer pela prescrição[117].

Se bem analisarmos a questão veremos que, teoricamente, a conceituação de ato inexistente formulada pela doutrina francesa está correta: o ato que não reúne, de fato, os elementos (que são chamados de condições) pressupostos pela lei para que se materialize como ato jurídico é, certamente, inexistente como ato jurídico. Os casos indicados

---

112. Colin e Capitant, *Cours élémentaire de droit civil français*, v. 1, n. 64; Planiol, *Traité élémentaire de droit civil*, v. 1, n. 335, e, praticamente, todos os doutrinadores franceses.

113. Aubry e Rau, *Cours de droit civil français*, v. 1, § 37.

114. *Traité élémentaire de droit civil*, v. 1, n. 332 e 345.

115. Guggenheim, *L'invalidité des actes juridiques en droit suisse et comparé*, p. 10.

116. Aubry e Rau, *Cours de droit civil français*, v. 1, § 37.

117. Guggenheim, *L'invalidité des actes juridiques en droit suisse et comparé*, v. 1, p. 73; Aubry e Rau, *Cours de droit civil français*, v. 1, § 37; *Petit Précis Dalloz, Précis de droit civil*, v. 1, n. 56.

pela jurisprudência e doutrinadores são, verdadeiramente, de inexistência do ato jurídico, uma vez que há, efetivamente, insuficiência na concreção do suporte fáctico. Se o suporte fáctico do casamento previa como elementos de sua suficiência (*a*) manifestação da vontade de casar feita por duas pessoas de sexos diferentes, (*b*) perante autoridade competente, (*c*) com registro do ato, a falta de qualquer desses elementos fazia insuficiente o suporte fáctico, donde não haver incidência da norma jurídica e, portanto, não ocorrer fato jurídico algum. O casamento seria, nesse caso, inexistente em sentido próprio, ou seja, nunca existira casamento algum.

O erro em que incide a doutrina do ato inexistente decorre de dois pontos:

(*a*) Primeiro, por considerá-lo uma categoria jurídica, quando se trata, na realidade, de mera situação fáctica, exatamente porque o ato não chegou a entrar no mundo do direito por não se haver realizado, suficientemente, o seu suporte fáctico; inexistência é conceito próprio do mundo dos fatos, jamais do mundo jurídico. O fato ao ser juridicizado entra no mundo jurídico pelo plano da existência.

(*b*) Segundo, pela exigência de que o ato inexistente seja desconstituído judicialmente. O que *não é* não necessita de ser desfeito (desconstituído), precisamente porque nunca existiu, *nunca foi*. Pode haver necessidade de *declaração* da inexistência (quando alguém alega sua existência, *e.g.*), não, porém, de desconstituição. Sobre esses pontos e nesse sentido já se manifestava Demolombre e se manifesta Guggenheim[118], admitindo ser a inexistência uma questão de fato, como também opinavam Aubry e Rau, que ainda ressaltavam a desnecessidade de desconstituição do ato inexistente, considerando-a inútil[119].

O tratamento indistinto do mundo dos fatos e do mundo jurídico e neste dos vários planos que o compõem acarreta confusões dessa espécie, destituídas de valor científico. A categoria (jurídica) ato inexistente é inútil e constitui uma contradição, porque, se inexiste o ato, de ato não se pode cogitar. Foi produto da necessidade prática de resolver um problema criado pela visão defeituosa de certa jurisprudência intransigente na aplicação de princípio (*pas de nullité sans texte*) de sua própria cria-

---

118. *Traité des contrats ou des obligations conventionnelles*, v. 1, p. 72, e *L'invalidité des actes juridiques en droit suisse et comparé*, p. 69, respectivamente.

119. *Cours de droit civil français*, v. 1, § 37.

ção e ao qual atribuiu rigidez infundada. Por isso, parece-nos incorreta a conclusão de Guggenheim[120] de que a *inexistência* não é apenas uma categoria lógica, mas configura, em certas circunstâncias, uma categoria prática.

120. *L'invalidité des actes juridiques en droit suisse et comparé*, p. 73.

CAPÍTULO III
Espécies de Invalidade

§ 20. Invalidade total e parcial

1. Conceituação

Quanto à sua abrangência, a invalidade pode ser *total*, quando alcança todo o ato jurídico, ou *parcial*, se apenas parte dele é considerada inválida, permanecendo válido o restante. Diz o art. 184 do Código Civil, primeira parte, que "... a invalidade parcial de um negócio jurídico não o prejudicará na parte válida, se esta for separável..."[121].

2. Invalidade e separabilidade de partes do negócio jurídico

O problema da invalidade total ou parcial do negócio jurídico, como é evidente, está relacionada, especificamente, à questão da separabilidade de suas partes, a qual se condiciona, por sua vez, à preservação da *integridade* do ato jurídico, tanto do ponto de vista (*a*) objetivo como (*b*) subjetivo.

2.1. Objetivamente, só é possível falar-se em invalidade parcial se a exclusão da parte inválida não atinge o negócio jurídico em sua essência, isto é, a separação não descaracteriza o seu suporte fáctico. Se a separação o desfigura, não há invalidade parcial, mas total. Sob esse aspecto tem influência relevante a problemática da composição do negócio jurídico em relação à quantitatividade, ou seja, é necessário levar em conta se há (*a*) *unidade ou pluralidade*, (*b*) *unitariedade ou complexidade* no ato jurídico, bem assim se há (*c*) *união externa ou interna* de negócios jurídicos.

---

121. O Código de Defesa do Consumidor, art. 51, § 2º, dispõe: "A nulidade de uma cláusula contratual abusiva não invalida o contrato, exceto quando de sua ausência, apesar dos esforços de integração, decorrer ônus excessivo a qualquer das partes".

(*a*) A *unidade do negócio jurídico* refere-se à *especificidade objetal* que se lhe atribui. Diz-se *único*, ou *uno*, o ato jurídico quando as suas disposições constituem um todo indissociável, não se podendo separá-las em partes distintas sem descaracterizá-lo. Há um só negócio jurídico porque se lhe imputa *especificidade única*, o que se identifica pela existência de um só *fim* (= *objeto*) *específico*. Os negócios jurídicos típicos, considerados em seus suportes fácticos específicos, são atos jurídicos unos (por exemplo, compra e venda, doação, locação). No entanto, se no mesmo negócio jurídico há elementos de negócios jurídicos vários, inclusive atípicos, o negócio jurídico se torna *complexo*, ou *misto*, mas essa complexidade não exclui a *unidade* sempre que existir subordinação do todo à *especificidade de um deles*, que é preponderante (= especificidade preponderante), e ao *fim comum* do negócio jurídico complexo ou misto[122] (por exemplo, contrato de *leasing*, contrato de franquia, contrato de transporte com fornecimento de hospedagem e alimentação, contrato de empreitada com fornecimento de material).

À *unidade* se opõe a *pluralidade*. Há pluralidade de negócios jurídicos quando existem dois ou mais negócios jurídicos, cada um com sua *especificidade própria*, mesmo que tenham os mesmos figurantes, as prestações (diferentes) recaiam sobre um mesmo bem e constem de um mesmo instrumento negocial (por exemplo, *A* compra a *B* o apartamento *C* e na mesma escritura o dá em locação ao próprio vendedor; *X* compra a *Y* 2.000 sacas de milho e no mesmo instrumento particular contrata com *Y* o depósito da mercadoria em armazéns seus).

(*b*) Quando há unidade, o ato jurídico pode ser *unitário* ou *complexo*.

Diz-se *unitário* o ato jurídico único em que há unicidade de seus elementos: sujeito, objeto e exteriorizações de vontade (por exemplo, *A* vende a *B* o imóvel *I*).

Complexo, ou *misto*, é o ato jurídico, também único, em que algum, ou alguns, desses elementos não é unitário, mas pelo menos um é[123]. A *complexidade* pressupõe *unidade* e *unicidade*, esta relativamente, ao menos, a um dos elementos do ato jurídico — por exemplo, *A* e *B*, condôminos da sala *S* — bem indivisível —, a alugam a *C*; *Y* contrata com *X* a decoração de sua casa, fornecendo *X* os objetos de adorno; *Z*

---

122. Pontes de Miranda, *Tratado de direito privado*, t. III, § 284, 2.

123. Pontes de Miranda, *Tratado de direito privado*, t. III, § 286, 1.

e *K* contratam o *leasing* (= locação + opção de compra) de um computador.

A distinção fundamental entre (*a*) *complexidade* e (*b*) *pluralidade* de atos jurídicos consiste em que na *complexidade há negócio jurídico único* (embora vários sejam os sujeitos, ou os objetos, ou o elemento volitivo), enquanto na *pluralidade há vários negócios* (mesmo que haja identidade de sujeitos, ou de objetos da prestação; por exemplo, *A* comprou a *B* as salas 101 e 102 do edifício *E*, na mesma escritura pública).

É preciso ressaltar que no trato dos conceitos sobre a unidade ou pluralidade, unitariedade ou complexidade do ato jurídico, não tem interferência, nem significado algum, o aspecto da instrumentação do ato jurídico, quando se trata de ato jurídico *inter vivos*. Pode haver vários atos jurídicos (= pluralidade) em um só instrumento (por exemplo, compra e venda de imóvel com doação ao filho do comprador em uma mesma escritura pública), como um só negócio jurídico (= unidade com unitariedade ou com complexidade) praticado por meio de vários instrumentos (por exemplo, doação feita a um filho em um instrumento e a dispensa de colação — Código Civil, art. 2.006 — em outro).

O testamento, entretanto, que é negócio jurídico *envolvente*, considera-se ato jurídico único, embora possa conter vários negócios jurídicos, aqui ditos *envolvidos*. Há unidade, mas não há unitariedade.

(*c*) É necessário, finalmente, distinguir essas espécies daquelas que a doutrina denomina *união de negócios jurídicos* (Pontes de Miranda), *negócios jurídicos coligados* (Orlando Gomes), o que somente pode ocorrer quando há pluralidade de atos jurídicos.

A *união de atos jurídicos* pode dar-se entre atos jurídicos unitários, ou entre unitários e complexos, ou ainda entre atos jurídicos complexos.

Diz-se *externa* quando a união entre os atos jurídicos existe, apenas, em decorrência de sua formalização (por exemplo, *A* compra o imóvel e o aluga ao próprio vendedor, no mesmo instrumento). Os contratos são independentes, não se vinculam entre si de modo algum. A única coisa que os une é o instrumento.

Na *união interna*, diferentemente, existe entre os atos jurídicos um nexo vinculante, uma relação de dependência, de modo que, embora os atos jurídicos continuem a ter sua identidade própria, têm seus destinos ligados entre si. Se, por exemplo, em acordo de acionistas firmado entre pessoas jurídicas no qual, além das cláusulas comuns a esse negócio jurídico, se estabeleça que os representantes das acionistas na assembleia geral devem eleger certa e determinada pessoa para a diretoria, sob pena de multa, existe união interna de três negócios jurídicos: (*a*) acordo de acionistas (cláusulas normais), (*b*) obrigação por fato de terceiro (os representantes devem eleger) e (*c*) estipulação em favor de terceiro (certa pessoa deve ser eleita diretor).

2.2. Do ponto de vista subjetivo, a separação, mesmo quando possível objetivamente, não pode prejudicar a finalidade do negócio jurídico conforme a vontade dos figurantes. Por isso é que o texto do art. 184 do Código Civil inicia: "Respeitada a intenção das partes, a invalidade...". Ainda que se trate de caso de pluralidade, naturalmente desde que haja união interna, se da interpretação dos atos jurídicos se pode concluir que os figurantes consideram os atos jurídicos dependentes, não será possível a separação se a parte restante do ato jurídico não atender à finalidade para que foi realizado. A regra deve ser a de que a invalidade parcial conduz à invalidade total. Se, no entanto, ficar constatado que, excluída a parte inválida, mesmo assim os figurantes teriam realizado o negócio jurídico, deve manter-se o restante válido. A invalidade parcial, portanto, constituirá sempre exceção.

3. A separabilidade de partes

Há espécies em que a inseparabilidade de partes do ato jurídico resulta de imposição legal. É o que ocorre, por exemplo, com a transação e com as condições físicas ou juridicamente impossíveis, quando suspensivas, bem assim com as ilícitas ou de fazer coisa ilícita e com as incompreensíveis ou contraditórias[124]. Não há, portanto, como falar em invalidade parcial. O negócio jurídico será totalmente inválido, mesmo que apenas uma de suas cláusulas seja nula.

Do mesmo modo, os *negócios jurídicos unitários simples* (= aqueles que não contêm disposições especiais estranhas ao tipo) não admitem separação. A invalidade os atinge como um todo; não há possibilidade de haver invalidade parcial.

Quando há *pluralidade de negócios jurídicos* a nulidade de um não afeta o outro, ou outros, em razão de não haver entre eles interdependência. Se existe *união interna*, no entanto, pode dar-se a *conta-*

124. Código Civil, arts. 848, *caput*, e 123, 2ª parte. Se a condição *impossível for resolutiva*, não há afetação do negócio jurídico: a condição é considerada inexistente.

giação da invalidade em consequência da qual os atos vinculados serão invalidados, se um deles é inválido.

Quando se trata de *negócios jurídicos complexos*, tem-se que a separabilidade é possível, conforme o caso, desde que preservada a integridade do ato jurídico e de sua finalidade, esta conforme a intenção dos figurantes. A regra, no entanto, é a de que a invalidade da obrigação principal acarreta, necessariamente, a das obrigações acessórias. A recíproca, porém, não é verdadeira: a nulidade das obrigações acessórias não contagia a obrigação principal[125].

No testamento, em geral, as suas disposições são separáveis. A nulidade do testamento em si alcança todas as suas cláusulas. Mas a nulidade de cláusulas pode restringir-se a estas, sem afetar o todo[126].

No contrato de constituição de sociedade, se há mais de dois figurantes, a incapacidade de um deles não afeta, em princípio, o contrato, porque se trata de um negócio jurídico plurilateral do qual decorrem relações jurídicas específicas entre a sociedade e cada contratante. A invalidade deve alcançar apenas o contratante incapaz, sendo válido o contrato em relação aos demais. Há de se examinar, no entanto, a questão sob o aspecto subjetivo das declarações de vontade. Se, por exemplo, se tratar de sociedade criada *intuitus personae*, não se poderá validar o negócio jurídico se a presença do sócio incapaz for essencial à vida da sociedade, segundo a intenção dos contraentes[127].

Por desrespeito à forma, a nulidade somente alcança a parte do ato para a qual se exigia a forma especial. Numa constituição de sociedade comercial feita por instrumento particular em que, por exemplo, os sócios, ou algum deles, dão em pagamento de suas participações societárias bens imóveis cujos valores tornem exigível a escritura pública, a nulidade somente afetará a dação em pagamento, sendo válida a parte do negócio jurídico que podia ser realizado por instrumento particular[128].

---

125. Código Civil, art. 184, 2ª parte.

126. Pode, por exemplo, ser válido o legado, mas ser nula a inalienabilidade que se lhe impôs.

127. Cf. Código Civil italiano, arts. 1.419 e 1.420, e alemão § 139.

128. Exceto nas sociedades anônimas, uma vez que, no caso de pagamento de subscrição de ações através da incorporação de bens imóveis, as atas das assembleias gerais, sejam de constituição ou de aumento de capital, dispensam a escritura pública, podendo ser registradas no registro de imóveis.

Fora essas espécies, não há critérios preestabelecidos para que se possa dizer, *in thesis*, o que é separável nos atos jurídicos sem que a sua essência seja atingida[129]. A separabilidade há de ser examinada em cada caso, levando-se em consideração a natureza de cada ato jurídico.

4. Princípio da incontagiação da nulidade

Segundo o *princípio da incontagiação da nulidade*, em casos de complexidade ou de pluralidade, a invalidade de um ato não contagia os demais a ele conexos, salvo se dele dependentes. Se há separabilidade das partes não há contagiação.

No direito processual a invalidade de ato processual nunca alcança os atos anteriores, mas, apenas, os posteriores e que dele dependam.

§ 21. Invalidade substancial (material) e formal

Há invalidade substancial quando resulta de violação de norma de direito material[130], portanto, que diz respeito ao conteúdo, à matéria de que trata o ato jurídico. Dessa espécie são as nulidades relativas à incapacidade dos figurantes, à ilicitude, determinabilidade e impossibilida-

---

129. Orlando Gomes, *Introdução ao direito civil*, p. 401.

130. A distinção entre norma de direito material (também dito direito substancial) e norma de direito formal reside na natureza da atribuição que delas decorre. As normas de *direito material* definem, atribuem direitos subjetivos, ou transindividuais, em favor de seu destinatário, ou seja, da incidência delas resultam fatos jurídicos que têm por eficácia criar direitos subjetivos, ou transindividuais. A grande maioria das normas do Código Civil, do Código Penal, da Constituição, por exemplo, são de direito material. As normas de *direito formal*, diferentemente, não geram direito subjetivo, ou transindividuais, mas estabelecem, criam e regulam os instrumentos para que os direitos materiais (= substanciais) sejam exercidos. Assim, as normas processuais e outras que regulam a forma segundo a qual os direitos substanciais devem ser realizados são normas de direito formal. É possível que normas de direito formal estejam contidas em corpos de lei de direito material (as regras sobre forma dos atos jurídicos que se encontram no Código Civil, as regras sobre o processo legislativo que se acham na Constituição, por exemplo), como é possível que em leis tipicamente de direito formal se encontrem normas de direito material (por exemplo, os arts. 787 e 789 do Código de Processo Civil). A estas se dá o nome de *normas heterotópicas* (= que estão postas em local diferente do que deveriam estar).

de do objeto, aos defeitos dos atos jurídicos (= vícios da vontade) e à infração de normas cogentes, exceto as processuais.

A invalidade formal, diferentemente, decorre de violação de normas jurídicas sobre forma (normas de direito formal), independentemente do ramo do direito em que se encontrem situadas. As nulidades processuais em geral, inclusive as relativas ao processo constitucional de elaboração legislativa (= processo legislativo), são, de ordinário, formais. Do mesmo modo, são formais as invalidades de negócios jurídicos que violam as normas do Código Civil sobre a forma dos atos jurídicos. Como está esclarecido na nota 130, embora a Constituição e o Código Civil sejam leis tipicamente de direito material, neles há normas de direito formal (heterotópicas) que, quando violadas, podem acarretar nulidade formal.

Apesar de não haver distinção entre essas espécies no que se refere, em regra, às suas consequências, com respeito à sua sanabilidade há diferença relevante. Enquanto a nulidade substancial, ou material, é praticamente irremovível, a nulidade formal, geralmente, é relevável e, em qualquer hipótese, removível pela repetição (na nulidade) ou confirmação do ato (na anulabilidade).

A invalidade formal, dependendo do ramo jurídico a que pertença a norma violada, tem tratamento diferenciado relativamente ao que se considera princípios referentes à nulidade. No direito constitucional, por exemplo, a nulidade da lei cuja inconstitucionalidade decorra de infração de norma do processo legislativo é nulidade formal, mas tem o mesmo tratamento das nulidades substanciais (por exemplo, é insanável, imprescritível, etc.)[131]. Diferentemente, no direito processual, *e. g.*,

---

131. Se, por exemplo, em matéria que caiba, privativamente, ao Chefe do Poder Executivo a iniciativa do processo legislativo, um deputado apresenta projeto de lei e esse é aprovado pelo Congresso Nacional e, sendo vetado pelo Presidente da República, tem seu veto rejeitado e é promulgado pelo Legislativo, a lei resultante será insanavelmente nula por vício de iniciativa (haver violado norma do processo legislativo relativa à competência privativa do Chefe do Poder Executivo), que é defeito formal. O STF, recentemente, tem entendido, mudando a sua orientação anterior e contrariando boa parte da melhor doutrina nacional, que em tal caso (vício de iniciativa), mesmo que o Presidente da República sancione o projeto de lei, a lei será nula, pela insanabilidade da nulidade *de pleno iure* decorrente da inconstitucionalidade, máxime por se tratar de matéria de ordem pública. Contrariamente a essa orientação sustentamos, no nosso A lei complementar sob a perspectiva da validade, in *Direito tributário moderno*, p. 69 e s., a sanação da inconstitucionalida-

as invalidades, exceto aquelas que o juiz deva decretar de ofício, como a do art. 279 do CPC, são: (*a*) sanáveis pela preclusão, (*b*) inalegáveis por quem lhes deu causa e (*c*) não devem ser decretadas se não causam prejuízo à parte a quem aproveitam. Do mesmo modo, no direito eleitoral não se decretam nulidades se não há prejuízo (é o princípio *pas de nullité sans grief*, comum no direito francês), e todas, sem exceção, são sujeitas à preclusão.

Isso não acontece com as nulidades substanciais, cujo tratamento é sempre o mesmo. Seja no direito civil, seja no direito comercial, no direito constitucional, e assim por diante, as características e as consequências das nulidades, em regra geral, não diferem[132].

§ 22. Nulidade *de pleno iure* e nulidade dependente de alegação

Embora o Código Civil prescreva que as nulidades são alegáveis por qualquer interessado e pelo Ministério Público, quando lhe couber intervir no feito, e decretáveis de ofício pelo juiz, quando conhecer do negócio jurídico ou de seus efeitos e as encontrar provadas, há nulidades em que isso não é possível. É o caso daquelas que envolvem, primordialmente, interesses patrimoniais privados, que não tocam à ordem pública, como ocorre, por exemplo, com as decisões dos órgãos colegiados das pessoas jurídicas afetadas de nulidade decorrente de violação da lei, simulação ou fraude que somente pode ser alegada por asso-

---

de formal por defeito de iniciativa se há sanção, no caso de iniciativa privativa do Chefe do Executivo para propô-la. A base de nossa argumentação reside no fato de que não há, na verdade, vício da lei que resultar, mas do processo legislativo, dentro do qual é possível a sanação dos defeitos. Nosso entendimento é o de que, se o Chefe do Executivo, a quem caberia a iniciativa do processo legislativo, não alega a usurpação da competência e sanciona expressamente a lei, concorda com ela, donde ser sem sentido prático algum tê-la como nula para refazê-la, apenas por um defeito processual. É formalismo exagerado, desde quando a concordância do titular da competência com o conteúdo parece eliminar a *usurpação*.

132. Aubry e Rau (*Cours de droit civil français*, v. 1, § 37) referem-se a nulidades de fundo (substanciais) e de forma, mas com outra conotação. As de fundo dever-se-iam à ausência de condições intrínsecas exigidas para a validade dos contratos, enquanto as formais resultariam da inobservância de formalidades requeridas como *ad solemnitatem actus*.

ciados ou sócios (Código Civil, art. 48, parágrafo único)[133].

Há, portanto, quanto à necessidade de ser alegada, duas espécies de nulidades:

(*i*) Nulidade *de pleno iure*[134], aquela que se caracteriza pela relevância, em seus fundamentos, de interesse de ordem pública. Opera ipso iure, pode ser alegada por qualquer interessado e pelo Ministério Público e deve ser decretada *ex officio* pelo juiz, quando conhecer do ato ou de seus efeitos e a encontrar provada.

(*ii*) Nulidade *dependente de alegação*, aquela que, em face da predominância dos interesses patrimoniais particulares, somente o interessado tem legitimação para alegá-la, não sendo possível a sua decretação pelo juiz sem provocação do figurante.

A nulidade por incapacidade absoluta do agente, embora tutele interesse privado, individual, é tratada pela maioria dos sistemas jurídicos como de ordem pública, sendo, portanto, uma nulidade *de pleno iure.*

A nulidade dependente de alegação se assemelha à anulabilida-

---

133. Até a 5ª edição deste livro, ainda na vigência do Código de 1916, dávamos como exemplos dessa espécie de nulidade a venda de ascendente a descendente sem o consentimento dos demais descendentes (art. 1.132) e o casamento perante autoridade incompetente (art. 208). O Código de 2002 (arts. 496 e 1.550, VI), porém, considerou essas espécies como de anulabilidade, o que nos obrigou a modificar a exemplificação.

134. Esse conceito de nulidade *de pleno iure* difere substancialmente daquele adotado, em geral, pelos doutrinadores. Foi mencionado, entre nós, por Clóvis Beviláqua em seus comentários ao art. 147 do Código Civil de 1916. Na doutrina clássica, que nos vem dos franceses, tem-se como nulidade de pleno direito aquela que não necessitaria de decisão judicial para decretá-la, pois operaria apenas por força de lei. Segundo Planiol (*Traité élémentaire de droit civil*, v. 1, n. 328), tal concepção nos foi legada pelo direito romano, que distinguia as nulidades do *jus civile*, que se produziam automaticamente, de pleno direito, das nulidades pretorianas "que supunham o exercício de uma ação em justiça e não se realiza senão em virtude de uma sentença judiciária". Em tal sentido a doutrina atual, muito corretamente, nega que existam nulidades de pleno direito (Guggenheim, *L'invalidité des actes juridiques en droit suisse et comparé*, p. 83; Valle Ferreira, Subsídios para o estudo das nulidades, *Rev. da Faculdade de Direito da UFMG*, *3*: 31), uma vez que, na verdade, não se pode negar a necessidade de desfazimento do ato nulo pelo menos sempre que algum interessado lhe exija o cumprimento ou quando haja registro público (casamento, compra e venda de imóvel, *e.g.*), que impõe sua desconstituição.

de, que somente pode ser arguida por interessado direto. Essa semelhança levou Beviláqua, ao comentar o art. 148 do Código Civil de 1916, a confundi-las. Sem razão, porém, uma vez que o ato afetado pela nulidade dependente de alegação tem todas as outras características do ato nulo e nenhuma do ato anulável (exceto a legitimação restrita para alegação).

Não fora a questão da impropriedade terminológica antes apontada, seria possível nessas espécies falar de nulidade absoluta (= nulidade *de pleno iure*) e nulidade relativa (= nulidade dependente de alegação)[135].

§ 23. Nulidade originária, nulidade superveniente e nulidade suspensa (*sic*)

Betti[136] se refere a essas espécies de invalidades, que assim conceitua:

(*a*) originária aquela invalidade coeva do negócio, nasce com ele, é imediata;

(*b*) superveniente, ou invalidação, seria uma espécie de caducidade a que estariam sujeitos os negócios com efeitos diferidos;

(*c*) suspensa, aquela que atingiria os negócios jurídicos sob condição suspensiva.

Mas existem, efetivamente?

No direito brasileiro essa classificação não tem pertinência. Toda invalidade é originária; sua causa deve existir, ao menos, no momento da concretização do ato jurídico[137]. Causas de invalidade surgidas pos-

135. Conforme a opinião de Aubry e Rau (*Cours de droit civil français*, v. 1, § 37), toda nulidade deve ser considerada de pleno direito (*absolue*, como a denominam), a menos que o legislador expressamente restrinja a alguém em particular o direito de a alegar. Em direito nacional a questão do poder de alegação da nulidade se resolve em face da legitimação processual que envolve, portanto, o interesse na sua decretação.

136. *Teoria geral do negócio jurídico*, v. 2, p. 46. Fedele (*La invalidità del negozio giuridico di diritto privato*, p. 85 e s.) não menciona a figura da nulidade suspensa, mas se refere, com reservas, à existência da categoria *nulidade superveniente*.

137. Zeno Veloso, *Testamentos*, p. 45.

teriormente não afetam a validade, embora possam implicar a resolução do ato jurídico. Se, por exemplo, uma pessoa capaz contrata uma compra e venda e, depois, se torna incapaz, a incapacidade posterior não invalida o contrato. Se, ainda como exemplo, alguém contrata a compra de certo produto cuja comercialização era permitida, mas, após a contratação, passa a ser proibida, o negócio se resolve, caso não tenha havido, ainda, a entrega da mercadoria; não há invalidade, mas resolubilidade. Se o contrato já houver sido cumprido, a proibição nenhum efeito terá sobre a eficácia do contrato. O que comprou e pagou pelo produto arcará com o prejuízo decorrente da proibição. O mesmo ocorre se um dos contratantes, em contrato regularmente realizado, passa a agir com dolo na sua execução. Não há anulabilidade pelo dolo, mas pode haver resolução e/ou ressarcimento por perdas e danos, conforme o caso.

Como nos referimos antes (§ 10, 5), no direito italiano, segundo o art. 32 do Código Penal, incorre em *interdição legal* o condenado à pena de *ergástulo* (= prisão perpétua, com trabalhos forçados e isolamento noturno), a qual, dentre outras, implicava, como pena acessória, a *nulidade do testamento que houvesse sido feito antes da condenação*. Este constituía, evidentemente, um caso de invalidade superveniente. Essa consequência da interdição legal foi, no entanto, abolida do sistema penal italiano pelo art. 119 da Lei de 24 de novembro de 1981, n. 689, não havendo, que seja de nosso conhecimento, qualquer outro exemplo de nulidade superveniente.

Fedele[138], ao examinar essa figura jurídica e após rejeitar o caráter de nulidade superveniente a vários casos apontados pela doutrina italiana, aventa a hipótese de invalidade decorrente de disposição de lei que declare nulos atos jurídicos já realizados, portanto perfeitos e acabados. Mas o faz com reservas ao argumento de que seria preciso verificar em cada caso se não haveria violação do princípio da irretroatividade da lei. No direito brasileiro esse princípio, por ser de ordem constitucional, tem caráter absoluto, donde não ser possível lei dessa espécie, porque seria inconstitucional. A impossibilidade jurídica superveniente pode ser causa de resolução de negócio jurídico, nunca de sua nulidade.

Não há, portanto, como ainda se falar de invalidade superveniente, isto é, de invalidade que resulte de circunstância ocorrida após a realização do negócio jurídico.

---

138. *La invalidità del negozio giuridico di diritto privato*, p. 103.

No que se refere à denominada *invalidade suspensa,* não nos parece admissível a sua existência.

Não há essa espécie. A ocorrência, enquanto pendente condição ou termo suspensivos, de algum fato que constitua causa de invalidade jamais afetará a validade do negócio jurídico, embora possa ter consequências quanto à sua eficácia (= torná-lo ineficaz) ou resolubilidade (= permitir a sua resolução). *Invalidade suspensa* é, portanto, categoria cuja menção deve ser evitada.

TÍTULO III
Da Nulidade

CAPÍTULO I
Das Causas de Nulidade

§ 24. Generalidades

Na definição das causas de nulidade, como ocorre em toda essa área, cada comunidade jurídica tem liberdade na sua indicação. Não há paradigmas preestabelecidos a obedecer, apesar de que, em geral, com ligeiras variações, os sistemas jurídicos de inspiração romanística adotam, praticamente, a mesma orientação. O Código Civil brasileiro (arts. 166 e 167) declara ser nulo o negócio jurídico quando: I — celebrado por pessoa absolutamente incapaz; II — for ilícito, impossível ou indeterminável o seu objeto; III — o motivo determinante, comum a ambas as partes, for ilícito; IV — não revestir a forma prescrita em lei; V — for preterida alguma solenidade que a lei considere essencial para a sua validade; VI — tiver por objetivo fraudar lei imperativa; VII — a lei taxativamente o declarar nulo, ou proibir-lhe a prática, sem cominar sanção; VIII — seja viciado por simulação nocente.

O Código de Defesa do Consumidor (CDC) incluiu entre as causas de nulidade das condições gerais dos contratos nas relações de consumo a incompatibilidade de suas cláusulas com a boa-fé e a equidade.

Além disso, é preciso considerar (*a*) os casos de pessoas impedidas de praticar certos atos da vida civil como efeito de condenação criminal e (*b*) as várias situações em que normas jurídicas específicas declaram nulos certos atos jurídicos.

Examinemos sucintamente essas causas.

CAPÍTULO II

Da Incapacidade Absoluta do Agente

§ 25. Menor de dezesseis anos

A incapacidade absoluta de agir priva a pessoa, completamente, da capacidade de praticar, validamente, qualquer ato jurídico. No direito brasileiro, desde a vigência do Estatuto da Pessoa com Deficiência (EPD), que alterou o art. 3º do Código Civil, somente os menores de dezesseis anos carecem, de modo absoluto, de capacidade de agir[139]. Visa-se, com essa restrição, proteger aqueles que, pela inexperiência decorrente do pouco tempo de vida, não têm condições de discernimento para a condução de seus interesses, em pessoa e sem ser representado por pais ou tutor. Ao absolutamente incapaz se recusa o poder praticar *qualquer* ato jurídico. O ato jurídico de seu interesse somente poderá ser realizado por meio do seu representante (pais, tutor).

A tradição jurídica nacional[140] orientou-se no sentido de considerar *nulos* os negócios jurídicos realizados diretamente pelo absolutamente incapaz. Essa solução, no entanto, nos parece de todo inadequada, em razão dos problemas que acarreta na experiência jurídica, desa-

---

139. Em sua redação original, o art. 3º do Código Civil declarava absolutamente incapazes, além dos menores de dezesseis anos, (*a*) os que, por enfermidade ou deficiência mental, não tivessem o necessário discernimento para a prática dos atos da vida civil; (*b*) os que, mesmo por causa transitória, não pudessem exprimir sua vontade (*sic*). Por força do EPD (arts. 6º e 84): os enfermos e deficientes mentais ou intelectuais ganharam plena capacidade civil. Ainda em face do EPD, art. 114, que deu nova redação aos arts. 3º e 4º do Código Civil, somente são incapazes, (*a*) absolutamente, os menores de dezesseis anos e, (*b*) relativamente, (*i*) os menores entre dezesseis e dezoito anos, (*ii*) os ébrios habituais e os viciados em tóxico, (*iii*) os que, por causa transitória ou permanente, não puderem exprimir sua vontade e (*iv*) os pródigos.

140. Refletida no art. 166, I, do Código Civil.

fiando o rigor normativo, dogmático, do sistema. Com efeito, no dia a dia menores de dezesseis anos, por exemplo, realizam, pessoalmente, um sem número de negócios jurídicos, desde a compra e venda de objetos móveis, quase sempre de pequeno valor, a outros mais específicos, como de transporte, de exibição, de fornecimento de alimentos, necessários, evidentemente, à própria vida. Em rigor, tais contratos são nulos, em face de que a lei não abre qualquer exceção à regra de que a incapacidade absoluta do agente implica nulidade do ato jurídico. No entanto, ninguém leva em consideração tal consequência. Há autores que, para afastar a invalidade desses atos, usam o argumento de que se deve ter o incapaz como autorizado à prática do ato por seu representante, entre outras justificativas dessa ordem, as quais, porém, não encontram fundamento no ordenamento positivo (não há qualquer norma que permita esse entendimento) e se baseiam na mais pura necessidade prática de justificar o injustificável. Na área do Direito do Consumidor, a doutrina chega ao exagero de sustentar a inadequação da categoria negócio jurídico como instrumento apropriado aos negócios de massa, acobertando-se na alegação de que essa regra de invalidade não se aplicaria a esses negócios porque seria específica do Direito Civil. Todas essas explicações são infundadas e de artificialidade inadmissível. O que há, na verdade, é adoção pelo legislador civil de regra que desatende ao real do cotidiano (por isso são rotineiramente descumpridas), apesar de existirem, em outros sistemas jurídicos, soluções que compatibilizam a necessidade de proteção do incapaz com a realidade da vida.

No direito francês (Código Civil, art. 1.125), bem assim no italiano (Código Civil, art. 1.426) e no mexicano (Código Civil, art. 2.228), por incapacidade resultante de insuficiência de idade não há nulidade, mas anulabilidade, motivo pelo qual é necessária a sua alegação pelo representante do incapaz, o que evita os problemas resultantes da nulidade, que, em regra, ocorre *de pleno iure,* independentemente de arguição, é imprescritível e insanável. No direito alemão (BGB, § 105), que tem regra sobre invalidade igual à nossa, a incapacidade absoluta termina aos sete anos de idade (período em que são mínimas as necessidades e as possibilidades da criança praticar pessoalmente negócios jurídicos). A partir daí e até completar 18 anos tem-se a pessoa como relativamente incapaz, sendo apenas anuláveis os atos jurídicos que praticar pessoalmente. Desse modo, nesses sistemas jurídicos, o negócio jurídico concluído diretamente pelo incapaz (= sem que o tenha sido por intermédio de seu representante legal), como é anulável, produz desde logo sua plena eficácia, embora interimisticamente, e se convalidam o ato e seus efeitos (*a*) se o seu cumprimento for efetivado com meios que lhe hajam sido fornecidos pelo seu representante ou por terceiro, com o assentimento daquele, para aquele fim ou para sua livre disposição, ou (*b*) pelo decurso do prazo decadencial sem a propositura da essencial ação anulatória do ato, o que somente se justifica se dele resulta prejuízo para o incapaz. Então, se o negócio jurídiconão prejudica o incapaz, é eficaz e seu possível defeito se convalida com o tempo; se o prejudica, tem o seu representante ação para anulá-lo. Essas soluções eliminam os problemas que sistemas jurídicos como o nosso enfrentam.

§ 26. Interdição legal (?)

Como mencionamos antes, há casos em que, por imposição de pena, pessoas ficam proibidas de praticar certos atos da vida civil, como, por exemplo, de contratar com órgãos da Administração Pública.

No direito italiano a interdição legal constitui uma penalidade acessória à pena de *ergástulo* (= prisão perpétua, com trabalhos forçados e isolamento noturno — Código Penal, art. 22) e de *reclusão por mais de cinco anos*. Em consequência dela o condenado é submetido à tutela, tal como regulada no art. 424 do Código Civil, no que concerne à disponibilidade e administração de seus bens, assim como no que diz respeito à representação nos atos a eles relativos (conforme art. 119, da Lei de 24-11-1981, n. 689. *Vide*, antes, nota 61).

No direito brasileiro, essa interdição é específica de leis protetoras do patrimônio público, como é o caso da Lei n. 8.429/92, que regula os crimes contra a probidade administrativa.

Em face dessa pena, é nulo de pleno direito, por exemplo, o contrato realizado por órgão público com aquele que estiver interditado de contratar.

Em rigor não se pode falar de incapacidade, pois se trata de uma forma de interdição que, no entanto, se limita, exclusivamente, àqueles atos.

CAPÍTULO III

Da Incompatibilidade com a Boa-fé e a Equidade

§ 27. Má-fé. Incompatibilidade com a equidade

A *boa-fé* não era considerada pressuposto de validade dos atos jurídicos. Se um dos figurantes agisse de *má-fé* na conclusão de negócio jurídico, não haveria nulidade, embora pudesse influir, quanto à anulabilidade, como elemento caracterizador do dolo (vício da vontade). O Código de 1916 somente se referia à boa-fé como elemento de suporte fáctico de certos fatos jurídicos, em geral para dar eficácia putativa a atos que, sem ela, não a teriam, como nos casos de aparência (credor putativo — art. 935; herdeiro aparente — art. 1.600, *e. g.*). No que respeita ao direito matrimonial, a boa-fé tem relevante importância no plano da eficácia do casamento. Mesmo nulo, o casamento produzirá todos seus efeitos até o momento do registro da sentença que decretar-lhe a nulidade em relação aos cônjuges ou ao cônjuge de boa-fé quanto ao impedimento para casar (= casamento putativo). Assim, se ambos os cônjuges desconheciam a existência do impedimento, o casamento produzirá sua eficácia relativamente aos dois; se apenas um deles estava de boa-fé, tão somente no que tange a ele se irradiarão os efeitos (Código Civil, art. 1.561).

Apesar de não fazer menção à boa-fé como princípio geral, a opinião dominante na doutrina e jurisprudência nacionais, refletindo influência, especialmente, do BGB e do Código Civil italiano, admitia, pacificamente, que os negócios jurídicos deveriam ser interpretados segundo a boa-fé[141]. O Código Civil de 2002 incorporou essa concepção

141. Orlando Gomes, *Contratos*, p. 43. No direito alemão (BGB, § 157), como no direito francês (Code Civil, art. 1.134, alínea 3ª) e no italiano (Codice Civile, arts. 1.366 e 1.375), há regra explícita segundo a qual os contratos devem ser executados e interpretados como exige a boa-fé. O Código Civil brasileiro de 1916 era omisso, mas a doutrina e a jurisprudência já admitiam pacificamente a aplicação do princípio.

dispondo que *os negócios jurídicos devem ser interpretados conforme a boa-fé e os usos do lugar de sua celebração* (art. 113). Foi um pouco além: no seu art. 422 criou regra de conduta segundo a qual *os contratantes são obrigados a guardar, assim na conclusão do contrato, como em sua execução, os princípios de probidade e boa-fé,* mas não imputou consequências em relação à validade e à eficácia para a hipótese de serem desatendidos.

O Legislador Civil de 2002, nesse particular, como em muitos outros, foi tímido, não avançou nem atentou para as concepções modernas refletidas em soluções legislativas já adotadas em outros sistemas jurídicos, inclusive no nosso. Como observamos antes, as leis de proteção ao consumidor têm incluído a boa-fé e a equidade como pressupostos de validade de estipulações contratuais. O Código de Defesa do Consumidor (art. 51, IV) considera nulas de pleno direito as cláusulas gerais dos contratos que *sejam incompatíveis com a boa-fé ou a equidade*[142]. Como decorrência dessa norma, entende a doutrina que no sistema jurídico brasileiro, no âmbito do direito do consumidor, haveria implícita nos contratos uma *cláusula geral de boa-fé*, cuja ofensa acarretaria a nulidade da cláusula contratual[143]. A má-fé, portanto, nas relações de consumo constituiria causa de nulidade.

---

142. Lei n. 8.078, de 11-9-1990. No mesmo sentido o § 9º da AGB-Gezetz, alemã, o art. 16 do Decreto-Lei n. 446/85, português, e o art. 10, I, *c*, da Ley n. 20, de 1984, espanhola, por exemplo.

143. Paulo Luiz Neto Lobo, *Condições gerais dos contratos e cláusulas abusivas*, p. 177-178; Grinover et al., *Código Brasileiro de Defesa do Consumidor*, p. 344. Esses mesmos autores consideram que as normas sobre nulidades adotadas pelas modernas leis de defesa do consumidor (o Código de Defesa do Consumidor, *e. g.*) constituiriam uma inovação quanto ao sistema de nulidades tradicional, nem sempre se enquadrando nos seus princípios gerais. Sem razão, porém, porque, a rigor, essa legislação apenas criou novas hipóteses de nulidades que, sem sombra de dúvida, se ajustam às regras gerais do Código Civil e especificamente à norma do art. 166, V. A observação desses juristas somente é pertinente se considerado o problema da invalidade estaticamente, num determinado momento, não, porém, se estudado à luz da Teoria Geral do Direito, como fazemos neste trabalho, em relação à qual as mudanças no direito positivo devem ser tomadas e ajustadas aos princípios gerais, ou revistos os princípios gerais para adaptá-los aos novos preceitos. Por isso, a inclusão da boa-fé e da equidade das cláusulas contratuais como pressupostos de validade nas relações de consumo importa, tão somente, na adoção de novas causas de invalidade expressamente definidas em lei.

Essa solução foi ignorada pelo Legislador Civil de 2002. Embora tenha como fundamento de nulidade a ofensa aos bons costumes e à ordem pública, o Código Civil foi omisso quanto a explicitar a má-fé na formação de negócios jurídicos, como causa de invalidade. Não obstante esse silêncio, não nos parece ser possível interpretá-lo como uma recusa explícita do legislador civil à natureza de pressuposto de validade da boa-fé. Segundo esse entendimento, a má-fé de figurante na formação de negócio jurídico deve ser considerada causa de sua anulabilidade, considerando-se que a vontade do outro figurante, vítima da má-fé, formou-se defeituosamente. Tem-se situação equiparável ao dolo.

A boa-fé, e consequentemente a má-fé, deve ser considerada em dois sentidos diversos:

(*a*) *Objetivo*, que se relaciona com o comportamento leal das pessoas no desenvolvimento de suas relações com as demais. Nesse sentido a ausência de boa-fé (= má-fé) na conclusão do negócio jurídico tanto pode conduzir à sua anulabilidade como gerar ao figurante de má-fé o dever de indenizar os prejuízos que forem causados, salvo se a lei imputa outros efeitos[144]. Esse é o sentido usual no direito comum e o vemos empregado no art. 129 c/c o art. 128 do Código Civil brasileiro e § 162 do BGB.

(*b*) *Subjetivo*, que se refere à ignorância, ao desconhecimento de circunstâncias que envolvem certa situação jurídica. Aqui a má-fé daquele que se aproveitou da ignorância da outra parte para concluir o negócio jurídico se assemelha ao dolo e como tal deve ser tratada no que respeita à validade.

No Código de Defesa do Consumidor, a boa-fé cuja falta motiva a nulidade tem sentido objetivo. Avalia-se objetivamente a ocorrência da cláusula abusiva: (*a*) se se trata de condições gerais de contrato de adesão ou contrato-padrão, sem importar o nível cultural, a perspicácia, a boa-fé (sentido subjetivo) ou outras condições pessoais do consumidor; (*b*) somente levando-se em consideração essas condições pessoais, se é de estipulação em contrato individualizado, negociado individualmente em cada caso, que se cuida.

Do mesmo modo quanto à equidade. A análise da situação deve ser feita objetivamente. Não está o juiz, no julgamento do caso concre-

---

144. Messineo, *Manual de derecho civil y comercial*, v. 2, p. 130.

to, autorizado a decidir segundo a equidade, mas a apreciar se aquelas disposições negociais são conformes à equidade; se conclui pela incompatibilidade, nula é a cláusula contratual. Quanto à validade dos negócios jurídicos em geral (= fora da área do direito do consumidor), a equidade não constitui causa de nulidade, pois essa consequência somente pode ser considerada no que tange às relações de consumo. No plano das relações regidas pelo Código Civil, a questão da equidade somente pode ter influência quanto à execução dos contratos, nos casos específicos em que o legislador admitir juízo de equidade (arts. 404, parágrafo único, 413, 419, 1ª parte, por exemplo), sendo causa de resolubilidade dos contratos por onerosidade excessiva (arts. 478 a 480).

CAPÍTULO IV

Ilicitude, Impossibilidade e Indeterminabilidade do Objeto

§ 28. Da ilicitude do objeto (Código Civil, art. 166, II, 1ª parte)

1. Conceituação

A ilicitude do negócio jurídico ou de seu objeto constitui causa de nulidade. O Código Civil, a exemplo do anterior, não definiu, especificamente, o que se deve considerar ilícito para fins do art. 166, II, 1ª parte, não se podendo ter como paradigma o conceito que se pode tirar dos arts. 186 e 187. No entanto, a norma do art. 122, ao considerar lícito tudo aquilo que não é contrário a direito, aos bons costumes e à ordem pública, nos permite concluir, a contrário senso, que a ilicitude compreende a contrariedade à lei, à moral (*bons costumes*) e à ordem pública.

O conceito de licitude do objeto do negócio jurídico, assim, está, essencialmente, relacionado ao de conformidade com o direito, expressão, como vimos antes (§ 13), que não se restringe ao aspecto da pura legalidade, mas inclui a questão da moralidade[145] e do respeito à ordem pública. Objeto ilícito é aquele contrário a direito, portanto, não somente à lei, mas também à moral (bons costumes) e à ordem pública. Por isso, a nulidade por ilicitude do objeto não se limita a afetar o negócio jurídico (*a*) cujo objeto seja contrário à lei em sentido estrito, seja ile-

145. No sentido do Código Suíço das Obrigações, porque o art. 20, alínea 1ª, se refere destacadamente a objeto ilícito e contrário aos bons costumes, donde se deve entender que o legislador tem que o conceito de ilícito coincide com o de ilegal, não incluindo o de moralidade, que se identifica com o de bons costumes.

gal[146], mas alcança do mesmo modo aquele (*b*) que tenha objeto imoral[147] ou (*c*) que viole a ordem pública.

No plano da validade, o conceito de *objeto do negócio jurídico* tem sentido lato que inclui o de *objeto da prestação*, consoante mencionamos antes. Desse modo, tanto a ilicitude da atribuição jurídica (resultado) que se pretende com o negócio jurídico (objeto do negócio jurídico em senso próprio) como a do objeto da prestação (= coisa ou ato humano com que se adimple a obrigação) acarretam a sua invalidade.

2. Objeto contrário à lei

Em sentido estrito, a ilicitude do objeto se caracteriza quando o resultado a que se destina o negócio jurídico é proibido por lei ou o é segundo os princípios, o que ocorre sempre que há infração a normas jurídicas cogentes.

2.1. Infração às normas jurídicas

Infringe norma jurídica cogente aquele que faz o que ela proíbe ou não faz aquilo que ela impõe.

Conforme já ensinava Paulo, "*contra legem facit qui id facit quod lex prohibet, in fraudem vero, qui salvis verbis legis sententiam, eius circumvenit*" — faz contra a lei aquele que faz o que a lei proíbe, em fraude (dela) aquele que, salvas as palavras da lei, o seu sentido elude[148].

---

146. Leve-se, ainda, em consideração que nem todo ato ilegal é ilícito. Se é escusável, pelo erro, a infração de obrigação, há ilegalidade, porém não há ilicitude, por exemplo.

147. A moralidade do objeto foi expressamente incluída como pressuposto de licitude dos atos da administração pública no art. 5º, LXXIII, da Constituição brasileira de 1988. Com essa norma desapareceu o impedimento que se impunha ao Judiciário de examinar a moralidade do ato dos poderes públicos, removendo-se o fundamento que se arguia para evitar a decretação da nulidade (por ilicitude) de atos públicos: a pura e simples legalidade. Hoje é nulo o ato da administração que, embora se revista de *legalidade*, conflite com a moralidade.

148. Na L. 29, D., *de legibus senatusque consultis et longa consuetudine*, 1.3. Os romanos não conheciam a categoria da lei cogente impositiva, por isso a definição de Paulo somente se refere a *fazer o que a lei proíbe*.

O tutor, por exemplo, não pode comprar, nem em hasta pública, bens de seu pupilo; se os compra diretamente, o negócio jurídico é nulo por violação da norma do art. 497, I, do Código Civil. Mas se o tutor, em vez de comprá-los pessoalmente, faz com que um terceiro (= interposta pessoa) os compre e depois dele os adquire, há, indiretamente, violação da lei e, portanto, nulidade. Indiretamente, pelo uso da interposta pessoa, foi alcançado o mesmo resultado proibido pela lei.

Como se pode concluir da definição de Paulo e do exemplo dado, por duas maneiras se pode agir *contra legem*:

(*a*) diretamente, quando sem rebuços ou artifícios, se infringe norma jurídica cogente, proibitiva ou impositiva, fazendo ou obtendo resultado que a norma jurídica proíbe, ou não fazendo ou evitando fim que ela impõe (Código Civil, art. 166, VII);

(*b*) indiretamente, quando, por meio que aparenta compatibilidade com a norma jurídica, se obtém resultado por ela proibido ou se impede que fim por ela imposto se realize. A essa espécie a doutrina, usual e universalizadamente, denomina *fraude à lei*[149] (Código Civil, art. 166, VI), reproduzindo a linguagem do direito romano que contém impropriedade semântica (*vide* adiante, neste mesmo parágrafo, item 2.3.1).

2.2. *Infração direta às normas jurídicas*

No que diz respeito à nulidade por contrariedade direta às normas jurídicas, há duas espécies a considerar:

(*a*) *nulidade textual, expressa ou cominada*, quando vem taxativamente declarada em lei (Código Civil, art. 166, VII, 1ª parte; CPC, art. 276); e

---

149. Com pequenas variações, esse é o conceito adotado, modernamente, pelos melhores doutrinadores. Assim, apenas como indicação, Pontes de Miranda, *Tratado de direito privado*, t. I, § 17; Orlando Gomes, *Introdução ao direito civil*, p. 117; Homero Prates, *Atos simulados e atos em fraude da lei*, *passim*; Francisco Campos, *Pareceres*, v. 1, p. 398 e s.; Eduardo Espínola, *Código Civil interpretado*, com. ao art. 145, II; Bonnecase, *Droit civil*, v. 3, p. 75; Demogue, *Traité des obligations*, v. 7, p. 532; Von Tuhr, *Teoría general del derecho civil alemán*, v. III, t. 1, p. 10; Enneccerus, Kipp e Wolff, *Tratado de derecho civil*, v. 2, t. 1, p. 303; Lehmann, *Tratado de derecho civil*, v. 1, p. 283; Messineo, *Manual de derecho civil y comercial*, v. 2, p. 480, entre tantos outros.

(*b*) *nulidade virtual ou não cominada* (Código Civil, art. 166, II e VII, 2ª parte; CPC, arts. 276 e 277), a que resulta de violação a norma jurídica cogente, proibitiva ou impositiva, que seja silente quanto à sanção da nulidade e que *não defina outra espécie de sanção para o caso de ser transgredida*[150].

Se a norma jurídica declara nulo certo ato ou lhe nega efeito (= nulidade expressa), não há, aparentemente, maiores dificuldades quanto a aplicar-lhe a sanção de nulidade; bastará que o ato concretize a situação fáctica prevista na norma para que seja nulo.

Quando, no entanto, se trata de nulidade virtual, não cominada, a solução dos casos não é tão simples. Inicialmente, é necessário levar-se em conta que nem toda norma jurídica cogente tem a nulidade como consequência para o caso de sua violação. Por isso, não é correta a afirmativa de que a violação de norma cogente tem sempre a nulidade como sanção, porque depende de como a própria norma jurídica trata a infração. Se a norma jurídica prevê outra penalidade para o ato que a infrinja, não haverá nulidade, como se pode concluir da norma do art. 166, VII, do Código Civil[151]. Diferentemente, se a norma jurídica for omissa, isto é, se não especifica qualquer outra sanção, nulo será o ato jurídico que a viole[152].

Contrariamente à opinião de Vicente Ráo[153], que reflete a posição de boa parte da doutrina, não configura ilicitude invalidante ter-se por objeto de ato jurídico a promessa de transmissão ou mesmo a transmissão de bem alheio. A falta de titularidade do bem objeto da prestação conduz, em geral, à ineficácia do negócio jurídico de alienação em rela-

---

150. Exemplos tirados do Código Civil: (*a*) expressas, arts. 489, 1.365, 1.475 e 1.548; (*b*) virtuais, arts. 67, 520, 556, 1.691, 1.863, 1.864; expressa, Código de Defesa do Consumidor, art. 51.

151. Exemplos: arts. 137, 1.846 c/c o art. 1.967, *caput*, do Código Civil. São, também, comuns normas de intervenção na economia que proíbem, por exemplo, ao empresário que pratique preços acima de certo parâmetro, prevendo como penas a aplicação de multas, a interdição do estabelecimento e sanções que tais. Nesses casos, as vendas do produto com violação da proibição não são nulas, apenas o infrator ficará sujeito às punições específicas. Sobre isto há norma explícita no BGB, § 134, e no Código Civil italiano, art. 1.418.

152. Código Civil, art. 166, VII, por exemplo.

153. *Ato jurídico*, p. 157, que se baseia em lição de Windsheid, *Pandectas*, v. 1, § 81.

ção ao verdadeiro titular, não à nulidade (Código Civil, art. 307), por se tratar de ausência de legitimação ativa, dita poder de disposição (*vide*, antes, § 11, 1.1). A *pós-eficacização* da tradição do bem feita pelo *non domino* que vem, posteriormente, a adquirir-lhe a propriedade (Código Civil, arts. 1.268, § 1º, 1.361, § 3º, e 1.420, § 1º)[154] fundamenta a conclusão de que não há nulidade, mas simples ineficácia do acordo de transmissão. O ato jurídico nulo, em regra, não convalesce, nem a nulidade pode ser sanada. Somente pela repetição do ato jurídico, removendo-se a causa da nulidade, é possível corrigir a nulidade. Se a alienação de bem pelo *non domino* implicasse nulidade, a eficacização posterior importaria sanação do nulo, o que seria impossível, segundo os princípios. A convalidação somente pode ocorrer por decadência da pretensão anulatória, portanto em casos especiais taxativamente enumerados em lei, de que são exemplos as hipóteses previstas nos arts. 45, parágrafo único, e 48, parágrafo único, ambos do Código Civil.

Por isso, a falta de titularidade do alienante quanto à propriedade do bem não constitui um caso de nulidade virtual.

No direito processual, a questão de ser, ou não, cominada a invalidade tem implicações diferentes, uma vez que, havendo a lei prescrito certa forma, sem, contudo, especificar a sanção da invalidade para o seu desatendimento, deve-se considerar válido o ato se alcançou a finalidade processual, sem prejuízo para qualquer das partes (CPC, arts. 277 e 283, parágrafo único).

2.3. Infração indireta às normas jurídicas (fraude à lei)[155]

2.3.1. Noções fundamentais

É usual, em doutrina e em julgados, o emprego de expressões como *ato em fraude à lei, in fraudem legis agere,* fraude à lei, *fraus legis*, para

---

154. Contêm disposições semelhantes o BGB, § 932, o Código Civil e Comercial argentino de 2014, art. 1.885; o chileno, art. 682; o suíço, art. 714, 2ª parte; e o italiano, arts. 1.478 a 1.480.

155. A questão da violação indireta da norma jurídica não é uma criação da moderna doutrina. Dela já cuidavam os jurisconsultos romanos, referindo-se, no entanto, à fraude, como nas palavras de Paulo na L. 29, D., *de legibus senatusque consultis et longa consuetudine*, 1.3, transcritas no texto. Do assunto também trataram Ulpiano, na L. 30, e Teodosio, na L. 5, C., *de legibus et constitutionibus principium et edictis*, 1, 14 (apud Pontes de Miranda, *Tratado de direito privado*, t. I, § 17, 1).

designar aquele procedimento através do qual, por meios indiretos, aparentemente lícitos, viola-se norma jurídica cogente, obtendo resultado por ela proibido (norma jurídica cogente proibitiva) ou impedindo que fim por ela imposto se realize (norma jurídica cogente impositiva).

Conforme observa Pontes de Miranda[156] e mencionamos acima, é inadequado o emprego da expressão *fraude à lei* para qualificar situações em que ocorre infração indireta à norma jurídica. Por quê?

(*a*) Primeiro, a palavra *fraude* tem conteúdo semântico que envolve, necessariamente, *intenção de enganar, de burlar, dolo, má-fé*. O seu emprego, como o fez inadequadamente o nosso Legislador Civil de 2002, levou, e leva, doutrinadores e juízes a considerar a *intencionalidade* como elemento caracterizador da infração indireta da norma jurídica[157], o que, de modo algum, é verdadeiro[158].

(*b*) Segundo, porque imiscuir a *intencionalidade* no conceito de infração indireta de norma jurídica tem gerado situações, bastante comuns na prática do direito, em que se consideram válidos atos jurídicos que infringem indiretamente norma cogente ao argumento de que não estaria provada a *intenção de burlá-la, fraudá-la*, o que é absolutamente inadmissível, como mostraremos adiante.

(*c*) Por fim, ainda a inclusão da *intencionalidade fraudulenta* no conceito de infração indireta da norma jurídica induz a uma visão distorcida do problema, prejudicando a precisão científica no tratamento

---

156. *Tratado de direito privado*, t. I, § 17, 2, onde critica o emprego da palavra *fraude* porque permite inserir no conceito de *infração indireta da lei* (expressão esta que deveria ser a utilizada, conforme se demonstrará no texto) a ideia de *intenção*, que lhe é totalmente estranha.

157. Josserand (*Les mobiles dans les actes juridiques du droit privé*, n. 176), por exemplo, escreve: "176 — O elemento constitutivo e característico da fraude: a *vontade de afastar a lei*. — (...) o ato fraudulento é aquele que tende, *no pensamento de seu autor*, a afastar a lei, a subtrair à sua aplicação um fato, um contrato ou uma situação que deveria absolutamente estar a ela submissa".

Pontes de Miranda (*Tratado de direito privado*, t. I, § 17, 2) chama a atenção para o problema mostrando os inconvenientes de incluir-se a intencionalidade na caracterização da fraude à lei.

158. Von Tuhr (*Teoría general del derecho civil alemán*, v. III, t. 1, p. 10-11), por exemplo, ensina que "não tem importância que as partes conhecessem a proibição e tivessem o propósito de burlá-la". Outras não são as lições de Enneccerus, Kipp e Wolff (*Tratado de derecho civil*, t. I, § 17, 2) e de Pontes de Miranda (*Tratado de direito privado*, v. I, p. 43).

do tema e a perfeita adequação das soluções na aplicação da espécie. Precisamente por isso é que, em geral, a doutrina limita o estudo da infração indireta das normas jurídicas (= fraude à lei) ao direito privado e, onde se lhe dá maior ênfase, ao Direito Internacional Privado, em especial aos campos dos negócios jurídicos e da dissolução de casamento, neste caso para burlar leis de ordenamentos jurídicos que não admitem o divórcio, *e. g.* No entanto, por se tratar de uma questão relativa à infração às normas jurídicas, é conceito que tem aplicação em todos os ramos da Ciência Jurídica, sem exceções. Não cabe, assim, a restrição apenas aos negócios jurídicos de direito privado e ao direito matrimonial, mas deve aplicar-se a todos os atos jurídicos, inclusive os de natureza legislativa, nos sistemas de direito escrito. Se a lei contém norma jurídica que, diretamente, infringe a Constituição, há inconstitucionalidade por infração direta a preceito ou princípio constitucional. Do mesmo modo, haverá inconstitucionalidade se a lei contraria, indiretamente, regra ou princípio constitucional. Igualmente acontece com atos normativos infralegais, como decretos, regulamentos, por exemplo, que infrinjam, indiretamente, disposições legais. Serão ilegais por violação indireta à lei[159].

---

159. Sobre a lei em fraude à Constituição veja-se Pontes de Miranda (*Comentários à Constituição Federal de 1967*, t. 3, p. 512, 521, 523) e Giovanni Giacobbe (*La frode alla legge*, p. 85 e s.), que cita alguns autores italianos que cuidaram da matéria, entre os quais Carnelutti, a propósito da Lei Silana (lei que regulamentou a reforma agrária na região de Sila, através da qual, para evitar as contestações judiciais aos decretos baixados pelo Executivo para expropriação da terra, delegou-se-lhe competência para baixar atos expropriatórios com força de lei, o que foi considerado por esses doutrinadores como uma fraude à Constituição). A questão não é, de modo algum, pacífica. Temos, no entanto, a convicção de que não há como se negar a aplicação da teoria da infração indireta às normas jurídicas às espécies em que o legislador "contorna" norma cogente constitucional através de normas aparentemente compatíveis com a Constituição. Exemplo desse tipo de norma era comum na vigência da Constituição de 1967, com a Emenda n. 1/69, quando, para não se conceder aumento de remuneração aos funcionários inativos, faziam-se reclassificações do quadro de pessoal em atividade, elevando-se os vencimentos dos cargos com a nova nomenclatura, sem estendê-la aos aposentados. Como entendiam os Tribunais que reclassificação somente se aplicava a inativos se a lei expressamente o estabelecia, com aquele procedimento elevava-se a remuneração dos funcionários em atividade, sem que o aumento se aplicasse aos inativos, fraudando-se, desse modo, a imposição constitucional de que os proventos da inatividade seriam sempre revistos quando aumentados os vencimentos dos funcionários em atividade.

Do mesmo modo, na área tributária encontram-se leis em fraude à Constituição quando, para furtar-se à obrigação de transferir aos Estados-membros sua quo-

A questão não é pacífica em doutrina. Por consequência do emprego do vocábulo *fraude* criou-se preconceito entre juristas e tribunais, inadmissível em ciência, ao argumento de que os atos legislativos não poderiam ser taxados de fraudulentos em face da *presunção de legalidade* que os acoberta. Aos legisladores não se poderia imputar o agir fraudulentamente em sua função de legislar. A nosso ver, no entanto, não há fundamento científico para esse entendimento. A própria presunção de legalidade, aliás, mesmo para aqueles que a sustentam, é *juris tantum*, de modo que não pode ser oposta em face de atos que configurem efetiva violação de norma jurídica, seja direta ou indireta. Se a presunção não prevalece diante da infração direta de norma jurídica, não pode ser invocada, evidentemente, na ocorrência de violação indireta.

Parece-nos, por isso, que se não se falasse em *fraude à constituição*, mas, apenas, em infração indireta, esses pruridos de respeito aos exercentes de funções públicas que geram os problemas nessa área perderiam a razão de ser, tornando infundadas as objeções que são opostas à possibilidade de ser decretada a inconstitucionalidade de atos normativos gerais por violação indireta às normas e princípios constitucionais. Diante disso, temos que parece ser de melhor ciência o emprego, apenas, da expressão *infração indireta à norma jurídica*, reservando-se a locução *fraude à lei* para designar não a infração indireta propriamente dita, mas apenas a conduta intencional de violar indiretamente a lei, o *in fraudem legis agere*, que, é preciso ressaltar, não constitui elemento caracterizador da infração indireta, como faremos neste livro. Entretanto, o seu uso generalizado e corrente nos inibe de recusar de modo absoluto o seu emprego. Ademais, o Código Civil a adotou expressamen-

---

ta de participação em impostos, a União cria impostos com a denominação de contribuições sociais.

O STJ proferiu decisão em que admite a discussão da fraude à Constituição, afirmando a sua ementa: "É lícito ao Poder Judiciário reparar ofensas ao preceito contido no art. 37, X, da Constituição Federal. No entanto, para que tal reparação se efetive, é necessária a prova cabal de que houve fraude ao mandamento constitucional. Não demonstrada a fraude, denega-se o Mandado de Segurança" (Rec. em MS 1.796-5/SP, rel. Min. Humberto Gomes de Barros, *DJU*, 4 out. 1993, p. 20501).

Embora sem usar, explicitamente, a expressão *fraude à constituição*, o TRF da 5ª Região considerou inconstitucional a criação de tributo com o nome de contribuição, por considerar infringente, indiretamente, do direito de Estados e Municípios à participação tributária, bem como para "burlar vedações constitucionais", conforme está claramente dito no Acórdão proferido na Ap. em MS 976-AL (Salgema Mineração Ltda. e outra *x* Fazenda Nacional, Rel. Juiz Hugo Machado).

te, com a agravante de realçar, inadequadamente, o elemento intencional quando se referiu, expressamente, a ter o ato *por objetivo fraudar lei imperativa* (art. 166, VI).

2.3.2. Infração indireta às normas jurídicas e intencionalidade

Não há dúvida de que a intenção de violar a lei aparentando licitude está presente, em geral, nos atos de infração indireta à lei. Não, porém, com caráter de necessidade. A boa ciência tem demonstrado que a intencionalidade constitui circunstância de todo irrelevante quando se trata de caracterizar a infração indireta da norma jurídica, salvo se a própria norma jurídica a tem como elemento de seu suporte fáctico. Por se tratar de um modo de infringir a norma jurídica, não importa se foi intencional, de má-fé, fraudulenta (o que ocorre na grande maioria dos casos), ou se foi inocente, se o figurante não conhecia a proibição ou a imposição, e, portanto, tenha agido de boa-fé, sem a mínima intenção de praticar a infração. O princípio da inalegabilidade da *ignorantia iuris* para furtar-se a cumprir a lei, tal como consubstanciado nos arts. 3º da Lei de Introdução às Normas do Direito Brasileiro e 16 do Código Penal, impõe essa conclusão.

Na verdade, deve-se ter como infringida a lei sempre que o resultado positivo ou negativo a que se destina foi alcançado ou evitado. Não importa quais meios empregados. Não interessa o nome que se der ao fato jurídico, nem é relevante o modo como se procura apresentar a materialidade do suporte fáctico da norma jurídica, precisamente porque, pelo seu caráter lógico, a incidência se dá fatalmente à simples concreção de seu verdadeiro suporte fáctico. Desse modo, se o ato ou atos praticados pelas pessoas, mesmo que em si sejam lícitos, levaram-nas a alcançar ou evitar resultado proibido ou imposto por norma jurídica cogente, é indiscutível que essa norma incidiu e, assim, indiretamente, foi violada. Por consequência, tem-se que basta a constatação de que o fim positivo ou negativo previsto na norma foi obtido ou evitado para que se caracterize a infração, direta ou indireta, da norma.

O ideal na realização do direito é que a aplicação da norma coincida com a sua incidência. Como a incidência nunca falha (infalibilidade da incidência), o que pode falhar é a aplicação da norma incidente, porque é ato humano resultante da interpretação da norma e da valoração dos fatos (= suportes fácticos). Por isso, os atos que importam infração indireta à norma jurídica, intencionais ou não, não podem ter a pretensão de evitar ou enganar a incidência da norma jurídica, mas visam, isto sim, *burlar* a aplicação das imposições normativas, positivas ou negativas, procurando conduzir o intérprete a considerar que outra foi a norma incidente, não a que realmente incidiu e foi infringida. Quer-se obter resultado proibido ou evitar fim imposto pela norma sem que a sanção respectiva lhe seja aplicada. A burla não impede a incidência da norma sobre o suporte fáctico que realmente se tenha concretizado, mas procura evitar-lhe a aplicação. A infração existe, mas não se quer que seja reconhecida. Assim, a infração indireta à lei há de ser examinada, objetivamente[160], como pura e simples infração à norma jurídica, abstraídos os aspectos psicológicos que possam estar envolvidos. Portanto, para que o intérprete saiba se houve ou não infração, direta ou indireta, à norma jurídica é suficiente verificar se o resultado que a norma proíbe ou impõe foi realizado, independentemente de como seu suporte fáctico se materializou ou de quantos atos se praticaram.

A falta de compreensão do problema nesses termos e mesmo o conteúdo semântico da palavra fraude, que envolve, necessariamente, intenção de enganar, levou a doutrina menos rigorosa a ver na intenção de contornar a cogência legal, de burlar a lei, dado essencial do conceito da *fraus legis*, passando-se a exigir a sua prova como essencial à sua caracterização na prática. Essa atitude, além de ter como consequência a possível confusão com figuras como a simulação, o dolo etc., ocasionando enormes prejuízos para o perfeito equacionamento do problema da violação indireta da lei, imiscui um elemento complicador que gera a possibilidade de erros na sua aplicação aos casos concretos, fazendo com que sejam exitosas as violações indiretas às normas jurídicas. Isto é particularmente preocupante quando se trata de fraude à constituição, como anotamos antes.

2.3.3. Infração indireta às normas jurídicas e meios empregados

É claro que a infração indireta às normas jurídicas requer o uso de procedimentos jurídicos que permitam alcançar o fim proibido ou evitar o resultado imposto, aparentando, no entanto, concordância com a lei.

---

160. Como observa Pontes de Miranda: "... se se usa de fraude à lei, tem-se de abstrair da intencionalidade. Não há por onde se procurar o *intuitus*; basta a infração mesma. Toda a investigação do intuito pode levar à confusão da fraude à lei com a simulação" (*Tratado de direito privado*, t. I, § 17, 2).

Quem pratica ato *in fraudem legis* propriamente dito procura revesti-lo de toda a aparência de ato lícito. E, em geral, obtém-se licitude formal. Substancialmente, porém, é impossível alcançar-se conformidade com o direito, porque a norma jurídica foi violada. No exemplo dado antes, da fraude à proibição de compra pelo tutor de bem pertencente ao pupilo, cada um dos contratos de compra e venda, (*a*) o do pupilo (representado pelo tutor, mesmo autorizado pelo juiz) vendendo ao terceiro e (*b*) o do terceiro vendendo ao tutor, são válidos, se considerados isoladamente, de *per se*. Se o terceiro que comprou o bem não o transferir ao tutor (por exemplo, resolveu não cumprir a sua parte no trato fraudulento, traindo a confiança do comparsa, ou se veio a falecer antes de efetivar a transferência, *e. g.*), a venda é perfeita e acabada. Na hipótese de falecimento da pessoa interposta, o bem terá de ser inventariado e transferido a seus sucessores hereditários ou, se herdeiros não houver, para o Município, o Distrito Federal ou a União, conforme a localização do bem (Código Civil, art. 1.822). E ninguém estará obrigado a transmiti-lo ao tutor, nem este poderá exigir que alguém o faça, nem mesmo a pessoa interposta. No entanto, se a interposta pessoa efetiva a transmissão ao tutor, concretiza-se a violação indireta da norma jurídica (= fraude) e haverá nulidade, porque esta resulta de se haver alcançado o fim proibido pela lei, o que somente ocorre quando da conjunção de ambos os negócios jurídicos.

O ato *in fraudem legis* tem de ser tratado como um só ato, porque é, na verdade, conceptualmente unitário. Os diversos atos que são praticados para alcançar o fim proibido ou evitar o resultado imposto têm uma única e mesma finalidade. Devem, portanto, ser considerados unitariamente, jamais isoladamente.

Conforme anota a doutrina[161], constitui expediente bastante comum usar-se interposta pessoa para fraudar a lei. Como no exemplo que demos acima relativo ao tutor, o pai, que não pode vender ao filho sem o consentimento dos demais e da esposa (exceto se o regime de bens do casamento for o da separação obrigatória), vende um bem a terceiro,

---

161. A interposição de pessoa tem sido a prática mais usada para fraudar a lei. Como observa Planiol (*Traité élémentaire de droit civil*, v. 2, n. 1.191), "tem-se empregado uma *interposta pessoa* quando o ato seria visivelmente nulo se o nome do verdadeiro beneficiário fosse revelado". Do mesmo modo, refere Homero Prates (*Atos simulados e atos em fraude da lei*, p. 315), "O expediente usual mediante o qual se pratica o ato *in fraudem legis* é a interposição de pessoa".

que o vende ao filho, pratica venda anulável, como se fora feita diretamente, porque há infração à lei.

Outras vezes empregam-se negócios jurídicos que seriam permitidos e regulares não fora a obtenção de fim proibido. É vedado nos empréstimos de dinheiro garantidos por hipoteca, anticrese e penhor, que o credor fique para si com o bem dado em garantia em caso de inadimplemento da obrigação. Trata-se da proibição do *pacto comissório* contida no Código Civil, art. 1.428. A mesma vedação existe nos casos de alienação fiduciária em garantia (= propriedade fiduciária), segundo o art. 1.365 do Código Civil. Para furtar-se ao impedimento, em vez de constituir alguma garantia real para a dívida e estipular, no contrato, o pacto comissório, o que seria nulo, é comum o credor exigir procuração do devedor, em causa própria ou outorgada a pessoa de sua confiança, com poderes para transmitir, para si próprio ou para terceiro, a propriedade de determinado bem do patrimônio do devedor, caso não seja a dívida paga no vencimento. Há, nesse caso, fraude à lei, uma vez que se viola, de modo indireto, a proibição do pacto comissório por meio aparentemente lícito[162].

Quem não pode alienar, não pode prometer alienar. Por isso, se quem é proprietário de bem gravado com cláusula de inalienabilidade temporária não formaliza contrato de sua venda, mas contrata promessa de compra e venda, transmitindo a posse ao promitente comprador, estabelecendo que outorgará a escritura definitiva quando cessar a inalienabilidade, pratica fraude à lei.

Quem não pode doar, não pode transmitir o bem por outra forma. Por isso, age em fraude da lei o homem casado que dá em pagamento, ou vende, bem à sua concubina.

Em contratos de mútuo, o credor, para furtar-se a limitações legais de taxas de juros, as estipula dentro dos limites permitidos, mas estabelece, o pagamento de comissões de permanência, taxas de fiscalização ou outros encargos, seja qual for a denominação que lhes dê. Se tais encargos não correspondem, especificamente, a serviços, expressamen-

---

162. O STJ sempre decidiu que a violação da proibição do pacto comissório caracterizaria simulação (Ac. REsp 41.233/SP, 3ª T., rel. Min. Eduardo Ribeiro, 22-3-1994, *RESTJ*, v. 58, p. 436; Ac. REsp 21.681/SP, 3ª T., rel. Min. Eduardo Ribeiro, 29-6-1992, *RT*, v. 690, p. 173; Ac. REsp 2216/SP, 3ª T., rel. Min. Nilson Naves, 28-5-1991, *LEXSTJ*, v. 30, p. 84), equivocadamente, porém, uma vez que simulação não há, mas fraude à lei.

te permitidos por lei, prestados ao mutuário (o que acontece com os estabelecimentos de crédito quanto a taxas de fiscalização de aplicação dos empréstimos rurais, por exemplo), há fraude à lei.

Às vezes se chega a utilizar de procedimentos judiciais para fraudar a lei. É o que se tem observado na área do direito eleitoral, por exemplo, em que o casal se separa judicialmente, embora continue de fato a viver junto, agora em concubinato, para fraudar a norma constitucional que impõe inelegibilidade a cônjuge de Chefe de Poder Executivo, ou de seus parentes, consanguíneos ou afins, até o segundo grau, para concorrer ao mesmo cargo no período subsequente (Constituição Federal, art. 14, § 7º).

Seja qual for o meio empregado, há infração indireta às normas jurídicas, tendo-se, ou não, intenção de fraudar a lei, quando se alcança, indiretamente, o que a norma jurídica cogente proíbe ou se evita o que ela impõe. Do mesmo modo como não importa apurar-se a intenção fraudulenta, é também irrelevante perquirir-se sobre os meios empregados na sua realização.

Não interessa, absolutamente, a perfeição dos meios utilizados, a aparência de legalidade de que possam revestir-se os atos fraudulentos. Esse aspecto somente tem influência para fins de prova em juízo. Quanto mais imperfeitos, mais simples a tarefa de configurar a infração indireta à norma jurídica, haja ou não intenção de fraude.

2.3.4. Normas jurídicas passíveis de violação indireta (fraudáveis)

Embora todas as normas jurídicas cogentes sejam expostas à violação, nem todas podem ser objeto de infração indireta, de fraude à lei[163]. Normas jurídicas sobre forma e sobre capacidade, *e. g.*, não podem, em geral[164], ser fraudadas em razão mesmo da natureza de suas disposições. Se o louco conclui pessoalmente o contrato, este é nulo, mesmo que se haja declarado sadio e lúcido. Se uma compra e venda de

163. São exemplos de normas jurídicas fraudáveis as dos arts. 496, 497, 1.428 e 1.801 do Código Civil.

164. A observação não se aplica às normas formais do processo legislativo previstas na Constituição, que podem ser violadas indiretamente (ex.: no processo legislativo brasileiro o chamado voto de liderança viola indiretamente o art. 47 da Constituição Federal).

imóvel cujo valor seja superior a 30 salários mínimos é formalizada por escritura particular, há infração direta da norma que exige instrumento público. Se se declara que a compra foi realizada por valor inferior aos 30 salários mínimos para furtar-se à escritura pública, não há fraude à lei, mas simulação. A mentira é característica da simulação, nunca da fraude à lei em que os atos são verdadeiros. O mesmo ocorre quando o menor se declara maior de idade. O que vicia os atos em fraude à lei é o seu resultado, positivo ou negativo, obtido violando a norma jurídica.

Durante muito tempo afirmou-se, em doutrina, que somente normas jurídicas proibitivas poderiam ser infringidas indiretamente. Esse equívoco vem da influência de leitura de livros antigos inspirados no Direito Romano, que somente conhecia leis proibitivas, conforme observamos na nota 148. Desde o desenvolvimento do direito tributário e do direito administrativo, ocorrido, notadamente, a partir do século XX, normas impositivas cogentes passaram a povoar as leis. A partir daí, não resta dúvida de que essas normas são sujeitas à violação indireta, destacadamente as tributárias[165].

Para que uma norma jurídica possa estar sujeita à violação indireta (fraudada), é necessário, portanto, que tenha caráter de norma *impositiva ou proibitiva de resultado*, porque o objetivo do ato fraudulento consiste, precisamente, em evitar o resultado imposto ou alcançar o fim proibido pelas normas jurídicas. Por isso é possível afirmar que somente se a norma jurídica tiver por fim impor ou proibir um resultado poderá ser objeto de infração indireta.

2.3.5. Infração indireta de norma jurídica (fraude à lei) e figuras assemelhadas

A caracterização da infração indireta da norma jurídica como *fraus legis*, injustificavelmente, relacionou-a à intenção de burlar a lei[166], e

---

165. Não é incomum, para furtarem-se aos ônus do Imposto de Renda, executivos de grandes empresas receberem, oficialmente, uma remuneração reduzida, tendo, no entanto, um salário indireto representado por despesas arcadas pela empresa com moradias luxuosas, veículos de luxo, despesas domésticas, inclusive com serviçais, planos de saúde, e outras pessoais, grande parte pagas através de cartões de crédito corporativos, que lhes não são imputadas. Seus patrimônios se resumem a ações, quotas de capital e outros títulos.

166. Já em 1896 Martinho Garcez, em sua obra premiada *Nullidades dos actos jurídicos* (p. 129), chamava a atenção para a confusão injustificável existente na

permitiu que se imiscuísse no tratamento do problema séria confusão com outras figuras, como (*a*) o dolo, (*b*) a fraude contra credores, (*c*) o abuso de direito e (*d*) a simulação, que, apesar de parecidas, são, essencialmente, distintas. Senão, vejamos.

(*a*) O *dolo*, no que se refere à invalidade dos atos jurídicos, se caracteriza pela intenção de iludir alguém, induzindo-o, mantendo-o ou confirmando-o em representação errônea sobre a realidade. No campo do direito penal, dolo se configura na vontade consciente de praticar o ato criminoso, querendo o seu resultado e assumindo o risco de produzi-lo.

A *intencionalidade* constitui o dado essencial de seu suporte fáctico. Se não há intenção, não se pode falar em dolo.

Na fraude à lei, como mencionamos antes, a intenção de infringir a lei é irrelevante. Basta que o resultado, positivo ou negativo, previsto pela lei, seja alcançado, independentemente, mesmo, de que o agente saiba que a está violando.

A infração indireta da lei pode ser, como em geral é, intencional, sem que, contudo, *precise* ser, como mostramos acima. Não é necessário que se investigue a intenção de violar a lei; é suficiente, apenas, que haja a infração.

(*b*) Na *fraude contra credores* há atos de alienação, graciosa ou onerosa, cuja finalidade é levar o fraudador a uma situação de insolvência que o impede de cumprir suas obrigações creditícias. Há uma lesão a direito de crédito do credor, que pode ser intencional, porém não necessariamente. Trata-se, portanto, de lesão a direito subjetivado o direito do credor de receber o seu crédito, o que a relativiza, uma vez que se efetiva *dentro* de uma relação jurídica de crédito.

Na fraude à lei, afora a questão da intencionalidade, há violação à norma jurídica e não a direitos subjetivados. Se direitos subjetivados forem violados, isto em nada modifica a figura da fraude à lei, por se tratar de questão que lhe é estranha.

(*c*) Quanto ao *abuso de direito*, há exercício irregular, com excesso de direito subjetivo, desatendendo a seu fim social ou econômico, à boa-fé ou aos bons costumes. Aqui há conduta ilícita no uso de poderes e faculdades lícitas, extravasando seus limites. Na fraude à lei, diferentemente, exercita-se ilicitamente a autonomia negocial, para violar nor-

---

doutrina e na jurisprudência entre expressões como dolo, fraude e simulação, que eram empregadas indistintamente em arrazoados, decisões e livros doutrinários.

mas jurídicas. Repelir-se a prática da fraude à lei é matéria de interesse público, relacionada à respeitabilidade do ordenamento; no abuso de direito, cuida-se de proteger interesse privado.

(*d*) Em se tratando da *simulação*, o problema se torna mais complexo porque a doutrina e a jurisprudência, de ordinário, encambulham os dois conceitos, sob a influência, não somente da questão relativa à intencionalidade, mas de normas jurídicas mal concebidas e pior interpretadas, como soía acontecer com o art. 104 do Código Civil de 1916[167]. E por isso mesmo a distinção entre as duas figuras se tornou, no campo das invalidades, da mais relevante importância, considerando-se que as consequências decorrentes de cada uma delas eram absolutamente distintas: anulabilidade, na simulação, e nulidade, na infração indireta à lei. Hoje esse aspecto tornou-se irrelevante, tendo em conta que ambas implicam a nulidade do negócio jurídico.

O ter a simulação, em alguns casos, a finalidade de infringir preceito legal não a torna semelhante à fraude à lei. Primeiro porque esse dado não é essencial à simulação. No mais das vezes o ato simulado se destina a prejudicar direitos subjetivados de terceiros. Na fraude à lei a sua característica substancial é, precisamente, a infração a norma jurídica de modo indireto.

Depois, o outro elemento fundamental para distinguir o ato *in fraudem legis* do ato simulado consiste em que na simulação os atos *não são verdadeiros*, enquanto na fraude à lei os atos *são verdadeiros*, embora se destinem a violar a lei. Realmente, na simulação os atos praticados ou são aparentes ou são mentirosos em seus conteúdos. Em hipótese alguma representam a verdade. A noção é consequência da própria essência do ato simulado tal como descrito no art. 167, § 1º, do Código Civil[168].

---

167. A referência que esse dispositivo fazia ao "intuito de prejudicar a terceiros *ou infringir preceito de lei*..." conduziu a se terem como de simulação situações típicas de fraude à lei (*e. g.*, Eduardo Espínola, *Sistema do direito civil brasileiro*, p. 557). Exemplo jurisprudencial bem patente é o da Súmula 152 do STF, hoje revogada pela Súmula 494, em que se tinha como simulada a venda de ascendente a descendente sem o consentimento dos demais descendentes, especialmente quando se tratava de venda por interposta pessoa. A jurisprudência está repleta de decisões nesse sentido, como, por exemplo: RE 22.294, in Homero Prates, *Atos simulados e atos em fraude da lei*, p. 469; RE 51.523, *RTJ*, *39*:655; RE 55.663, *RTJ*, *40*:549; RE 58.741, *RTJ*, *39*:115; RE 63.864, *DJU*, 27 jun. 1969.

168. O vocábulo *simulação* vem do latim, *simulatio*, *onis*, que significa fingimento, hipocrisia; aparência; pretexto; disfarce, dissimulação.

No ato *in fraudem legis* nada é aparente. Tudo o que aparece é querido, especialmente o resultado[169]. Como mostramos acima (2.3.3), os atos em si, considerados isoladamente, são válidos e eficazes. A invalidade é produto da infração à lei, que se consuma com a conjunção dos diversos atos, através da qual o fim proibido ou imposto pela lei é alcançado ou evitado.

Não há, portanto, como confundir a fraude à lei com essas outras figuras jurídicas.

2.3.6. Consequências da infração indireta às normas jurídicas

Se tivermos como premissa que o chamado ato em fraude da lei constitui, em verdade, um modo de infração às normas jurídicas, temos de concluir que, *de lege ferenda*, a sanção a ele aplicável deve ser a mesma cabível para o caso de violação direta. Os sistemas jurídicos são sistemas lógicos e nada mais ilógico do que, em se considerando dois atos contrários à mesma norma jurídica, sendo um direto, claro, sem artimanhas inteligentes, e o outro indireto, embuçado, cercado de artifícios, se possa imputar-lhes penalidades diferentes[170].

Em tese, no caso de sanção de invalidade, não deve importar se a violação foi direta ou indireta (fraude à lei). Em qualquer situação, seja textual ou virtual, se a punição para o ato infringente for a nulidade, nulo deveria ser o ato jurídico em violação indireta, intencionalmente (= *in fraudem legis*), ou não[171]. Se, diferentemente, a sanção for de anulabilidade, anulável deveria ser o ato em fraude à lei[172].

---

169. É lapidar a observação de Pontes de Miranda (*Tratado de direito privado*, t. I, § 17, 8) quando diz: "Na simulação quer-se o que não aparece e não se quer o que aparece. Na fraude à lei, quer-se, sinceramente, o que aparece, porque é o resultado que a lei fraudada tenta impedir, ou porque se afasta do resultado que a lei fraudada determina que se produza".

170. Nesse sentido, Pontes de Miranda (*Tratado de direito privado*, t. I, § 17, 2) e Von Tuhr (*Teoría general del derecho civil alemán,* v. III, t. 1, p. 10).

171. *Vide*, por exemplo, além dos autores citados na nota anterior, Orlando Gomes (*Introdução ao direito civil*, p. 127) e Enneccerus, Kipp e Wolff (*Tratado de derecho civil*, v. 1, t. 1, p. 303), entre outros.

172. É o caso da doação de homem casado à concubina (Código Civil, art. 550).

No entanto, não é assim que se tem tratado o problema na experiência jurídica. O Legislador Civil de 2002, adotando posição que demonstra desconhecimento do instituto, definiu a fraude à lei como causa de nulidade. Essa atitude gera inconvenientes e a possibilidade de soluções diferentes para situações iguais. Veja-se, por exemplo, a espécie prevista no art. 496 do Código Civil. Segundo esse dispositivo é *anulável* a venda de ascendente a descendente sem o consentimento dos demais descendentes e do cônjuge do alienante, salvo, quanto a este, se forem casados pelo regime da separação obrigatória de bens, decaindo em dois anos, a contar do registro, a pretensão para anular a venda feita com infringência dessa proibição. Se, no entanto, em vez de vender diretamente ao filho, o pai vende o bem a terceiro que, por sua vez, o vende ao filho, haverá fraude à lei, em razão da qual o negócio jurídico é nulo e imprescritível a ação para anulá-lo. Como se vê, para a infração da mesma norma jurídica o legislador adotou sanções diferentes, apenas em face do modo como se realizem. Essa orientação nos parece de todo inadequada. O correto tratamento da sanção aos negócios em fraude à lei deveria ser o de prescrever-se que a eles seria aplicável a mesma penalidade prescrita para a infração direta.

Na hipótese de lei em infração indireta da Constituição, ou de atos normativos infralegais em infração indireta à lei, a sanção deve ser a inconstitucionalidade da lei ou a ilegalidade do ato normativo (decreto, regulamento, por exemplo). O que deve importar é que, se por meios indiretos, foi obtido ou se impediu o resultado, positivo ou negativo, previsto pela Constituição, tem-se violação de norma cogente aplicando-se ao ato legislativo as sanções próprias prescritas para a infração direta.

Se a infração indireta à lei, quando fraudulenta, é perpetrada através de um só ato, não há grandes problemas. No entanto, na maioria das espécies, é necessária a prática de vários atos para que se concretize a fraude. Nessas hipóteses a jurisprudência costuma ver como atos jurídicos distintos os diversos procedimentos empregados na realização da *fraus legi*[173]. Equivocadamente, porém, porque, como já vimos antes, o

173. Exemplo disto é o Acórdão do STF proferido no RE 22.294, cuja ementa afirma: "Venda de ascendente a descendente — Artigo 1.132 do Código Civil — A prescrição só corre da abertura da sucessão. *Há que distinguir entre a venda do ascendente a descendente e a venda por interposta pessoa, pois nesta hipótese há um ato simulado e não há como fugir, no sistema do Código, à prescrição de*

in fraudem legis agere constitui um procedimento finalisticamente unitário, uma vez que todos os atos são praticados com o objetivo único (= fim) de infringir a norma jurídica. Por isso, não é possível, logicamente, considerar isoladamente cada ato, mas sempre como um conjunto unitário. Há um só ato, um ato complexo, e, assim, a sanção somente cabe a um dos atos quando conjugado aos outros. De *per se* não há sanção cabível. No exemplo que demos antes, à nota 177, isto fica bem ressaltado. Na venda de ascendente a descendente por interposta pessoa não são distintos os contratos de venda ao terceiro (= pessoa interposta) e deste ao descendente. Entre eles há uma íntima e essencial relação gerada pela finalidade única de ambos os atos que não pode ser desprezada. Não se trata de anular um contrato para depois anular o outro, mas anulá-los no seu conjunto.

3. Objeto imoral. Incompatibilidade com os bons costumes

A questão da imoralidade do objeto, que pode acarretar a nulidade do negócio jurídico, implica alguns problemas no que diz respeito aos parâmetros segundo os quais o juiz poderá declarar imoral um objeto. Em face da inexistência de regras morais positivadas e da indeterminação legislativa, o juiz se defronta com uma extraordinária tarefa para a solução dos casos concretos[174].

A maioria das legislações, inclusive a brasileira atual, como vimos, inclui a imoralidade no âmbito da ilicitude quando declara ilícitas as condições contrárias à *ordem pública* e aos *bons costumes*[175], om-

---

quatro anos do art. 178, § 9º, n. V, letra b...". Essa afirmativa decorreu do entendimento do Em. Min. Rel. Luiz Galotti, que, em certa altura de seu voto, afirmou: "... Mas, no caso, as autoras querem e precisam anular duas vendas, como está expresso na inicial: a venda feita do velho Castro a D. América, e a venda feita por esta a Castro Júnior. E não é possível cogitar da anulação da segunda escritura, passada ao descendente, sem antes anular a primeira escritura que o ascendente outorgou a um estranho. E esta jamais seria possível considerar nula e sim apenas anulável por simulação...".

174. Wieacker, *El principio general de la buena fe*, p. 37.

175. Assim, por exemplo, o Código Civil francês, art. 1.133; o italiano, art. 1.343; o BGB, § 138; o Suíço das Obrigações, arts. 19 e 20; o mexicano, arts. 1.830 e 1.831, e o espanhol, art. 1.271. No conceito de bons costumes alguns doutrinadores incluem o de *ordem pública*, enquanto outros, como Messineo (*Manual de de-*

breando-as às contrárias à lei (arg. ao Código Civil, art. 122). Portanto, não nos parece haver mais dúvidas de que é nulo, por imoral, negócio jurídico que infringe os bons costumes (Código Civil, art. 123, II). No entanto, não há, na legislação, uma conceituação, genérica ou específica, do que se deva entender por bons costumes.

Em doutrina e na jurisprudência, por sua vez, não há sobre o tema uma concepção unívoca. Em geral, os critérios propostos pela doutrina não são adequados para permitir uma avaliação objetiva sobre a moralidade ou imoralidade do negócio jurídico. Sugere-se, por exemplo, que o juiz deve apreciar o caso concreto tendo em vista princípios de honestidade, ou conforme o agir de um bom pai de família, ou segundo o critério de um homem honrado e prudente, ou de acordo com o sentimento moral do homem médio e outras formulações imprecisas que expressariam padrões da boa moral. A jurisprudência alemã adota a fórmula de que a imoralidade se deve determinar segundo "o sentimento de decência de todas as pessoas que pensam justa e equitativamente", a qual, embora também imprecisa, se tem mostrado útil à solução dos casos concretos, consoante o depoimento de Henkel[176].

Em tais formulações o subjetivismo e a indeterminação preponderam, o que as torna com valor prático assaz relativo, uma vez que não

---

recho civil y comercial, v. 2, p. 480), os tratam como espécies distintas. Na verdade, a questão da ordem pública não pode ser tratada juntamente com a da moralidade. O conceito de ordem pública está ligado, intrinsecamente, ao de legalidade, embora tenha implicações de ordem moral. É que os preceitos morais, em especial os da ética superior, influem na formulação das regras jurídicas, porque a Moral constitui uma das fontes materiais do direito. As normas jurídicas que proíbem o jogo de azar, a bigamia, certas práticas sexuais, a violação do decoro público, a prostituição, entre tantas outras espécies tratadas pelo direito penal, têm sua inspiração em regras morais. Os atos jurídicos que têm por objeto tais fatos são, evidentemente, contrários à ordem pública — porque ordem pública é a ordem jurídica de interesse da coletividade — e por isso são nulos. Essa nulidade tem origem na ilegalidade, não na imoralidade, que, embora exista, não é a sua causa. Regra moral que é sancionada pelo direito passa a ser norma jurídica. Havendo ilegalidade, portanto, não há como se referir à imoralidade. Quando se fala em imoralidade supõe-se a inexistência de regra jurídica sobre o assunto. Portanto, parece-nos sem razão científica a mistura dos dois conceitos.

176. *Introducción a la filosofía del derecho*, p. 249. Larenz (*Derecho civil*: parte general, p. 593) critica a fórmula porque "introduz um critério que por sua vez requer uma determinação específica se com ele deve afirmar-se algo objetivamente relevante".

fornecem os elementos essenciais a uma precisa valoração das circunstâncias.

Então, que parâmetros devem ser utilizados para *avaliar* a imoralidade do objeto do ato jurídico?

Em primeiro lugar, parece evidente que a expressão *bons costumes* tem, preponderantemente, um sentido relacionado com a experiência vivencial do grupo humano respectivo[177], pelo que se liga, intrinsecamente, à ideia de uma moral social cujos preceitos, em cada sociedade, resultam do "acervo fundamental de concepções comuns a respeito do comportamento moralmente bom; concepções que expressam um sentimento valorativo moral e um juízo moral que coincidem e dominam no grupo"[178].

Embora não se refira expressamente a bons costumes ou à moral social, Pontes de Miranda[179] propõe que na caracterização do que seja imoral é preciso encarar os fatos objetivamente, sem levar em conta as convicções das pessoas, individualmente, nem de grupos sectários, extremados, ou de grupos religiosos, mas se deve considerar a opinião mais generalizada na sociedade, revelada pelo repúdio a certos comportamentos manifestado pela consciência geral. As concepções pessoais do juiz, por exemplo, ao julgar questão sobre imoralidade do objeto, não podem ser o fundamento para a decretação da nulidade, ou sua relevação, se não se encontram em consonância com o juízo prevalente na comunidade sobre o ato.

---

177. Disto não destoa a boa doutrina. Coing, por exemplo, afirma que *bons costumes* designam "os princípios morais que estão efetivamente reconhecidos pelo povo" (apud Larenz, *Derecho civil*: parte general, p. 594). Messineo (*Manual de derecho civil y comercial*, v. 2, p. 481) ensina que norma dos bons costumes é aquela que "a opinião comum, vigente em um determinado 'ambiente', considera e pratica como tal (ética social)". Stolfi (*Teoría del negocio jurídico*, p. 271) se refere a que seria imoral o ato "quando se considere reprovável pelo público e... moral quando seja conforme aos hábitos e sentimentos não condenados pela consciência coletiva".

178. Heinrich Henkel (*Introducción a la filosofía del derecho*, p. 224), que define *moral social* como "o conjunto das exigências morais de comportamento que a Sociedade formula a seus membros".

179. *Tratado de direito privado*, t. IV, § 392, 3. No mesmo sentido, a opinião de Carvalho Santos, *Código Civil brasileiro interpretado*, v. 3, p. 238 e s. Sobre a questão no direito germânico, veja-se Larenz, *Derecho civil*: parte general, p. 593 e s.

É evidente que os preceitos da moral social, naturalmente, não se desligam dos preceitos da ética superior; mas, também, a eles não se subordinam, exclusivamente, apesar de que na prática social, em geral, informam os bons costumes. O tráfico social, no entanto, ameniza a rigidez dos princípios da ética superior — que pretendem, em sua abstração, ter validade absoluta, no tempo e no espaço. A moral, tal como praticada pela comunidade (moral social), ajusta-se à tolerância da própria vida e, portanto, seus preceitos são mais maleáveis. A relevância moral, conforme a moral social, deve ser medida segundo as concepções vigentes em certa sociedade, em determinado momento histórico. As suas regras, seus preceitos, são, portanto, contingentes, sendo sua validade relativa no tempo e no espaço.

Entretanto, não são quaisquer concepções que podem ser consideradas como a moral social de uma comunidade, mas aquelas que resultam do "juízo que é de se esperar, coincidentemente, de todos os membros prudentes da comunidade jurídica que julgam moral e responsavelmente"[180]. Por isso não se podem levar em consideração comportamentos amorais ou imorais que se identificam em camadas sociais específicas. A tolerância social com certo tipo de prática imoral não a faz moral, nem a faz lícita. A exploração da prostituição, por exemplo, embora milenarmente a sociedade conviva com tal procedimento, a sua imoralidade ressalta e, mesmo que não houvesse normas penais que a tipificassem como crime, não poderia jamais ser considerada atividade moral e, portanto, lícita. Os meios conducentes a possibilitar a sua prática (como alugar uma casa para que se instale um bordel), mesmo que não estejam previstos proibitivamente na lei penal, são ilícitos por imoralidade[181].

São atos cujos objetos são tipicamente imorais, *in genere*, aqueles que restringem (*a*) os direitos da personalidade, tais como os relativos à vida, à liberdade, inclusive econômica e sexual, ao nome, à honra, à saúde, e (*b*) os direitos de família.

Como exemplos de espécies concretas de objeto imoral, podemos mencionar: (*a*) a doação feita com a finalidade de que certa pessoa jamais se case; (*b*) ou que *somente se case com certa pessoa;* (*c*) para que pessoa casada se divorcie; (*d*) para que mulher grávida pratique aborto

---

180. Henkel, *Introducción a la filosofía del derecho*, p. 249.

181. *Vide* nota 70.

ou para que mulher casada não engravide nunca; (*e*) para que o filho havido fora do casamento não reivindique o reconhecimento da paternidade; (*f*) e o acordo: (*f.a*) entre comerciantes ou industriais com a finalidade de levar um concorrente à falência; (*f.b*) entre empresas para fraudar concorrência pública (todas oferecem preço maior do que aquela que foi *escolhida* para *vencer*)[182].

Se a espécie, embora caracterize situação imoral, constitui objeto de regulamentação proibitiva por dispositivo legal (*e. g.*, Código Civil, arts. 426 e 1.900, I), não há caso de pura imoralidade, mas de ilegalidade. A regra moral que é absorvida pelo direito se transmuda em norma jurídica, adquirindo todas as suas características, em especial a consequente obrigatoriedade. A nulidade decorre, na espécie, de violação da lei, não de preceitos morais.

4. Momento em que se apura a ilicitude

A ilicitude que afeta a validade do ato jurídico, tornando-o nulo, deve existir, pelo menos, na ocasião em que se dê a sua conclusão (= *ilicitude originária*). A *ilicitude superveniente*, como ocorreria na hipótese em que, após a conclusão do ato jurídico, o seu objeto viesse a ser considerado ilícito, (*a*) não afeta a validade do ato jurídico em si, que se torna resolúvel, (*b*) nem alcança a prestação, se já cumprida. Se uma empresa adquiriu, para comercializar, produto que a lei venha a proibir o seu uso, por exemplo, e o vendedor já o entregara antes da proibição, a prestação foi perfeita e não cabe devolução da mercadoria, nem repetição do que se pagou por ela. Se, no entanto, embora já contratada a transação, mas, ainda não cumprida a prestação, se dá a proibição, resolve-se a obrigação por impossibilidade jurídica superveniente decorrente de fato do príncipe (= força maior), cabendo a devolução do que houver sido, eventualmente, pago por antecipação. Caso contrário, isto é, se a proibição superveniente pu-

---

182. A 1ª Câmara Civil do TJSP (Ap. 162.406-1, *RJTJSP, 136*:286) considerou nula cláusula que, em separação judicial, impedia a mulher de fixar residência onde lhe aprouvesse, sob pena de perda da guarda de filho menor, ao argumento de que seria absurda e afrontaria norma constitucional e a própria lógica. A hipótese, parece-nos, caracteriza caso de nulidade por *imoralidade*, uma vez que constitui uma restrição à liberdade individual de fixar residência onde melhor consultar os interesses da pessoa.

desse afetar o ato jurídico perfeito e acabado, teríamos retroeficácia inconstitucional da lei.

A ilicitude, em qualquer de suas formas, há de ser apurada objetivamente, sem considerações de natureza subjetiva. Por isso, não importa se os que praticaram o ato jurídico tinham, ou não, consciência da ilicitude. Basta a ilicitude em si para que o ato jurídico seja nulo.

§ 29. Impossibilidade do objeto

1. Considerações gerais

Como mencionamos antes, a expressão *objeto do ato jurídico* usada no art. 166 do Código Civil tem sentido lato; refere-se não somente ao objeto do ato jurídico propriamente dito (sentido estrito), mas também ao objeto da prestação, de modo que a questão da impossibilidade há de ser considerada tanto em relação ao objeto do ato jurídico como relativamente ao objeto da prestação.

Pontes de Miranda[183] menciona cinco espécies de impossibilidades que podem ocorrer no mundo do direito: (*a*) cognoscitiva, (*b*) lógica, (*c*) moral, (*d*) física e (*e*) jurídica.

(*a*) A impossibilidade cognoscitiva do objeto (= impossibilidade do ser humano de *conhecer* o objeto do negócio jurídico) tem como consequência tê-lo, o negócio jurídico, por inexistente. Não há negócio jurídico no contrato entre duas pessoas para que aquela que morrer primeiro guarde um bom lugar para o outro no céu, *e. g.*

(*b*) A impossibilidade lógica se caracteriza nos casos em que há contradição lógica insuperável que apanha todo o negócio jurídico. Nessa hipótese, também a solução correta seria a de considerar-se inexistente o negócio jurídico, porque lhe faltará objeto. Sendo a contradição apenas parcial, havendo possibilidade de eliminá-la pela exclusão da parte contraditória, valeria o ato. Tem-se como incluída nessa espécie a manifestação de vontade ininteligível[184]. O Legislador Civil de 2002, no entanto, optou por considerar nulo o negócio jurídico em que haja impos-

183. *Tratado de direito privado*, t. IV, § 397, 1.

184. Pontes de Miranda, *Tratado de direito privado*, t. IV, § 397, 1.

sibilidade lógica, como se pode concluir da norma do art. 123, III, segundo a qual as condições incompreensíveis ou contraditórias acarretam a invalidade dos negócios jurídicos que lhes são subordinados.

(*c*) A impossibilidade moral do objeto implica ilicitude do negócio jurídico e, portanto, sua nulidade.

2. Impossibilidade física e jurídica

O objeto impossível a que alude o Código Civil no art. 166, II, é, basicamente, aquele afetado por impossibilidade física ou jurídica. Por isso, o nosso estudo somente a elas mais se dedicará[185].

2.1. Impossibilidade física

É aquela que resulta da natureza do próprio objeto do ato ou da prestação. Tudo aquilo que o homem não pode realizar por suas forças, impedido pelas leis naturais, se inclui no conceito de impossibilidade física[186]. A impossibilidade física que constitui motivo de nulidade é aquela *absoluta*, insuperável por qualquer ser humano, segundo as condições naturais existentes no momento da conclusão do negócio e que, nos negócios de prestação futura, persistam ainda na ocasião da prestação. A impossibilidade *relativa*, ou seja, aquela que alguém, ou muitos, não pode superar, mas há quem a supere, ou que tem, apenas, duração temporária, segundo as circunstâncias, não influi quanto à validade do

---

185. Contratar uma viagem ao Sol; ou para que alguém regule o fluxo das marés; ou para que faça com que um rio passe a correr do mar para a nascente são exemplos de negócios jurídicos com objetos fisicamente impossíveis.

186. Vicente Ráo (*Ato jurídico*, p. 154) se refere à perpetuidade e temporariedade da impossibilidade física absoluta, ensinando que, *(a)* quando a impossibilidade é perpétua, alcança a própria existência do ato, mas, *(b)* se é temporária, não constitui impedimento. Há, evidentemente, equívoco na lição do eminente mestre. *Primo*, a impossibilidade física ou jurídica jamais alcança a existência do ato jurídico, mas a sua validade, apenas. *Secundo*, conforme tem mostrado o avanço da Ciência, a perpetuidade parece ser algo de que não se pode falar em questão de impossibilidade física. Tudo o que se tinha por insuperável há cinquenta anos hoje é coisa rotineira (viagens espaciais, os feitos da Engenharia Genética, por exemplo). *Tercio*, a sua concepção de *impossibilidade temporária* — "se a prestação deve ser cumprida como e quando se tornar possível" — é, na verdade, a de uma *condição* e não traduz verdadeira impossibilidade; se há temporariedade admitida, não há impossibilidade. A questão da perpetuidade ou temporariedade parece-nos impertinente.

ato jurídico que a tenha por objeto[187]. Se aquele que prometeu a prestação não a cumpre, apenas por não ter, pessoalmente, possibilidade de cumpri-la, não existe impossibilidade, mas há inadimplemento, resolvendo-se a obrigação em perdas e danos, segundo os princípios, porque o ato jurídico é válido.

2.2. *Impossibilidade jurídica*

É aquela que resulta (*a*) de determinação de lei ou (*b*) de disposição negocial. Não importa se o objeto é fisicamente possível. Se a norma jurídica o tem por impossível, assim há de ser tratado em relação à validade[188].

Do mesmo modo se a impossibilidade decorre de imposição negocial[189].

(*a*) São objetos juridicamente impossíveis, por exemplo, as coisas que estão fora do comércio, não passíveis de apropriação por determinação legal. Não o são, no entanto, as coisas futuras (= coisas que não existem no momento da conclusão do contrato), desde que, fisicamente, sejam de existência possível[190]. A possibilidade física de que o objeto venha a existir não impõe, necessariamente, que se tenha a certeza de que efetivamente se torne realidade. A circunstância de a coisa futura não vir a existir não implica invalidade do negócio jurídico. Para essa hipótese o Código Civil adotou soluções diferentes, considerando a intenção das partes em firmarem um contrato aleatório ou não, a saber:

(*i*) Em se tratando de contrato aleatório, se um dos figurantes do contrato assumir o risco de a coisa não vir a existir, o outro terá direito de receber integralmente o que lhe foi prometido, desde que de sua

---

187. Código Civil, arts. 123 e 124.

188. Código Civil, art. 88. O Estatuto da Terra, por exemplo, não permite que imóveis rurais sejam divididos em glebas cujas áreas sejam menores do que os módulos rurais estabelecidos para a região pelo órgão governamental competente. Assim, se um imóvel medir cinco hectares e o módulo rural da região for de três hectares, o seu proprietário não pode dividi-lo, porque há *impossibilidade jurídica*.

189. A inalienabilidade imposta pelo doador ao imóvel doado torna impossível a sua alienação (salvo a hipótese de sub-rogação, quando há substituição por outro bem, o qual será onerado com a inalienabilidade).

190. Exemplos: venda de cria que minha vaca premiada, que está enxertada, ainda vai dar; venda da safra de vinho tinto que será produzida no ano seguinte; venda de apartamento em edifício a construir.

parte não tenha havido dolo ou culpa (Código Civil, art. 458). Se, pelo adquirente, for assumido o risco de a coisa vir a existir em qualquer quantidade, se dela nada vier a existir, o negócio se resolve *de pleno iure*, mas se a coisa vier a existir em quantidade inferior à esperada, o contrato será eficaz, tendo o alienante direito à integralidade do preço, desde que não tenha havido dolo ou culpa de sua parte (Código Civil, art. 459 e parágrafo único).

(*ii*) Na compra e venda de coisa futura em que os figurantes não tenham tido a intenção de formalizar contrato aleatório, se a coisa não vier a existir conforme previsto, o Código Civil, art. 483, dispõe que o contrato deve ser considerado *sem efeito*. Essa solução do legislador contém grave impropriedade técnica e terminológica, uma vez que não há que falar em eficácia, pois se trata de caso típico de resolubilidade do negócio jurídico em decorrência de sua frustração pela inexistência do objeto da prestação[191].

Inclui-se nessa categoria o negócio jurídico quando o objeto é coisa perdida[192]. Se a coisa não é encontrada resolvem-se as relações jurídicas segundo as normas aplicáveis aos contratos aleatórios, se regras negociais não existem, explicitamente prevendo a situação.

Coisa absolutamente insuscetível, por natureza, de apropriação, como o sol, as estrelas, não pode ser objeto de ato jurídico, razão por que não se pode falar de sua nulidade, mas de inexistência por ausência de objeto. O mesmo ocorre quando o objeto é coisa que já não existe. Não se trata, nessas espécies, de objeto ilícito ou impossível, como pensava Ferreira Coelho, que se baseava em Eduardo Espínola[193].

Em contrato aleatório cujo objeto seja coisa existente, mas exposta a risco, se a coisa já perecera, mas o perecimento não era do conhecimento dos figurantes do negócio jurídico quando de sua conclusão, não há invalidade, mas resolubilidade do negócio jurídico; mas, se o adquirente houver assumido o risco, cabe ao alienante o direito de receber a totalidade do preço. No entanto, no caso de o alienante ter conhecimento de que a coisa já não existia por ocasião da formalização do

---

191. Código Civil, arts. 458 a 461.

192. Exemplos: contratar a recuperação da carga de um navio naufragado, ou do próprio navio; encontrar animal que fugiu.

193. *Código Civil dos Estados Unidos do Brasil*, v. 9, p. 281.

negócio jurídico, omitindo a informação, há dolo que o torna anulável por dolo, com perdas e danos, se for o caso[194].

Não constitui impossibilidade jurídica o fato de ser a coisa *litigiosa*. Em tal hipótese há caso de ineficácia em relação aos litigantes, não de nulidade. Tampouco há impossibilidade se o bem é gravado com qualquer ônus real. O bem gravado com hipoteca, por exemplo, não é inalienável, apenas o adquirente o recebe com o gravame. O bem continua garantindo a dívida relativa à hipoteca. Não há, portanto, nulidade, nem ineficácia, na venda de bem onerado.

Também não é objeto juridicamente impossível a coisa penhorada em execução. A alienação de bem sujeito a penhora é ineficaz em relação à execução.

(*b*) Ainda no § 13 mostramos que não é livre a criação, por meio de negócio jurídico, de casos de impossibilidade jurídica. Somente quando a lei admite é que se pode, negocialmente, instituir situação que a gere. A registrabilidade da disposição negocial sobre inalienabilidade objetiva de bem, que lhe atribui eficácia real, constitui o requisito para que dela resulte impossibilidade jurídica. O registro de inalienabilidade objetiva de bens é restrito às espécies previstas pelas normas jurídicas, precisamente porque os direitos reais e os casos de eficácia real são *numerus clausus*. Por isso, negocialmente, não é admissível a criação de espécies registráveis. A criação de direito real ou a atribuição de eficácia real fora das espécies previstas em lei constitui ato nulo, por impossibilidade jurídica.

É possível, no entanto, às pessoas instituírem restrições à disponibilidade de bens. O Código Civil, por exemplo, permite que o doador e o testador gravem com cláusulas de inalienabilidade, incomunicabilidade, impenhorabilidade e ingravabilidade o bem objeto da doação ou da deixa testamentária (por testamento não é possível gravar com essas cláusulas os bens que constituem a legítima, salvo justo motivo declarado no próprio testamento). Esses gravames, por serem registráveis, restringem o poder de disposição do proprietário, tendo eficácia real. As

---

194. Se, por exemplo, o dono de um cavalo que se perdeu em um desfiladeiro contrata alguém para encontrá-lo, já sabendo que o cavalo está morto, indenizará o contratado pelas despesas que este tiver com as buscas, além de outros prejuízos que houver acarretado (*e. g.*, o contratado deixou de fazer algum outro contrato para efetuar a busca).

restrições não registráveis, porém, constituem apenas objeto de direito pessoal, obrigacional, e não criam impossibilidade jurídica. Em razão de sua eficácia meramente obrigacional, a sua violação implica inadimplemento de obrigação, de que resulta ilicitude relativa, indenizável com perdas e danos. Se a restrição instituída por meio de negócio jurídico não é legalmente permitida, há nulidade por ilicitude, podendo até ser considerada inexistente por configurar suporte fáctico proibido ou não admitido pelo sistema jurídico. Nessa espécie se incluem as cláusulas de incomunicabilidade, inalienabilidade, ingravabilidade e impenhorabilidade quando impostas em testamento sobre os bens da legítima sem declaração de justo motivo (o Código Civil se refere, com evidente impropriedade terminológica, a justa causa).

Não se deve confundir a impossibilidade jurídica do objeto, que conduz à nulidade, com a impossibilidade do negócio jurídico, que implica inexistência[195].

Quando suspensivas, as condições física ou juridicamente constituem causas de nulidade do negócio jurídico[196]. No entanto, ao contrário das condições juridicamente impossíveis, que invalidam o negócio jurídico desde sua formalização, as fisicamente impossíveis somente atuam quando da sua execução, uma vez que, sendo relativas, se podem tornar possíveis com o correr do tempo (Código Civil, art. 106).

2.3. *Momento em que se apura a impossibilidade*

Somente a *impossibilidade originária* do objeto, isto é, aquela que existia na ocasião em que se concretizou o negócio jurídico, atua no plano da validade, fazendo-o nulo.

Se o objeto se torna impossível, física ou juridicamente, após a realização do ato jurídico (= *impossibilidade superveniente*), o negócio jurídico não é atingido em sua validade, mas se torna resolúvel. A impossibilidade superveniente, quando imputável a algum dos figurantes, implica o surgimento do dever de indenizar as perdas e danos que causar (Código Civil, art. 239, *e. g.*).

---

195. O contrato de um pistoleiro para matar, contrato de escravidão, são exemplos de negócios inexistentes.

196. Código Civil, art. 123, I.

Consoante anotamos acima, em caso de impossibilidade física, quando a prestação é futura, se no momento da conclusão do ato jurídico o objeto for considerado impossível, mas, pela mudança das circunstâncias, graças ao avanço tecnológico, por exemplo, se torna possível na ocasião em que deva ser prestado, o ato jurídico é válido. A impossibilidade física deve ser considerada em relação à sua permanência no tempo, tendo-se como limite o momento da prestação ou o do implemento da condição ou do termo, nos negócios jurídicos atermados ou condicionais. Não importa, portanto, apenas, se o objeto é considerado impossível na ocasião da conclusão do ato. É preciso que o seja ainda quando da prestação[197]. Não se trata de convalescimento da nulidade, que existiria no momento da conclusão do ato jurídico e deixaria de existir depois. É que a impossibilidade física não pode ser considerada, apenas, punctualmente, em um determinado *ponto no tempo*, mas temporalmente, levando-se em conta o *trato de tempo* decorrido entre a data da conclusão do ato jurídico e a ocasião em que se deva dar o adimplemento da prestação, se não são coincidentes. O *ponto temporal* que importa para caracterizar a impossibilidade física é o momento da prestação, naturalmente se essa impossibilidade é originária (= já existia quando da conclusão do negócio). Se por ocasião da conclusão do negócio jurídico não havia impossibilidade física, não há nulidade se esta veio a caracterizar-se antes da prestação[198].

Diferentemente, a impossibilidade jurídica é *punctual*. Importa se existe no momento da conclusão do ato. Se posteriormente a impossibilidade é removida, a nulidade não convalesce; o ato nulo não adquire validade pelo desaparecimento da causa invalidante. Há necessidade de que se repita o ato jurídico, para que se tenha um ato válido.

§ 30. Indeterminabilidade do objeto

O Código Civil adotou como causa de nulidade a indeterminabilidade do objeto, ou seja, haver impossibilidade de identificação do obje-

---

197. O BGB contém disposição que consubstancia essa orientação (§ 308) e que Pontes de Miranda (*Tratado de direito privado*, t. IV, § 397, 4) considera dispensável em face dos princípios. O Código Civil de 2002 adotou norma jurídica a respeito: art. 106.

198. Se A vendeu o cavalo Soft para entregá-lo após certo páreo, e antes da data da entrega ele vem a morrer, sem culpa de A, por exemplo. Nesse caso há *impossibilidade superveniente*, donde resolver-se o contrato (Código Civil, art. 239).

to do negócio jurídico ou da prestação. Como o Código Civil refere-se a ser *indeterminável* o objeto, é de se entender que a indeterminação capaz de acarretar a nulidade do negócio jurídico há de ser absoluta, de modo que, embora não discriminado especificamente, se o objeto é passível de determinação, o negócio jurídico deve ser considerado válido. A indeterminação relativa, portanto, não constitui causa de invalidade dos atos jurídicos em geral.

CAPÍTULO V
Ilicitude do Motivo Determinante do Negócio Jurídico

§ 31. Motivo ilícito

1. Considerações gerais

Motivo do negócio jurídico é a razão intencional, o *porquê,* o móvel que conduz as pessoas a realizá-lo. Se *A* vendeu sua casa porque pretende comprar outra ou porque vai residir em outra cidade, ou por qualquer outra razão, e se *B* a comprou para nela morar, ou para fins de especulação imobiliária, não tem, em regra, relevância alguma quanto à validade ou eficácia da compra e venda. O que tem significado é o *fim* do negócio jurídico (= objeto do ato jurídico), aquilo que de positivo ou negativo ocorre na esfera jurídica dos figurantes do ato jurídico como decorrência da *causa*, considerada esta no sentido de atribuição jurídica do negócio, relacionada, portanto, ao fim prático que se obtém em decorrência dele[199] (no caso do exemplo, sendo a causa *credendi*, sua atribuição consiste em constituir direito de propriedade). O fim (= objeto) e a causa são objetivamente considerados e respondem à pergunta *para que o negócio jurídico se realiza*?, enquanto os motivos têm caráter subjetivo e dizem respeito às razões, aos escopos, aos objetivos que levam ao negócio jurídico e respondem à questão *por que formalizá-lo*? Motivo, porque é móvel psíquico, razão condutora de ato, constitui questão fáctica, não jurídica *per se*. Objeto, ao contrário, por dizer respeito à atribuição jurídica do negócio, tem natureza exclusivamente jurídica, nunca fáctica.

Por isso, em face do valor segurança, considerando que se trata de matéria fáctica, relativamente aos negócios jurídicos, os sistemas jurídicos têm como regra a *irrelevância dos motivos*, de modo que, em geral, não importam as razões (= motivos) que levam ao negócio jurídico. Essa regra, entretanto, sofre exceções:

---

199. *Vide* nosso *Teoria do fato jurídico*: plano da existência, notas 154 e 156.

(*a*) quando o motivo, declarado (*expressado*) como razão determinante do negócio jurídico, é *falso*;

(*b*) quando, sendo comum a todos os figurantes, o motivo determinante do negócio jurídico for *ilícito*.

Na primeira situação (*a*), há hipótese que pode fundamentar a anulabilidade do negócio jurídico por erro (Código Civil, art. 140); na segunda (*b*), constitui causa de sua nulidade (art. 166, III).

No direito nacional anterior, somente a situação (*a*) era considerada, de modo que apenas o *falso motivo* (que equivocadamente era referido como *falsa causa* no art. 90 do Código Civil de 1916), quando declarado como condição do negócio, podia ter consequências quanto à validade dos negócios jurídicos.

Pontes de Miranda, porém, já considerava a imoralidade do motivo como causa de invalidade (anulabilidade), considerando-o *falsa causa*, desde que tal motivo, em razão do *acordo* de vontades, seja elevado à categoria de razão determinante, ou de condição, passando a compor o suporte fáctico do negócio jurídico. Se apenas um dos figurantes do negócio jurídico tinha motivo imoral, mesmo que o outro dele tivesse ciência mas não houvesse acordo sobre ele, não haveria invalidade (*Tratado de direito privado*, t. III, § 269, 6).

O Código Civil de 2002 (art. 166, III), porém, seguindo a linha do Código italiano (art. 1.345), adotou uma nova causa de nulidade ao prescrever que será nulo o negócio jurídico cujo *motivo determinante, comum a ambas as partes, for ilícito*.

2. Pressupostos da invalidade por motivo ilícito

De uma interpretação sistemática da norma do inciso III do art. 166 do Código Civil, apesar da referência ambígua a *ambas as partes* e a ***o*** *motivo determinante*, nos parece ser possível concluir que constituem pressupostos da nulidade por ilicitude do motivo:

(*a*) Que o motivo seja o condutor (= *determinante*) do negócio jurídico, de modo que os figurantes não o teriam realizado não fora ele o seu móvel. Embora o texto da norma se refira a ***o*** *motivo*, isto não quer dizer que deva ser o único, exclusivo, que haja determinado o negócio, de modo que havendo mais de uma razão, sendo alguma ou algumas lícitas, não se configuraria a nulidade. A nosso ver, se houver mais de um motivo determinante do negócio e dentre eles apenas um ilícito, se esse for relevante, o negócio estará contaminado pela nulidade.

(*b*) Que seja ilícito o motivo. Não há uma definição legal do que seja motivo ilícito. O Código Civil, ao definir o abuso de direito (art. 187), tem como ilícito o ato que excede manifestamente os limites impostos pelo fim econômico ou social do direito, pela boa-fé ou pelos bons costumes. No art. 122, por sua vez, declara ilícitas as condições contrárias à ordem pública ou aos bons costumes. Portanto, de uma interpretação sistemática, como anotamos ao tratar do objeto, é possível estabelecer o conceito de motivo ilícito como todo aquele que contraria direito cogente, bem assim o que infringe os preceitos da moral consubstanciados na boa-fé, na ordem pública e nos bons costumes. Não importa, aqui, se o objeto do negócio jurídico é válido e se ele atende aos demais pressupostos de validade, mas, sim, se o escopo que conduziu os figurantes a realizá-lo é contrário a uma norma imperativa, à boa-fé, à ordem pública, aos bons costumes, ou exceda os limites impostos por sua finalidade econômica ou social[200]. Como vimos acima, o conceito de *motivo ilícito* difere, completamente, da ideia de *objeto ilícito*. Por isso, o objeto do negócio jurídico pode ser lícito e os motivos a ele conducentes, ilícitos. Por exemplo: grupo de pessoas constitui uma sociedade cuja finalidade declarada seja desenvolver atividades de lazer, mas que o motivo que levou ao negócio seja o de explorar jogo proibido. Tal sociedade tem objeto lícito, porém motivo ilícito. O mesmo acontece com a compra e venda de um imóvel (que tem evidente objeto lícito), mas que é realizada tendo como motivo a instalação de um estabelecimento para exploração de prostituição.

(*c*) Que se trate de negócio jurídico bilateral ou plurilateral. O texto da norma, por força da expressão *comum a ambas as partes* deixa evidente a opção do legislador em excluir do seu âmbito de incidência os negócios jurídicos unilaterais, de modo que estes não podem ter decretada a sua nulidade por ilicitude do motivo determinante. Assim, por exemplo, se um testamento cujo motivo determinante seja ilícito não poderá ser anulado por força do inciso III do art. 166. Essa mesma ex-

---

200. F. Galgano, *Diritto privato,* p. 271; A. Torrente e P. Schlesinger, *Manuale di diritto privato,* p. 205; G. Alpa, *Istituzioni di diritto privato*, p. 843; F. Santoro-Passarelli, *Doctrinas generales del derecho civil*, p. 224; Enneccerus, Kipp e Wolff, *Tratado de derecho civil*, t. I, v. 2, p. 305; Von Tuhr, *Tratado de las obligaciones*, t. I, p. 178 e s.; Larenz, *Derecho civil*: parte general, p. 593, dentre outros.

pressão, em face do vocábulo *ambas* (que, tanto em sua forma nominal, como pronominal, faz exclusiva referência a dois) poderia ser entendida como limitante da invalidade aos negócios bilaterais, de maneira que um negócio jurídico plurilateral, como o de constituição de sociedade, *e. g.*, estaria imune a ser invalidado. No entanto, nos parece claro que, apesar da inadequação da linguagem, defeito bastante comum no Código Civil de 2002, será inválido o negócio jurídico plurilateral cujo motivo determinante for ilícito e comum a *todos* os figurantes.

(*d*) Que o *motivo seja comum* a todos os figurantes do negócio jurídico, de forma que se apenas algum ou alguns deles, mas não a sua totalidade, tiverem a movê-los motivo ilícito, nulidade não haverá. Apesar da locução *motivo comum*, parece-nos não haver necessidade de que todos os figurantes tenham o *mesmo motivo*; se os motivos, embora diferentes, forem todos igualmente ilícitos, ocorrerá a nulidade.

3. Dados irrelevantes

Diferentemente do que ocorre com o *falso motivo,* gerador de anulabilidade, que precisa ser declarado quando da formalização do negócio, para a caracterização da nulidade do art. 166, III, é irrelevante que o motivo ilícito determinante seja de alguma forma exteriorizado pelos figurantes do negócio jurídico. Sempre que se possa constatar a sua existência a nulidade deve ser decretada.

A apuração do motivo determinante ilícito não exige procedimento especial. Mesmo incidentalmente, em qualquer procedimento judicial, constatados os pressupostos do inciso III do art. 166, o juiz, de ofício ou mediante provocação de qualquer parte ou do Ministério Público, deve invalidar o negócio jurídico.

4. Observações críticas

Parece não haver dúvida de que a ilicitude do motivo determinante faz caracterizar o *negócio ilícito,* denominado *imoral*, por alguns, como acontece em quase todos os sistemas jurídicos atuais, a exemplo do § 138, 1ª parte, do BGB, *in verbis*: "*Um negócio jurídico, que infrinja os bons costumes, é nulo*". No entanto, a ilicitude do motivo, comum a todos os figurantes do negócio jurídico, como causa de nulidade, parece-nos inócua, porque de difícil constatação na prática, conforme observa Paulo Nader (*Curso de direito civil*: parte geral, p. 534). A dificuldade da prova é evidente. Bastará que não se consiga provar o motivo ilícito de um dos figurantes para que se descaracterize a invalidade.

Por outro aspecto, desde que o legislador optou por adotar a figura, apesar de sua inocuidade, a nulidade deveria ter caráter genérico, alcançando todas as espécies de atos jurídicos, sem importar se unilateral, bilateral ou plurilateral, uma vez que a ilicitude deve ser repelida pelo direito em qualquer hipótese. Por isso, outra crítica que deve ser feita ao inciso III do art. 166 do Código Civil de 2002, afora aquelas já levadas a efeito em relação à sua redação ambígua e inadequada, consiste na exclusão feita do negócio jurídico unilateral. Não há razão alguma que justifique não se estender ao negócio unilateral a nulidade por ilicitude do motivo. O Código Civil italiano, embora se refira a *contrato ilícito* e a motivo ilícito comum aos contratantes no seu art. 1.345, no art. 626, considera nula a disposição testamentária cujo exclusivo motivo seja ilícito. Da mesma forma, na doação, quando o motivo ilícito seja o único que levou o doador a fazer a liberalidade.

CAPÍTULO VI

Desrespeito a Disposição Legal sobre Forma

§ 32. Desrespeito à forma

Se a lei exige ou, contrariamente, proíbe determinada forma, o desrespeito a essa exigência ou proibição implica nulidade do ato jurídico (Código Civil, art. 166, IV).

Assim, por exemplo, é nulo o pacto antenupcial que seja realizado por meio de escrito particular, por infração ao art. 1.640, parágrafo único, do Código Civil. Do mesmo modo o são os negócios jurídicos que tenham por objeto a constituição, transmissão, modificação ou renúncia de direito real sobre imóvel se o seu valor é superior a 30 vezes o maior salário mínimo vigente no País (Código Civil, art. 108).

O desatendimento a solenidade formal (= aquela que integra a forma) também implica nulidade do ato jurídico. Se, em vez de duas testemunhas (Código Civil, art. 1.864, II), apenas uma comparece ao ato de formalização de testamento público, há nulidade. Da mesma forma é nulo o testamento público se, comparecendo as duas testemunhas, uma delas se ausenta do local, mesmo temporariamente, durante a sua lavratura pelo notário; a presença das testemunhas durante todo o ato é elemento formal essencial de validade.

§ 33. Forma e nulidade do instrumento

Forma do ato jurídico e instrumento não se confundem. O instrumento pode integrar a forma, mas a forma não se limita aos instrumentos. Basta lembrar a forma oral, como também a gestual. A tradição gratuita de bem móvel de pequeno valor perfaz a doação sem que haja necessidade de instrumentação.

Também o ato jurídico não se confunde com o instrumento em que foi formalizado. Por isso, é preciso não confundir a nulidade do ato jurídico com a nulidade do instrumento, porque a nulidade de um não afeta, necessariamente, a validade do outro. Ato jurídico nulo pode estar contido em instrumento público válido, como ato jurídico válido pode estar consubstanciado em instrumento nulo.

A validade do instrumento pressupõe a obediência a normas jurídicas próprias de natureza pública, apesar de integrarem, algumas vezes, leis de *direito privado*. Exemplo destas são as do art. 215, §§ 1º, 3º e 5º, do Código Civil. São normas heterotópicas.

O instrumento público, para ser válido:

(*a*) Há de respeitar as exigências específicas, que constituem seus requisitos formais, contidas nos citados dispositivos do Código Civil e legislação complementar própria. Por isso, a escritura pública redigida em idioma estrangeiro é nula, como o é aquela da qual não consta a data da realização do ato, por exemplo.

A falta de alguns desses requisitos pode até implicar *inexistência do ato jurídico* consubstanciado na escritura pública, o que a torna sem conteúdo. Se as partes não a assinaram, ou alguma delas não a assinou, não há negócio jurídico. A falta de assinatura do tabelião, diferentemente, *faz nenhuma a escritura pública*. Ali a inexistência é do ato jurídico, enquanto aqui é do instrumento.

(*b*) Além dessas exigências, o instrumento há de atender a outros pressupostos de validade que resultam do direito público. As regras sobre competência do oficial, provimento do cargo e regular exercício das funções, por exemplo, estão no campo do direito público e, se desatendidas, podem afetar a validade dos atos que pratica e geram a nulidade dos instrumentos que subscrevem. A falta de competência do oficial, bem assim se está afastado do exercício de suas funções, acarreta a nulidade do instrumento.

A importância da distinção entre a nulidade do ato jurídico por defeito de forma e a nulidade do instrumento que o contém reside em dois pontos principais: (*i*) a nulidade do instrumento nem sempre afeta a validade do ato jurídico respectivo e (*ii*) a nulidade do instrumento pode requerer ação específica regida por normas de direito público diferentes das relativas à nulidade do ato jurídico.

(*i*) A invalidade do instrumento somente afeta a validade do ato jurídico se lhe é essencial; não o sendo, aplica-se a regra do art. 183 do Código Civil. Se alguém vende ações de uma companhia por meio de escritura pública e esta é nula, o contrato de compra e venda, em si, é válido, uma vez que não há exigência legal dessa espécie de instrumentação para a venda de ações, podendo provar-se o negócio jurídico por outros meios[201].

Do mesmo modo, se uma mesma escritura pública é utilizada para realizar vários negócios jurídicos, a sua nulidade afetará somente aqueles para os quais a lei a exige, salvo se houver unitariedade. Os negócios jurídicos para os quais a forma de instrumento público não seja essencial não são contagiados pela invalidade, exceto, evidentemente, se a união entre eles não permite a separação.

(*ii*) O instrumento público, como mostramos acima, envolve questões de direito público, regidas por princípios diferentes daqueles que, em geral, regulam os negócios jurídicos. A sua desconstituição por nulidade, assim, pode exigir "ação" própria em razão das peculiaridades que lhe dizem respeito, que podem não ser as mesmas relativas aos negócios jurídicos.

Os instrumentos públicos têm *fé pública*, que somente pode ser contestada segundo as regras do direito público. Se, por exemplo, o oficial que lavrou a escritura pública não estava regularmente investido no cargo, porque, embora legalmente nomeado, não tomara posse, há nulidade do instrumento, segundo as normas do direito administrativo. Apesar da investidura irregular do oficial, pode não haver nulidade do contrato, se ao caso concreto for possível a aplicação da *teoria do funcionário de fato, e. g.*, que tem sua base no direito administrativo, mas sua origem na proteção do terceiro de boa-fé diante da aparência jurídica[202].

A *falsidade quanto ao conteúdo das declarações de vontade* implica ser *falso* o instrumento, não nulo. Não há, por isso, necessidade de ação específica, que é desconstitutiva, para decretar-lhe a nulidade. É

---

201. A transmissão de ações de sociedade anônima se dá pela assinatura do respectivo termo no Livro de Transferência de Ações.

202. A teoria do funcionário de fato visa a proteger o cidadão que é obrigado a utilizar-se do serviço público, em nome da segurança no tráfico jurídico. Baseia-se na *aparência jurídica* e ocorre quando alguém *aparenta ser funcionário*, sem o ser efetivamente (por exemplo, o funcionário foi nomeado em virtude de aprovação em concurso que depois foi anulado; ou o que foi nomeado sem concurso e destituído por esse fato; ou, ainda, o que entra em exercício sem tomar posse e foi destituído). Os atos por eles praticados (certidões que passou, quitações fiscais que deu etc.) são considerados válidos em relação aos terceiros que se utilizaram, de boa-fé, de seus serviços.

cabível, no caso, ação declaratória de falsidade documental, cuja decisão favorável tornará oco, sem conteúdo, o instrumento.

§ 34. Publicidade e forma

Em alguns ramos do direito, como no direito administrativo, tem-se, em certos casos, a *publicidade* como elemento complementar do suporte fáctico do ato administrativo, motivo pelo qual a sua falta pode implicar nulidade (*vide*, antes, nota 33). Em geral, porém, a publicidade é pressuposto de eficácia do ato jurídico, como ocorre na maioria dos atos administrativos, também em relação aos atos legislativos e normativos em geral (cuja vigência somente se inicia a partir de sua publicação), e nos atos de direito processual.

No direito privado e em outros ramos do direito relacionados a interesses privados, de ordinário, a publicidade nem sempre é necessária, e, quando o é (registro público, por exemplo), aparece como elemento integrativo do suporte fáctico, portanto, diz respeito à eficácia, apenas.

CAPÍTULO VII

Da Simulação

§ 35. Simulação invalidante

1. Conceituação

Simular significa, em linguagem comum, aparentar, fingir, disfarçar. Simulação é o resultado do ato de aparentar, produto de fingimento, de hipocrisia, de disfarce, de mentira. O que caracteriza a simulação é, precisamente, o ser não verdadeira, intencionalmente, a declaração de vontade. Na simulação quer-se o que não aparece, não se querendo o que efetivamente aparece. "Ostenta-se o que não se quis; e deixa-se, inostensivo, aquilo que se quis"[203].

Na sistemática do Código Civil de 1916, a *simulação* constituía causa de anulabilidade do ato jurídico, mas somente quando praticada com a *intenção* de violar a lei ou de prejudicar terceiros, ainda que, mesmo não havendo má-fé, efetivamente, lhes causasse dano (art. 103). À base do ato simulado estavam o seu caráter mentiroso e sua natureza danosa a terceiros. Portanto, somente seria anulável o negócio jurídico quando houvesse simulação nocente, fosse relativa ou absoluta.

O Legislador Civil de 2002, no entanto, modificou, substancialmente, o regramento da simulação, especialmente em dois aspectos, a saber:

(*a*) tornou-a causa de nulidade;

(*b*) excluiu de sua caracterização a necessidade de ser nocente (= prejudicial a terceiro ou infringente da lei).

Em verdade, no art. 167, *caput*, o Código Civil declarou ser nulo o *negócio simulado*, considerando tal aquele que:

(*a*) aparentar conferir ou transmitir direitos a pessoas diversas daquelas a que realmente se conferem, ou transmitem;

---

203. Pontes de Miranda, *Tratado de direito privado*, t. IV, § 468, 1.

(*b*) contenha declaração, confissão, condição ou cláusula cujo conteúdo não seja verdadeiro;

(*c*) os instrumentos particulares forem antedatados, ou pós-datados.

O negócio jurídico simulado, embora nulo, produzirá sua eficácia em relação a terceiros de boa-fé em face dos figurantes (= contraentes) do negócio jurídico (art. 167, § 2º).

Diante dessas normas tem-se que são elementos conceptuais essenciais da simulação invalidante:

(*a*) A existência de um ato jurídico cujo conteúdo seja intencionalmente inverídico quanto ao ato em si[204], às disposições negociais[205], às pessoas[206] ou à data[207].

(*b*) A ciência da simulação por todos os figurantes do ato. Se algum deles não sabia da simulação, em relação a ele simulação não haverá, mas dolo dos demais. Na simulação o enganado deve ser terceiro, isto é, qualquer pessoa que não figurou no ato jurídico.

Embora a simulação pretenda, sempre, enganar causando prejuízo a terceiro, o sistema do Código Civil de 2002 desconsiderou o aspecto do dano como necessário à configuração da simulação invalidante. Não importa, portanto, se do ato resulta, ou não, prejuízo a terceiro, mesmo porque os direitos produzidos que lhe disserem respeito ficam ressalvados independentemente da nulidade. Da mesma forma, é irrelevante a espécie de ato jurídico em que se pratica a simulação, se bilateral ou unilateral. Apesar de importantes opiniões em contrário[208], nada impede

---

204. Para furtar-se à tributação, ao invés de vender um imóvel, o proprietário o dá em enfiteuse, dando ao comprador (pseudoenfiteuta) procuração em causa própria para que faça o seu resgate e, assim, adquira o domínio pleno sobre o bem, por exemplo.

205. O vendedor faz constar da escritura de compra e venda o valor de R$ 1.000,00, quando a venda foi feita realmente por R$ 2.000,00.

206. O homem casado que não pode doar a casa à sua concubina a doa a seu filho menor.

207. O comerciante que, requerida a sua falência, emite títulos em favor de amigos com data anterior ao pedido para gerar créditos que lhe serão repassados, quando recebidos.

208. Como as de Santoro-Passarelli (*Doctrinas generales del derecho civil*, p. 175), Messineo (*Manual de derecho civil y comercial,* v. 2, p. 447), Enneccerus, Kipp e Wolf (*Tratado de derecho civil*, § 156, II), Oertmann (*Introducción al dere-*

que a simulação se dê em negócio jurídico unilateral não receptício, como, por exemplo, em cláusula testamentária; o próprio testamento pode ser um ato simulado[209].

2. Espécies de simulação

Em ciência, distinguem-se várias espécies de simulação, a saber: (*a*) *simulação inocente*, em oposição à *simulação nocente* (= prejudicial); (*b*) *simulação absoluta*, em oposição à *simulação relativa*.

2.1. Simulação nocente e inocente

O que diferencia a *simulação nocente* da *simulação inocente* é a ocorrência de dano causado a terceiro. Se não há prejuízo a terceiro tem-se *simulação inocente*. Diferentemente, diz-se *nocente* a simulação que causa dano a terceiro. Para caracterizar a nocência da simulação é irrelevante o intento de prejudicar terceiro, ou de infringir a lei; basta que haja o efetivo prejuízo de terceiro resultante de negócio simulado.

Ademais, a circunstância de ter o dano como sua característica, a simulação nocente constitui, em si, um ato ilícito, segundo o conceito do art. 186 do Código Civil, e como tal deve ser tratado. Diferentemente, o ato simulado inocente não pode ser considerado como ato ilícito, uma vez que não acarreta dano a terceiro.

2.2. Simulação absoluta e relativa

A diferença entre ser *absoluta* ou *relativa* a simulação reside no querer, ou não, a prática do ato que aparece, ou de outro ato qualquer.

Na *simulação absoluta* nenhum ato jurídico se quis praticar; nem o aparente, nem outro qualquer. É a situação típica do ato didático, do

---

cho civil, p. 234) e Flume (*El negocio jurídico*, § 20, 2), *e. g.*, que somente admitem a simulação unilateral quando se trata de manifestação receptícia de vontade, onde haverá sempre duas pessoas, ao menos, participando da simulação, o que a transformaria em *acordo*.

209. Pontes de Miranda (*Tratado de direito privado*, t. IV, § 474, 3) dá como exemplo de testamento simulado o particular antedatado, ou pós-datado; e de simulação em cláusula testamentária a confissão de dívida a alguém para prejudicar os herdeiros.

ato jocoso, por exemplo. Por isso, em havendo simulação absoluta, o ato, por ser mera aparência, não entra no mundo jurídico; caracteriza-se hipótese de inexistência em sentido próprio porque falta elemento essencial à concreção do suporte fáctico: a consciência da vontade[210].

A simulação absoluta se assemelha, como se vê, à simulação inocente, mas não se confundem. Na simulação absoluta não há ato jurídico, donde não se poder falar em ato inválido. Em caso de simulação absoluta, porém, pode existir a possibilidade de dano a terceiro. Em tal hipótese ter-se-á *simulação absoluta nocente*. O ato, apesar do caráter absoluto da simulação (que conduziria à inexistência), deverá ser tratado como inválido, em razão da nocência, conforme a opção do Legislador Civil. Se, porém, a possibilidade de dano é aos próprios figurantes do ato aparente, cabe a estes alegar o caráter absoluto da simulação, em ação declarativa-negativa, não desconstitutiva, porque não há o que desconstituir.

Na *simulação relativa* há, realmente, um negócio jurídico que aparece, porém mentiroso[211] quanto a seu conteúdo, no todo ou em parte, às pessoas ou às datas, que se pratica com a finalidade de dissimular outro, cujas consequências jurídicas são as efetivamente queridas.

2.3. Observação crítica

Segundo opinião que parece ser predominante na doutrina que, em primeira mão, analisou a matéria, essa classificação não mais seria pertinente, ao argumento de que o Código Civil de 2002 não teria feito qualquer distinção quanto à simulação, não importando, portanto, se a simulação é absoluta ou relativa, bem como se do negócio jurídico simulado decorra ou não prejuízo a alguém. Bastaria haver simulação para haver nulidade. A nosso ver essa concepção não encontra base científica, sendo resultado de uma interpretação apenas literal do texto legal. Senão, vejamos.

Em primeiro lugar, a nocência e a inocência do ato simulado não são irrelevantes; ao contrário, podem ter importante consequência em

---

210. Pontes de Miranda, *Tratado de direito privado*, t. IV, § 468, 1; Eduardo Espínola o denomina "ato insubsistente" e "ato fictício" (*Sistema do direito civil brasileiro*, p. 553); Messineo, *Manual de derecho civil y comercial*, v. 2, p. 450.

211. Messineo, *Manual de derecho civil y comercial*, v. 2, p. 446.

relação à sua eficácia. Com efeito, se há ato simulado inocente é possível considerar-se válido o ato dissimulado que estiver por ele encoberto, o que se condiciona, no entanto, a que este (o ato dissimulado) contenha os pressupostos substanciais e formais de validade exigidos para a espécie[212], conforme dispõe a segunda parte do art. 167, *caput*, do Código Civil. Por meio desse procedimento, a que se dá o nome de *extraversão*[213], faz-se aparecer o ato que está oculto, mas que é autêntico, em prejuízo do ostensivo mentiroso. Em face do *princípio da conservação dos atos jurídicos*, não há, evidentemente, por que anular o negócio jurídico para praticar outro, se é possível a *extraversão*.

Quando há simulação nocente, o ato simulado é, em essência, um ato ilícito, de modo que a nulidade deve alcançar não apenas o ato simulado como também o dissimulado que houver, sendo inadmissível a *extraversão*. Só no que respeita a terceiros de boa-fé será possível haver eficácia jurídica, no caso putativa, mesmo havendo nocência (art. 167, § 2º). Em caso de inocência, porém, não só prevalecem os efeitos relativos a terceiros de boa-fé, como se poderá dar efetividade ao negócio jurídico dissimulado que houver, por meio da *extraversão*.

Como se vê, não há como desconsiderar-se a distinção entre simulação nocente e inocente, o que fica ressaltado pela possibilidade ou impossibilidade de se proceder à *extraversão*.

Por sua vez, a questão de ser absoluta ou relativa a simulação tem repercussão significativa quanto à existência ou inexistência do negócio jurídico. A simulação absoluta, conforme anotamos acima, conduz à inexistência do negócio jurídico, por falta de elemento essencial à formação do fato jurídico (= manifestação consciente de vontade), donde não haver por que falar de negócio jurídico nulo. O que inexiste não pode ser qualificado. Quando se trata de simulação relativa, diferentemente, existe o negócio jurídico que somente será nulo, em sentido próprio, se não se puder dar efetividade ao ato dissimulado que, porventura, houver. A *extraversão* elimina a nulidade do negócio jurídico, de modo que somente há negócio jurídico nulo quando não é possível *sal-*

---

212. Pontes de Miranda, *Tratado de direito privado*, t. IV, §§ 477, 2, e 478, 1.

213. Pontes de Miranda, *Tratado de direito privado*, t. IV, § 478, 2. A *extraversão* é diferente da *conversão* (*vide* adiante Tít. V, Cap. VI), pois que nesta se dá o aproveitamento de ato nulo para outro fim, em relação ao qual seria válido, conforme a vontade dos figurantes, enquanto naquela toma-se o ato para o seu fim verdadeiro, desprezando-se o ato aparente (simulado).

var o ato dissimulado. Pela *extraversão* apenas ocorre a desconsideração do ato simulado, para considerar-se o ato dissimulado. Não há, portanto, nulidade propriamente dita.

2.4. Negócio simulado e negócio dissimulado

Na simulação relativa há um *negócio simulado*, aquele que aparece, e um *ato dissimulado*, aquele que efetivamente se quer, mas que não aparece. (*a*) Se *A*, solteiro, quer *doar* um bem imóvel a *B*, uma mulher com quem mantém relações amorosas, mas cuja honra deseja preservar, contrata uma compra e venda por preço vil, ou recebe o preço e o devolve, o contrato de compra e venda constitui o negócio simulado, sendo a doação o negócio dissimulado. (*b*) Pode ocorrer, também, que o pai, querendo comprar bem para doá-lo a filho, faça com que este apareça como comprador do bem, sendo ele, o pai, o pagador.

(*c*) Pode dar-se que o ato dissimulado consista em documento oculto que altera as declarações do ato ostensivo (ato simulado). É o que se costuma denominar, em linguagem comum, contrato de gaveta. *A* faz um contrato de comodato com *B*, que lhe dá uma carta declarando que lhe pagará um aluguel mensal de *x*, *e. g.*

Se a simulação relativa é inocente, consoante dissemos acima, o Código Civil escolheu, dentre as várias soluções sugeridas pela doutrina sobre como tratar os dois atos, o caminho da *extraversão*: se é possível apurar-se a verdadeira intenção dos figurantes, deve prevalecer o negócio dissimulado, desde que contenha todos os elementos de substância e forma, bem assim atenda aos pressupostos de validade relativos ao negócio jurídico, uma vez que o ato simulado é tão somente aparência. Assim, nos exemplos (*a*) e (*b*), ter-se-iam os negócios como de doação, o que efetivamente são, enquanto em (*c*) considerar-se-ia como de locação.

Se a simulação relativa é nocente, no entanto, há impossibilidade de se proceder à *extraversão*, visto que o dano a terceiro faz ilícito o ato. Se, por exemplo, homem casado, querendo doar um bem à sua amante, simula uma compra e venda não é possível aproveitar-se nenhum dos dois atos (o ato simulado, nem o dissimulado), em face da anulabilidade do ato dissimulado, *ex vi* do art. 550 do Código Civil.

Na simulação absoluta, porque não há dissimulação, mas apenas ato simulado, portanto, somente ato aparente, não existe possibilidade de *extraversão*.

§ 36. Simulação e figuras assemelhadas

1. Simulação e reserva mental

Não se confundem simulação e reserva mental. Nessa a vontade permanece interna, a pessoa não a exterioriza, ao menos àquele a quem é destinada a declaração de vontade, que dela permanece na ignorância. Outros podem até ter ciência da reserva; o que importa é que o destinatário não a conheça (Código Civil, art. 110). Na simulação, ao contrário, o outro figurante, ou os outros, têm conhecimento da verdadeira vontade, aquela que não aparece no ato simulado; só o terceiro prejudicado a desconhece. Invertem-se, portanto, os termos da questão: na reserva mental terceiros podem conhecê-la, sendo necessária tão só a ignorância do outro figurante do negócio; na simulação todos os figurantes dela devem ter conhecimento, nunca, porém, o terceiro prejudicado.

Em sentido próprio, a reserva mental não pode ser considerada como defeito invalidante do ato jurídico porque, mantendo-se interna, não pode ter significado para o direito[214]. Em geral, somente vontade que se exterioriza serve à incidência de norma jurídica. Como mostramos em nosso *Teoria do fato jurídico:* plano da existência (§ 12, 4.3 e 4.4), só em casos excepcionais a norma jurídica considera dados que permanecem guardados na mente das pessoas, sem exteriorização, como ocorre com o dolo intenção de praticar ilícito, não o dolo vício de vontade. E nessa excepcionalidade não se inclui a reserva mental. No direito alemão há norma explícita no BGB, § 116, estabelecendo que a reserva mental será causa de nulidade se o outro figurante (= aquele a quem se destina a declaração de vontade) dela teve conhecimento, porque aí não se trata mais de simples reserva mental, mas pode, evidentemente, configurar caso típico de simulação[215], hipótese em que, descaracterizada, deve ser tratada como simulação que é. O Código Civil de 2002 seguiu essa orientação, modificando o tratamento que no direito brasileiro anterior era concedido ao problema. A ineficácia da reserva mental somente pode ser considerada se o outro figurante a ignora[216].

214. Thon, *Norma giuridica e diritto soggettivo*, p. 345.

215. Orlando Gomes, *Introdução ao direito civil*, p. 376.

216. Pontes de Miranda, *Tratado de direito privado*, t. IV, § 481, 3.

2. Simulação e negócio jurídico fiduciário

Há quem pretenda que o negócio jurídico fiduciário seria um negócio simulado. Sem razão, porém. O negócio simulado, como já mencionamos, é negócio que não corresponde à verdade. No negócio fiduciário, nada é inverídico, porque seu conteúdo é, precisamente, aquele que querem as partes[217]. O negócio jurídico fiduciário jamais prejudica terceiro, mas serve aos fins explícitos dos figurantes. Quando *A* aliena o bem a *B* para garantir dívida, adiciona ao acordo de transmissão o escopo de garantir a dívida. Essa adição se faz com a intenção específica consentida pelo sistema jurídico.

3. Simulação e fraude à lei

Antes, no § 31, 2.3.5, *d*, já tratamos da distinção entre simulação e fraude à lei. A diferença fundamental que existe é, precisamente, a de que na fraude à lei os atos são verdadeiros, o que aparece é exatamente o que se quer[218]. O que os faz defeituosos é que constituem violação indireta da lei, sem importar, ao menos, que tenha havido tal intenção. Aliás, conforme já demonstramos, deve-se afastar qualquer menção a elemento intencional quando se fala de fraude à lei, precisamente porque a sua inclusão no trato dessa matéria levou, e leva, a confundi-la, indevidamente, com a simulação. Fraude à lei é igual à infração indireta de norma jurídica, objetivamente[219]. Na fraude à lei se quer eludir, contornar as palavras da lei, para que não seja aplicada; diferentemente, na simulação em que há violação da lei, não se contorna a disposição legal[220], mas falseia-se a verdade, mente-se, na apresentação dos fatos. Quando o vendedor apõe na nota fiscal valor inferior ao efetivo da venda, não pretende evitar a incidência da lei, nem sua aplicação, mas burlar o Fisco para pagar menos imposto. Aqui, em rigor, há simulação nocente, não fraude à lei.

---

217. Ferrara, *La simulación de los negocios jurídicos*, p. 65. Sobre negócio jurídico fiduciário, *vide* nosso *Teoria do fato jurídico*: plano da existência, § 55, 4.

218. Pontes de Miranda, *Tratado de direito privado*, t. I. § 17, 8; Ferrara, *La simulación de los negocios jurídicos*, p. 78.

219. Pontes de Miranda, *Tratado de direito privado*, t. I, § 17, 2.

220. Conforme anota Ferrara (*La simulación de los negocios jurídicos*, p. 82), a simulação não é meio de eludir a aplicação da lei, mas de "ocultar sua violação".

Na simulação invalidante, diferentemente, os atos são intencionalmente mentirosos com prejuízo de terceiro. A violação de lei não é elemento integrativo do conceito de simulação, uma vez que não lhe é essencial. Na simulação a violação da lei está intimamente relacionada com o prejuízo a terceiro, em geral à Administração Pública, especialmente o Fisco. E mais: quando pela simulação se infringe a lei, o que se tem, efetivamente, é caso de violação indireta da norma jurídica (= fraude à lei).

§ 37. Consequências da simulação invalidante

1. Soluções

Há três soluções possíveis para o problema de como se tratar o ato simulado: (*a*) ao ato se negar entrada no mundo jurídico, sendo considerado *inexistente*; (*b*) considerar-se o ato *dentro* do mundo jurídico, portanto existente, mas (*b.a*) *nulo* ou (*b.b*) *anulável*.

O Legislador Civil brasileiro de 2002, modificando o tratamento dado ao ato simulado pelo sistema anterior, que considerava anulável o ato simulado, adotou a solução (*b.a*) para todas as hipóteses de simulação, de modo que parece possível afirmar que todos os negócios viciados pela simulação, independentemente de ser absoluta ou relativa, nocente ou inocente, deveriam ser considerados nulos.

No entanto, conforme já nos referimos antes, uma interpretação sistemática do art. 167 e seus parágrafos nos autoriza a afirmar, contrariamente à doutrina que parece dominante, que essa seja a solução correta para a problemática da simulação. A nosso ver, não é possível tratar encambulhadamente as várias situações que podem ocorrer em se tratando de atos simulados. É necessário, por critério científico, tratar distintamente o ato simulado levando em consideração o ser absoluto ou relativo, bem assim o ser nocente ou inocente. Se a simulação é absoluta e inocente, pela ausência de elemento cerne do suporte fáctico, a vontade consciente, não há ato jurídico algum; o ato é meramente aparente. Não há, portanto, que falar em invalidade, porque o caso será de inexistência. Somente se há nocência, então, é que nos parece de todo pertinente dizer-se que há nulidade, mesmo porque aqui ocorre ilicitude. Se o ato não causa dano, mesmo sendo relativa a simulação, a possibilidade de *extraversão* lhe reconhece validade e a manutenção de sua eficácia em relação a terceiros, faz dele um ato nulo putativo[221].

2. Ação direta

2.1. *Simulação absoluta inocente*

Se a simulação é absoluta e inocente, há ato aparente que pode ser objeto de ação declaratória, cuja sentença tem eficácia declarativa-negativa. A questão diz respeito, exclusivamente, à inexistência do ato jurídico, não à sua invalidade. Não havendo o que desconstituir, não há como falar de ação desconstitutiva.

2.2. *Simulação relativa inocente*

Se há simulação relativa, porém inocente, podem os figurantes do ato jurídico pedir a declaração de que se quis outra coisa diferente da que se simulou[222], isto é, que se reconheça a validade do ato dissimulado, fazendo-se, assim, a extraversão. Como na simulação absoluta inocente, a ação é declaratória, sendo declarativos-positivos os efeitos da sentença.

2.3. *Simulação nocente*

Na simulação nocente, seja absoluta ou relativa, é preciso que se promova a desconstituição do ato mediante sentença, em face de estar inquinado por nulidade. A ação é desconstitutiva (constitutiva-negativa, na terminologia de Pontes de Miranda), apesar de que a doutrina se refere, comumente, embora com absoluta impropriedade, à ação declaratória da simulação. Não há declaratividade porque o ato simulado nocente é considerado existente, porém inválido.

Em regra, considerando os pressupostos processuais do interesse e da *legitimatio ad causam,* somente o terceiro prejudicado, nesse

---

221. Na III Jornada de Direito Civil, o Conselho de Justiça Federal aprovou o Enunciado n. 152, com a seguinte redação: *Art. 167. Toda simulação, inclusive a inocente, é invalidante.*

222. Pontes de Miranda, *Tratado de direito privado*, t. IV, § 477, 1.

conceito incluídos a Fazenda Pública e outros órgãos do Poder Público a quem caiba a proteção dos interesses públicos afetados pelo ato simulado, tem legitimação para propor ação para desconstituir, por nulidade, o ato viciado por simulação. Essa pretensão se transmite a seus herdeiros. Tanto em ação direta como em defesa ou em reconvenção, em embargos de terceiros, no concurso de credores (CPC, art. 768) e no processo de falência (Dec.-Lei n. 7.661/45, art. 99), a simulação pode ser alegada.

Não há exceção de simulação, nem cabe falar-se na *exceptio doli generalis*, uma vez que não se trata de dolo.

Revogado o art. 104 do Código Civil de 1916, desapareceu, em face da regra do art. 168 do Código Civil de 2002, a proibição de os que praticaram a simulação nocente não na poderem alegar em litígio entre si ou com terceiros porque foi desconsiderada a prudente e anciã regra, que nos vem do direito romano de que *nemo de improbitate sua consequitur actionem*[223]. Por isso, qualquer um dos figurantes do negócio simulado pode arguir a simulação, inclusive entre si, salvo contra terceiro de boa-fé, porque este é imune aos efeitos da simulação (Código Civil, art. 167, § 2º).

Por se tratar de nulidade, pode haver decretação de ofício pelo juiz, quando conhecer do ato e de seus efeitos, bem assim pode o órgão do MP alegá-la, quando lhe couber intervir na ação.

A legitimação passiva cabe aos figurantes no ato simulado e a seus sucessores hereditários.

3. Prova da simulação

A simulação não se presume[224]. É necessário que aquele que a alega faça a sua prova, sendo-lhe facultados todos os meios juridicamente admitidos, como também os moralmente legítimos. Admite-se, portanto, a sua prova por indícios e presunções, exatamente porque na simulação se procura ocultar, encobrir, pôr à sombra os verdadeiros fatos, mostrando outros com o fim de enganar.

---

223. Dig., Liv. 47, Tít. 1.o, frag. 12, § 1º.

224. Martinho Garcez, *Nullidades dos actos jurídicos*, p. 135.

4. Natureza da sentença e seu alcance

A sentença que reconhece a simulação é desconstitutiva do ato jurídico. Como toda sentença que decreta a nulidade, em geral, alcança apenas o negócio jurídico, desconstituindo-o. Não há por que desconstituir efeitos, uma vez que o negócio jurídico nulo não produz, em regra, eficácia alguma. Os efeitos são apenas aparentes. No entanto, se houve registro de acordo de transmissão, é necessária a sua retificação, em face de ser imprescindível a correção da história do encadeamento do domínio contida no registro, eliminando-se as consequências do ato simulado.

5. Indenizabilidade dos danos

Ocorrendo dano a terceiro de boa-fé, o responsável pela simulação responderá pela indenização respectiva. No caso de cessão de crédito, embora se possa alegar a simulação do cedente contra o cessionário de boa-fé, somente aquele responderá por perdas e danos perante o devedor, se for o caso.

TÍTULO IV
Da Anulabilidade

CAPÍTULO I
Das Causas de Anulabilidade em Geral

§ 38. Introdução

A *anulabilidade* é sanção que se atribui ao ato jurídico em consequência de certas circunstâncias que a lei considera causadoras de deficiência em elemento nuclear de seu suporte fáctico. Nos sistemas jurídicos, em geral, e no brasileiro, em particular, constitui o grau mais leve das sanções de invalidade imputáveis aos atos jurídicos.

O Código Civil (art. 171) relaciona como causas de anulabilidade, apenas, (*i*) a incapacidade relativa do agente e (*ii*) os chamados vícios da vontade, ou do consentimento, resultantes de erro, dolo, coação, lesão, estado de perigo ou fraude contra credores. Essa enunciação, porém, afora a impropriedade terminológica que encerra, é insuficiente, uma vez que, (*c*) além dos casos em que a própria norma jurídica a imputa como sanção, a anulabilidade tem ainda como causa (*d*) a falta de assentimento de terceiro que a lei considere necessária para a prática de certos atos jurídicos por pessoas em determinadas situações jurídicas. Assim, exaustivamente e corrigindo a omissão e a técnica do legislador, podemos dizer que, no direito brasileiro, são causas de anulabilidade os defeitos dos atos resultantes:

(*a*) de falta de assentimento, quando exigido por lei, (*a.a*) dos pais, tutor ou curador, nos casos de incapacidade relativa do agente (= assentimento assistencial), e (*a.b*) de terceiro (= assentimento resguardativo);

(*b*) de erro, dolo, coação, estado de perigo, lesão ou fraude contra credores;

(*c*) de expressa imposição de lei.

Ao conjunto de causas relacionadas em (*b*), inclusive a última, dá-se o nome de *defeitos dos atos jurídicos*, como o faz o Código Civil brasileiro ao nomear o Capítulo IV do Título I do Livro III da sua Parte Geral, embora ainda insuficientemente, porque se limita a mencionar os chamados *vícios do consentimento*[225], deixando fora os outros *defeitos* que causam a anulabilidade. Esse tratamento, que vem do Código Civil de 1916, nos parece impróprio e tecnicamente imperfeito, uma vez que a expressão *defeitos dos atos jurídicos* abrange todas as espécies em que há deficiência em elemento nuclear de seu suporte fáctico, não devendo ser limitado apenas a algumas delas. Nela devem ser incluídos, portanto, os chamados vícios da vontade e também as outras causas de anulabilidade, como a fraude contra credores, a falta de assentimento de outrem quando exigida pela lei, e ainda os casos em que a lei declara anulável o ato jurídico por circunstâncias outras diferentes daquelas[226]. Essas outras espécies também constituem *defeitos* dos atos jurídicos, mas *não são vícios do consentimento*. Vícios do consentimento são, somente, os que afetam diretamente a vontade, distorcendo-a, como o erro, o dolo, a coação, o estado de perigo e a lesão. Na fraude contra credores não é possível falar-se de vício do consentimento, pois que, muitas vezes, o ato pode ser praticado sem que haja intenção de prejudicar os credores, mas, em face das circunstâncias (insolvência do devedor) e da ocorrência de prejuízo, o ato é anulável. Há na fraude contra credores defeito em elemento nuclear do suporte fáctico, não vício de vontade ou do consentimento. O preferível é falar em *defeitos dos atos jurídicos* sempre que se quiser fazer referência genérica a essas causas de anulabilidade, como se afirma adiante no texto.

Defeitos dos atos jurídicos são todos aqueles que causam défice no suporte fáctico e, assim, prejudicam a sua validade. Inclusive quando a lei expressamente declara anulável um ato jurídico, sem que seja por uma das causas *in genere* definidas (espécie *c*), está considerando defi-

---

225. Orlando Gomes (*Introdução ao direito civil*, p. 364), seguindo orientação doutrinária corrente, se refere a *vícios da vontade*, dividindo-os em *vícios psíquicos* (erro, dolo e coação) e *vícios sociais* (simulação e fraude contra credores). Essa divisão nos parece imperfeita, porque temos como imprópria a denominação vícios sociais, uma vez que não expressa a realidade a que se refere.

226. Código Civil, arts. 496, 533, II, 1.550, 1.556 e 1.558, por exemplo.

ciente o suporte fáctico naquela espécie, em particular. Por essas razões parece-nos correto, apenas, falar-se, genericamente, em defeitos dos atos jurídicos, reservando as expressões *vícios do consentimento*, ou *da vontade*, exclusivamente, para nomear as espécies em que, a rigor, são pertinentes.

CAPÍTULO II

Da Falta de Assentimento de Outrem

§ 39. Considerações gerais

De início é necessário distinguir, por suas consequências, a falta de *assentimento* da falta de *consentimento* para a prática do ato jurídico. Se o bem pertence em comum ao casal, a venda do bem imóvel há de ser feita pelos dois cônjuges, donde haver consenso, acordo de vontades, *consentimento*. Se o bem é particular de um deles, não há que falar de *consentimento*, uma vez que a decisão de alienar *pertence ao titular do direito*, mas é necessário o *assentimento*, portanto, a concordância do outro. No *consentimento* há vontade em comum, enquanto no *assentimento* existe adesão, anuência, aprovação, autorização. Se a hipótese é de consentimento, a sua falta implica ineficácia do ato em relação ao cônjuge que deveria consentir, porque o bem lhe pertence em comunhão. Se o marido vende bem comum, ou bem pertencente em particular à mulher, a venda é ineficaz em relação à mulher e vice-versa, uma vez que vendeu sem ser dono (= titular do domínio). Diferentemente, se o cônjuge vende bem que é seu particular sem o assentimento do outro cônjuge, há anulabilidade que somente pode ser demandada pelo prejudicado ou seus herdeiros (Código Civil, art. 1.645 e 1.650). A falta de consentimento jamais produz anulabilidade, que é sanção própria da falta de assentimento, mas ineficácia.

As normas jurídicas, algumas vezes, exigem para a prática de certos atos jurídicos por pessoas em determinadas situações o assentimento de outrem. Assim, por exemplo: (*a*) os relativamente incapazes precisam do assentimento de seus pais, do tutor ou do curador, para praticarem certos atos da vida civil (Código Civil, arts. 1.634,V, 2ª parte, e 1.690, 2ª parte); (*b*) as pessoas casadas não podem, sem o assentimento do outro cônjuge: (*b.a*) vender bens, nem onerar de ônus reais os bens imóveis; (*b.b*) prestar fiança ou aval; (*b.c*) fazer doação que não seja meramente remuneratória (Código Civil, art. 1.647, I, III, IV), exceto quando for de separação absoluta o regime de bens do casamento; (*c*) é vedado ao ascendente vender a descendente sem a anuência dos demais descendentes e do cônjuge do alienante, salvo, em relação a esse, se o regime de bens for o da separação obrigatória (Código Civil, art. 496 e parágrafo único); ou (*d*) o condômino, em coisa indivisível, não tem poder de dispor (dar posse ou vender) de sua parte ideal a estranhos, sem que assintam os demais condôminos (Código Civil, arts. 504 e 1.314, parágrafo único).

Essa exigência de assentimento de outrem para a perfeição do ato jurídico tem, na espécie *a*, o objetivo de proteger o incapaz, enquanto nas outras três a finalidade é resguardar interesses comuns que podem ser prejudicados por atos jurídicos de disposição.

Por isso, como observa Pontes de Miranda[227], no sistema jurídico brasileiro há duas espécies diferentes de assentimento de outrem necessário à perfeição dos atos jurídicos:

(*i*) *assentimento assistencial*, que se refere à proteção dos relativamente incapazes;

(*ii*) *assentimento resguardativo*, cuja finalidade é resguardar interesses de certas pessoas que podem ser afetados por atos de disposição em certos casos de comunhão de interesses, como referidos nas situações (*b*), (*c*) e (*d*).

Essas espécies de assentimento, em face da diferença de finalidades, têm tratamentos diferentes quanto à sanção imputável à sua falta.

Enquanto a falta de *assentimento assistencial* acarreta, sempre, a anulabilidade do ato jurídico, no caso da ausência de *assentimento resguardativo* o direito brasileiro, conforme a espécie, imputa anulabilidade ou ineficácia do ato jurídico. Nas espécies que mencionamos acima (*a, b, c* e *d*), o descumprimento da exigência de assentimento de terceiro tem consequências (sanções) diferentes. Em *a, b* e *c* a sanção consiste na anulabilidade do negócio jurídico. Na venda pelo condômino (*d*) sem o assentimento de algum, alguns ou todos os outros existe *ineficácia* da alienação enquanto durar o prazo para o exercício do direito de preferência (cento e oitenta dias a contar do registro do acordo de transmissão) relativamente àqueles que não hajam assentido[228].

227. *Tratado de direito privado*, t. IV, § 427, 2.

228. A ação para efetivação do direito real de preferência que tem o condômino para haver a parte vendida sem o seu assentimento, tem como pressupostos: (*a*) não haver sido o condômino previamente notificado da intenção do alienante de vender sua parte ideal para que exerça seu direito de preferência, dentro de trinta dias, declarando que deseja adquiri-la tanto por tanto (= nas mesmas condições ofertadas) e efetivando a sua imediata aquisição; (*b*) mesmo havendo notificação, se a venda ao terceiro realizar-se antes de vencido esse prazo ou, ainda, (*c*) se for feita

Examinemos as espécies.

§ 40. Falta de assentimento assistencial (incapacidade relativa do agente)

1. Precisão terminológica

São anuláveis os atos jurídicos praticados pelos relativamente incapazes[229] sem o assentimento de quem tenha competência para assisti-los, quando necessário[230]. O assentimento assistencial constitui pressu-

---

em condições mais vantajosas para o comprador do que aquelas constantes da notificação. Acrescente-se a necessidade de depósito do valor da compra adicionadas as demais despesas regulares feitas pelo comprador (= impostos, custas, emolumentos, *v. g.*).

229. Excluam-se os atos jurídicos praticados por silvícolas, cuja validade está sujeita a regras excepcionais, que se referem: (*a*) aos efeitos quanto à validade dos atos jurídicos praticados pelo silvícola incapaz que, quando realizados entre ele e pessoa estranha à comunidade indígena, *são nulos* e não anuláveis. Se, no entanto, o índio revelar consciência e conhecimento do ato praticado e da extensão de seus efeitos, desde que não lhe seja prejudicial, o ato é válido, mesmo que não esteja ainda liberado da tutela (Estatuto do índio, art. 8º e parágrafo único); (*b*) à assistência, porque o silvícola incapaz é sujeito à *tutela* e não à curatela (como deveria ser, porque tutela é instituto com que se supre a falta do poder familiar — Código Civil, art. 1.728 —, enquanto a curatela se destina à proteção dos incapazes — Código Civil, art. 1.767 e EPD, art.84, §1º), a qual é exercida pelo órgão governamental responsável pela assistência aos silvícolas; (*c*) acrescente-se a isso que as Constituições brasileiras, desde a de 1934, consideram nulos e de nenhum efeito quaisquer atos de aquisição, por não silvícola, de terras ocupadas por indígenas. Dessas terras não têm, eles, a propriedade, ou domínio, mas, apenas, a posse (excetuam-se as chamadas terras de domínio indígena, que são aquelas havidas por qualquer das formas de aquisição previstas na legislação civil, inclusive usucapião). Não podem, também, essas terras ser objeto de arrendamento ou de outro qualquer ato jurídico que restrinja o pleno exercício dessa posse.

Anote-se ainda que, quando a lei exige a assistência de curador estatal (presença do órgão do Ministério Público, por exemplo), a sua falta implica nulidade do ato, não apenas anulabilidade.

230. O relativamente incapaz por menoridade pode sem necessidade de assistente, por exemplo, fazer testamento, ser testemunha. O pródigo, por sua vez, somente necessita de assistência para os atos mencionados no art. 1.782 do Código Civil, dispensando-a para os demais atos.

posto essencial para a validade do ato jurídico do relativamente incapaz, nas espécies em que lhe falta a plena capacidade de agir. A doutrina, porém, por influência da redação do art. 171, I, do Código Civil, costuma tratar esse tema sob o título de "incapacidade relativa do agente". Impropriamente, porém, uma vez que a causa da anulabilidade não é a só circunstância da prática do ato jurídico por agente relativamente incapaz, mas, com rigor científico, a falta do assentimento de quem o devia assistir (= *falta do assentimento assistencial)*. Por isso, parece-nos que, com precisão terminológica, o correto é enunciar que a falta de assentimento assistencial ao ato jurídico para a prática do qual o agente é relativamente incapaz constitui a causa de sua anulabilidade.

2. Natureza e conteúdo do assentimento assistencial

O assentimento assistencial é, em si, negócio jurídico unilateral receptício[231], constitui uma autorização ao relativamente incapaz para praticar o ato jurídico, validamente (seja negocio jurídico ou ato jurídico *stricto sensu*). O assistente não pratica o ato pelo incapaz (diferentemente do que ocorre na incapacidade absoluta em que o incapaz é representado), somente a ele assente. Por isso, o negócio jurídico unilateral de assentimento não substitui o ato do incapaz, apenas o integra para lhe dar validade. Se, eventualmente, o assistente pratica o ato jurídico pelo incapaz, haverá ineficácia em relação a ele, por falta de legitimação. Para que se torne eficaz há necessidade de ratificação (não de confirmação) pelo incapaz, o que, a nosso ver, somente é possível quando adquirir a plena capacidade, uma vez que se trata de ato que completa aquele que se ratifica. (*Vide,* adiante, no § 71, a diferença entre confirmação e ratificação.) O direito a ratificar o ato incompleto se transmite aos herdeiros do incapaz, desde que o ato se refira a direitos herdáveis.

O assentimento ao ato jurídico, assim também a sua negação, implicam decisão sobre o conteúdo do ato. O assistente decide sobre a oportunidade, a conveniência, as vantagens e desvantagens do ato jurídico para o incapaz. Por essa razão, sua recusa pode ser injusta, donde caber suprimento judicial a respeito; portanto, se há recusa de assentimento, pode o incapaz requerer ao juiz que o autorize a praticar o ato. Para tanto, não necessita o menor de autorização do assistente. A auto-

---

231. Pontes de Miranda, *Tratado de direito privado,* t.IV, § 425,1.

rização judicial supre a falta do assentimento, fazendo válido o ato jurídico.

O assentimento é revogável. O ato revocatório do assentimento será ineficaz: (*a*) se sua notificação chegar ao conhecimento do incapaz e/ou do outro figurante já concluído o ato jurídico; (*b*) se, mesmo que o ato autorizado ainda esteja *in fieri*, o incapaz já estiver vinculado; (*c*) assim também será ineficaz o assentimento dado se a notificação de sua revogação chegar ao outro figurante antes dele[232].

Em geral, do ato jurídico do incapaz deve constar o assentimento do assistente, que a ele deve estar presente e subscrever o instrumento. Pode, no entanto, haver assentimento *a posteriori*, com o que ficará validado o ato[233]. O poder de suprir a falta de assentimento cabe a quem detiver o encargo de assistir o incapaz, transmitindo-se, inclusive, ao sucessor no poder familiar, na tutela ou na curatela.

Também supre a anulabilidade por ausência de assentimento a confirmação do ato jurídico pelo incapaz, quando cessada a incapacidade, direito esse que se transmite, como na ratificação, aos seus herdeiros, legítimos ou testamentários, se se trata de direitos transmissíveis por sucessão hereditária. Assim, o ato de alienação de bem imóvel feito pelo pródigo sem assistência do seu curador, após a sua morte, poderá ser confirmado por seus filhos, por exemplo.

A exigência de participação do assistente nos atos dos relativamente incapazes não se limita à prática do ato, mas inclui a validade das manifestações receptícias de vontade que lhes sejam dirigidas. Por isso, é necessário que a manifestação receptícia de vontade dirigida ao incapaz o seja também a seu assistente, para que tenha validade[234].

A anulabilidade por falta de assentimento abrange os pré-contratos, uma vez que não pode prometer quem não pode praticar o ato jurídico definitivo.

A pessoa com deficiência que esteja em situação de curatela[235]

---

232. Pontes de Miranda, *Tratado de Direito Privado,* t.IV, § 425,3.

233. Código Civil, art. 176.

234. Por exemplo, a interpelação para constituir o incapaz em mora há de ser feita a ele e a seus pais, ou tutor, ou curador, conforme a situação.

235. O instituto da interdição de pessoas com deficiência física, mental ou intelectual, deixou de existir no direito nacional em face do EPD, persistindo apenas em relação ao pródigo, ao ébrio habitual, ao viciado em tóxico e àquele que, por

(EPD, arts. 84 e 85), embora não seja incapaz, necessita do assentimento de seu curador para que seja válido o ato jurídico por ela realizado, quando incluído nos limites definidos da curatela. Nesse caso, a anulabilidade não resultará de incapacidade do curatelado, mas da falta de assistência, de modo que poderá ser suprida por ato do assistente ou do juiz, nessa hipótese somente quando haja recusa injusta do curador.

Assim, o negócio jurídico formalizado por pessoa com deficiência que não esteja em situação de curatela, ou quando sob curatela o conteúdo do ato jurídico esteja fora dos limites nela definidos (situação em que não há necessidade de assistência), somente poderá ser anulado pelas causas de anulabilidade comuns aos atos jurídicos em geral (vícios da vontade, *e.g.*)[236].

---

causa mesmo transitória, não possa exprimir sua vontade. A curatela a que podem ser submetidas pessoas com deficiência constitui-se, por definição legal, *medida protetiva extraordinária proporcional às necessidades e às circunstâncias de cada caso, e durará o menor tempo possível.* O estado de curatelado, assim, em princípio, deve ser temporário e a decisão judicial que o decreta deve delimitar seu conteúdo, especificando quais as situações jurídicas e atos jurídicos que nele se incluem. A definição da curatela se limita aos *atos relacionados a direitos de natureza patrimonial e negocial*, jamais afetando *os direitos ao próprio corpo, à sexualidade, ao matrimônio, à privacidade, à educação, à saúde, ao trabalho e ao voto.* (art. 85, *caput*, e § 1º).

Em face da terminologia empregada pelo EPD (cuja adequação nos parece questionável) tornou-se impróprio falar em *pessoa interditada*, sendo "apropriado" dizer-se *pessoa em situação de curatela,* ou, quando em tramitação o procedimento para nomeação de curador, *pessoa em situação de institucionalização* (?).

236. A plena capacidade civil deixou as pessoas com deficiência mental ou intelectual, em qualquer grau, absolutamente sem a proteção que a incapacidade relativa, prevista no Código Civil, lhes assegurava, considerando *anuláveis* os atos jurídicos que praticasse sem assistência. Sem dúvida, por suas limitações de discernimento no mundo dos negócios, são grandes as possibilidade de serem lesadas por pessoas de má-fé. Como mencionamos acima, desde a vigência do EPD, a anulação de um ato jurídico realizado por uma pessoa com deficiência mental ou intelectual que lhe cause prejuízo, somente será possível se provada a ocorrência de alguma das causas de anulabilidade comuns aos atos jurídicos, em geral (defeitos da vontade, por exemplo), o que nem sempre é fácil. A simples falta, ou redução, de discernimento sobre as circunstâncias do negócio e a possibilidade de ocorrência de prejuízos que lhe tenha passado despercebida em razão de sua natural limitação, não podem ser invocados como causa de anulabilidade. Os danos que esse tratamento legislativo pode acarretar podem ter reflexos negativos tão significativos que suplantam, em muito, a festejada eliminação da incapacidade relativa.

3. Causas de incapacidade relativa do agente

Consoante já referido antes, após a vigência do EPD, no sistema jurídico brasileiro, são causas de incapacidade relativa do agente para a prática de certos atos da vida civil, ou a maneira de os exercer (Código Civil, art. 4º):

(*a*) menoridade entre dezesseis e dezoito anos completos;

(*b*) ausência de discernimento causada por embriaguês habitual e/ou toxicomania;

(*c*) impossibilidade, mesmo transitória, da pessoa exprimir sua vontade.

(*a*) *Menoridade.* Os maiores de dezesseis e menores de dezoito anos são relativamente incapazes para a prática de certos atos jurídicos ou a maneira de exercê-los. Dentre os atos permitidos estão os de fazer testamento e ser testemunha testamentária (Código Civil, art. 1.861, parágrafo único), de aceitar e renunciar a mandato (Código Civil, art. 666) e ser testemunha (Código Civil, art. 228, I, parágrafo único).

Cessa, porém, essa incapacidade, tornando-se as pessoas plenamente capazes, pela emancipação, pelo casamento, pela titularidade de cargo público em caráter efetivo ou de diploma de nível superior, pela titularidade de empresa ou de estabelecimento civil, ou ainda de emprego desde que, em função deles, tenha economia própria.

Supre-se essa incapacidade pela assistência dos pais ou do tutor, dando o assentimento ao ato jurídico praticado pelo menor.

O relativamente incapaz, por menoridade, que pratica ato jurídico sem o assentimento de seu assistente não pode invocar a anulabilidade do ato jurídico se, inquirido pelo outro figurante, ocultou, dolosamente, a sua idade, ou se, espontaneamente, se declarou maior. A sua declaração maliciosa elimina a invalidade. A boa-fé daquele que negociou com o incapaz, porém, parece-nos essencial à incidência do art. 180 do Código Civil. Se o outro figurante tinha conhecimento da incapacidade, a declaração do incapaz dizendo-se maior não exclui a invalidade, que poderá ser decretada pelo juiz.

A malícia do procurador do menor, dizendo-o capaz, não configura hipótese de validação do ato que praticar sem assentimento, salvo se ao outorgar a procuração o incapaz declarou-se, espontaneamente, maior, constando esse dado em sua qualificação no instrumento. Afora isso, pela declaração inverídica de maioridade do incapaz, responde o procurador por perdas e danos, persistindo a invalidade (Código Civil, art. 149, 2ª parte).

(*b*) *Ausência de pleno discernimento por embriaguês habitual e toxicomania.*

A ausência do perfeito gozo das faculdades mentais que pode prejudicar o pleno discernimento das circunstâncias, expondo a pessoa a enganos e fraudes e toldando-lhe a higidez de sua vontade, sempre foi considerado motivo de invalidade dos atos jurídicos com a finalidade de protegê-las de possíveis prejuízos. Com esse espírito, o Código Civil declarava incapazes as pessoas com deficiência mental ou intelectual, por enfermidade ou outra causa qualquer, variando o grau da incapacidade segundo a gravidade da deficiência, aí incluídos os toxicômanos e os ébrios habituais.

Como já anotamos, o EPD alterou profundamente o sistema tradicional do Código Civil nesse particular, declarando a plena capacidade civil das pessoas com deficiência mental ou intelectual, seja qual for sua causa ou o seu grau. Esse mesmo tratamento, porém, não foi estendido aos toxicômanos e ébrios habituais que, desde o Decreto n. 24.559, de 3-7-1034, e posteriormente pelo Decreto-lei n. 891, de 25-11-1038, passaram a ser passíveis de internação obrigatória ou facultativa por tempo determinado ou não, plena ou limitada, conforme necessário, e de serem postos sob curatela, plena ou limitada, de acordo com a necessidade, gerando-se, daí, a sua incapacidade relativa. A curatela constitui dado essencial para que se considerem incapazes as pessoas nessa situação.

Portanto, por ausência de pleno discernimento são incapazes, apenas, os toxicômanos e os ébrios habituais sob curatela. Por essa razão, há, ainda, a proibição para testar (Código Civil, art. 1.860). Sobre a vigência dessa proibição em face do EPD, *vide* nota n. 89.

(*c*) *Impossibilidade, mesmo transitória, da pessoa exprimir sua vontade.*

O Código Civil de 1916 (art. 5º, III) tinha como absolutamente incapaz o *surdo-mudo que não pudesse exprimir sua vontade*. O Legislador Civil de 2002 deu maior amplitude a essa causa de incapacidade absoluta do agente (art. 3º, III) referindo-se *aos que, mesmo por causa transitória, não puderem exprimir sua vontade.* O EPD, art. 114, no entanto, modificou a redação do Código Civil, passando a considerar apenas relativamente incapaz a pessoa com aquela privação (art. 4.º,

III). Essa solução do Código Civil, seja qual for o grau da incapacidade que se atribua à pessoa, contém insuperável impropriedade: declarar relativamente incapaz de praticar atos jurídicos (= atos da vida civil) quem não os pode, *de fato*, realizar. Com efeito, os atos da vida civil (= atos jurídicos *lato sensu*) para que se concretizem supõem, necessariamente, a existência de uma vontade conscientemente exteriorizada, expressada. A exteriorização da vontade constitui elemento cerne do núcleo do suporte fáctico, portanto dado essencial à sua concreção e, consequentemente, à existência do ato jurídico, de modo que sua falta faz nenhum o ato jurídico. Vontade que se mantém interna é absolutamente irrelevante no universo jurídico (*vide,* nosso *Teoria do fato jurídico*: plano da existência, § 38).

Parece ser de clareza solar que, se uma pessoa está impossibilitada de exprimir, exteriorizar, sua vontade, jamais poderá praticar um ato jurídico, seja de que natureza for. É inconcebível, mesmo hipoteticamente, imaginar que alguém que não tenha como exprimir sua vontade possa formalizar um ato jurídico. Não importa se a impossibilidade é permanente ou transitória; nesse caso, evidentemente, enquanto durar a impossibilidade de exteriorização de vontade. A questão da inexistência da vontade exteriorizada, está claro, tem suas implicações exclusivamente no plano da existência do mundo jurídico.

O problema da incapacidade, diferentemente, tem suas repercussões, também exclusivamente, no plano da validade. A falta de capacidade implica invalidade do ato jurídico. Nesse plano, por imposição lógica, tem-se como pressuposto essencial que o ato jurídico exista, porque, já mostramos, valer ou não valer são qualidades que dizem respeito a ato jurídico existente. Ora, se a ausência de exteriorização de vontade implica não haver ato jurídico algum, é inadmissível falar de invalidade de ato jurídico praticado por alguém que não exprimiu, por não poder, sua vontade?

No caso de se atribuir (forjar) a prática de ato jurídico a alguém que, por motivo permanente ou transitório, estivesse impossibilitada de exteriorizar sua vontade no momento em que se declarou ter sido formalizado, estar-se-á diante de uma fraude que, na espécie, conduz, em rigor, à inexistência do ato jurídico, não à invalidade por incapacidade do agente. A ação própria para atacar o ato fraudulento é declaratória de inexistência, não desconstitutiva (CPC, art. 19).

Esse mesmo defeito já ocorria na vigência do Código de 1916 em relação ao ausente. Se algum ato fosse dado como praticado por pessoa declarada ausente, estar-se-ia diante de falsidade da declaração e não haveria negócio jurídico, precisamente porque não teria havido a vontade que lhe preenchesse o suporte fáctico. Não caberia, em situação que tal, falar em invalidade, mesmo porque se se provasse que o ato havia sido praticado, efetivamente, pelo ausente, não se poderia tê-lo como inválido, porque, sabendo-se do paradeiro da pessoa, cessaria o estado de ausência.

A inadequação da disposição é manifesta.

4. Momento em que se apura a incapacidade

O momento em que se apura a capacidade do agente é o da conclusão do ato jurídico. Portanto, se a pessoa era capaz quando da prática do ato jurídico, e depois, por qualquer motivo, se torna incapaz, a incapacidade superveniente não afeta a sua validade. Do mesmo modo, não o convalida a aquisição da capacidade após a sua realização. O art. 1.861 do Código Civil dogmatiza esse princípio em relação ao negócio jurídico unilateral do testamento. Ao adquirir, posteriormente, o pleno discernimento, o agente poderá formalizar novo testamento, repetindo o anterior nulo. O ato jurídico de repetição, no entanto, mesmo que declare estar *confirmando* o ato jurídico nulo, constitui ato novo, independente do primeiro, e os efeitos jurídicos produzidos serão dele, não do ato nulo que se pensou confirmar[237].

Quando se trata de incapacidade por redução ou supressão da aptidão de discernimento em razão de embriaguês habitual e vício de tóxico, não importa se a pessoa tem períodos de abstinência e, por consequência, momentos de lucidez (*lucida intervalla*) e se praticou o ato em um desses momentos. A ausência de discernimento, nesses casos, é considerada um estado de fato permanente que somente cessa com o levantamento da interdição, se a pessoa for curada dos vícios e recobrar sua capacidade de discernimento.

Embora a interdição seja necessária nesses casos de afetação da capacidade de discernimento, a sua decretação posterior à prática do ato jurídico apenas o afetará em sua validade se a sentença declarar que esse estado já existia quando de sua conclusão. Já o dissemos, no que

237. O art. 169 do Código Civil expressa esse princípio.

respeita à validade dos atos jurídicos, a interdição opera *ex tunc,* portanto, desde o momento que se tiver como o do início do estado gerador da incapacidade. Mesmo após a morte da pessoa pode ser decretada a invalidade de atos jurídicos que haja praticado, se ficar provado que estava privada de sua capacidade de discernimento quando os concluiu. Assim, será inválido o testamento se, por ocasião de sua execução, provar-se que o testador não tinha pleno discernimento quando testou, por exemplo. O mesmo ocorre com quaisquer outros atos jurídicos.

§ 41. Falta de assentimento resguardativo

Várias são as espécies em que há exigência de assentimento que visa a resguardar interesses, como anotamos acima. Porque variam as sanções, Pontes de Miranda[238] recomenda que, por método, deve-se, antes, saber a espécie de assentimento e a que atos jurídicos diz respeito, para, então, classificar-se a sanção.

A falta de assentimento que implica a anulabilidade é a do cônjuge em relação aos atos mencionados no art. 1.647 do Código Civil. A do juiz, no caso do art. 1.691 do Código Civil, diferentemente, implica nulidade do ato de disposição ou oneração patrimonial pelos pais de bens dos filhos (parágrafo único do art. 1.691, citado).

O assentimento, como o consentimento, podem ser dados posteriormente. Só o assentimento, porém, pode ser suprido judicialmente; se dado *a posteriori*, valida a alienação feita sem a outorga do outro cônjuge. Não, porém, o consentimento. O juiz não pode suprir a recusa de consentimento, pois que estaria decidindo sobre patrimônio alheio, substituindo o cônjuge no exercício de seu poder de autorregramento da vontade, o que é inadmissível.

---

238. *Tratado de direito privado*, t. IV, § 427, 1.

CAPÍTULO III
Dos Vícios da Vontade

§ 42. Vícios da vontade

A vontade juridicamente relevante, aquela que pode compor suporte fáctico de ato jurídico, é a que se exterioriza mediante manifestação ou declaração. A vontade que se mantém interna não serve à concreção de suporte fáctico (Código Civil, arts. 110 e 111, 2ª parte). Importa, fundamentalmente, que a vontade seja manifestada conscientemente, isto é, que a pessoa tenha querido manifestar aquele conteúdo volitivo que foi exteriorizado. Como se vê, é necessário, no trato dos atos jurídicos, que sejam considerados três dados essenciais: (*a*) a exteriorização da vontade, (*b*) o querer a manifestação e (*c*) a vontade em si mesma (= conteúdo).

(*a*) Se não há exteriorização, mesmo que internamente, psicologicamente, se queira, vontade não há no plano jurídico. Não é possível, assim, falar de ato jurídico, ou mesmo de vontade. Só a vontade que se torna conhecida dos outros, porque manifestada, pode ser considerada suficiente para gerar ato jurídico. Essa a *ratio* da norma do art. 110 do Código Civil que desconsidera a reserva mental do figurante do negócio jurídico em relação a *querer* diferente daquele manifestado[239].

Em geral, não importa de que maneira se dá a manifestação. O modo de exteriorização somente tem relevância quando a lei define a sua forma, impondo-a ou proibindo-a (Código Civil, art. 107). Se a forma da manifestação de vontade não integra o suporte fáctico do ato jurídico, é possível exteriorizar-se a vontade de modo silente, por omissão, ou qualquer outro meio (Código Civil, art. 111, *in fine*). Mas é

---

239. A parte final desse art. 110 do Código Civil contém invencível contradição quando ressalva a hipótese de o destinatário da manifestação de vontade *ter conhecimento da reserva mental*, porque, evidentemente, o fato do conhecimento pelo outro figurante do negócio jurídico (= destinatário) já exclui, por si, haver reserva mental.

preciso que haja a exteriorização porque, caso contrário, não há vontade juridicamente relevante.

(*b*) Do mesmo modo, a falta de vontade de manifestação faz *nenhuma* a vontade. Quando pela violência (*vis absoluta*) se obtém uma manifestação de vontade, não se pode dizer que tenha havido vontade[240]. Inexiste, portanto, ato jurídico, e a *ação* contra o pseudoato, seja daquele que sofreu a violência, seja de outrem contra quem se queira impor as consequências do "ato", é declaratória, por não se haver composto o suporte fáctico.

Disto tudo podemos dizer, em suma, que:

(*a*) a falta de exteriorização de vontade consciente (= não há manifestação ou a manifestação é contra o querer — *vis absoluta*) constitui questão de suficiência do suporte fáctico e, portanto, tem por consequência a *inexistência do ato jurídico*;

(*b*) se há exteriorização consciente da vontade, mas essa é defeituosa, o suporte fáctico é suficiente, no entanto, deficiente, donde existir o fato jurídico, porém, inválido ou ineficaz[241].

Isto posto, passaremos a analisar as várias espécies de defeitos que viciam a vontade manifestada.

---

240. Se alguém, tomando a mão de uma pessoa, a obriga, violentamente, a assinar uma nota promissória, ou a pôr sua impressão digital em documento, por exemplo.

241. A deficiência de elementos do suporte fáctico do ato jurídico pode implicar, apenas, ineficácia, como ocorre na falta de legitimação em algumas espécies.

CAPÍTULO IV
Do Erro

§ 43. Generalidades

1. Conceituação

O erro na manifestação de vontade se caracteriza por uma falsa representação psicológica da realidade. Aquilo que a pessoa acredita ser a realidade, na verdade, não é. No erro, a falsidade da representação constitui o fator determinante do conteúdo da vontade manifestada. Portanto, a vontade que se exteriorizou é produto do erro, de modo que, se a pessoa conhecesse a realidade, não a teria expressado, ou a teria manifestado com outro sentido.

O erro implica uma divergência inconsciente entre a vontade e a sua manifestação[242].

2. Erro e ignorância

Desde os romanos distinguia-se o *erro* da *ignorância*. Em verdade, filosoficamente, são situações distintas. Enquanto a *ignorância* se caracteriza pela *ausência de conhecimento*, no *erro* o conhecimento existe, mas falsamente quanto à realidade. A rigor, porém, a ignorância constitui uma causa de erro[243], porque muitas vezes a falsa representação dos fatos (= erro) resulta da falta de conhecimento das circunstâncias reais. Por ignorância, erra-se. As espécies de erro essencial sobre a pessoa que tornam o casamento anulável (Código Civil, art. 1.557), por

---

242. Há doutrinadores, como Enneccerus, Kipp e Wolff (*Tratado de derecho civil*, v. 2, t. 1, p. 191 e s.), que não consideram o erro como vício da vontade, mas tratam a matéria, apenas, como uma espécie de desconformidade entre a vontade e sua declaração, que, no entanto, conduz à anulabilidade (impugnabilidade no direito alemão).

243. Martinho Garcez, *Nullidades dos actos jurídicos*, p. 114, citando Domat.

exemplo, têm como pressuposto inarredável de sua caracterização, precisamente, a *ignorância* de fatos que dizem respeito à pessoa do outro cônjuge.

O direito brasileiro, porém, não faz distinção entre erro e ignorância, empregando os vocábulos como sinônimos perfeitos[244].

3. Erro e manifestação de vontade

O erro provoca uma desconformidade entre a vontade do manifestante e aquilo que efetivamente manifesta. Essa desconformidade se pode concretizar:

(*a*) Em erro quanto ao conteúdo da declaração de vontade. Nesse caso o manifestante da vontade exterioriza o que realmente deseja, mas o conteúdo daquilo que expressa não corresponde à realidade. O erro quanto ao conteúdo da declaração pode decorrer[245]:

(*a.a*) De errôneo entendimento de palavras que expressam significados diversos, levando as pessoas a atribuir-lhes sentidos diferentes dos efetivamente pensados. Assim, por exemplo, se um paulista oferece à venda a um mineiro uma propriedade rural, localizada em São Paulo, medindo 500 alqueires, sem dar especificações outras, pensando em alqueires paulistas, e o mineiro aceita, pensando que se trata de alqueires mineiros[246]. O mesmo pode acontecer com moedas. O *peso* é nome de moeda em vários países, como o *shilling* o é na Inglaterra e na Áustria.

(*a.b*) De engano quando se expressa a vontade, embora o meio de sua expressão não seja equívoco, nem desconhecido do manifestante. Desejo vender meu automóvel "Santana" que julgo, erroneamente, estar na garagem e digo: "vendo-lhe meu carro que se encontra na gara-

---

244. Basta ver o título "Do erro ou ignorância" dado à Seção I do Capítulo IV do Título I do Livro III do Código Civil.

245. Enneccerus, Kipp e Wolff, *Tratado de derecho civil*, v. 2, t. 1, p. 191 e s.

246. A palavra *alqueire* expressa uma medida de área de terra, cuja quantidade de área a que equivale varia de região para região do Brasil. Assim, o alqueire *paulista* corresponde a 24.200m^2, enquanto em Minas Gerais, Goiás e Rio de Janeiro equivale a 48.400m^2, e a 27.225m^2 nos Estados nordestinos. Antigamente, era também medida de capacidade, correspondente a 13,8 l. Ainda hoje se usa como medida de capacidade de grãos equivalente a 40 l em São Paulo, 80 l em Minas Gerais e Goiás, sendo diferente em outros Estados.

gem pelo preço *x*", quando, efetivamente, o carro que lá se encontra é a minha "Mercedes", porque meu motorista, sem meu conhecimento, o recolheu, saindo com o "Santana". Nesse caso, as palavras que emprego não são equívocas, mas insuficientes para revelar toda a minha vontade. Se houvesse dito: "vendo meu carro 'Santana' que está na garagem", não poderia falar-se de erro na declaração, mas de mero equívoco quanto à indicação do local onde se encontrava o objeto.

(*b*) De exteriorização de vontade que não corresponde àquilo que se queria, realmente, manifestar. É o que ocorre, por exemplo, quando há sentido equívoco nas palavras empregadas, escritas ou faladas, ou quando se faz entrega de coisa diferente daquela que se deveria entregar.

Típicos casos dessa espécie (que se denomina *error in faciendo*) são:

(*b.a*) O de quem subscreve sem ler documento que ditou, por julgá-lo materializando aquilo que quis, e nele há erro substancial[247].

(*b.b*) O de alguém que, após ajustar as bases de um contrato, subscreve documento em branco e este é preenchido de modo divergente daquilo que foi ajustado[248]. Quem assina documento em branco autoriza a quem o entrega a preenchê-lo, mas, se o preenchimento diverge do que se quis, há erro que pode anular a manifestação da vontade.

(*c*) Por transmissão inexata da vontade através de terceiro (núncio, representante) ou pelo meio empregado (telégrafo, anúncio em jornal, por exemplo). Se não é o figurante que erra, mas o terceiro a quem encarregou de transmitir a sua vontade, há erro invalidante.

§ 44. Erro invalidante[249]

---

247. Alguém dita uma oferta de venda de um cavalo, estipulando o preço em R$ 100.000,00, e a datilógrafa escreve, por engano, R$ 10.000,00, por exemplo.

248. Enneccerus, Kipp e Wolff, *Tratado de derecho civil*, v. 2, t. 1, p. 196, e Pontes de Miranda, *Tratado de direito privado*, t. IV, § 430, 6.

249. No direito romano, o erro era causa de inexistência do consentimento. Os textos mais comuns sobre o erro estão no Digesto, Liv. 50, Tít. 17, frag. 116, § 2: "*Non videntur qui errant consentire*" (os que erram não parecem consentir); no Código, Liv. I, Tít. 18, frag. 8: "*Errantis voluntas nulla sit*." (É nenhuma a vontade de quem erra), e no frag. 9: "... *nullus sit errantis consensus*" (... nenhum é o consentimento de quem erra).

1. Erro substancial

Do ponto de vista jurídico, nem todo erro constitui causa de anulabilidade dos atos jurídicos. Segundo o direito civil[250], somente se tem como invalidante do ato jurídico o *erro substancial*, assim considerado aquele que: (*a*) interessa à natureza do negócio (*error in negotio*) ou ao objeto principal da declaração (*error in corpore*); (*b*) diga respeito à identidade ou à qualidade essencial da pessoa a quem se refira a declaração da vontade (*error in persona*); (*c*) quando de direito, for o motivo único ou principal do negócio jurídico, desde que não implique recusa à aplicação da lei; (*d*) ou, ainda, se houver falsidade quanto aos motivos, desde que expressos como razão determinante do negócio jurídico (erro quanto aos motivos relevantes).

O *erro acidental*, aquele que se refere a qualidades secundárias do objeto da declaração ou das pessoas ou, ainda, aos motivos determinantes do ato, estes quando não declarados como razão determinante ou sob a forma de condição[251], não tem o condão de permitir a anulação do ato jurídico. Também não constitui erro invalidante o simples erro de cálculo, que poderá ser corrigido a qualquer tempo.

É preciso considerar, ainda, que o erro substancial deve ser de tal ordem que o negócio jurídico não se realizaria se a realidade fosse conhecida do manifestante da vontade[252]. Portanto, não basta que haja erro quanto à substância do negócio jurídico, mas é necessário que sua intensidade seja capaz de, efetivamente, viciar a vontade[253]. Mas, não so-

---

250. Código Civil, art. 139. Nesse dispositivo o Código define o que considera *substância do ato jurídico* e, portanto, o que considera erro substancial.

251. Se digo comprar o cavalo alazão *X*, e o animal é, na realidade, castanho, por exemplo.

252. Clóvis Beviláqua, *Código Civil comentado*, v. 1, p. 354; Carvalho Santos, *Código Civil brasileiro interpretado*, v. 2, p. 294, entre outros.

253. Exemplo: Tício pede emprestada a casa de praia de Juvêncio para passar as férias e este concorda, pensando que ele a quer em locação. Se a Tício somente conviria a casa em comodato, ou a Juvêncio em locação, o negócio que for fechado será anulável por erro substancial relativo à natureza do ato jurídico (*error in negotio*). Nesse exemplo, se fosse indiferente aos contratantes ser de comodato ou de locação o negócio jurídico, teria havido erro sobre a natureza do contrato, que, no entanto, não seria causa de anulabilidade.

mente isso. Como veremos a seguir, é necessário ainda que o erro seja escusável, segundo o novo direito civil.

2. Escusabilidade ou recognoscibilidade do erro (?)

2.1. Observações preliminares

Algumas legislações, como a argentina (Código Civil e Comercial, art. 265, *in fine*) preveem que somente o *erro escusável*, assim definido aquele em que pode incidir qualquer pessoa comum que aja com o mínimo de diligência, constitui causa de anulabilidade do ato jurídico. O *erro inescusável,* aquele que resulta de negligência, de falta de precauções elementares, ou de ajuizamento estulto das circunstâncias, não é considerado como vício de vontade invalidante. Outras, de que é exemplo a italiana (Código Civil, arts. 1.428 e 1.431), exigem que o erro invalidante, além de essencial, seja reconhecível pelo outro contratante, de modo que a falta desse requisito descaracteriza a natureza invalidante do erro. Essas posições legislativas, que têm por fundamento provectas e tradicionais opiniões doutrinárias, implicam ter-se como elementos completantes do suporte fáctico do erro invalidante a escusabilidade e/ou a recognoscibilidade.

No direito brasileiro anterior, apesar de respeitáveis opiniões em contrário[254], nenhum desses dois dados, em rigor, fazia parte do conceito de erro substancial, consoante demonstrava Pontes de Miranda[255],

---

254. Opinam nesse sentido, com base no direito romano e na doutrina clássica italiana, principalmente, Clóvis Beviláqua (*Código Civil comentado*, v. 1, p. 356), Carvalho Santos (*Código Civil brasileiro interpretado*, v. 2, p. 297), Eduardo Espínola (*Sistema do direito civil brasileiro*, p. 567 e s., *Manual do Código Civil,* v. 3, Parte I, p. 215) e Orlando Gomes (*Introdução ao direito civil,* p. 367), entre outros. Invoca-se, geralmente, como o fazem Beviláqua (*Código Civil comentado*, v. 1, p. 356) e Espínola (*Sistema do direito civil*, nota 113), a lição de Paulo: "*Ignorantia emptori prodest, quae non in supinum hominem cadit*" (Dig., Liv. 18, Tít. 1, frag. 15, § 1), que, segundo Pontes de Miranda (*Tratado de direito privado*, t. IV, p. 311), não tem o sentido que lhe quiseram dar esses autores, uma vez que se refere, apenas, a critério para se saber se houve erro, e não constitui elemento para caracterizá-lo. Espínola ainda se refere ao Código Suíço das Obrigações, mas sem razão, uma vez que o seu art. 26 assegura àquele que errou por negligência anular o negócio, embora se sujeite a indenizar o outro contratante. Certamente a escusabilidade do erro é exigência sem fundamento no sistema do Código Civil brasileiro.

255. *Tratado de direito privado*, t. IV, § 442, 2.

uma vez que nem o Código Civil, nem o Código Comercial a eles faziam qualquer referência. Portanto, não importava se houvera imprudência, negligência ou imperícia daquele que errara, tampouco se fora pouco perspicaz[256]. Era impertinente, assim, a discussão sobre a escusabilidade ou a recognoscibilidade do erro. A caracterização do erro invalidante dependia, na verdade, da interpretação da situação de fato em cada caso. Não havia parâmetros a serem seguidos, nem subjetivos, nem objetivos, na valoração do erro. Por isso, falar de homem de inteligência comum, ou de *bonus pater familiae*, para aquilatar se aquele que errou poderia ou não ser considerado passível de errar, não tinha fundamento no nosso sistema jurídico, conforme anotamos até a 5ª edição desta obra. Apenas importava saber se, no caso concreto, havia erro substancial, objetivamente; havendo, havia anulabilidade.

2.2. O atual direito nacional

O Código Civil de 2002 optou por incluir como elemento completante do suporte fáctico do erro invalidante (substancial) a circunstância de que possa *ser percebido por pessoa de diligência normal, em face das circunstâncias do negócio* (art. 138, *in fine*). Com a adoção dessa norma, o Legislador Civil inseriu no conceito de erro invalidante um novo elemento subjetivo absolutamente despiciendo, a nosso ver, que apenas constitui um complicador que acarreta várias questões que só dificultam a aplicação da espécie. Vejamos, sucintamente.

(*a*) A primeira dificuldade resulta da própria construção linguística da norma, altamente ambígua. Que se quis exprimir com a expressão contida na parte final do dispositivo legal: "... *erro substancial que poderia ser percebido por pessoa de diligência normal, em face das circunstâncias do negócio*"? Pretendeu-se adotar o critério da inescusabilidade do erro ou o de sua recognoscibilidade pelo outro figurante do negócio como dado integrante de seu conceito?

Essa dúvida já se reflete na literatura nacional. Para Arnaldo Rizzardo[257] a exigência da norma diz respeito à escusabilidade do erro;

---

256. No direito suíço, se o que alega o erro agiu com negligência e pede a anulação de negócio, fica sujeito a indenizar a outra parte (Code des Obligations, art. 26).

257. *Parte geral do Código Civil*, p. 455. Esse autor comete inadvertida im-

o erro para ser considerado invalidante precisaria ser venial, escusável, de modo que o erro grosseiro, estulto, resultado de negligência imperdoável, portanto, inescusável, não daria causa à anulação do negócio jurídico. No mesmo sentido a opinião de Pablo Stolze Gagliano e Rodolfo Pamplona Filho[258], segundo os quais o ser escusável é essencial para tipificar o erro anulante. Diferentemente, Humberto Theodoro Júnior[259] entende que o legislador nacional acompanhara o modelo italiano, de modo que o ser reconhecível pelo outro contraente seria a condição para caracterizar-se o erro causa de anulabilidade, repelida a necessidade de ser escusável. Por sua vez, Paulo Nader[260] afirma que a lei brasileira tanto impõe que o erro seja escusável como que seja reconhecido pelo outro figurante do negócio jurídico. E, ainda, o Conselho da Justiça Federal, na I Jornada de Direito Civil que realizou, aprovou o Enunciado n. 12, segundo o qual *na sistemática do art. 138, é irrelevante ser ou não escusável o erro, porque o dispositivo adota o princípio da confiança.*

Em nosso entendimento, a norma do art. 138 tem a escusabilidade, não a recognoscibilidade, como elemento essencial à configuração (= completante do suporte fáctico) do erro substancial invalidante, donde se dever concluir que o erro imperdoável, inescusável, não pode servir de fundamento à anulabilidade do negócio jurídico.

De modo algum a norma adotou o reconhecimento do erro pelo outro figurante como elemento tipificador do erro invalidante, inferência a que se chega da simples interpretação gramatical da norma. O emprego do verbo *poder* no futuro do pretérito (*poderia ser percebido*), que denota incerteza, probabilidade, dúvida sobre algo, relaciona o requisito de agir como *pessoa de diligência normal* ao figurante que errou, não ao outro figurante. O que a norma exige é que as pessoas usem de normal diligência no tráfico negocial, punindo aquele que age negligentemente. A norma não se dirige ao outro figurante do negócio, mas àquele que alega o erro. Se a pessoa vítima do erro atuou, em face das circunstâncias do negócio, com diligência normal, o seu erro é escusável e, portanto, é o negócio anulável. Se, ao contrário, a sua análise das

---

propriedade ao escrever "que o erro se torna anulável", porque, na verdade, o anulável é o negócio jurídico viciado pelo erro, e não o erro em si.

258. *Novo curso de direito civil*: parte geral, p. 356.

259. *Comentários ao novo Código Civil*, v. III, t. I, p. 45-46.

260. *Curso de direito civil*: parte geral, p. 472.

circunstâncias do negócio foi negligente, estulta, grosseira, o erro é inescusável e, portanto, não constitui causa de anulabilidade.

Não importa, por isso, se o erro poderia ou não ser reconhecível pelo outro figurante do negócio. É preciso ponderar que ter-se a recognoscibilidade do erro pelo outro figurante do negócio como dado essencial, a exemplo do ordenamento jurídico italiano, implica caracterizar existência de dolo, não de erro propriamente dito, uma vez que integra seu conceito (do dolo) o manter o outro figurante em erro. Portanto, se um dos figurantes reconhece que o outro está em erro, tem o dever de alertá-lo, sob pena de agir com dolo, o que constitui também causa de anulabilidade do ato. A solução italiana faz com que se confundam os institutos do erro e do dolo, porque aquele supõe este[261]. Desse modo, no sistema jurídico brasileiro não é necessário que o erro seja reconhecível pelo outro figurante, exceto quando se trata de erro sobre os *motivos*. Como veremos adiante, a questão dos motivos do ato jurídico é regida pelo *princípio da irrelevância dos motivos*, razão pela qual para que esses sejam causa de anulabilidade é necessário que estejam expressos como determinantes do negócio ou como condição[262]. Só se o motivo tem de ser declarado, necessariamente, é que o erro se torna reconhecível pelo outro figurante. Do mesmo modo ocorre quando se trata de erro sobre qualidades essenciais de certos objetos (obras de arte, antiguidades, *v. g.*) ou de pessoa, situações em que os motivos relevantes, mesmo implícitos, são levados em conta, excluindo-se a aplicação do princípio da irrelevância dos motivos.

(*b*) A segunda questão se prende à compreensão do que se deva considerar *pessoa de diligência normal*, expressão plena de dubiedade e imprecisão, semelhante àquelas "*homem comum*", "*bom pai de família*", tão do gosto dos clássicos juristas franceses (ainda hoje em voga), que conduz a sérios embaraços na solução das situações concretas. Aquele que alegar que certo erro é escusável terá, obrigatoriamente, de provar que, em face das circunstâncias do negócio, uma *pessoa de diligência normal* nele incidiria. Ao outro figurante caberá provar que o erro era reconhecível por uma *pessoa de diligência normal,* de modo que o não cometeria. Caberá ao juiz decidir se é escusável ou não, fundado nesse padrão: *pessoa de diligência normal*? Mas existe um mode-

261. Codice Civile, art. 1.428, *in fine*, c/c o art. 1.431.

262. Código Civil, art. 140.

lo de *pessoa de diligência normal*? Parece não ter sido feliz o legislador ao embutir mais esse elemento subjetivo no conceito de erro. O sistema objetivo do Código de 1916 melhor atendia os fins do direito.

§ 45. As várias espécies de erro substancial

1. *Error in negotio* (erro sobre a natureza do negócio)

O erro quanto à natureza do ato jurídico é aquele em que os figurantes, ou somente um deles, manifestam vontade de querer certo negócio jurídico e, na verdade, realiza outro diferente. Tenciona-se praticar um ato e pratica-se outro. Exemplo: *A* quer emprestar sua caneta de ouro para que *B* assine seu termo de posse em cargo público, e esse a recebe como se *A* lha estivesse doando[263].

Na espécie *error in negotio* não há, evidentemente, erro de direito (*error iuris*), mas erro sobre enunciado de fato (*error facti*) relativo à natureza do ato jurídico.

A incidência da norma jurídica se dá fatalmente à concreção do seu suporte fáctico, independentemente da adesão das pessoas. Se al-

263. Savigny denominou *erro impróprio* a essa espécie. A doutrina clássica, notadamente a francesa (por exemplo, Colin e Capitant, *Cours élémentaire de droit civil français*, v. 1, n. 59; Josserand, *Les mobiles dans les actes juridiques du droit privé*, n. 33), entendia que no caso não haveria erro invalidante, mas *erro obstáculo*, também dito *erro obstativo* (porque impediria o consentimento). Não haveria vontade negocial, uma vez que tal desconformidade faria a manifestação apenas aparente, motivo pelo qual não se poder considerá-la como existente. A fonte dessa opinião, no direito francês, foi o Code Civil (art. 1.110), que apenas se refere ao erro que recai sobre a substância da coisa que é objeto do consentimento, ou sobre a pessoa. Mas a jurisprudência e a doutrina modernas ampliaram o conceito de erro substancial para nele incluir a espécie (Starck, *Droit civil*: obligations, n. 1.338; Floure Aubert, *Droit civil*: les obligations, v. 1, p. 133). Na Itália, opiniões desse tipo (Stolfi, *Teoría del negocio jurídico*, p. 181, *e. g.*), resultantes da sistemática do Código Civil de 1865, estão hoje superadas pela redação do art. 1.429, 1, do Código de 1942 (Barbero, *Sistema del derecho privado*, v. 1, p. 546, entre outros). No direito brasileiro, doutrinadores levados pela orientação francesa faziam, e ainda há quem faça, referência a essas "espécies" de erro. No entanto, em nosso sistema jurídico não tem cabimento falar-se em erro próprio ou impróprio e em erro obstáculo, em face de que constitui erro substancial o que "interessa à natureza do ato", conforme dispõe o Código Civil, art. 139, I.

guém conclui negócio jurídico pensando que seria incidente certa norma, mas o suporte fáctico que se compõe é de outra, incide essa outra. Não se leva em consideração o erro *in negotio* para o fim de anular o ato jurídico, se esse decorreu de desconhecimento da lei ou de sua má interpretação pelos figurantes, salvo se caracteriza erro de direito. Se, no entanto, houve erro quanto aos fatos que levaram à incidência da outra lei, pode haver erro invalidante, porque há *error facti*. Se *A* adquire, mediante cessão, os direitos hereditários que *B* teria sobre o espólio de *X*, pensando que estaria adquirindo a totalidade dos bens da herança porque acreditava que *B* era o único herdeiro, e ao requerer o inventário de *X* aparecem herdeiros que eram desconhecidos de ambos, há erro de fato (desconhecimento da existência de outros herdeiros) que leva à anulabilidade. De modo diferente ocorre se, requerido o inventário, as dívidas do espólio, que eram conhecidas, têm montante maior do que o seu ativo. Nesse caso não há anulabilidade.

É necessário não confundir o erro de direito, que é erro quanto ao conteúdo da norma ou ignorância quanto à existência dela, e o erro quanto à norma que incidiu. O *error in nomine* (= deu-se ao contrato nome diferente daquele que seu conteúdo caracteriza), por exemplo, não é causa de anulabilidade se de sua interpretação se conclui que o negócio que foi realizado atende à vontade dos figurantes[264].

2. *Error in corpore* (erro sobre o objeto)

Há erro invalidante quando existe equívoco em relação (*a*) ao objeto a que se refira a manifestação de vontade, em si, ou (*b*) a suas qualidades essenciais. Há, portanto, (*a*) erro quanto à identidade do objeto e (*b*) erro quanto a suas qualidades essenciais[265]. No *error in corpore*, o

264. No interior do Nordeste é comum o uso da palavra *aforar* para designar o arrendamento, que é temporário, chamando-se *foreiro* o arrendatário e *foro* o aluguel. Tecnicamente, porém, essas palavras dizem respeito à *enfiteuse*, também designada como *aforamento* ou *aprazamento*, que é perpétua, e o foro imutável. Se *A* contratou com *B* o *aforamento* de um pedaço de terra, pelo prazo de dez anos, pagando-lhe o *foreiro B* um *foro* de cinco mil reais, cujo valor será corrigido a cada semestre, houve, na verdade, um contrato de *arrendamento* e não a constituição de um *aforamento* (enfiteuse). Na espécie houve erro na designação do negócio (*error in nomine*), que não o invalida.

265. Por exemplo: (*a*) comprei uma caixa de vinho Pully-Fuissé e me entregaram uma caixa de vinho Pully-Fummé; (*b*) comprei um relógio de ouro Omega e me entregaram um relógio Omega folheado a ouro.

conteúdo da manifestação quanto ao objeto encerra desconformidade com o objeto do negócio tal qual se quis.

Objeto tem, no art. 139, I, do Código Civil, significado genérico que abrange todo objeto de direito sobre o qual se manifeste a vontade[266]. Não se refere apenas às coisas, mas a quaisquer bens, créditos e direitos, que integrem a esfera jurídica das pessoas. A questão da qualidade essencial (*error in qualitate*) não se limita, portanto, às coisas, mas pode dizer respeito a todo e qualquer objeto sobre o qual recaía o ato jurídico, inclusive direitos[267].

Os sistemas jurídicos consideram, em geral, irrelevantes os motivos que levaram a pessoa à prática do ato jurídico, isto como uma segurança do tráfico social: é o já mencionado *princípio da irrelevância dos motivos*. Para caracterização de erro, como veremos adiante, os motivos somente importam se declarados como determinantes do ato ou como condição. No entanto, quando se trata de objeto, as qualidades essenciais muitas vezes importam tanto que, mesmo quando não declaradas, passam a constituir motivos relevantes, tendo-se como excluído o princípio geral da irrelevância dos motivos, como já mostrava Pontes de Miranda[268].

Em verdade, o problema do erro quanto às qualidades essenciais dos objetos, a rigor, envolve erro sobre os motivos. Quando alguém compra uma obra de arte a preço alto está implícita a sua autenticidade. Se for falsa, evidentemente, há erro sobre qualidade essencial. O mesmo ocorre com joias e outros objetos de valor que ninguém compraria a preços reais, sabendo-os falsos. A falsidade, nesses casos, implica anulabilidade por erro, podendo, eventualmente, caracterizar dolo[269]. "A justificação está em que tais qualidades importam tanto, para quem manifesta a vontade, quanto o objeto mesmo: o motivo torna-se relevante."[270]

---

266. Pontes de Miranda, *Tratado de direito privado*, t. IV, § 434, 1.

267. Se adquiro, onerosamente, um crédito sem saber que há entre o credor (cedente) e o devedor um *pacto de non petendo*, em razão do qual não posso cobrá-lo por alguns anos, por exemplo, há erro sobre qualidade essencial do direito, uma vez que é da *substância* do direito de crédito a pretensão a recebê-lo no vencimento.

268. *Tratado de direito privado*, t. IV, § 437, 2 *et passim*.

269. Se, por exemplo, o vendedor apresenta certificado (mentiroso) declarando a autenticidade do quadro, sabendo-o falso.

270. Pontes de Miranda, *Tratado de direito privado*, t. IV, § 437, 2.

A doutrina[271] costuma referir-se a uma espécie em que haveria erro sobre o objeto relativamente à sua quantidade; denominam-na, por isso, *error in quantitate*. Não há dúvida de que ocorrem situações em que se constata diferença na quantidade das coisas entre aquela que um contraente pensou adquirir e aquela efetivamente existente[272]. A nosso ver, duas correções a essa doutrina precisam de ser feitas, a saber:

(*a*) Primeiramente, a rigor, o chamado *error in quantitate* é, em essência, um erro sobre a qualidade do objeto, uma vez que as coisas em seu conjunto (= na quantidade que se pensou) constituem o *objeto* da manifestação da vontade. É necessário não confundir as coisas que são objeto da manifestação de vontade com o seu objeto propriamente dito. Uma rosa vermelha é uma coisa e, portanto, pode ser *um objeto*; cinco rosas vermelhas são cinco coisas e também podem ser, apenas, *um objeto*. A coisa quando entra no suporte fáctico de ato jurídico se transforma em objeto. Por isso, a quantidade de coisas aparece como *qualidade essencial do objeto*, não da coisa. Sendo erro sobre qualidade, tem-se que a quantidade deve constituir motivo da manifestação de vontade (regra da exclusão do princípio da irrelevância dos motivos). E, por isso, a falta deve ser em quantidade tal que torne aquela que existe imprestável ao fim pretendido.

(*b*) Segundo, para que a diferença na quantidade possa caracterizar hipótese de erro é essencial que haja *inexistência* de coisas na quantidade avençada, de modo que não possa ser completada pelo devedor. Não é o caso de alguém contratar a entrega de certa quantidade de coisas e entregar menos, existindo mais. Aí há cumprimento insatisfatório da obrigação que gera pretensão à resolução e a *exceptio non rite adimpleti contractus* (Código Civil, art. 476). No erro sobre a quantidade há de haver *inexistência* de coisas na quantidade que se pensava existir, de modo que não haja possibilidade de sua completação.

A questão do erro sobre as qualidades do objeto não se confunde com a dos vícios redibitórios, embora entre elas haja algumas semelhanças e pontos de contato, uma vez que: (*a*) os vícios redibitórios

---

271. Orlando Gomes, *Introdução ao direito civil*, p. 368; Carvalho Santos, *Código Civil brasileiro interpretado*, v. 2, p. 304, por exemplo.

272. *E. g.*: *A* contrata com *B* o fornecimento de 100 caixas de certo vinho, que deseja servir durante uma grande festa que dará, e depois se constata que somente há 60 caixas, quantidade insuficiente para atender a necessidade do comprador.

geram a *rescisão do negócio jurídico*, enquanto o erro conduz à sua *anulação*; (*b*) os vícios redibitórios se limitam ao aspecto da inutilidade, ou menor utilidade, da coisa, para quem a adquire, por conter defeito intrínseco. Por isso, seu conceito: (*b.a*) limita-se aos casos de negócios de disposição ativa (aquisição) de coisas, enquanto o erro pode referir-se a qualquer negócio sobre qualquer objeto; (*b.b*) restringe-se a defeitos que reduzem ou anulam o uso da coisa, enquanto no erro não há essa restrição, podendo dizer respeito a outras qualidades do objeto, desde que substanciais; (*c*) o erro tem, assim, maior amplitude de aplicação do que os vícios redibitórios.

3. *Error in persona* (erro sobre a pessoa)

O erro sobre a pessoa pode referir-se tanto à identidade quanto às suas qualidades essenciais (Código Civil, art. 139, II), mas somente tem relevância (= constitui erro invalidante) nos atos jurídicos praticados *intuitus personae*.

No que diz respeito à identidade, o erro pode ser em relação àquele a quem é dirigida a vontade receptícia (= destinatário)[273], como também relativo ao beneficiado.

O erro quanto à identidade somente se pode ter como substancial quando não for possível apurar-se quem seja, efetivamente, a pessoa a que se refira a manifestação de vontade[274].

Podemos conceituar qualidades essenciais da pessoa aquelas que dizem respeito às requeridas do figurante em razão da natureza do ato, ou da prestação[275]. Por isso, consoante mencionava Pothier[276], da mes-

---

273. *E. g.*: Se Tício, querendo remeter a Nicolau, que é corretor, documento em que o autoriza a vender seu apartamento, dirigi-o, por equívoco, a Nicodemos, que é advogado, e este aceita o encargo, há erro sobre a identidade do destinatário, sendo necessário anular o ato jurídico. Se, ao contrário, Nicodemos não aceita a incumbência, nada há que anular, porque não se materializou o ato jurídico.

274. Em testamento, Artur deixa legado a seu neto Jonas, filho de sua filha Denise, quando esta tem um filho chamado Jônatas, não havendo neto com o nome de Jonas, por exemplo.

275. Por exemplo: contrato para solista de piano da orquestra alguém que penso ser pianista, mas que é, na verdade, organicista; contrato um carpinteiro para restaurar mobília antiga pensando que se trata de um marceneiro.

276. *Tratado das obrigações*, p. 44.

ma forma que acontece em relação ao objeto, no que pertine às qualidades essenciais da pessoa que levam à anulabilidade, os motivos do ato jurídico são sempre relevantes, excluindo-se a aplicação do princípio geral da irrelevância dos motivos. Isto genericamente, uma vez que no caso de erro no casamento as situações que levam à anulabilidade envolvem qualidades outras (honra, boa fama, condenação por crime inafiançável, defeito físico ou moléstia grave e transmissível, por contágio ou herança), que não são levadas em consideração nos demais atos jurídicos como causa de anulabilidade[277].

4. Motivos relevantes (falso motivo)

O Código Civil (art. 140) dispõe que o falso motivo somente poderá ser causa de anulabilidade do ato jurídico quando expresso como razão determinante do ato ou sob a forma de condição.

A referência que o Código Civil de 1916 fazia à *falsa causa*[278] constituía uma impropriedade terminológica, que foi corrigida porque, na verdade, não era de *causa* que se tratava, mas de *motivos relevantes*. Como mostramos em nosso *Teoria do fato jurídico*: plano da existência (nota 186), embora vivam sendo confundidos na doutrina e na jurisprudência, *causa* e *motivo* do ato jurídico são espécies distintas, a saber:

(*a*) Causa constitui a atribuição jurídica do negócio, relacionada ao fim prático que se obtém como decorrência dele. Nesse sentido, há: (*a.a*) *causa solvendi*, quando o negócio tem por finalidade o adimplemento de obrigações (*e. g.*, dação em pagamento); (*a.b*) *causa credendi* (ou *constituendi*), quando do negócio jurídico resulta a constituição de um crédito em contrapartida da criação de uma obrigação (*e. g.*, compra e venda); (*a.c*) *causa donandi*, quando alguém dá alguma coisa sem outro objeto senão o de inserir o bem da vida no patrimônio do outro; supõe que nem

---

277. Nos atos jurídicos em geral, essas qualidades que se referem ao casamento, se faltam ao contratante, podem ser causa de denúncia, ou resolução, do contrato, não de sua anulabilidade. Se contrato alguém para administrar minha fazenda de gado e venho a saber que se trata de pessoa desonesta, não há ato anulável, mas devo denunciar o contrato. O mesmo ocorre se contrato um serviçal que é portador de tuberculose, por exemplo.

278. *Falsa causa* é expressão usada por Savigny (*Sistema del derecho romano actual*, v. 2, p. 330), em que a palavra *causa* tem o sentido de “causa determinante do ato” e *falsa* “quando não tem fundamento”.

se crie crédito em favor de quem dá, nem se solva dívida[279]. Como se vê, a *causa*, em última análise, constitui a *função do negócio*.

(*b*) *Motivo* é a razão intencional determinante do negócio jurídico. É o móvel que conduz a pessoa a praticar o ato jurídico[280].

Como é evidente, o Código Civil cuida, no art. 140, das razões determinantes do ato, portanto, do *motivo* que leva o figurante a manifestar a sua vontade naquele sentido, não de causa que, pela sua natureza de atribuição jurídica do negócio, nele está naturalmente incluída.

Nessa questão, como já dissemos, vige, como regra geral, o *princípio da irrelevância dos motivos*, segundo o qual não importam os motivos que levaram a pessoa a manifestar a vontade (= a praticar o ato jurídico) senão quando expressos como sua razão determinante ou sob a forma de condição (Código Civil, art. 140). Exclusivamente nessa hipótese os motivos são relevantes.

A relevância dos motivos, mesmo quando não declarados, no entanto, considera-se presente nos casos de qualidades essenciais das pessoas e do objeto do ato jurídico, bem assim quando se trata de erro de direito.

5. Erro de direito (*error iuris*)

Vige, no sistema jurídico nacional, o princípio da inalegabilidade da ignorância do direito: *ninguém se escusa de cumprir a lei, alegando que não a conhece* (Lei de Introdução às normas do Direito Brasileiro, art. 3º). Desde esse princípio seria de entender-se a inadmissibilidade do erro de direito como causa de invalidade de negócio jurídico. No direito civil brasileiro anterior, diferentemente do que afirmavam alguns autores[281], essa a orientação seguida: o erro de direito não era con-

---

279. Pontes de Miranda, *Tratado de direito privado*, t. III, § 262; Eduardo Espínola, *Sistema do direito civil brasileiro*, p. 576.

280. Há, ainda, que mencionar o *fim do negócio jurídico*, ou seja, aquilo que de positivo ou negativo ocorre na esfera jurídica dos figurantes do negócio. Confunde-se com o *objeto* do ato jurídico, tendo o mesmo sentido de *atribuição jurídica*, ou seja, de eficácia jurídica do ato. *Vide*, sobre isto, Pontes de Miranda, *Tratado de direito privado*, t. III, especialmente os §§ 262 e s. e nosso *Teoria do fato jurídico*: plano da existência, nota 186.

281. Martinho Garcez, *Nullidades dos actos jurídicos*, p. 115; Carvalho Santos, *Código Civil brasileiro interpretado*, v. 2, p. 295, por exemplo.

siderado causa de anulabilidade[282]. No entanto, o Código de 2002 (art. 139, III), seguindo, ao que parece, fórmula proposta por Caio Mario da Silva Pereira, no art. 48 de seu Anteprojeto de Código das Obrigações, o inseriu no conceito de erro substancial e o definiu como aquele que, *não implicando recusa à aplicação da lei, for o motivo único ou principal do negócio jurídico.*

Dois, portanto, são os pressupostos para que o erro de direito possa acarretar a anulabilidade do negócio jurídico: (*a*) for o motivo único ou principal do negócio jurídico e (*b*) não implique recusa à aplicação da lei.

(*a*) Quando se trata de erro de direito invalidante, o *motivo* determinante do negócio jurídico foi erigido a elemento completante do núcleo de seu suporte fáctico, sendo, portanto, dado essencial à sua configuração. Assim, somente poderá ocorrer a espécie quando o motivo que levou o figurante a realizar o negócio jurídico for o único ou o principal. Essa regra constitui uma exceção à norma geral segundo a qual os motivos são irrelevantes para a caracterização do erro invalidante (= *princípio da irrelevância dos motivos*). Por essa razão, para que se possa cogitar de erro de direito parece ser imprescindível que os motivos que ensejarem o negócio jurídico estejam expressos (arg. ao art. 140), ou ao menos possam, claramente, ser identificados. Se não há declaração dos motivos ou não se pode reconhecê-los a partir dos dados do negócio jurídico, não há que falar em erro de direito capaz de permitir a anulação do ato jurídico.

(*b*) Se a questão do erro de direito já era extremamente delicada, tornou-se ainda mais complexa em face da primeira parte da norma do inciso III do art. 139: *o erro não pode implicar recusa à aplicação de lei*, uma vez que, geralmente, há conflito entre a vontade negocial e as normas jurídicas. Na maioria dos casos em que se faz referência a *error iuris* ocorre, em verdade, espécie de erro de fato, porque assim o são, *v. g.*, aqueles em que o figurante do negócio desconhece a existência ou a vigência da lei que quer seja aplicada, ou mal a adequa aos fatos. Apesar de dizerem respeito à lei, o erro é sobre o *fato* dela existir, ou ser vinculante ou mal entendida. Os exemplos de que se utiliza a doutrina bem ilustram a afirmativa. Dizer, *e. g.*, que seria erro de direito alguém adquirir imóvel para construir e depois *descobre* que a área é *non ædi-*

282. Pontes de Miranda, *Tratado de direito privado*, t. IV, § 430, 9.

ficandi, em razão de lei municipal, não constitui erro de direito, mas erro de fato, podendo haver caso de falso motivo; alguém que adquire área de terra devidamente delimitada e utilizada com exclusividade pelo titular, sem saber que aquela área, em verdade, faz parte de um condomínio, é erro de fato, não de direito. Em espécies como estas a anulabilidade pode resultar de dolo, não simplesmente de erro.

Diferentemente, se há erro sobre a interpretação da norma jurídica pode haver *error iuris*. Assim os erros sobre qualidade de herdeiros ou de amplitude dos efeitos de certa norma jurídica. Se o que adquiriu direitos de outrem pensava que tais direitos tinham conteúdo maior do que efetivamente tinham, cometeu erro de direito, e será anulável o ato jurídico se esse for o motivo determinante da formação do negócio[283]. O erro quanto às consequências jurídicas do ato (= efeitos) também pode constituir *error iuris* invalidante[284]. Também ocorre *error iuris* invalidante se alguém pratica negócio jurídico baseado em lei que posteriormente seja declarada inconstitucional, em face da eficácia *ex tunc* da decisão, conforme sugere Francesco Galgano[285]

É preciso ressaltar que imaginar situação de erro de direito que não implique recusa à aplicação da lei constitui tarefa complexa. Em verdade, a doutrina, ao tratar dessa matéria, ou permanece no terreno das afirmações abstratas, meramente teóricas[286], ou, quando cuidam de descer ao plano da experiência, formulam exemplos de todo inadequados, pois que são casos de recusa à aplicação da lei, ou, em última análise, configuram erros de fato[287].

A inclusão dentre as causas de anulabilidade do erro de direito não parece ter sido uma solução correta.

---

283. Pedro adquiriu o direito de superfície de que Manuel era titular constituído com a finalidade de manter pastagens, pensando que essa compra lhe daria o direito de explorar o subsolo (Código Civil, art. 1.369, parágrafo único).

284. João fez doação de bem a Maria julgando que a poderia revogar imotivadamente a qualquer momento, quando desejasse, por exemplo. Sobre o assunto, *vide* Enneccerus, Kipp e Wolff, *Tratado de derecho civil*, v. 2, t. 1, p. 195, e Pontes de Miranda, *Tratado de direito privado*, t. IV, §§ 430, 9 e 433, 1.

285. *El negocio jurídico*, p. 300.

286. Humberto Theodoro Júnior *Comentários ao Código Civil,* v. III, t. I, p. 71, e Paulo Nader, *Curso de direito civil*: parte geral, p. 47.

287. Arnoldo Wald, *Direito civil*: introdução e parte geral, p. 201.

6. Erro de cálculo

O erro de cálculo não implica anulabilidade do ato jurídico. Pode em qualquer tempo ser corrigido, uma vez que *apenas autoriza a retificação da declaração da vontade* (Código Civil, art. 143).

§ 46. Peculiaridades relativas ao erro

1. Cessação da anulabilidade

O vício da anulabilidade deixa de existir quando o figurante a quem a manifestação de vontade se dirige se oferece para executá-la conforme a vontade real do manifestante (Código Civil, art. 144). A norma é salutar e se justifica porque, na hipótese, desaparece o real fundamento da anulabilidade: o erro. Cessando os efeitos do erro, não há por que anular o negócio jurídico.

2. Ação própria

A anulação do ato jurídico por erro pode ser realizada por meio de ação própria, cuja legitimação é daquele que errou, ou de seus herdeiros legítimos e testamentários. Ao legatário somente se defere a legitimação ativa em caso de o negócio viciado por erro dizer respeito ao objeto de seu legado. Os sucessores a título negocial, como o cessionário, não têm legitimidade para arguir a anulabilidade.

O erro pode, ainda, ser invocado pela vítima como defesa em ação de cumprimento de obrigações resultantes do negócio jurídico em que houve o erro, desde que haja possibilidade de ampla defesa da outra parte; mesmo que o autor, por efeito de sucessão hereditária, não seja aquele que figurou no outro lado da relação jurídica. Na contestação em procedimentos ordinários, em embargos de terceiro ou em embargos do devedor, nas ações executivas, nada impede que o acionado ou o embargante se defenda arguindo o erro. É possível, também, invocá-lo em reconvenção, quando admitida.

Porque lhe cabe o *ônus da prova*, aquele que alega o erro há de provar que se configura uma das hipóteses previstas nos arts. 139 e 140 do Código Civil, bem assim que não teria praticado o ato jurídico se conhecesse a realidade.

3. O réu e sua defesa

A legitimação passiva na ação é do outro figurante no negócio jurídico, ou de seus herdeiros, legítimos ou testamentários. Se tiver havido sucessão negocial, a ação terá de ser proposta contra o sucessor, com citação do figurante do negócio (= sucedido na relação jurídica).

Na defesa do réu é cabível a alegação de que o erro é inescusável, bem como a ocorrência de decadência, renúncia, confirmação e quaisquer outras defesas capazes de elidir os efeitos da anulabilidade, bem assim a inexistência dos pressupostos fácticos caracterizadores do erro, inclusive que o autor já sabia que estava em erro quando da concretização do negócio.

Das matérias que alegar, cabe-lhe fazer a prova.

Se o réu declarar em sua resposta que aceita corrigir o erro, cumprindo o contrato tal qual o autor pensava que estava contratando, fica suprida a anulabilidade, *ex vi* do art. 144 do Código Civil[288].

4. Reparabilidade de danos

Afora a anulabilidade do ato jurídico, com restituição das partes ao estado anterior, o erro implica dever de indenizar o outro figurante, se houve dano, independentemente de culpa daquele que errou. Há implícito, no sistema jurídico brasileiro, o princípio da reparabilidade dos danos independentemente de ilicitude. Por isso, se o que errou causou, com seu erro, prejuízo ao outro contratante, cabe indenizá-lo, mesmo nos casos em que o erro decorre de transmissão errônea da vontade por terceiro[289].

---

288. No Código Suíço das Obrigações, na 2ª alínea do art. 25, há norma explícita, segundo a qual a vítima do erro "fica obrigada pelo contrato que ela entendia fazer, se a outra parte se declara pronta a executá-la".

289. O BGB contém norma explícita sobre a matéria: "§ 122 — Se uma declaração de vontade for nula, segundo o § 118 (*falta de seriedade*), ou impugnada (*anulada*), com fundamento nos §§ 119 (*erro*) e 120 (*transmissão errônea da vontade*), terá o declarante, se a declaração havia de ser enunciada ante um outro, de indenizar a este ou, senão, a qualquer terceiro, o dano que o outro ou o terceiro sofreu pela circunstância de que confiou na validade da declaração, contudo não além da importância do interesse que o outro, ou o terceiro, tinha na validade da declara-

CAPÍTULO V
Do Dolo[290]

§ 47. Dolo invalidante[291]

1. Conceituação

Consiste o *dolo invalidante* na ação ou omissão intencionais de um dos figurantes, ou de terceiro, neste caso com o conhecimento de um deles, com a finalidade de induzir, fortalecer ou manter o outro figurante em falsa representação da realidade, visando, em benefício próprio ou de terceiro, a que pratique ato jurídico que não realizaria se conhecesse a verdade[292]. O dolo que vicia a vontade, em suma, se caracte-

ção. A obrigação de indenizar o dano não tem lugar se o prejudicado conhecia o fundamento da nulidade ou da impugnabilidade ou, por negligência, não conhecia (*mas devia conhecer*)". As interpolações são nossas.

290. O vocábulo *dolo* empregado para designar vício do consentimento vem do latim *dolus, i,* que significa engano, embuste, trapaça, traição, insídia. Tem, portanto, sentido absolutamente diferente daquele empregado em direito penal, que, nesse caso, significa *a vontade consciente, a intenção de praticar um delito*. Há autores, como Savigny (*Sistema del derecho romano actual*, v. 2, p. 212 *et passim*), que empregam a palavra *fraude* para designar o *dolo invalidante*, o que leva a certas confusões conceptuais, como mostraremos mais adiante. Há quem o denomine *engano doloso* (Enneccerus, Kipp e Wolff, *Tratado de derecho civil*, v. 2, t. 1, p. 225). De uso corrente, atualmente, porém, é a palavra *dolo,* apenas. Em vários dispositivos do Código Civil aparece o vocábulo *dolo* com o sentido, empregado no direito penal, de intenção, vontade consciente de praticar ato ilícito, diferente, portanto, daquele que se refere ao vício de vontade como causa de anulabilidade. Com esse significado o encontramos, por exemplo, nos arts. 392, 400, 403, 461, 762 e 814.

291. O dolo (*dolus*) era considerado, no direito romano, como crime. *Vide* Jörs e Kunkel, *Derecho privado romano*, p. 369; Gaston May, *Éléments de droit romain*, p. 298. Sobre a evolução da proteção judicial ao enganado pelo dolo, *vide* adiante notas 324 e 325.

292. Labeão (Dig., Liv. 4, Tít. III, frag. I, 2) definiu o dolo como uma astúcia, um embuste, uma maquinação empregada com o fim de enganar alguém ("*dolum malum esse omnem calliditatem fallaciam machinationem ad circumvenien-*

riza: (*a*) pela ação ou omissão intencionais de um dos figurantes, ou de terceiro, com a sua ciência, com a finalidade de induzir a erro o outro figurante (*deceptus*), fortalecer nele erro em que já incidia, ou nele mantê-lo sobre circunstâncias referentes a negócio jurídico[293]; (*b*) pela sua essencialidade, isto é, o dolo constitui *causa eficiente do negócio*, de modo que sem ele o negócio jurídico não se teria realizado.

O dolo, como se vê, implica, logicamente e em caráter essencial, erro de um dos figurantes provocado (= induzimento) ou estimulado(= fortalecimento ou manutenção) pelo outro, ou por terceiro, com seu conhecimento. No entanto, esse erro é diferente do *erro invalidante*, pois que, enquanto esse é espontâneo (= a própria pessoa cria a falsa representação da realidade, sendo responsável pelo seu engano), no caso de dolo a falsa representação da realidade é resultante da astúcia maliciosa de outrem.

A essa espécie a doutrina moderna denomina *dolo causal*, empregando-se, ainda, expressões como *dolo próprio, dolo determinante, dolo principal* e *dolo essencial*[294].

2. Pressupostos do dolo invalidante

Constituem pressupostos caracterizadores do *dolo invalidante*:

(*a*) A intenção de induzir, reforçar ou manter o outro figurante em erro. Não há dolo se não há intenção de provocar ou estimular o engano.

(*b*) O fato de ser ele a *causa eficiente* da concretização do ato jurí-

---

dum fallendum decipiendum alterum adhibitam"). Sobre essa definição, disse Ulpiano (Lib. IX *ad edictum*): "*Labeonis definitio vera est*". (A definição de Labeão é verdadeira.)

293. Exemplificando: (*a*) *A* oferece à venda a *B*, como sendo de ouro, relógio que sabe ser de cobre folheado a ouro (= induzimento por ação); (*b*) *A* dirige-se a *B*, comerciante de antiguidades, apontando para determinada peça de seu estoque, e declara: "parece-me que aquela estatueta é do século XVII" (quando se trata de uma imitação), e *B* confirma tratar-se, efetivamente, de obra do século XVII (= fortalecimento de erro por ação); (*c*) *B* oferta comprar relógio de ouro de *A*, e este, sabendo que o relógio não é de ouro, mas apenas folheado, não informa *B* do fato (manutenção em erro por omissão).

294. Usam-se, ainda, as expressões latinas *dolus dans causam contractui* ou *dolus causam dans*, esta última como forma abreviada daquela.

dico pelo *deceptus*, de modo que se a realidade fosse dele conhecida o ato jurídico não se teria realizado (Código Civil, art. 145). É, portanto, necessário provar-se o nexo causal entre o dolo de um dos figurantes, ou de terceiro com o conhecimento deste, e a formação da vontade manifestada pelo outro.

(*c*) A unilateralidade do dolo, quer dizer, apenas uma das partes do negócio agiu dolosamente. Não constitui causa de invalidade o *dolo bilateral*, isto é, se ambos os figurantes atuaram com dolo (Código Civil, art. 150).

(*d*) A anterioridade do dolo ou, ao menos, a sua contemporaneidade com a conclusão do negócio jurídico. Porque a invalidade resulta de défice no suporte fáctico do ato jurídico, evidentemente, o dolo, embora seja, em si, geralmente, um ato jurídico ilícito invalidante, sua atuação é pré-jurídica em relação à existência ao negócio jurídico, uma vez que opera no mundo dos fatos, quando da formação do suporte fáctico negocial. Por isso é preciso que o dolo exista por ocasião da concretização do suporte fáctico do negócio jurídico a que se refira, para que seja causa eficiente de anulabilidade. O dolo posterior à formalização do negócio jurídico não o invalida[295].

(*e*) O seu desconhecimento pelo *deceptus* no momento de concluir o negócio jurídico; se antes da conclusão do negócio a vítima vier a reconhecer o dolo, cessando a causa do engano, e se, mesmo assim, o negócio for concluído, não há como falar em invalidade. O negócio jurídico será plenamente válido, uma vez que, se o engano já não existia no momento de sua conclusão, o dolo deixou de ser a causa eficiente do negócio jurídico.

(*f*) Nos negócios jurídicos bilaterais para que se caracterize omissão culposa (dolosa ou negligente) de um dos figurantes sobre fato ou qualidade que o outro haja ignorado capaz de gerar anulabilidade é essencial (*a*) que exista de sua parte o dever de informar, segundo normas jurídicas explícitas ou mesmo apenas em decorrência de boa-fé ou dos

295. O dolo posterior, como ocorreria se aquele que contratou vender a casa mobiliada lhe retira parte ou todos os móveis, se passa, evidentemente, na execução das obrigações, donde caracterizar ato ilícito relativo, como demonstra Pontes de Miranda (*Tratado de direito privado*, t. IV, § 449, 2). Conduz tal procedimento à indenizabilidade pelos danos que causar, como também ao surgimento da *exceptio non adimpleti* (ou *non rite adimpleti*) *contractus* (Código Civil, art. 476), à pretensão à resolução do negócio jurídico.

costumes do tráfico[296], (*b*) cabendo ao *deceptus* a prova de que sem ela (omissão) o negócio não se teria realizado. Assim, somente nessas circunstâncias, o silêncio intencional e a reserva mental constituem dolo invalidante (Código Civil, art. 147). As informações ambíguas, com expressões de duplo sentido, podem configurar dolo, se o erro do outro figurante delas resulta[297].

(*g*) Para que dolo de terceiro possa ser considerado causa de anulabilidade, exige-se que o figurante beneficiado dele tenha tido ou devesse ter conhecimento (Código Civil, art. 148). Em caso de não haver ciência por parte do figurante a quem aproveita o dolo de terceiro, ou se não ocorre hipótese de dever de conhecimento de sua parte, o negócio jurídico subsiste, resolvendo-se em perdas e danos que serão suportadas pelo terceiro.

3. Dados irrelevantes para caracterização do dolo invalidante

O dolo invalidante se caracteriza tão somente por ser a *causa eficiente* da realização do negócio jurídico em relação à vítima. Por isso, não importam:

(*a*) Sobre que parte do negócio jurídico recai o engano; basta que, se o logro fosse dela conhecido, a vítima não o concluiria. É irrelevante se o dolo se refere a todo o contrato ou somente a parte dele. Nisto difere, essencialmente, do erro invalidante, que terá de recair, sempre, sobre a substância do negócio, do objeto ou da pessoa. Se o dolo é sobre a substância ou não do negócio, do seu objeto, ou é essencial sobre a pessoa, não tem importância. Os motivos que, em geral, são irrelevantes no que diz respeito aos atos jurídicos, em especial quanto à sua validade, em face da necessária segurança das relações do tráfico social, no

---

296. Josserand, citando Ripert (*Cours de droit civil positif français*, v. 2, p. 50), entende que o dolo por omissão (dolo negativo) existe quando "apresenta um caráter repreensível, se é contrário à moral jurídica".

297. Se *A* declara que está a comprar a égua *x* para fins de reprodução, e o vendedor sabe que ela é estéril, há o dever de informar. Caso não informe esse fato, há reserva mental dolosa. Do mesmo modo há dolo se, tentando vender um cavalo cego pela "gota serena" (doença em que o globo ocular não apresenta qualquer vestígio da cegueira), *A* informa ao comprador que "o defeito está na vista" e este procura o defeito e não encontra qualquer um.

que se refere ao dolo (como também à coação) têm relevância fundamental, precisamente porque é em relação à motivação do figurante para a prática do ato jurídico que ele opera[298]. O que interessa é se, conhecida a realidade, o figurante que foi vítima do dolo (*deceptus*) não realizaria o negócio se conhecesse a verdade.

(*b*) Os meios empregados. O dolo tanto pode ser perpetrado pelo (*i*) emprego de ardis, astúcia, maquinações (ação) como (*ii*) pela omissão em prestar informações que deveriam ser fornecidas e com isto se induz a erro, corrobora o engano ou mantém o outro enganado. Quem assim atua, age, evidentemente, com malícia. Não importa, porém, a sofisticação dos meios empregados para induzir o outro a erro[299]; basta que da ação ou omissão intencionais de um resulte o erro do outro na conclusão do negócio. Não constituem dolo invalidante, no entanto, as afirmativas genéricas, com linguagem exagerada, com jactância ou espalhafato, em propagandas sobre determinadas qualidades de produtos (por exemplo elixir *x* mata a tosse)[300].

(*c*) Se o erro em que incidiu o *deceptus* foi reconhecido pelo outro figurante.

(*d*) Se aquele que pratica o dolo tem capacidade delitual[301]. Por isso um incapaz pode ser responsável pelo dolo.

(*e*) Se o dolo foi praticado pelo próprio figurante ou por terceiro; só que neste caso (de dolo de terceiro) constitui pressuposto essencial que o figurante a quem aproveita dele tivesse ou devesse ter conhecimento. Se nenhum dos figurantes sabia que o terceiro agira com dolo, não há possibilidade de anular-se o ato jurídico. O terceiro, porém, res-

---

298. Pontes de Miranda, *Tratado de direito privado*, t. IV, § 449, 6.

299. Enneccerus, Kipp e Wolff, *Tratado de derecho civil*, v. 2, t. 1, p. 226. Diferentemente, Orlando Gomes (*Introdução ao direito civil*, p. 370), quando afirma que "os artifícios usados não devem ser grosseiros".

300. Pontes de Miranda, *Tratado de direito privado*, t. IV, § 449, 1; Enneccerus, Kipp e Wolff, *Tratado de derecho civil*, v. 2, t. 1, p. 226. Não se trata aqui, evidentemente, da chamada *propaganda enganosa*, que é ilícita e constitui espécie cujas consequências estão reguladas na legislação de defesa do consumidor.

301. Cf. Enneccerus, Kipp e Wolff, *Tratado de derecho civil*, v. 2, t. 1, p. 225; Pontes de Miranda, *Tratado de direito privado*, t. IV, § 449, 6; Carvalho Santos, *Código Civil brasileiro interpretado*, v. 2, p. 338.

ponderá pelos danos a que a sua atuação maliciosa der causa, como consequência da prática de ato ilícito.

Considera-se terceiro, para esse fim, aquele que não tem participação direta na prática do ato pelo figurante que não seja a vítima (um corretor, *v. g.*). O dolo do representante do incapaz[302], do mandatário, do gestor de negócios, do núncio, do presentante (= órgão) da pessoa jurídica não constitui dolo de terceiro, porque estes *estão no lugar da pessoa, como se fossem o próprio figurante*, ou *são ela própria* (caso de presentação das pessoas jurídicas). Também não é terceiro aquele que assiste o incapaz, ou que dá seu assentimento. Por isso, é anulável o ato jurídico por dolo de representante, mandatário, núncio, órgão, assistente.

No entanto, para essas situações de representação, se houver dever de indenizar, além da invalidade, o Código adotou dois critérios distintos, a saber: (*a*) quando se tratar de dolo de *representante legal*[303], o figurante (= representado) responderá civilmente pelos danos causados até o montante do proveito que obteve do ato; (*b*) diferentemente, se o dolo for de *representante negocial* (= convencional), portanto, de mandatário, núncio ou de gestor de negócio, o figurante responderá solidariamente com ele pelos danos (Código Civil, art. 149). Essa regra não se aplica ao gestor de negócio se configurada a hipótese do art. 862 do Código Civil (*gestão de negócio iniciada contra a vontade manifestada ou presumível do interessado*), espécie em que a ele caberá a reparação civil, direta e individualmente.

(*f*) Se houve intenção de causar dano à vítima, ou se, efetivamente, houve danos. Se há danos resultantes do dolo, nasce o dever de indenizar, além da anulabilidade do ato jurídico. Clóvis Beviláqua, entre outros[304], afirma ser característica do dolo a intenção de prejudicar. Sem razão, no entanto, uma vez que o Código Civil considera bastante à caracterização do dolo somente o fato de ser ele causa efi-

---

302. Código Civil, art. 148. Embora impropriamente, devem ser considerados incluídos no conceito de representante legal os pais, o tutor, o curador e os presentantes das pessoas jurídicas.

303. Código Civil, art. 149.

304. *Código Civil comentado*, v. 1, p. 364; Serpa Lopes, *Curso de direito civil*, v. 1, p. 339.

ciente do ato. É irrelevante, portanto, a ocorrência de danos resultantes do dolo[305].

4. Dolo positivo e dolo negativo[306]

Há doutrinadores[307] que distinguem o *dolo positivo*, aquele que decorre de ação, do *dolo negativo*, que resulta da omissão do outro figurante. Essa distinção não tem efeitos práticos, pois que não há diferenças entre as duas espécies quanto a suas consequências.

5. Dolo em negócio jurídico unilateral

Não somente em negócios jurídicos bilaterais é possível haver dolo. Assim também nos negócios jurídicos unilaterais. Por isso, é anulável a disposição testamentária que resulte de dolo[308].

---

305. Nesse sentido, Pontes de Miranda, *Tratado de direito privado*, t. IV, § 450, 1; Washington de Barros Monteiro, *Curso de direito civil*, v. 1, p. 196 e s.; Carvalho Santos, *Código Civil brasileiro interpretado*, v. 2, p. 329, entre outros.

306. A doutrina (*e. g.*, Orlando Gomes, *Introdução ao direito civil*, p. 370; Serpa Lopes, *Curso de direito civil*, v. 1, p. 337; Washington de Barros Monteiro, *Curso de direito civil*, v. 1, p. 195; Stolfi, *Teoría del negocio jurídico*, p. 191; Santoro- Passarelli, *Doctrinas generales del derecho civil*, p. 199; Barbero, *Sistema del derecho privado*, v. 1, p. 527, entre tantos outros) refere-se, ainda, sob influência do direito romano, a *dolus malus* e *dolus bonus*. O primeiro se caracterizaria pela *intenção de prejudicar* o outro contratante e seria causa invalidante, enquanto o outro, o *dolus bonus*, não consistiria em defeito do ato jurídico, sendo "permitido em caso em que a necessidade de defesa pessoal legitime até a violência e onde, desde antes, não eram duvidosas as relações de direito", conforme a definição de Savigny (*Sistema del derecho romano actual*, v. 2, p. 214). O *dolus bonus* se caracterizaria, na prática, em atos de propaganda exagerada, facilmente reconhecível, de jactância, ou no uso de ardis para enganar alguém que pretende perpetrar um crime para evitar que o perpetre, ou de mentiras para evitar um confronto violento entre pessoas. Essa distinção, hoje, também não tem qualquer pertinência (Washington de Barros Monteiro, *Curso de direito civil*, v. 1, p. 195; A. Ferreira Coelho, *Código Civil*, v. 7, p. 347; Carvalho Santos, *Código Civil brasileiro interpretado*, v. 2, p. 327).

307. Por exemplo: Washington de Barros Monteiro, *Curso de direito civil*, v. 1.

308. Exemplo: pessoa que ilude o testador para obter contemplação no testamento.

§ 48. Dolo não invalidante

Além do *dolo causal*, que é invalidante, se há dolo, mas o figurante que dele foi vítima concretizaria o negócio, ou o faria por outro meio, se conhecesse a realidade, não há anulabilidade, mas simples dever de indenizar, havendo danos. Este é o *dolo incidental, ou acidental* (*dolus incidens*), de que trata o art. 146 do Código Civil.

A regra de direito é a de que ninguém pode alegar em seu proveito a própria torpeza (*nemo propriam turpitudinem allegans*). Portanto, quem agiu com dolo não pode invocá-lo para furtar-se aos efeitos do ato jurídico (*ne ex dolo suo lucrentur,* Dig. Liv. IV, Tit. 13, frag. 12).

Por esses princípios, não constitui causa de anulabilidade de ato jurídico o dolo bilateral, também dito recíproco, ou seja, aquele que é praticado pelos dois figurantes. Se ambas as partes no negócio houverem agido com dolo, este não será causa de invalidade, tampouco de indenização. Os dolos recíprocos se anulam, ou se compensam, conforme prefere a doutrina tradicional[309]. Discute-se se, havendo de parte de um dos figurantes dolo causal e de parte do outro dolo acidental, seria aplicável a regra da inalegabilidade do dolo bilateral, ou se a um caberia a ação de nulidade e ao outro a de indenização. A solução mais acertada parece ser a de que a impossibilidade de alegação do dolo bilateral é absoluta, cabendo em qualquer caso[310].

§ 49. Dolo e figuras parecidas

1. Dolo e erro

O dolo somente é invalidante quando envolve erro. O pressuposto essencial do dolo é que haja erro de um dos figurantes no negócio por induzimento ou estímulo (= fortalecimento ou manutenção) do outro, ou

309. Carvalho Santos, *Código Civil brasileiro interpretado*, v. 2, p. 351; A. Ferreira Coelho, *Código Civil dos Estados Unidos do Brasil. Comparado, commentado e analysado*, v. 7, p. 404; Washington de Barros Monteiro, *Curso de direito civil*, v. 1, p. 199; Dionysio Gama, *Dos actos jurídicos*, p. 119; Wilson de Souza Batalha, *Defeitos dos negócios jurídicos*, p. 113; Orlando Gomes, *Introdução ao direito civil*, p. 372, dentre outros.

310. Martinho Garcez, *Nullidades dos actos jurídicos*, p. 131, nota 259.

de terceiro. No entanto, conforme já observamos, esse erro difere substancialmente do *erro invalidante,* pela sua origem. No dolo o erro é provocado, corroborado ou mantido por alguém que usa de práticas ardilosas, falsidades, fraudes, com esse fim. No erro invalidante, diferentemente, há espontaneidade, uma vez que a falsa representação da realidade é fruto da ignorância ou da errônea apreciação das circunstâncias pela própria pessoa, sem induzimentos de outrem, como dissemos antes.

2. Dolo e fraude civil

Em razão da semelhança resultante da circunstância de que em ambas as espécies são utilizados procedimentos astuciosos, maliciosos, de má-fé, para obter o resultado ilícito, há autores que empregam dolo e fraude como expressões sinônimas[311]. Entretanto, como observa Martinho Garcez[312], são figuras distintas, especialmente porque na fraude o ato é praticado sem a participação da vítima, que somente sofre as suas consequências, enquanto no dolo os ardis são empregados para induzir a própria vítima a praticar o ato que não praticaria se conhecesse a verdade.

3. Dolo e coação

Consoante observa Savigny[313], entre o dolo e a coação (a que denomina, respectivamente, *fraude* e *violência*) há semelhanças que decorrem do fato de ambos resultarem de atos imorais e de constituírem, em si, uma injustiça (no sentido de antijuridicidade), porque desprezam as condições essenciais da vida social, que o direito protege.

Além disso, dolo e coação constituem violência psicológica, deformadora da vontade, só que de naturezas diferentes. Enquanto no

---

311. Savigny, *Sistema del derecho romano actual*, v. 2, p. 213 *et passim*, e Coelho da Rocha, *Instituições de direito civil português,* § 101, por exemplo.

312. *Nullidades dos actos jurídicos*, p. 129: "Por mais que andem por ahi confundidas as palavras — dolo, fraude e simulação — e empregadas como synônimos em arrazoados, sentenças e até em compêndios de direito, elas exprimem noções distintas".

313. *Sistema del derecho romano actual*, v. 2, p. 211.

dolo empregam-se apenas ardis maliciosos, a coação se materializa no uso de ameaças à integridade física ou moral da própria pessoa, de sua família ou de seu patrimônio. A coação é evidentemente mais grave, uma vez que enquanto age sobre a liberdade da pessoa, com maior influência sobre a formação da vontade, o dolo atua, exclusivamente, sobre a inteligência[314].

4. Dolo invalidante, ato ilícito doloso e dolo (fraude) criminal

4.1. O vocábulo *dolo* pode referir-se a quatro figuras jurídicas distintas: (*a*) o dolo que constitui vício do consentimento; (*b*) o dolo que concretiza ato ilícito civil indenizativo, absoluto ou relativo[315]; (*c*) o crime de fraude (= estelionato e outras fraudes); e (*d*) o dolo elemento intencional caracterizador de crimes ditos dolosos.

Embora distintas, em todas as espécies há um dado comum: a intenção de violar um direito de outrem. Por isso, alguns autores as confundem[316], enquanto outros, como Oertmann e Martinho Garcez[317], demonstram que são diferentes.

4.2. Não há dúvida de que não se podem confundir essas espécies, uma vez que há distinções conceptuais que não permitem tratá-las indistintamente. Senão vejamos, conceituando sucintamente as espécies.

(*a*) O dolo invalidante, este de que estamos cuidando, constitui vício de consentimento que, como dissemos, também é denominado *fraude*[318], se configura na intenção de enganar alguém para a realização de um negócio. Não se exige capacidade delitual (imputabilidade), dano à vítima, ou vantagem patrimonial para o agente. O emprego de

314. Como observa Washington de Barros Monteiro, *Curso de direito civil*, v. 1, p. 195, citando Carmelo Scuto, *Istituzione di diritto privato*; parte generale, v. 1, p. 387.

315. Sobre os conceitos de ato ilícito absoluto e relativo, *vide* nosso *Teoria do fato jurídico*: plano da existência.

316. Como, por exemplo, Serpa Lopes, invocando Manzini (*Curso de direito civil*, v. 1, p. 337). Na doutrina de direito penal a questão é debatida com maior ênfase (cf. Magalhães Noronha, *Direito penal*, v. 2, p. 361; Nélson Hungria, *Fraude penal*, p. 44, entre outros).

317. *Introducción al derecho civil*, p. 247-248, e *Nullidades dos actos jurídicos*, p. 129, respectivamente.

318. Savigny, *Sistema del derecho romano actual*, v. 2, p. 212 *et passim*.

ardis, embustes, artifícios para obter o engano constitui situação fáctica que conduz à prática do ato jurídico, sendo-lhe, portanto, anterior, precisamente por ser a sua causa, donde seu caráter de elemento anômalo na formação do suporte fáctico, por isso, causador de sua deficiência.

(*b*) O ato ilícito *stricto sensu* (= ato ilícito doloso) tal como definido nos arts. 186 e 187 do Código Civil, se caracteriza: (*a*) pela ação ou omissão voluntária, negligência ou imprudência, de alguém que viola direito de um terceiro, causando-lhe danos, ou ainda (*b*) quando há abuso de direito, que se individualiza quando o titular de um direito, ao exercê-lo, excede, manifestamente, os limites impostos pelo seu fim econômico ou social, pela boa-fé ou pelos bons costumes. O dano e a culpa são pressupostos das espécies (*a*) e (*b*), sendo que (*a*) sempre constitui um ato ilícito absoluto, enquanto (*b*) pode ser um ilícito absoluto ou relativo, conforme a natureza do direito a que se refere o abuso.

O ato ilícito relativo, que se materializa no inadimplemento das obrigações, embora dispense a culpa em alguns casos, tem no dano um de seus elementos constitutivos.

Em ambos (ato ilícito absoluto e relativo), há exigência de imputabilidade do agente.

(*c*) Já o crime de fraude (= estelionato), além da necessária imputabilidade criminal, se caracteriza pela *intenção de obter, para si ou para outrem, vantagem patrimonial em prejuízo alheio.*

(*d*) O dolo penal consiste na intenção de praticar o ato criminoso, querendo o resultado ou assumindo o risco de produzi-lo. Constitui elemento integrante do suporte fáctico do crime doloso (*vide* nota 293, *in fine*).

4.3. Em conclusão, se considerarmos os conceitos acima sucintamente expostos, temos de concluir que o dolo invalidante, em essência, não pressupõe a ocorrência de *ato ilícito civil*, (*a*) primeiro, porque não lhe é inerente o dano ao *deceptus*. Basta que haja o engano provocado e a circunstância de que o enganado não realizaria o ato se conhecesse a realidade para que se concretize o dolo invalidante. (*b*) Depois, porque o ilícito, em sentido próprio, tem como pressuposto a imputabilidade do agente, além da antijuridicidade da conduta, requisito que não se exige para o dolo. Pode, evidentemente, ocorrer que o ato doloso seja também ato ilícito, não, porém, necessariamente. Não há relação de essencialidade entre o dolo e o ato ilícito, embora em sentido amplíssimo se possa dizer que o dolo é ilícito, porque é antijurídico (= injusto, como dizia Savigny). São, assim, espécies diferentes.

Em relação à espécie criminal do estelionato (crime de fraude), o que a caracteriza é, precisamente, a intenção de *obter uma vantagem patrimonial* em detrimento da vítima, como resultado da fraude. No dolo invalidante, há fraude, mas não é essencial à intenção fraudulenta a obtenção de vantagem patrimonial. Se do dolo resulta prejuízo à vítima e vantagem indevida ao seu autor, é questão acidental. O dolo invalidante se consubstancia, apenas, em ser a causa eficiente da realização do negócio jurídico. A lei penal tem pressupostos que a lei civil não considera, conforme ao tempo das Ordenações já anotava Martinho Garcez[319].

Embora, como mencionamos acima, seja a intenção de enganar um elemento comum às espécies, os suportes fácticos que as caracterizam são absolutamente distintos em sua composição, donde não assistir razão aos que afirmam que não há "diferença ontológica entre fraude civil e fraude penal"[320].

§ 50. Peculiaridades relativas ao dolo

1. Ação própria

A anulação do ato jurídico por dolo depende de ação própria, cuja legitimação ativa é daquele que foi induzido a erro. É a *actio doli*, dos romanos, empregada para impugnar os negócios civis afetados pelo dolo[321]. A legitimação para anular o ato jurídico por dolo se transmite

319. *Nullidades dos actos jurídicos*, p. 130, nota 256.

320. Como Magalhães Noronha (*Direito penal*, v. 2, p. 361) e alguns julgados de nossos tribunais de que é exemplo o seguinte do TACrimSP: "Não há diferença ontológica entre fraude penal e fraude civil. Trata-se, apenas, de questão de grau ou de quantidade, a ser resolvida, em última análise, pela apreciação do juiz, que deverá considerar o conjunto das circunstâncias de fato, inclusive a capacidade das partes e suas limitações" (JUTACRIM, *58*:210).

321. No direito pretoriano, a *actio doli* foi criação de C. Aquilio Galo e concedida, subsidiariamente, a quem tivesse sofrido um dano dolosamente causado, se não fosse possível o emprego de outra ação. Posteriormente, após ser concedida nos

aos herdeiros, legítimos ou testamentários, da vítima, que tanto podem iniciá-la (se o *deceptus* faleceu antes de propô-la) como, naturalmente, nela prosseguir, se já proposta. Em caso de sucessão negocial, não há legitimação do sucessor para promover a ação.

2. Alegação como defesa

O dolo pode ser invocado, no entanto, como defesa, ou incidentalmente, em ação de cumprimento de obrigações resultantes do negócio jurídico do qual foi a causa eficiente.

3. A *exceptio doli*[322]

Não há, no direito brasileiro, exceção de anulabilidade[323], menos ainda a *exceptio doli generalis*, razão pela qual o dolo não pode ser oposto como exceção. A *exceptio doli* pode ser oposta, no entanto, se o dolo configura crime e esteja pendente processo criminal, hipótese em que se dará a suspensão do procedimento cível, pelo prazo de até um ano, aguardando-se o julgamento daquele (CPC, art. 313, V, *a*, e § 4º).

---

casos de enganos ou maquinações fraudulentas, passou a ser cabível em todos os casos de prejuízos causados por quaisquer atos desleais e contrários ao direito. Como o *dolus* configurava delito, a sentença condenatória era infamante, motivo pelo qual se considerava incluída na fórmula uma cláusula restitutória que abria ao demandado a possibilidade de, restituindo a coisa, furtar-se à condenação penal (Jörs e Kunkel, *Derecho privado romano*, p. 369-370).

322. A *exceptio doli* foi concedida, no direito romano, em fins da República, pelo direito pretoriano, à vítima do dolo para paralisar a ação tendente à execução do contrato eivado de dolo (Gaston May, *Éléments de droit romain*, p. 298; Pontes de Miranda, *Tratado de direito privado*, t. IV, § 453, 1; José Carlos Moreira Alves, *Direito romano*, v. 1, p. 218). Mas não se restringia, apenas, ao caso de dolo. Sua amplitude era maior, uma vez que tinha por objeto "privar de força o direito formal do autor quando seu exercício se considerava contrário à boa-fé e à lealdade" (Jörs e Kunkel, *Derecho privado romano*, p. 370) e nesse caso denominava-se *exceptio doli generalis*, pela sua aplicação geral no *iudicium bonae fidei,* em cuja fórmula já se considerava naturalmente incluída, pois que o juiz tinha liberdade de pesquisar a boa-fé, desde quando segundo ela deveria julgar.

323. Pontes de Miranda, *Tratado de direito privado*, t. IV, § 455, 6.

Se já houver condenação criminal pelo dolo, em sentença transitada em julgado, em face da regra de que a decisão penal faz coisa julgada no juízo cível (Código Civil, art. 935), a oposição não será da *exceptio doli*, mas da *exceção de coisa julgada*.

4. Alegação em reconvenção

É também possível a alegação do dolo em reconvenção à ação de cumprimento das obrigações, uma vez que se trata de "ação" própria e autônoma que se propõe no mesmo processo, em face de serem conexas a pretensão deduzida na reconvenção com a que fundamenta a denominada "ação principal".

5. Inalegabilidade do dolo pelo seu autor

Quem praticou o dolo não o pode alegar para obter a anulação do ato, porque, segundo princípio que nos vem dos romanos, não se assegura ação àquele que agiu com improbidade (*Nemo de improbitate sua consequitur actionem* — Dig., Liv. 47, Tit. 1º, frag. 12). Nega-se àquele que usou de meios imorais para obter fins contrários a direito o poder beneficiar-se com a sua conduta antijurídica (*Ne ex dolo suo lucrentur* — Dig., Liv. IV, Tit. 13, frag. 12).

6. Ônus da prova

O dolo não se presume. Precisa de ser provado, cabendo ao *deceptus* o ônus da prova, inclusive de que não teria realizado o ato jurídico se conhecesse a verdade. Por se tratar de manifestação de má-fé, porém, "o direito não exige rigor para prová-lo; contenta-se com presunções", conforme a lição de Clóvis Bevilaqua em seus comentários ao art. 92 do Código Civil de 1916.

7. A defesa do réu

A legitimação passiva é de quem cometeu o dolo. Havendo dolo de terceiro, além deste é legitimado passivo o figurante que dele tinha conhecimento. O réu pode defender-se alegando decadência, renúncia, confirmação e quaisquer outras defesas capazes de elidir os efeitos da anulabilidade, bem assim a inexistência dos pressupostos fácticos caracterizadores do dolo, inclusive que o autor não estava em erro quando da concretização do negócio, ou que o dolo fora incidental (o negócio se teria realizado, mesmo que por outro modo, se o *deceptus* houvesse conhecido o erro).

Das matérias que alegar, cabe-lhe fazer a prova.

8. Reparação de danos

Afora a anulabilidade do ato jurídico, com restituição das partes ao estado anterior, o dolo causal pode implicar dever de indenizar o *deceptus*, se houver danos. A reparabilidade do dano resulta de que o dolo danoso configura ilicitude, aplicando-se o princípio dos arts. 186 e 187 do Código Civil. Os danos podem ser patrimoniais ou morais. Pode, portanto, haver cumulação de pedidos: anulação do ato + indenização dos prejuízos.

A propositura de uma das ações, porém, não engloba necessariamente a da outra. Se a vítima do dolo propuser, apenas, ação indenizatória, não estará em discussão a anulabilidade do ato jurídico; a sentença que julgar procedente a ação, condenando o figurante que agiu com dolo a indenizar, não importa desconstituição (= anulação) do ato jurídico, que continuará anulável. É possível, por isso, enquanto não ocorrer a decadência, cujo prazo é de quatro anos, ser proposta, depois, ação de anulação.

Diferentemente, a sentença desfavorável ao autor pode trancar a ação de anulação se, ao negar a indenização, declarar, na decisão, não ter havido dolo, pois em tal hipótese haverá coisa julgada. Não assim se, apenas nos motivos da sentença, se declarar que o dolo não ficou provado, precisamente porque os motivos não fazem coisa julgada[324].

No dolo incidental não há anulabilidade do ato jurídico, mas, apenas, dever de reparar os danos causados (Código Civil, art. 146).

Conforme dissemos antes, se o dolo é do representante, do mandatário, do gestor de negócios, do núncio ou do órgão da pessoa jurídica, o dever de indenizar obedece a dois critérios distintos, a saber: (*a*) quando se tratar de dolo de *representante legal* (= pais, tutor, curador ou presentante de pessoa jurídica), o figurante (= representado) responderá civilmente pelos danos causados até o montante do proveito que obteve

324. CPC, art. 504, I.

do ato; (*b*) se o dolo for de *representante negocial* (= convencional), portanto, de mandatário, núncio ou de gestor de negócio, o figurante responderá solidariamente com ele pelos danos (Código Civil, art. 149). Essa regra não se aplica ao gestor de negócio se configurada a hipótese do art. 862 do Código Civil (*gestão de negócio iniciada contra a vontade manifestada ou presumível do interessado*), espécie em que a ele caberá a reparação civil, direta e individualmente.

9. Alcance da decisão

A decisão pode anular todo o ato jurídico, ou somente parte dele, desde que, sendo parcial o dolo, haja a possibilidade de separação da parte anulável. É mister, porém, que se demonstre que o enganado teria praticado a parte negocial válida, conhecendo o dolo parcial.

CAPÍTULO VI
Da Coação

§ 51. Coação invalidante[325]

1. Conceituação

A doutrina diferencia a violência que elimina a vontade (*vis absoluta*) e faz inexistente o ato praticado sob ela e a violência de cunho moral que apenas vicia a manifestação da vontade (*vis compulsiva*), tornando anulável o ato jurídico.

Se *A*, usando de força física, toma da mão de *B* e a conduz na assinatura de um contrato, ou põe no papel a sua impressão digital (exemplos de *vis absoluta*), na realidade não houve vontade, nem manifestação de vontade. A força física transforma *B* em "instrumento" da vontade de *A*, em "meio" de seu agir, porque, na realidade, somente *A age*. Precisamente porque não há qualquer vontade ou ato da vítima, tem-se por *inexistente* o ato jurídico produzido como consequência da *vis absoluta*; não nulo ou anulável.

Ao contrário, se somente há *coação*, isto é, se alguém incute no paciente o *medo* (= *violência psicológica*) de vir a sofrer um dano físico ou moral em sua pessoa ou de sua família ou em seu patrimônio, iminente e considerável. Também, poderá haver coação por meio de ameaça a pessoa que não pertença à família do coacto, desde que, segundo as cir-

---

325. No direito romano, o *ius civile* não considerava a coação como causa de invalidade do ato jurídico. Somente no direito pretoriano, *ius honorarium*, o édito do pretor Octavio estabeleceu uma ação que permitia ao coagido pedir a restituição do obtido pela violência ou intimidação. Bem mais tarde, o édito de Adriano passou a reconhecer a invalidade do ato praticado sob coação e, ao tempo em que deferia a *restitutio in integrum*, criou a *actio quod metus causa*, ação de natureza penal para o caso de não haver a restituição voluntariamente, bem como a *exceptio quod metus causa* (*exceptio metus*), com a qual o acionado se opunha à ação do coator que intentasse obrigar o coagido a cumprir o ato extorquido (Jörs e Kunkel, *Derecho privado romano*, p. 370 e s.).

cunstâncias, assim entenda o juiz (Código Civil, art. 151). Embora haja violência, esta tem natureza apenas psicológica (*medo*), exclusivamente moral[326], e por essa razão a vítima manifesta, efetivamente, uma vontade, somente que de conteúdo diverso daquele que manifestaria espontaneamente, se não houvesse a coação. Por força da coação, há uma incoincidência entre a vontade exteriorizada e a vontade real. Não se pode, porém, dizer que fique excluída a possibilidade de decidir do coagido entre ceder à violência moral, praticando o ato que dele se quer extorquir, ou a ela resistir, sofrendo as suas consequências danosas[327]. Por isso, *coactus voluit*, já diziam os romanos, reconhecendo, no entanto, que esse *querer do coacto* é malformado porque, se não chega a eliminar a liberdade de escolha entre fazer e não fazer (aí incluída a liberdade de dar ou não dar), a coação a limita, injustamente (= ilicitamente).

2. Pressupostos da coação invalidante

Nem toda a ameaça constitui *coação invalidante*. No sistema jurídico brasileiro (Código Civil, art. 151), têm-se como pressupostos caracterizadores da coação que implica vício do consentimento:

(*a*) *O fundado temor de mal resultante da ameaça*, vale dizer: que a ameaça seja capaz de incutir medo das consequências ao paciente em tal intensidade que justifique o seu ato. Não é, portanto, qualquer ameaça. Há necessidade de que seja grave o mal que se ameaça causar. Não uma gravidade especial. Basta que se refira a um mal capaz de fazer com que a pessoa se sinta ameaçada[328].

A valoração da gravidade da ameaça e a consequente intensidade do temor não obedece a parâmetros predeterminados. O Código Civil, art. 152, estabelece, como regra de interpretação, que se terá em conta o sexo, a idade, as condições social e cultural, a saúde, o temperamento do paciente e todas as demais circunstâncias que possam influir na gravidade da coação. Isto porque, ao apreciar a gravidade da ameaça, é necessário que sejam sopesadas as circunstâncias subjetivas e objetivas que envolvem cada situação.

---

326. Por isso alguns autores, como José Carlos Moreira Alves (*Direito romano*, v. 1, p. 219), a denominam, explicitamente, "coação moral".

327. Savigny, *Sistema del derecho romano actual*, v. 2, p. 204. Nenhum autor destoa deste ensinamento.

328. Enneccerus, Kipp e Wolff, *Tratado de derecho civil*, v. 2, t. 1, p. 220.

(*a.a*) Subjetivamente, cada pessoa reage de maneira diferente diante da ameaça. Pessoa tida como fraca de caráter pode portar-se como herói, e vice-versa. Não se deve, portanto, falar em *homem normal* como um parâmetro de avaliação da gravidade da ameaça[329], porque esse padrão não existe, como anotamos ao tratar do erro.

(*a.b*) Objetivamente, também as circunstâncias fácticas em cada caso concreto fazem variar a intensidade da coação, sem que se possa preestabelecer critérios definidores. É necessário, porém, que o dano que se teme seja imediato e, ao menos, considerável. Uma ameaça à vida ou à integridade física do paciente, de pessoa de sua família ou mesmo de um amigo dileto, por exemplo, justifica qualquer ato. Se a ameaça é de divulgação de fatos da vida da pessoa que possam comprometê-la moralmente, é necessário que se proceda a uma valoração desses fatos e de sua repercussão na vida e reputação do paciente. Se há desproporção evidente entre o mal com que se ameaça e o resultado do ato a praticar, não se poderá falar de coação invalidante.

(*b*) Que a coação seja a *causa* do ato jurídico. É necessário, portanto, que haja uma relação de causalidade entre a ameaça e a prática do ato jurídico. Não é preciso que seja a *única* causa; basta, no entanto, que sem ela a vontade não teria sido manifestada naquele sentido. Uma ameaça feita por pilhéria, que o paciente tome como verdadeira, pode caracterizar coação. Se alguém com um revólver de brinquedo ameaça a vítima e esta, sem conhecimento da realidade, cede, coação existe.

(*c*) Contrariedade a direito do *fim* que se quer obter por meio da coação[330]. Como observam Enneccerus, Kipp e Wolff[331], em geral, *há antijuridicidade quando se coage para chegar a um resultado contrário ao direito ou à moral.* Se a ameaça visa a que o paciente pratique ato que não tem o dever ou que não quer praticar, há coação, mesmo que se empreguem meios lícitos. Por isso é que, embora seja ato absolutamente lícito a denúncia de um crime, a ameaça feita ao criminoso de denunciar seu crime, por exemplo, considera-se coação invalidante, se o ato que dele se quer extorquir não é devido[332].

---

329. Pontes de Miranda, *Tratado de direito privado*, t. IV, § 459, 4.

330. Pontes de Miranda, *Tratado de direito privado*, t. IV, § 459, 1.

331. *Tratado de derecho civil*, v. 2, t. 1, p. 221.

332. Enneccerus, Kipp e Wolff, *Tratado de derecho civil*, v. 2, t. 1, p. 221; Oertmann, *Introducción al derecho civil*, p. 253.

Segundo Oertmann[333], para se ter como lícita a ameaça seria necessário que fossem conformes a direito tanto o meio empregado como o resultado perseguido. A nosso ver, porém, para configurar-se a coação invalidante basta que o meio utilizado para coagir ou o fim que se quer alcançar seja, qualquer deles, contrário a direito. Se considerarmos que o direito reconhece e preserva a liberdade como direito fundamental do ser humano, é correto concluir que a contrariedade a direito do fim da coação já se caracteriza somente pelo tolhimento da liberdade de manifestar a vontade negocial. Basta que pela ameaça alguém pratique ato que não está juridicamente obrigado a praticar e que não quer praticar para que se configure a ilicitude da ameaça. Por isso, (*i*) a ameaça de exercício de um direito para levar alguém a praticar ato que deve não constitui coação (Código Civil, art. 153), (*ii*) como, do mesmo modo, se a ameaça de exercício do direito se destina a obter um fim lícito que o ameaçado normalmente não atenderia. (*iii*) Mas, mesmo nesses casos, se os meios utilizados, que em geral são irrelevantes, forem contrários a direito, há coação invalidante[334].

(*d*) Que a ameaça de dano se dirija: (*i*) à própria pessoa do coagido, de sua família ou a patrimônio, não apenas o seu próprio, mas também de pessoas da família; (*ii*) a pessoa de terceiro, não integrante da família, neste caso se o juiz, segundo as circunstâncias (grau de afeição, amizade, *e. g.*), entender haver coação. Portanto, quando se trata de coação com ameaça a terceiro é necessário apurar-se se, efetivamente, a pessoa ameaçada tem um relacionamento com o coacto em um nível tal de proximidade pessoal que seja capaz de influenciar sua psiquê de modo tão intenso que o conduza a ceder à coação.

(*e*) Que o medo resultante da ameaça seja atual, presente na ocasião da prática do ato. Se o ato que se pretendia obter pela coação foi praticado já havendo cessado a ameaça, não se pode falar em anulabilidade. Não é necessário que o mal com que se ameaça seja presente. Este

---

333. *Introducción al derecho civil*, p. 252.

334. Exemplificando: (*a*) a ameaça do credor ao devedor empresário de requerer a sua falência, se não pagar, até certo dia, dívida já vencida, não constitui coação; (*b*) se o locador ameaça o locatário de propor ação de despejo para obter aumento de aluguel, não coage. (*c*) Nas mesmas situações, (*a*) se o credor ameaça o devedor de divulgar fatos que abalem sua condição de empresário se não pagar, há coação, como também (*b*) se o locador, ameaçando a integridade física do locatário, o obriga a pagar aluguel maior.

pode ser futuro, como também futuro pode ser o dano, que se promete causar como intimidação. Não, porém, o medo (= fundado temor), que tem que existir na ocasião da concretização do ato.

(*f*) Que seja fundado o medo. O simples receio de consequências desagradáveis, como ocorre no temor reverencial, não constitui coação.

3. Dados irrelevantes para caracterizar a coação

São dados irrelevantes para caracterizar a coação invalidante:

(*a*) Quem haja praticado a coação. Tanto pode ser coator aquele que se beneficia com o ato do coacto, como terceiro. No caso de coação levada a efeito por terceiro, as consequências variam, considerando a circunstância de que aquele que obtenha proveito dela tenha tido ou devesse ter conhecimento, a saber: (*i*) se o beneficiário teve ou devesse ter ciência, além de causa de anulabilidade, a coação importa o dever de indenizar, criando solidariedade entre ele e o terceiro; (*ii*) se aquele a quem aproveita não teve conhecimento nem tinha o dever de tê-lo, o negócio jurídico é válido, respondendo o terceiro pelas perdas e danos que causar (Código Civil, art. 155).

(*b*) Que o coator tire vantagem do ato decorrente da coação. Isto resulta bem claro do simples fato de que terceiro pode ser o autor da coação, sem que nada logre de vantajoso como decorrência do ato obtido do paciente.

(*c*) A ocorrência de prejuízo efetivo ao coacto resultante do ato. Pode ocorrer, até, que o paciente se beneficie do ato, como aconteceria se do bem que adquiriu sob coação venha a obter lucro. Isto, no entanto, não o impede de promover a anulação do ato[335]. Também não importa a patrimonialidade do prejuízo, nem seu valor, uma vez que o dano pode ser, exclusivamente, moral.

(*d*) Se o coator agiu com *culpa* (intenção), ou se, ao menos, tinha a consciência da ameaça[336]. Como mencionamos acima, se o coator fez a ameaça por gracejo, sem qualquer intenção de ameaçar, e o paciente a tomou como séria, coação há que invalida o ato jurídico.

---

335. Pontes de Miranda, *Tratado de direito privado*, t. IV, § 458, 3.

336. Savigny, *Sistema del derecho romano actual*, v. 2, p. 205, nota (*e*); Enneccerus, Kipp e Wolff, *Tratado de derecho civil*, v. 2, t. 1, p. 221 e nota 14; Pontes de Miranda, *Tratado de direito privado*, t. IV, § 459, 1.

(*e*) A imputabilidade (capacidade delitual) do coator. Por isso, aquele que não tenha capacidade delitual pode ser autor de coação.

(*f*) A presença atual do mal com que se ameaça. Este, como o dano, pode ser futuro. É necessário, porém, que haja iminência.

(*g*) Os meios empregados para coagir. Basta que seja suficiente para incutir ao paciente o fundado temor de sofrer o mal. Não importa, portanto, se a coação resultou de *ato positivo* ou de *ato negativo* (= *omissão*). Somente que, no caso de omissão, como assinala Pontes de Miranda[337], se requer haja, por parte do coator, dever de praticar o ato de que ameaça abster-se[338], ou se o coacto pudesse, objetivamente, não contar com a possibilidade da omissão, na prática.

§ 52. Ilícito invalidante, ilícito indenizativo e ilícito penal

Toda coação que tenha por consequência a anulabilidade constitui um ilícito invalidante. Nem sempre, no entanto, configura espécie de ato ilícito indenizativo, que tanto pode ser absoluto (se não preexistia relação jurídica entre coator e coacto, ou se a que existia era de direito absoluto) ou relativo (se existia relação jurídica entre os dois sujeitos polos da coação e esta se deu a respeito dela).

Se a coação foi exercida sem consciência da parte do coator, embora haja invalidade, não há ilícito indenizativo. Se há consciência, ao menos, há dever de indenizar. Não se tem de apurar se houve culpa[339]. Há, nesse caso, ilícito invalidante e ilícito, absoluto ou relativo, indenizativo, cumulativamente. Daí se vê que o ilícito invalidante independe de que a coação seja, também, ato ilícito indenizativo[340]. No entanto, no sistema do Código de 2002, nem sempre a coação configura ilícito indenizativo, há, necessariamente, ilícito invalidante. Quando a coação é

337. *Tratado de direito privado*, t. IV, § 459, 1.

338. Por exemplo, havendo dever de prestar alimentos, faz-se a ameaça de suspendê-los se o paciente não praticar o ato querido.

339. Pontes de Miranda, *Tratado de direito privado*, t. IV, § 466, 1.

340. Por isso há de se ler com as ressalvas contidas no próprio texto a afirmativa de Pontes de Miranda (*Tratado de direito privado*, t. IV, § 466, 1), de que "o ilícito que há na coação é invalidante; mas também é ilícito no sentido do art. 159, que dá causa a dever e obrigação de reparar".

de terceiro e aquele a quem aproveita não teve conhecimento, nem deveria tê-lo, há apenas ilícito indenizativo de responsabilidade exclusiva do coator, subsistindo o negócio jurídico.

O mesmo ocorre com a coação que constitui ilícito criminal, especificamente, o crime de constrangimento ilegal[341]. Se há crime, há coação invalidante e indenizativa. Mas há coação invalidante sem que exista crime (*e. g.* coação que resulte de ato jocoso, como anotado antes).

§ 53. Peculiaridades quanto à coação

1. Ação direta

A anulação do ato jurídico por coação depende de ação própria, cuja legitimação ativa é daquele que foi coagido. A legitimação para anular o ato jurídico por coação se transmite aos herdeiros, legítimos ou testamentários, do coacto, que tanto podem iniciá-la (se o coacto faleceu antes de propô-la) como, naturalmente, nela prosseguir, se já proposta. Tratando-se de legatário, a legitimação somente existe se a coação afetou, especificamente, o bem objeto do legado. Se a coação se refere a casamento, não há transmissão aos sucessores hereditários, salvo se já proposta a ação pelo coacto.

Em caso de sucessão negocial, não se transmite ao sucessor a pretensão à anulação ou indenização.

Na coação, exceto no caso de ameaça exercida inconscientemente, há sempre dever de indenizar por parte do coator, sejam patrimoniais ou morais os danos. Por isso, na ação pode haver cumulação de pedidos: anulação do ato + indenização dos prejuízos. Há, em verdade, duas pretensões distintas: a anulatória e a indenizatória. Por isso, nada impede que haja ações em separado.

Assim, a propositura de uma ação não engloba necessariamente a da outra. Se a vítima da coação propuser, apenas, ação indenizatória, não estará em discussão a anulabilidade do ato jurídico; a sentença que julgar procedente a ação não importará desconstituição (= anulação) do ato jurídico, que continuará anulável. É possível, por isso, propor, de-

---

341. Código Penal, art. 146.

pois, ação de anulação, desde que não decorrido o prazo decadencial de quatro anos (Código Civil, art. 178, I).

A pretensão e a ação de reparação civil pelos danos, diferentemente, têm prazo prescricional próprio de três anos, portanto, menor que o decadencial da ação anulatória (art. 206, § 3º, V, do Código Civil). Por se tratar de prescrição, pode ser interrompido uma só vez, voltando a fluir pelo mesmo tempo a partir da data do ato de interrupção, ou do último ato do processo (Código Civil, art. 202 e parágrafo único). Por isso, sendo interrompida a prescrição da pretensão e da ação indenizatória, o seu prazo passa a ser maior do que o decadencial da ação anulatória em dois anos, de modo que, mesmo extinto, pela decadência, o direito de anular o negócio jurídico, ainda será possível a propositura da ação de reparação civil enquanto não ocorrida a prescrição.

A sentença proferida na ação de indenização, quando desfavorável ao autor, pode acarretar o trancamento da ação de anulação se, ao negar a reparação, declarar, na sua parte decisória, não ter havido coação, por força da coisa julgada. Não assim se, nos motivos da sentença, apenas se afirmar que a coação não estaria provada, precisamente porque os motivos não fazem coisa julgada (CPC, art. 504, I).

A absolvição do coator em processo criminal não influirá, necessariamente, na esfera cível, uma vez que, como mostramos, pode haver coação invalidante que não constitua crime.

2. Alegação como defesa

A coação pode ser invocada como defesa, ou incidentalmente, em ação de cumprimento de obrigações resultantes do negócio jurídico do qual foi a causa.

Não, porém, como exceção, porque não há, no direito pátrio, a *exceptio quod metus causa*, ou simplesmente *exceptio metus*[342]. Salvo se a coação configura crime e esteja pendente processo criminal, é possível a oposição da *exceptio metus*, que, na hipótese, tem eficácia suspensiva do procedimento cível, pelo prazo de até um ano, aguardando-se o julgamento daquele (CPC, art. 313, V, *a*, e § 4º).

342. Sobre o *exceptio quod metus causa*, *vide*, antes, a nota 319.

Se já houver condenação criminal pelo crime de constrangimento ilegal, em sentença transitada em julgado, em face da regra de que a decisão penal faz coisa julgada no juízo cível (Código Civil, art. 1.525), não se poderá opor, propriamente, a *exceptio metus*, mas, sim, a *exceção de coisa julgada.*

3. Alegação em reconvenção

É também possível, em reconvenção à ação de cumprimento das obrigações, alegar coação, uma vez que se trata de "ação" própria e autônoma que se propõe no mesmo processo, em face de serem conexas a pretensão deduzida na reconvenção com a que fundamenta a denominada "ação principal".

4. Inalegabilidade da coação pelo seu autor

Aquele que coagiu não pode alegar a coação para obter a anulação do ato. Os princípios são os mesmos expostos em relação ao dolo.

5. Ônus da prova

A coação não se presume. Precisa de ser provada, cabendo ao coacto o *ônus da prova.* Não basta ao autor provar a ameaça, mas terá de demonstrar, concludentemente, os demais pressupostos essenciais de sua caracterização como coação invalidante.

6. A defesa do réu

A *legitimação passiva* para a ação é daquele que figurou no outro polo da relação jurídica, mesmo que se trate de coação de terceiro, quando tenha tido ou devesse ter conhecimento da coação. Nessa hipótese também é legitimado passivo, necessariamente, o terceiro autor da coação. Há litisconsórcio necessário. Se, porém, o beneficiário da coação não tinha tido, nem devesse ter conhecimento da coação levada a efeito por terceiro, a legitimação é exclusivamente do terceiro coator, em ação indenizatória, não havendo litisconsórcio necessário.

O réu pode defender-se alegando decadência, prescrição, renúncia, confirmação e quaisquer outras defesas capazes de elidir os efeitos da anulabilidade, bem assim a inexistência dos pressupostos fácticos caracterizadores da ameaça, inclusive que cessara a coação quando da concretização do negócio. Das matérias que alegar, cabe-lhe fazer a prova.

Em caso de ação proposta pelo coator para exigir o cumprimento de obrigações decorrentes do negócio jurídico viciado por coação, se o coacto a alegar como defesa ou em reconvenção, pode ele arguir, como exceção, a decadência e/ou a prescrição da ação anulatória.

7. Reparação de danos

Afora a anulabilidade do ato jurídico, com restituição das partes ao estado anterior, a coação, salvo a hipótese de coação inconsciente, implica, sempre, o dever de reparar os danos, se houver. A reparabilidade do dano resulta da circunstância de a coação configurar ilicitude, aplicando-se o princípio do art. 186 do Código Civil, e não se limita a prejuízos (= danos patrimoniais), mas inclui o dano moral.

Cabe a responsabilidade civil ao autor da coação. Se a ação de coagir foi de terceiro, e dela tinha ou deveria ter ciência o figurante beneficiado com o ato extorquido, respondem ambos pela reparação dos danos. Se da coação do terceiro não tinha ou deveria ter conhecimento o outro figurante, somente àquele cabe responder pelos danos. Nessa última hipótese, o terceiro responderá somente perante aquele a quem coagiu, uma vez que não haverá danos ao outro figurante, pois que não haverá invalidade do negócio jurídico (Código Civil, art. 155).

A renúncia à ação de anulação não implica renúncia à pretensão indenizatória, e vice-versa, porque são autônomas. O mesmo não ocorre com a confirmação do ato anulável, uma vez que, tornando-se válido o ato, cessam ambas as pretensões[343].

343. Pontes de Miranda, *Tratado de direito privado*, t. IV, § 467, 4.

CAPÍTULO VII
Do Estado de Perigo

§ 54. Do estado de perigo invalidante

1. Conceituação

O Código Civil de 2002, inspirado no Código italiano (art. 1.447), adotou, como causa de anulabilidade, o estado de perigo que se caracteriza *quando alguém, premido pela necessidade de salvar-se, ou a pessoa de sua família, de grave dano conhecido pela outra parte, assume obrigação excessivamente onerosa*. Também o estado de perigo pode referir-se a pessoa que não pertença à família do figurante, cabendo, nesse caso, ao juiz decidir, conforme as circunstâncias (art. 156 e parágrafo único), se havia razão suficiente a justificar a assunção da obrigação onerosa.

2. Pressupostos do estado de perigo invalidante

Para que o estado de perigo possa ser causa de anulabilidade, o sistema jurídico nacional prevê pressupostos essenciais, a saber:

(*a*) *Existência de risco de dano pessoal* a que esteja exposto o próprio figurante do negócio jurídico ou pessoa de sua família. O risco pode dizer respeito, ainda, a terceiro, desde que as circunstâncias demonstrem um grau de afetividade entre ele e o figurante do negócio que justifique a assunção da obrigação excessivamente onerosa, o que deverá ser avaliado pelo juiz, segundo as circunstâncias que envolvem a situação. Em relação ao terceiro, o critério de valoração deve ser, em regra, o mesmo adotado para a coação. Nesse caso, porém, como se trata de salvar uma vida humana ou protegê-la de sério risco à saúde, parece-nos que se devem levar em conta atitudes altruísticas tomadas em situações extremas, mesmo não estimulada por afetividade pessoal, como a de quem, não tendo proximidade com o terceiro, nem mesmo o conhecendo, assume obrigação excessivamente onerosa para salvar-lhe a vida ou evitar-lhe graves danos à saúde. Negar-se a revisão do negócio jurídico, ou mesmo a sua anulabilidade, não se coaduna com o espírito do

Código e da Constituição, que enfatizam a prevalência do sentido de humanidade.

Embora a regra do art. 156 não faça menção expressa, o dano deve ser pessoal, portanto, que diga respeito, exclusivamente, à vida, à saúde ou à integridade física, excluído do conceito qualquer prejuízo de ordem patrimonial. O art. 1.447 do Código Civil italiano, que serviu de paradigma ao nosso 156, é explícito ao mencionar que o fundamento da rescindibilidade (essa a sanção prevista na legislação italiana) do negócio jurídico deve ser um "*pericolo di um danno grave alla persona*", o que espanca qualquer dúvida que se possa ter quanto à natureza dos danos. A fórmula usada pelo legislador brasileiro, porém, é ambígua, uma vez que faz alusão, apenas, a *grave dano conhecido pela outra parte,* sem especificar o caráter do dano. Entretanto, a referência da parte inicial à *necessidade de salvar-se, ou a pessoa de sua família*, analisada em consonância com as normas que regem o instituto da *lesão,* e que se refere a perdas materiais, de ordem econômica (art. 157), conduz ao entendimento de que somente o *risco de danos físicos à pessoa* do figurante, a membro de sua família ou, eventualmente, a terceiro, entra na composição do suporte fáctico do estado de perigo invalidante.

Do conceito de estado de perigo, portanto, estão totalmente excluídos os riscos a bens patrimoniais, por mais importantes que sejam.

(*b*) *A gravidade do dano e a atualidade do risco* constituem dados essenciais a que se configure o estado de perigo invalidante. A questão de ser atual o risco de dano não acarreta maiores indagações. A necessidade de salvar-se ou a pessoa de sua família (eventualmente a terceiro) deve existir agora, ser contemporânea da contratação da obrigação excessivamente onerosa e premente. Se havia risco de dano e premência, mas o negócio jurídico somente foi realizado quando já ultrapassada a urgência, estará excluída a possibilidade de anulação.

O dano temido deve ser grave. É preciso que haja perigo de vida, ou de prejuízos ponderosos à saúde ou à integridade física das pessoas, de tal ordem que incuta na pessoa temor que justifica a assunção da onerosidade excessiva da obrigação. Como ocorre no caso de coação, constitui um problema delicado à aplicação do estado de perigo a avaliação da gravidade da situação fáctica, uma vez que vários fatores de ordem psicológica e cultural podem influir sobre a psiquê daquele que contrai a obrigação, reagindo cada pessoa de uma maneira diferente das outras. O temor de que o dano se torne concreto pode resultar, por exemplo, da ignorância ou da inexperiência sobre o real significado dos fatos que envolvem o perigo, ou de simples aparências. A avaliação por um médico de um estado fáctico que gera um risco de dano à saúde, *e. g.*, é completamente diferente da que poderá fazer um leigo em face de uma mesma situação. Portanto, para considerar a gravidade do temor daquele que se submeteu a contrair a obrigação excessivamente onerosa, impõe-se que sejam sopesadas as circunstâncias, bem como o caráter, a índole e a formação cultural do figurante[344].

(*c*) *Existência de relação direta entre o estado de perigo e o negócio jurídico* de que resulte a obrigação excessivamente onerosa, de modo que se não houvesse o temor dele decorrente, o negócio não se teria concluído, o que implica afirmar ser imprescindível que o temor do figurante do negócio jurídico quanto à efetivação do risco seja o *motivo do negócio jurídico.*

(*d*) *Dolo.* É preciso que o temor do risco seja do conhecimento do outro figurante do negócio jurídico, de maneira que sua ignorância quanto à ocorrência do estado de perigo elimina a anulabilidade. A configuração do estado de perigo invalidante supõe intenção dolosa daquele que dele se aproveita para obter vantagem indevida.

(*e*) *A excessiva onerosidade da obrigação* assumida pelo figurante do negócio jurídico. O conceito de onerosidade excessiva tem por fundamento a grande desproporção entre o valor real do serviço prestado para eliminar o estado de perigo e aquele pago por imposição daquele que se beneficia do negócio jurídico. Não deve importar a repercussão da obrigação no patrimônio do figurante do negócio jurídico, mas a excessividade da exigência da outra parte, aproveitando-se do estado de perigo. Se pessoa bastante rica em risco de vida concorda em pagar a cirurgião importância de R$ 100.000,00 por uma cirurgia de urgência pela qual ele cobra, regularmente, R$ 10.000,00, há onerosidade excessiva invalidante. Se, ao contrário, o mesmo cirurgião cobra os R$ 10.000,00 pela mesma cirurgia a uma pessoa de poucas posses, o que lhe trará dificuldades financeiras, não se caracterizará a anulabilidade por não haver excesso na cobrança. A nosso ver a repercussão da obri-

---

344. O pai que aceita pagar altos e desproporcionais honorários médicos para o socorro de filho que, após acidente de trânsito, muito pálido, grita desesperadamente, comprimindo o abdome, aparentando extrema dor, como se tivesse sido vítima de sério traumatismo abdominal, e constata, depois, que aquela atitude da vítima fora ocasionada por descontrole nervoso e medo e que não havia danos maiores à sua saúde, pode alegar depois a ocorrência de estado de perigo.

gação no patrimônio do figurante não deve ser levada em conta para apurar-se a excessividade da oneração capaz de tornar anulável o negócio jurídico[345], mas, sim, a exorbitante desproporção entre o valor contratado e o que seria normal.

Se a imposição for feita por terceiro, porém, somente haverá anulabilidade se o prestador do serviço tinha conhecimento da abusiva estipulação, caso em que responderá pela restauração ao estado anterior (Código Civil, art. 182) quem se haja beneficiado com o negócio jurídico. O não conhecimento pelo prestador do serviço deve conduzir à sanação da invalidade, prevalecendo o negócio jurídico desde que o prestador do serviço concorde com a adequação do pagamento do serviço ao seu justo valor[346].

§ 55. Peculiaridades quanto ao estado de perigo

1. Ação direta

A anulação do negócio jurídico em decorrência de haver sido concluído por força de estado de perigo depende de ação direta, sendo legitimado para propô-la aquele que se obrigou. A legitimação ativa se transmite aos herdeiros legítimos ou testamentários do obrigado, que tanto podem iniciá-la, se ele, o figurante, faleceu antes de tomar a ini-

---

345. A ilustre Comissão da Câmara dos Deputados, em seu Relatório final subscrito pelo eminente Deputado Ricardo Fiúza, Relator-Geral, para justificar a adoção do instituto da anulabilidade por estado de perigo, transcreveu texto tirado da obra de Carlos Alberto Bittar (*Os contratos no Projeto de Código Civil*), em que menciona, como "*exemplo clássico*" de estado de perigo a situação, que se não é ridícula, é, ao menos, risível, "*daquele que está se afogando, quando alguém aparece, oferecendo-lhe a tábua de salvação*" (...) "*mediante (...) a participação em metade de sua fortuna: no desespero, a parte faz a declaração concordando e depois o outro o retira da água e vem cobrar a verba correspondente*" (imagine-se alguém se afogando, entre um mergulho e outro, entre um gole d'água e outro, negocia com o outro que está à margem o preço da tábua de salvação! A indigência intelectual do exemplo é gritante!). O mais atual e útil exemplo de aplicação desse instituto reside na questão da caução, quase sempre exorbitante, exigida pelos hospitais para internamento de pacientes em estado grave de saúde, com risco de vida, quase sempre. Se a caução é excessivamente onerosa, pode ser anulada, depois de prestada.

346. *Vide*, adiante, § 58, 5, sobre eliminação da anulabilidade.

ciativa da ação, como nela prosseguir, se já proposta. O legatário somente é legitimado à ação se a obrigação houver alcançado o bem objeto do legado.

A *legitimação passiva* para a ação é daquele que houver feito a exigência para evitar o dano e imposto a excessiva onerosidade da obrigação. Não importa que o negócio jurídico seja feito em nome daquele que seja o autor do ato de exigência excessiva que pode, ou não, figurar no outro polo do negócio jurídico, na condição de credor. Se o negócio jurídico é feito por alguém tendo terceiro como beneficiário (o hospital faz a exigência excessiva em benefício da equipe médica que irá cuidar do doente), bem assim se houver transmissão do crédito, por sucessão universal ou singular a terceiro, deve instaurar-se litisconsórcio necessário passivo entre o credor e aquele que obteve a formalização do negócio.

2. Alegação em defesa ou em reconvenção

O estado de perigo pode, também, ser alegado como defesa, ou incidentalmente, em ação de cumprimento das obrigações oriundas do negócio jurídico dele resultantes.

Parece-nos ser inadmissível a alegação como exceção, em face de não existir reconhecida no sistema jurídico a *exceptio*. Em reconvenção, porém, é possível ao obrigado, ou seus herdeiros, alegar que a obrigação fora contraída em estado de perigo, em face da conexão que existe entre a pretensão em que se funda a "ação", através da qual se pretende o seu adimplemento, e a pretensão anulatória.

3. Ônus da prova

Cabe a quem alega o ônus de provar: (*a*) a existência do estado de perigo; (*b*) que o credor tinha dele conhecimento e dele se aproveitou para impor ao figurante obrigação; (*c*) a excessiva onerosidade da obrigação assumida.

É necessário, portanto, que seja feita a prova do *nexo causal* entre a obrigação excessivamente onerosa e o estado de perigo.

4. A defesa do réu

Em sua defesa o réu poderá alegar que não tinha conhecimento da situação de perigo, ou que não é excessivamente onerosa a obrigação assumida pelo autor, em face das circunstâncias. Das matérias que alegar, cabe-lhe fazer a prova.

Pode ainda alegar decadência da ação.

5. Exclusão da anulabilidade

Em face do princípio da conservação dos negócios jurídicos (*vide*, adiante, § 66), parece-nos admissível desconsiderar a anulabilidade e preservar o negócio jurídico se o beneficiário se oferecer a rever o contrato, tornando-o equânime. O que se pretende com a anulabilidade do negócio jurídico feito em estado de perigo é, precisamente, proteger a vítima da onerosidade excessiva das obrigações a que as circunstâncias a conduziram. Portanto, se a onerosidade excessiva deixa de existir, reduzindo-se as obrigações a valores compatíveis, não vemos por que não desprezar a sanção da invalidade e considerar válido o negócio jurídico.

Essa solução não é estranha à sistemática do Código Civil, que a adotou em relação ao erro (art. 144) e à lesão (§ 2º do art. 157), bem assim no caso de resolubilidade negocial por onerosidade excessiva (art. 479)[347].

---

347. A III Jornada de Direito Civil adotou o Enunciado n. 148, que está assim expressado: "148 – Art. 156: Ao 'estado de perigo' (art. 156) aplica-se, por analogia, o disposto no § 2º do art. 157". Não nos parece necessário recorrer à analogia com o art. 157, § 2º, do Código Civil para chegar à possibilidade de eliminação da anulabilidade, com preservação do negócio jurídico em decorrência da cessação da excessiva onerosidade das obrigações resultantes de contrato formalizado em estado de perigo. A nosso ver, a utilização dessa técnica jurídica é admissível, tão somente, em razão do princípio da conservação dos negócios jurídicos, conforme anotamos acima.

CAPÍTULO VIII
Da Lesão

§ 56. Da lesão invalidante

1. Considerações gerais

Em geral, como decorrência do princípio da liberdade de contratar, as pessoas são livres para avençarem seus negócios, dentro dos limites traçados pelo ordenamento jurídico. O direito romano reconhecia que não havia parâmetros de preço na compra e venda, deixando a fixação de seu montante à livre concorrência, como se constata no ensinamento de Paulo (L. 19, Tit. II, 22.3, D.), segundo o qual "(...) *no comprar e vender está naturalmente permitido comprar por menos o que valha mais, e vender por mais o que valha menos, e deste modo enganarem-se mutuamente (... in emendo et vendendo naturiliter concessum est, quod pluris sit, minoris emere, quod minoris sit, pluris vendere et ita invicem se circumscribere...)*". O Imperador Diocleciano (L. 4, Tit. XLIV, 2, C.), no entanto, instituiu a possibilidade de rescisão da compra e venda, com restituição do *quantum* recebido, se o preço contratado correspondesse a menos da metade daquele que seria justo, ficando, porém, elidido esse direito do vendedor se o comprador o complementasse até seu pleno valor. (*Rem maioris pretii si tu vel pater tuus minoris pretii distraxerit, humanum est, ut vel, pretium te restituente emtoribus, fundum venditum recipias auctoritate iudicis intercedente,vel, si emtor elegerit, quod deest iusto pretio recipias. Minus autem pretium esse videtur, si nec dimidia pars veri pretii soluta sit* — Se tu ou teu pai houveres vendido por menor preço uma coisa de preço maior, é humano, de modo que, restituindo tu o preço aos compradores, recobres o fundo vendido, mediando a autoridade do juiz, ou, se o comprador o prefere, recebas o que falta ao justo preço. Mas considera-se que o preço é menor, se não se tenha pago nem a metade do verdadeiro preço.)

O Código Civil francês não adotou a lesão como causa de rescisão (a diferença entre rescisão e anulabilidade apreciamos no § 19.2) para todos os atos jurídicos (art. 1.118), salvo quando se trata de: (*a*) menores não emancipados (1305) e (*b*) maiores sob interdição (art. 491-2) ou sujeitos a curatela (510-3). Quanto aos maiores (1313) institui-a, apenas, em casos especiais como: (*a*) nas partilhas hereditárias, quando o prejuízo do herdeiro for superior a 1/4 de seu quinhão (art. 887) e (*b*) na compra e venda de bens imóveis (art. 1674) se o vendedor for lesado em mais de 7/12 (sete doze avos) do real valor do bem.

O Código Civil italiano, diferentemente, prescreveu (art. 1.448) que é rescindível o contrato, qualquer que seja, quando houver desproporção entre a prestação de um dos figurantes e do outro, desde que seja resultante de estado de necessidade da parte prejudicada de que se aproveitou o outro contratante, bem assim que a desproporção seja superior a mais da metade do valor da prestação.

Por sua vez, o BGB, § 138, 2ª parte, considera nulo o negócio jurídico quando alguém, aproveitando-se do estado de necessidade, a leviandade ou a inexperiência de outrem, obtém, para si ou para terceiro, vantagens patrimoniais cujo valor configure manifesta e excessiva desproporção entre prestação e contraprestação, conforme as circunstâncias.

Da mesma forma, o Código Suíço das Obrigações (art. 21) instituiu a lesão como causa de *resilição* do negócio jurídico, sempre que houver uma desproporção evidente entre a prestação e a contraprestação, desde que determinada por exploração de necessidade econômica, leviandade ou inexperiência do lesado.

Mais recentemente, o Código Civil de Québec (arts. 1405 e 1406) tratou da lesão, considerando-a existente quando houver a exploração de um dos figurantes do contrato pelo outro que implique uma importante desproporção entre as prestações avençadas, considerando-se que esse simples fato da desproporção importante faz presumir a lesão. A lesão também pode resultar de uma obrigação considerada excessiva em face da situação patrimonial da pessoa, das vantagens que obtém do contrato ou das circunstâncias em geral. Ao contrário das demais legislações, a lesão somente constitui causa de anulabilidade (*nulidade relativa,* segundo a terminologia daquele Código, art. 1419) quando os prejudicados são menores ou maiores incapazes.

O Código Civil de 1916 não acolheu dentre seus institutos a lesão. Ao que parece, o Legislador d'antanho preferiu seguir, naquele momento, a orientação da *doutrina subjetivista* que vê na lesão a ocorrência de um dos vícios da vontade, como o erro, o dolo ou a coação, de modo que, com apenas esses instrumentos se poderia alcançar, com maior segurança jurídica, o propósito de proteger as pessoas contra negócios prejudiciais. De acordo com essa doutrina, sempre que alguém contrata com prejuízo excessivo, ou estaria em erro, por inexperiência, ingenuidade ou, mesmo, leviandade, ou teria sido vítima de dolo cujas condições de êxito se fundariam nas mesmas causas pessoais do erro, ou, finalmente agiria em decorrência de coação produzida por situação econômica vexatória. Os defensores da *doutrina objetivista*, seguindo outro raciocínio, entendem que existe lesão sempre que um dos figurantes do negócio sofre prejuízo de grande monta, independentemente de considerações de ordem pessoal. O que importa para essa doutrina é a efetiva, objetiva, desproporção entre prestação e contraprestação, de modo que haja sido quebrado, de modo vultoso, o equilíbrio na equivalência das prestações negociais, sem levar em consideração motivações subjetivas.

O Legislador Civil de 2002, diferentemente, entendeu por bem incluir a lesão dentre as causas de anulabilidade e o fez levando em consideração elementos de ordem subjetiva: premente necessidade ou inexperiência por parte daquele que sofre a lesão.

2. Pressupostos da lesão invalidante

Em direito nacional, ocorre a lesão invalidante quando alguém, premido por necessidade ou levado por inexperiência, formaliza negócio jurídico em que se obriga a prestação manifestamente desproporcional ao valor da contraprestação (Código Civil, art. 157).

Constituem, portanto, pressupostos essenciais para caracterizar a lesão invalidante:

(*i*) assunção por um dos figurantes do negócio jurídico de obrigação cuja prestação tenha valor manifestamente desproporcional ao da contraprestação.

O Código Civil não estabeleceu critérios objetivos para que seja avaliada a onerosidade da lesão, a grandeza do prejuízo que o lesado sofreu. Contentou-se em mencionar que haja uma *manifesta desproporção* entre a prestação a que se obrigou o lesado e a contraprestação do outro figurante, seguindo a linha do § 138, 2ª parte, do BGB. Não basta, porém, que haja uma *manifesta desproporção* qualquer, mas que seja ela significativa, importante (para usar a linguagem do Código de Québec), a ponto de causar sério prejuízo ao lesado. Isto também não quer dizer que precise ser enorme, tal como a exagerada desproporção exigida pelo Código Francês na compra e venda de imóveis. A significância da desproporção deve ser valorada segundo o prudente arbítrio do juiz, decidindo em juízo de equidade, considerando, sempre, os valores vigentes ao tempo da concretização do negócio.

(*ii*) que o negócio desvantajoso tenha sido formalizado pelo figurante: (*a*) forçado por grave estado de necessidade, ou (*b*) por inexperiência no mundo dos negócios.

Esses dois dados (necessidade ou inexperiência) devem ser considerados alternativamente, de modo que não é preciso que ocorram simultaneamente no caso concreto. Nada importa, porém, se os dois se materializem em concorrência. Por se tratar de elementos essenciais do suporte fáctico, se o prejudicado (lesado) não provar que o negócio somente foi formalizado porque estava sob urgente necessidade econômica ou moral, ou que foi vítima de sua inexperiência em relação ao negócio, não se configura a lesão invalidante, mesmo em havendo importante desproporção entre prestação e contraprestação.

A premente necessidade que impõe a assunção da obrigação onerosa não deve ser considerada apenas sob o prisma econômico (por exemplo, obter meios financeiros para cumprir um compromisso), mas pode ter caráter apenas moral, como no caso de alguém que se submete a contratar locação de prédio urbano a preço exorbitante compelido pela precisão urgente de um teto para sua família que está desabrigada, ou na hipótese de mulher que, em processo de divórcio motivado por maus tratos do marido, precisando livrar-se da pressão psicológica cede parte importante de seu patrimônio para viabilizar o acordo.

Para caracterizar a inexperiência do lesado não se deve levar em conta o seu nível cultural, nem sua experiência no mundo dos negócios e geral, mas suas habilidades e conhecimento para lidar com a espécie de contrato em que se deu a lesão. Assim, uma pessoa de larga experiência em economia, por exemplo, pode ser um especialista em aplicações financeiras em bolsa de valores, mas não ter nenhuma em negócios imobiliários e, assim, estar exposta a ser lesada. A inexperiência se deve apurar na área específica onde se concretizou o negócio. É claro que uma pessoa ignorante ou de pouca cultura, ou, ainda, criada e que viva em comunidades interioranas, cuja vida pacata estimula a ingenuidade nos negócios, p. ex., estará bem mais exposta a ser vítima de uma lesão do que aquele com certo grau de conhecimentos ou que vive em centros urbanos maiores. No entanto, inexperiência não é sinônimo de descaso nem de negligência. O Código Civil brasileiro afastou-a como suporte fáctico da lesão.

3. Dados irrelevantes para caracterizar a lesão

Constituem dados irrelevantes para que se concretize a lesão invalidante:

(*i*) *A espécie do negócio jurídico*, desde que seja sinalagmático. A lesão pode acontecer em qualquer espécie de negócio jurídico, seja compra e venda, permuta, locação, mútuo, dação em pagamento, mandato, transação, por exemplo; o que importa, afora as circunstâncias pessoais (= estado de necessidade ou inexperiência), é que do negócio resulte significativa desproporção entre prestação e contraprestação.

Quando se trata de inexperiência do figurante, na compra e venda, *e. g.*, a vítima da lesão pode ser também o comprador, se o preço pago for exorbitante relativamente ao valor real do bem (arg. ao art. 157, § 2º, *in fine*).

(*ii*) *A motivação que levou ao estado de necessidade*, de modo que pode ter sua origem em imposição de cunho moral ou apenas econômico. Por isso, se o negócio prejudicial foi concluído porque o figurante precisava obter recursos para cumprir um dever moral, ou se o fez para realizar um tratamento médico (o que não caracteriza situação configuradora do estado de perigo, apesar de relacionado à saúde ou à vida), ou se para pagar uma dívida vencida, por exemplo, não importa.

(*iii*) *A ocorrência de dolo ou erro*, nem mesmo de que o figurante que se beneficia soubesse do estado de necessidade ou da inexperiência do outro, agindo de má-fé. O estado de necessidade ou a inexperiência devem ser provados objetivamente.

(*iv*) *Se houve leviandade por parte do lesado.* No direito nacional a leviandade do lesado não conduz à anulabilidade, embora possa haver dever de indenizar por parte do favorecido com o negócio, se provado que agiu de má-fé.

§ 57. Peculiaridades referentes à lesão

1. Apuração da onerosidade da obrigação

A grandeza da desproporção entre a prestação do lesado e a contraprestação do favorecido, conforme anotado antes, deve considerar os valores do momento da formalização do negócio jurídico (Código Civil, art. 157), de modo que, se não se caracterizava a excessiva onerosidade da obrigação naquela ocasião, não há falar em lesão. A oneração excessiva da prestação de um dos contratantes havida em decorrência de fatores ocorridos posteriormente ao negócio, por mais acentuada que se torne a desproporção em relação à contraprestação respectiva, não implica lesão, donde não se poder alegar anulabilidade.

A onerosidade excessiva resultante de mudança das circunstâncias acontecida após a celebração do negócio constitui causa de resolução do contrato, tão somente (Código Civil, art. 478).

2. Exclusão da anulabilidade

A lesão deixa de ser causa de anulabilidade se o figurante favorecido pela desproporção se dispõe a eliminar a desproporção, tornando equânime o negócio jurídico, pela oferta de suplemento suficiente ou de redução do proveito, conforme o caso. Assim, por exemplo: (*a*) se alguém que, aproveitando-se da necessidade do outro, compra imóvel por preço correspondente a 1/3 do valor de mercado mas se oferece a completá-lo, ou (*b*) se aquele que, aproveitando-se da inexperiência do outro, vende imóvel por preço exorbitante (duas vezes o valor do mercado, *e. g.*), se oferece a reduzir o preço ao normal, fica suprimido o defeito invalidante.

Havendo a oferta para sanar a anulabilidade, não pode o lesado se negar a aceitá-la. É direito que cabe ao favorecido. No entanto, se a oferta não for satisfatória para eliminar a lesão, cabe ao juiz buscar a conciliação, somente devendo decretar a anulabilidade se persiste a lesão, apesar da oferta do favorecido. Na hipótese, porém, de persistir a recusa da vítima, em sendo razoável a oferta do favorecido, deve o juiz, em juízo de equidade, desconsiderar a recusa e preservar o negócio jurídico[348].

A oferta para sanar a anulabilidade da lesão pode ser formulada em qualquer momento anterior à sentença.

3. Ação direta

A desconstituição do negócio jurídico por lesão depende de ação direta, cuja legitimação ativa compete ao lesado. Essa legitimação para

---

348. A III Jornada de Direito Civil, no Enunciado 149, recomenda: "Art. 157: Em atenção ao princípio da conservação dos contratos, a verificação da lesão deverá conduzir, sempre que possível, à revisão judicial do negócio jurídico e não à sua anulação, sendo dever do magistrado incitar os contratantes a seguir as regras do art. 157, § 2º, do Código Civil de 2002".

propor a "ação de anulação" se transmite aos herdeiros legítimos e testamentários do prejudicado, que tanto podem iniciá-la, se ele vier a falecer antes de propô-la, ou continuá-la, se já em tramitação. Se a lesão disser respeito a alienação de bem que haja sido deixada como legado, especificamente, o legatário, somente nesse caso, estará legitimado para a "ação".

A legitimação passiva é do favorecido. Se se tratar de negócio jurídico sobre bem imóvel que o favorecido haja transmitido a terceiro, este deverá ser chamado a integrar a lide na qualidade de litisconsorte necessário, em face das consequências que lhe poderão ser imputadas, segundo as regras do art. 879 do Código Civil, a saber:

(*i*) se a alienação houver sido feita a título gratuito ou por título oneroso, o adquirente agiu de má-fé, o bem deverá ser restituído ao lesado, tendo este ação de reivindicação;

(*ii*) se a alienação se deu por título oneroso, estando o alienante e o adquirente de boa-fé, o bem não será restituído, mas o alienante responderá pelo *valor recebido na alienação*;

(*iii*) se o alienante houver agido de má-fé, além de restituir o *valor do imóvel*, responde por perdas e danos se o terceiro adquirente estava de boa-fé.

4. Ônus da prova

Cabe ao lesado provar: (*a*) a existência do estado de necessidade ou sua inexperiência relativamente ao negócio; (*b*) que contraiu a obrigação forçado por ele; e, finalmente, (*c*) a significativa desproporção entre a sua prestação e a contraprestação do favorecido.

Como no estado de perigo, é essencial que se demonstre o *nexo causal* entre o estado de necessidade ou a inexperiência do lesado e a conclusão do negócio, portanto, que seja provado que o negócio somente foi fornalizado por força de uma daquelas circunstâncias.

5. A defesa do réu

Em defesa o réu poderá alegar e provar que não se materializam os pressupostos caracterizadores da lesão, ou, para evitar os efeitos da anulabilidade, oferecer-se para reparar o prejuízo.

Cabe-lhe alegar a decadência do direito de anular o negócio jurídico, que, no entanto, deve ser decretada de ofício pelo juiz.

CAPÍTULO IX
Da Fraude contra Credores

§ 58. Conceituação

1. Conceito

Constitui fraude contra credores todo o ato de disposição e oneração de bens, créditos e direitos, a título gratuito ou oneroso, praticado por devedor insolvente, ou por ele tornado insolvente, que acarrete redução de seu patrimônio, em prejuízo de credor preexistente.

Desse conceito se tira que:

(*i*) Constituem pressupostos essenciais à caracterização da fraude contra credores:

(*a*) a prática de qualquer ato de disposição que implique redução do patrimônio ativo do devedor;

(*b*) a insolvência do devedor, existente quando da prática do ato de disposição ou dele decorrente;

(*c*) a preexistência de credores ao ato;

(*d*) prejuízo ao credor (*eventus damni*).

(*ii*) *Não* constituem elementos essenciais da fraude contra credores:

(*a*) o propósito de fraudar (*consilium fraudis*);

(*b*) o conhecimento, pelo figurante beneficiário, da insolvência do devedor (*scientia fraudis*);

(*c*) a onerosidade ou gratuidade do ato de disposição;

(*d*) a natureza quirografária do crédito.

Examinemos, sucintamente, esses elementos.

2. Pressupostos essenciais

2.1. Ato de disposição

O que caracteriza a fraude contra credores é, precisamente, a diminuição patrimonial do devedor que reduz a sua capacidade de solver regularmente as suas dívidas. Por isso, incluem-se no conceito quaisquer negócios jurídicos do devedor consistentes em: (*a*) alienação de bens, tais como doações, vendas, permutas desvantajosas, dações em pagamento de dívida de valor inferior ao do bem ou de dívida quirografária não vencida; (*b*) remissão de dívidas; (*c*) constituição de direitos reais de garantia em favor de dívidas que existiam sem garantia real; (*d*) pagamento antecipado de credor quirografário; (*e*) renúncia de herança ou de outros direitos reais ou pessoais economicamente mensuráveis.

Não importa a espécie de negócio jurídico. Basta que, como decorrência dele, haja diminuição do patrimônio do devedor que determine sua incapacidade econômica para adimplir suas dívidas.

2.2. A insolvência do devedor

Para que a fraude se caracterize é necessário que o negócio jurídico de disposição seja praticado por devedor já insolvente ou que assim se torne como consequência dele.

Se não há insolvência, por maior que seja a diminuição do patrimônio do devedor, não se pode falar de fraude contra credores. A anulabilidade do negócio jurídico tem a única finalidade de assegurar o credor contra negócio jurídico realizado pelo devedor que, por alienação ou oneração do patrimônio que o garante, possa frustrar (= fraudar) o seu crédito por se ter reduzido a ponto de insuficiência para o adimplemento.

Por isso, se o devedor, que alienou bem que o tornou insolvente, recebe herança ou doação que lhe restabelece o estado de devedor solvente, desaparece a pretensão do credor à anulação do ato de disposição. Se volve, depois, à insolvência, permanecendo insolvida a dívida anterior ao ato de disposição, ressurge a pretensão do credor.

2.3. Anterioridade do crédito ao ato de disposição

A pretensão a anular o ato de disposição é deferida somente aos credores quirografários que já o eram antes de sua prática. Os credores constituídos após o ato não podem pleitear a sua anulação, uma vez que não é possível considerar-se fraudado o que nem existia.

O credor titular de garantia real, em regra, não é legitimado à ação anulatória, exceto quando, por motivo superveniente, sua garantia seja reduzida a ponto de comprometer a adimplência de seu crédito. Neste caso, o negócio jurídico que leve o devedor à insolvência e prejudique o seu crédito poderá ser anulado por ação proposta pelo credor não quirografário (Código Civil, art. 158, § 1º).

2.4. *"Eventus damni"*

O outro pressuposto essencial da fraude consiste no *eventus damni*, isto é, no prejuízo do credor decorrente do ato de disposição. Sem prejuízo do credor não há fraude.

3. Os elementos não essenciais

3.1. *"Consilium fraudis"*

O *consilium fraudis*[349] não constitui elemento essencial à caracterização da fraude contra credores. Não há necessidade de que o devedor ao alienar tenha o intuito, o propósito de fraudar os seus credores, nem mesmo que tenha consciência ou a ciência de que a sua alienação, por exemplo, o levará à insolvência[350]. Bastará a prova da insolvência e do prejuízo aos credores para que se tenha por materializada a fraude. O devedor não poderá defender-se sob a alegação de que não conhecia as consequências de seu ato. Aliás, o abandono do elemento subjetivo na configuração da fraude contra credores constituiu simplificação da teoria da fraude elogiada por Beviláqua. Por esse motivo não têm, nem tinham razão aqueles que, baseados na doutrina anterior ao Código Civil de 1916, sustentavam haver necessidade, para a caracterização da fraude contra credores, de que, ao menos, o devedor tivesse consciência de que seu ato acarretaria prejuízos aos credores.

---

349. Não confundir *consilium*, que quer dizer propósito, com *concilium*, que significa reunião, assembleia, união. Nesse engano incidiu San Tiago Dantas (*Programa de direito civil*: parte geral, p. 300), que se refere a *concilium fraudis* como requisito caracterizador da fraude, ou seja, *ambos os figurantes do ato tenham agido com intenção de perpetrar a fraude*. Em direito nacional o *concilium fraudis* é irrelevante, exceto quando se trata da ação revocatória falencial que tem como pressuposto essencial a ocorrência de *conluio fraudulento* entre o devedor e o terceiro que com ele contratar, segundo o art. 130 da Lei de Recuperação de Empresas e Falência — LRE (Lei n. 11.101/2005). A anterior Lei de Falências (Dec.-Lei n. 7.661/45, art. 53) não exigia esse pressuposto.

350. Pontes de Miranda, *Tratado de direito privado*, t. IV, § 486, 1; Dionysio Gama, *Dos actos jurídicos*, p. 143; Beviláqua, *Código Civil comentado*, v. 1, p. 386.

O *consilium fraudis,* no entanto, é, juntamente com o *concilium fraudis,* elemento essencial da fraude contra credores na espécie prevista no art. 130 da LRE (Lei n. 11.101/2005), que prevê, em seu suporte fáctico, a existência de *intenção de prejudicar credores*, associada a *conluio fraudulento entre o devedor e o terceiro que com ele contratar*[351].

3.2. A "scientia fraudis"

Também não constitui pressuposto necessário da fraude o conhecimento, pelo figurante beneficiário, da insolvência do devedor (*scientia fraudis*). Somente nas espécies em que há ato de alienação onerosa (Código Civil, art. 159), que envolve terceiros (Código Civil, art. 161), ou no caso do art. 130 da LRE (Lei n. 11.101/2005), o conhecimento da fraude pelo adquirente tem relevância.

Também é relevante a *scientia fraudis* para elidir a presunção estabelecida no art. 164 do Código Civil. Fora esses casos, a *scientia fraudis* é irrelevante.

3.3. A onerosidade ou gratuidade

Não importa, também, se o ato de disposição foi oneroso ou gratuito. Tanto pode ser em fraude contra credores uma doação simples, como uma compra e venda. A onerosidade ou a gratuidade do negócio fraudatório têm importância, apenas, na comprovação da fraude.

Nos negócios gratuitos de disposição a fraude resulta da simples insolvência do devedor. O *eventus damni* presume-se ("poderão ser anulados... como lesivos", diz a parte final do art. 158 do Código Civil). Essa presunção, evidentemente, é relativa, podendo o devedor provar a inexistência de prejuízo aos credores.

Quando se trata de atos onerosos, diferentemente, é necessário que se prove a *scientia fraudis,* ficando o adquirente imune aos efeitos da anulação se estava de boa-fé, o que se presume se a insolvência não

---

351. A anterior Lei de Falências não se referia a *concilium fraudis*, mas, apenas, a *consilium fraudis,* conforme a redação de seu art. 53, *in litteris*: "Art. 53. São também revogáveis, relativamente à massa, os atos praticados *com a intenção de prejudicar credores*, provando-se a fraude do devedor e do terceiro que com ele contratar".

era notória, nem havia motivo para que dela tivesse conhecimento (Código Civil, art. 159). Além disso, se o preço do negócio for compatível com o corrente e ainda não tiver havido o pagamento, o adquirente poderá furtar-se aos efeitos da anulabilidade, depositando-o em juízo, com citação pessoal (o Código anterior referia-se a *citação edital*) de todos os interessados (Código Civil, art. 160).

3.4. A natureza do crédito

Por fim, também não é essencial que o crédito fraudado seja quirografário. O credor garantido por hipoteca, penhor ou anticrese também poderá considerar-se fraudado se o seu crédito é superior à garantia, ou se a garantia se desfalcou. Pela parte a descoberto de seu crédito, cabe-lhe pretensão à anulação por fraude. O que se tutela é direito de crédito[352], seja qual for. É claro que o credor garantido por direito real tem no bem gravado a segurança da solvência de seu crédito. Mas, se há insuficiência, cabe protegê-lo. Se, por exemplo, em face de forte estiagem se perde a safra de cana-de-açúcar dada em penhor agrícola, pode o credor pedir a anulação de atos de disposição de outros bens do devedor, se se caracteriza a insolvência.

Acrescente-se que ao credor por outras espécies de dívidas[353] também cabe a pretensão a anular os atos de disposição que o prejudiquem.

4. Presunção de fraude

Presumem-se fraudatórias dos direitos dos outros credores as garantias reais que o devedor insolvente vier a conceder a algum credor que já o era antes da insolvência, mas sem as garantias (Código Civil, art. 163)[354]. Se a dívida fora contraída com garantia quando já caracterizada a insolvência, ou se o fora sem garantia, dando-a depois o deve-

---

352. Pontes de Miranda, *Tratado de direito privado*, t. IV, § 492, 2.

353. Se a dívida resulta de condenação a ressarcimento de prejuízo por ato ilícito absoluto, ou de indenização ressarcitória por anulação de ato jurídico em que não se pode restaurar a situação anterior (Código Civil, art. 182), por exemplo.

354. Pontes de Miranda, *Tratado de direito privado*, t. IV, § 490, 4; Beviláqua, *Código Civil comentado*, v. 1, p. 392; Carvalho Santos, *Código Civil brasileiro interpretado*, v. 2, p. 446; Washington de Barros Monteiro, *Curso de direito civil*, v. 1, p. 220; Dionysio Gama, *Dos actos jurídicos*, p. 151.

dor, poderão ser anuladas a dívida e a garantia, não, porém, com invocação do art. 163 do Código Civil, mas do art. 159, uma vez que aquela norma tem como elemento do suporte fáctico a anterioridade, à insolvência do devedor, de dívida sem garantia, a que se deu, depois, garantia[355].

Se a dívida fora contraída já com garantia antes da insolvência do devedor, não se pode presumir a fraude. Mas, se o crédito anterior fora criado com garantias, e o devedor, agora insolvente, as reforçou, dando-lhe novas garantias, o *acréscimo* há de ser considerado fraudulento e pode ser anulado pelos outros credores. Em se tratando de garantia fraudulenta, a anulabilidade alcança tão somente a garantia.

Essa presunção é *iuris tantum*, conforme a lição de Pontes de Miranda[356], uma vez que cabe a prova de que não fora gratuita, graciosa, a garantia, e de que o credor não tinha ciência da situação de insolvência do devedor.

5. Presunção de boa-fé

Presumem-se de boa-fé (= não fraudulentos) e *valem*, diz o art. 164 do Código Civil, os negócios indispensáveis à manutenção do estabelecimento mercantil, agrícola, ou industrial do devedor, ou à sua subsistência ou de sua família. Essa disposição tem o evidente escopo de permitir ao devedor empresário[357] manter o seu negócio (= empresa), com o que serão beneficiados, evidentemente, todos os seus credores.

As expressões *presumem-se de boa-fé* e *valem* podem deixar a entender que se cuidaria de presunção *iuris et de iure*, sendo indiscutível a validade dos negócios do empresário, ressaltando-se, aí, as novas

---

355. Pontes de Miranda, *Tratado de direito privado*, t. IV, § 491, 2; Beviláqua, *Código Civil comentado*, v. 1, p. 392; Dionysio Gama, *Dos actos jurídicos*, p. 151.

356. *Tratado de direito privado*, t. IV, § 491, 1. No mesmo sentido Dionysio Gama, *Dos actos jurídicos*, p. 151, citando Eduardo Espínola. Boa parte da doutrina, no entanto, entende que a presunção é *iuris et de iure*, não admitindo prova em contrário, de que são exemplos Carvalho Santos (*Código Civil brasileiro interpretado*, v. 2. p. 447) e Washington de Barros Monteiro (*Curso de direito civil*, v. 1, p. 220).

357. *Empresário* é expressão mais apropriada para definir a espécie, como adotada pelo Código Civil. Não há necessidade de que o devedor seja comerciante, industrial ou agricultor registrado no Registro Público de Empresas Mercantis; basta que, individualmente, exerça atividade empresarial, especialmente se na área da agricultura e pecuária.

dívidas. Parece-nos claro, no entanto, tratar-se de presunção relativa, cabendo a prova em contrário de que as novas dívidas foram contraídas em prejuízo dos credores. Como observa Pontes de Miranda[358], a expressão "presume-se" está no dispositivo "em sentido técnico, que é o de presunção meio de prova, que outra prova, mais forte, pode elidir". A fraude praticada à sombra do art. 164 é perfeitamente possível; basta que o empresário insolvente adquira bens para seu negócio, fazendo dívidas, e os desvie, depois, em prejuízo dos credores. Por isso, cabe ao juiz, diante dos fatos, ajuizar da lisura e validade dos negócios, constatando não ter havido "*scientia fraudis*" *e* "*eventus damni*", *cumulativamente, ou apenas o* "*eventus damni*", bem assim se eram, efetivamente, necessários à manutenção das atividades empresariais do devedor. Se apenas o novo credor tinha ciência da insolvência, mas não ocorreu prejuízo aos outros credores, não há como falar-se em anulabilidade. Em face da presunção não importa se o vendedor, que se torna novo credor, tinha ciência do estado de insolvência, porque para elidi-la é essencial a prova de prejuízo dos outros credores.

Desde a vigência do Código de Processo Civil de 1973, a hipótese desse artigo somente é possível enquanto não instaurado o concurso universal de credores (= juízo de execução contra devedor insolvente, regulado pelos arts. 748 e s. do CPC de 1973), uma vez que, "declarada a insolvência, o devedor perde o direito de administrar os seus bens e de dispor deles, até liquidação total da massa".

§ 59. Consequências da fraude contra credores

1. As sanções

À fraude contra credores o sistema jurídico brasileiro atribui três sanções distintas, com diferentes consequências, conforme a situação em que se encontre o devedor: (*a*) anulabilidade, (*b*) ineficácia relativa e (*c*) revogabilidade do ato.

(*a*) A *anulabilidade* se aplica aos atos de disposição do devedor insolvente por dívida civil, mesmo que de empresário, isto é, dívida de empresário não incluída em juízo falencial (Código Civil, arts. 158 e 159).

358. *Tratado de direito privado*, t. IV, § 490, 3.

(*b*) A *ineficácia relativa* é sanção atribuída *ex lege* aos atos do falido enumerados no art. 129 da LRE (Lei n. 11.101/2005), independentemente de haver *consilium* ou *scientia fraudis*. Por ser *ex lege*, opera automaticamente, *ipso iure*[359]. Essa característica está ressaltada na norma do parágrafo único do art. 129 da LRE quando prevê a possibilidade de ser decretada *ex officio* pelo juiz da falência, portanto, independentemente de ação própria.

Também, tem-se por *relativamente ineficaz*[360] o pagamento feito pelo devedor a credor quirografário de dívida comum antes de seu vencimento, motivo pelo qual deverá repor a importância recebida ao acervo sobre que se tenha de efetuar o concurso universal de credores (Código Civil, art. 162).

Essas ineficácias são *relativas* exclusivamente aos credores habilitados na falência ou no concurso de credores (= em favor da massa de bens do falido ou do devedor insolvente no concurso universal de credores — CPC de 1973, art. 768), não se estendendo a quem não tenha essa qualidade (= terceiros). Não aproveita, portanto, a outros credores.

(*c*) A *revogabilidade*, em favor da massa falida, apanha quaisquer outros atos quando praticados com a "intenção de prejudicar credores, provando-se o conluio fraudulento entre o devedor e o terceiro que com ele contratar e o efetivo prejuízo sofrido pela massa falida", conforme o art. 130 da LRE.

2. Anulabilidade, ineficácia relativa e revogabilidade. Conceituações e distinções

Os efeitos em cada situação são diferentes, se considerarmos que, cientificamente, (*a*) anulabilidade, (*b*) ineficacização relativa e (*c*) revogabilidade constituem figuras jurídicas inconfundíveis.

2.1. Pela *anulação* se desconstituem o ato jurídico e seus efeitos, *ex tunc*, por defeito invalidante de elemento do suporte fáctico. Ao ser anulado, o ato jurídico é excluído do mundo jurídico (= desjuridiciza-

---

359. Pontes de Miranda, *Tratado de direito privado*, t. IV, § 482, 3, § 498 e § 499, 1.

360. Não se pode falar de anulabilidade de pagamento, porque se trata de ato-fato jurídico, donde só caber referência à ineficácia. Sobre a natureza jurídica do pagamento, *vide* nosso *Teoria do fato jurídico*: plano da existência, § 32, *b*.

ção), bem assim desfaz-se sua eficácia (= deseficacização). Apagam-se, desse modo, os efeitos que produziu, restaurando-se o estado anterior, quando facticamente possível, ou indenizando-se, na impossibilidade de retorno à situação fáctica anterior (Código Civil, art. 182. *Vide*, adiante, § 75).

Os efeitos da anulação operam *erga omnes*. No caso da ação anulatória por fraude contra credores, a eficácia desconstitutiva da sentença aproveita não somente aos credores habilitados no concurso universal de credores, mas a quaisquer outros interessados no patrimônio do devedor. Tudo volta a ser como se o ato nunca houvesse sido praticado.

2.2. A *ineficácia relativa*, diferentemente: (*a*) aproveita, restritiva e exclusivamente, àqueles a quem ela se refere, especificamente; (*b*) não atinge o ato em si, nem os seus efeitos de um modo geral quanto a terceiros (= aqueles a quem a ineficácia não diz respeito). A ineficacização relativa se restringe aos efeitos que dizem respeito aos atos de disposição, apenas. Outros efeitos que porventura existam permanecem, desde que essa permanência seja compatível com o desfazimento da eficácia.

Nas espécies dos arts. 129 da LRE e 162 do Código Civil, a ineficácia é relativa aos credores habilitados no processo de falência ou no concurso universal de credores. Trata-se de sanção automática, decorrente do fato jurídico atacado em si, independentemente de outros pressupostos quaisquer, tais como prejuízo do credor (= *eventus damni*), intenção de fraudar (= *consilium fraudis*) ou conhecimento da insolvência (= *scientia fraudis*), muito menos *concilium fraudis.* A simples composição do suporte fáctico implica a ineficácia como consequência *ipso iure,* o que fundamenta o permissivo do parágrafo único do art. 129 da LRE, que concede ao juiz da falência poder para decretar de ofício a ineficácia relativa. Não é a sentença que a constitui; apenas constata a sua ocorrência. Por isso, a sentença é meramente declaratória da ineficácia, e seus efeitos são limitados aos credores habilitados; não beneficia terceiros. O ato jurídico não se desconstitui, permanece no mundo jurídico com outros efeitos porventura existentes que não se relacionem com os atos de disposição.

2.3. A *revogação* é ato jurídico que atua atingindo o elemento volitivo que compõe o suporte fáctico do ato jurídico, *retirando-lhe*, o próprio figurante, a *vox* (= vontade) que manifestara (como acontece na doação), ou *alterando-a* terceiro autorizado (síndico ou credor, conforme ocorre na falência). Vai-se ao suporte fáctico do negócio jurídico e, por autorização da lei, dele se *retira* ou *altera* elemento que constitui o seu cerne (= vontade). Desfaz-se ou altera-se, pois, o ato jurídico, desfazendo-se ou alterando-se o dado volitivo de seu suporte fáctico (o que é sempre excepcional e somente admissível nas espécies indicadas em lei)[361].

Embora se pareça com a anulação, porque pode operar desconstitutivamente quanto ao ato jurídico (= desfaz o ato jurídico), dela a revogação se diferencia em três pontos:

(*a*) Pelo *modus operandi*, uma vez que, enquanto a anulação atua no plano da validade, desfazendo aí o ato jurídico por defeito que o invalida, a revogação opera no plano da existência, desfalcando o suporte fáctico, retirando-lhe ou modificando-lhe elemento nuclear, a vontade. Não há defeito invalidante, mas a lei permite que o próprio praticante do ato jurídico retire (como ocorre nas doações), ou terceiro (o administrador judicial ou o credor) altere a *vox* (= vontade) que integra o seu suporte fáctico.

(*b*) Pela eficácia, que na anulação é sempre *ex tunc* e *erga omnes*, enquanto na revogação pode ser *ex tunc* ou *ex nunc*, conforme a natureza dos efeitos que se desfazem, sendo *erga omnes* ou relativa, de acordo com a lei. Na espécie revocatória falencial a sua eficácia é *ex tunc*, mas *relativa* à massa falida. Na anulabilidade não é possível haver ineficácia relativa a alguém, mas alcança a todos indistintamente, o que lhe dá caráter absoluto.

(*c*) Pela circunstância de que na revogação falencial o ato jurídico revogado sofre apenas modificação no elemento volitivo do suporte fáctico, o que é impossível na anulação em que se desconstitui todo o ato de disposição.

Quanto à ineficácia relativa, a revogação na falência tem os mesmos efeitos relativos à massa de bens do devedor, mas dela é diferente porque não afeta o ato em si, pois apenas se restringe a seus efeitos.

Por outro lado, enquanto a ineficácia relativa independe da prova de *consilium et scientia fraudis*, a revogação tem por fundamento, exa-

---

361. Pontes de Miranda, *Tratado de direito privado*, t. IV, § 499, 1 *et passim*. *Vide*, ainda, nosso *Da revogação dos negócios jurídicos*, *passim*. *Revocatio* quer mesmo dizer chamamento de volta. Na revogação chama-se de volta ao mundo fáctico o negócio jurídico ou para desfazer o seu suporte fáctico retirando-lhe a *vox* (= vontade, como na revogação da doação), ou para alterá-la, mantendo-o no mundo jurídico (= revogação dos atos do falido).

tamente, esses pressupostos, além do concluio fraudulento entre o devedor e o terceiro que com ele contratar (*concilium fraudis*).

3. Alegação da fraude

O ato em fraude contra credores se desconstitui por meio de ações próprias, como veremos adiante, podendo ser oposta como defesa e, no caso de ineficácia relativa falencial, alegada incidentalmente e decretada de ofício pelo juiz da falência.

§ 60. Peculiaridades relativas à fraude contra credores

Ações. Espécies

O sistema jurídico brasileiro distinguiu os atos em fraude contra credores, adotando soluções diferentes quando se trata de dívida civil, neste conceito incluídas as dívidas de empresários que não sejam próprias de sua atividade empresarial, ou de dívida sujeita a juízo falencial: (*a*) ao credor por dívida civil, deu (*a.a*) *a ação anulatória* e (*a.b*) *a ação declaratória de ineficácia relativa*; (*b*) ao credor em concurso falencial atribuiu (*b.a*) *a ação declaratória de ineficácia relativa falencial* e (*b.b*) *a ação revocatória falencial.*

Cada uma dessas ações tem pressupostos específicos e eficácia própria, como mostramos antes.

I — Dívida civil

(a) Ação anulatória

1. Fundamento legal. A *ação anulatória*, denominada, comumente, *ação pauliana*[362], funda-se nos arts. 158 e 159 do Código Civil, alcançando somente as dívidas civis, mesmo que de empresários (= dívi-

---

362. Essa denominação constitui uma homenagem ao Pretor Paulo, que a criou no direito romano, embora em moldes diferentes do direito atual (Pontes de Miranda, *Tratado de direito privado*, t. IV, § 488). Por influência da doutrina francesa, a ação pauliana também é denominada ação revocatória, incorretamente, porém, porque na espécie não há revogação do negócio, mas sua anulação. No direito brasileiro a ação revocatória somente existe no campo do direito falencial, conforme mostramos no texto.

das que não são decorrentes da atividade empresarial, especificamente, e que por isso não podem fundamentar o processo de falência).

2. Legitimação ativa. São legitimados a propô-la os credores que já o eram ao tempo do ato de disposição impugnado (*princípio da anterioridade do crédito*), seus sucessores a título universal ou singular. Por isso, tem legitimidade ativa o cessionário de crédito anterior ao ato de disposição, mesmo que a cessão se haja concretizado após a ocorrência do ato fraudatório. É ação que compete a quem não figurou no ato fraudulento.

3. Legitimação passiva. A legitimação passiva cabe aos figurantes do ato considerado fraudatório dos créditos (= devedor insolvente e aquele que com ele celebrou a estipulação atacada) ou terceiros adquirentes, neste caso se procederam de má-fé. A legitimação passiva se transmite aos herdeiros das pessoas envolvidas na fraude. Diferentemente do que pode dar a entender a redação do art. 161, há litisconsórcio necessário passivo entre o devedor e o adquirente ou beneficiário do ato de disposição. Também terá de integrar a lide como litisconsorte necessário o terceiro que, porventura, haja adquirido o bem, considerando-se que terá de provar a sua boa-fé, sob pena de perder o bem se agiu de má-fé. Ao contrário do que, sem razão, ensinava San Tiago Dantas[363], não é possível a propositura da ação apenas contra um deles, uma vez que a eficácia desconstitutiva da sentença alcançará, necessariamente, todos os envolvidos: devedor, adquirente e terceiro, se houver.

4. Terceiro de boa-fé. O terceiro de boa-fé está imune aos efeitos da anulação do ato fraudulento. Por isso, a alienação de bem imóvel objeto de disposição fraudulenta a terceiro de boa-fé resolve-se segundo as regras do art. 879 do Código Civil.

5. Concurso de credores. A propositura da ação anulatória independe de prévia instauração de concurso universal de credores (CPC de 1973, arts. 748 e s.). Na própria ação se poderá provar que o devedor era insolvente ou assim se tornou em decorrência do ato atacado como fraudulento.

6. Rito da ação. Seu rito é o ordinário. São cabíveis, como medidas cautelares preparatórias ou incidentais, o *arresto* (CPC, art. 813) e o *protesto* (CPC de 1973, art. 867).

---

363. *Programa de direito civil*: parte geral, p. 301.

É possível alegar-se a fraude contra credores em embargos de terceiros ou em reconvenção, quando admissível.

7. Ônus da prova. A fraude não se presume. A prova dos pressupostos que a caracterizam cabe ao credor que a alega.

Se já declarada a insolvência do devedor no processo de execução contra devedor civil insolvente, instaurado, portanto, o concurso universal de credores, o procedimento da anulação é sumário, tal como previsto nos arts. 768 e 772 do CPC de 1973.

Ao devedor cabe fazer a prova de que não se caracterizam os pressupostos da fraude contra credores. No processo de execução contra devedor insolvente, cabe ao devedor alegar qualquer das matérias enumeradas nos arts. 525 e 917 do CPC, podendo elidir o pedido de insolvência pelo depósito da importância do crédito, para lhe discutir a legitimidade e o valor (CPC de 1973, art. 757).

8. Elisão pelo depósito. Se se trata de adquirente por título oneroso e o preço, sendo o corrente do mercado, ainda não foi pago, pode a ação ser elidida com o seu depósito, citando-se, por edital, todos os interessados (Código Civil, art. 160).

9. Eficácia da sentença. A sentença que julgar procedente a ação ou os embargos de terceiros tem eficácia *erga omnes*, desconstituindo o ato e seus efeitos.

Por consequência do art. 182 do Código Civil, as partes são restituídas ao estado anterior ao ato, com ressarcimento quando houver impossibilidade fáctica dessa restituição. Em razão disto, ao que perdeu o bem adquirido onerosamente cabe ser ressarcido daquilo que pagou, sob pena de haver enriquecimento injustificado do devedor ou da massa concursal.

Os bens restituídos passam a integrar o acervo concursal. Se o ato impugnado se refere, apenas, à constituição de garantias reais, a anulação se limitará tão somente à preferência ajustada (hipoteca, penhor, anticrese).

(b) Ação declaratória de ineficácia relativa

1. Pressupostos. A *ação declaratória de ineficácia relativa*, quando referente a devedor civil, pressupõe a instauração de concurso universal de credores e diz respeito, exclusivamente, à restituição pelo credor quirografário da importância que recebeu como pagamento de dívida ainda não vencida (Código Civil, art. 162).

2. *Legitimação ativa.* A legitimação ativa compete, exclusivamente, a qualquer credor habilitado no concurso universal. Não cabe ao administrador da massa concursal. Nesse ponto difere da espécie falencial em que se defere legitimidade ativa ao administrador judicial. Embora a Lei de Recuperação de Empresas e Falência não reproduza a regra do art. 99 da antiga Lei de Falências (Dec.-Lei n. 7.661/45), o reconhecimento do parágrafo único do seu art. 129 de que a ineficácia relativa opera *ipso iure* permite afirmar a legitimidade ativa do administrador judicial para propor a sua decretação no juízo falencial.

3. *Legitimação passiva.* É legitimado passivamente o credor quirografário que houver recebido, indevidamente, a importância de dívida não vencida (Código Civil, art. 162), bem assim, em caso de sucessão hereditária, seus sucessores.

4. *Eficácia da sentença.* A sentença tem sua eficácia restrita à massa concursal. A devolução da importância restaura a situação anterior ao pagamento, de modo que seu valor incorpora-se ao ativo da massa, passando o credor a integrar o concurso universal de credores.

II — No juízo de falências

1. *Diversidade de ações.* Embora no art. 132 a LRE se refira apenas à *ação revocatória*, na verdade há duas ações distintas: a *ação revocatória falencial* e a *ação declaratória de ineficácia falencial*[364]. A expressão "ação revocatória" do art. 132 encambulha, indevidamente, as duas espécies. Apesar de distintas, ambas as ações têm igual tratamento legislativo no que se refere à legitimação ativa e ao procedimento, que deve ser o ordinário regido pelo CPC (LRE, art. 134).

2. *Legitimação ativa.* A legitimação ativa é deferida ao administrador judicial, aos credores habilitados no juízo da falência, e ao Ministério Público.

3. *Legitimação passiva.* A legitimação passiva é comum, em ambas as ações, aos figurantes dos negócios jurídicos de alienação, atos jurídicos *stricto sensu* e atos-fatos jurídicos (= pagamentos) considerados fraudulentos ou àqueles que deles tiraram proveitos, nas hipóteses relacionadas no art. 129 da LRE. A legitimação passiva se estende aos herdeiros legítimos e testamentários, sendo que, em relação aos últimos, quando a fraude envolver bem ou proveito objeto da deixa testa-

364. Pontes de Miranda, *Tratado de direito privado*, t. IV, §§ 498 e 499.

mentária ou quando as suas consequências econômicas sejam de tal monta que os bens disponíveis do espólio não sejam suficientes para atender o ressarcimento da massa falida.

Se o bem objeto da fraude for transmitido a terceiro, onerosa ou gratuitamente, fica, ele, legitimado passivamente:

(*a*) na *ação revocatória falencial,* se tinha conhecimento de que o ato fora praticado com a finalidade de prejudicar os credores (= *scientia fraudis*), donde se deve concluir que, não havendo esse conhecimento, o terceiro de boa-fé fica imune à revocatória. O transmitente, ou seus herdeiros legítimos e testamentários, deverá, nesse caso, ressarcir a massa falida do equivalente, apurado segundo o valor de mercado, acrescido das perdas e danos (LRE, art. 135, *in fine*).

(*b*) na *ação de ineficácia relativa falencial* de que são objeto os atos descritos no art. 129 da LRE, independentemente da *scientia fraudis*, de modo que não importa se era de seu conhecimento, ou não, a intenção dos praticantes do ato atacado de fraudar os credores.

A legitimação passiva de terceiros se estende a seus herdeiros legítimos e testamentários, estes nas mesmas condições mencionadas acima.

4. Rito processual. O rito processual é o ordinário, mas é procedimento *dentro da falência.* O processo se desenvolve perante o juízo da falência (LRE, art. 134).

Distintos, porém, são os seus fundamentos.

A *ação declaratória de ineficácia relativa falencial* se baseia no art. 129 da LRE e objetiva declarar a ineficácia, que é automática, *ipso iure*, dos atos ali enumerados relativamente à massa falida. Independe de prova de *consilium et scientia fraudis* e mesmo de *eventus damni.* Importa, apenas, que os pressupostos previstos se caracterizem.

A *ação revocatória falencial* alicerça-se no art. 130 da LRE, sendo essencial a prova do propósito de fraudar os direitos dos credores (= *consilium fraudis*), do conluio entre o devedor e o terceiro que com ele contratar (= *concilium fraudis*) e do efetivo prejuízo dos credores (= *eventus damni*).

Em ambas as espécies é cabível, como medida cautelar, o *sequestro* dos bens objeto da fraude que se encontrem em poder de terceiros.

5. Alegação em defesa. A alegação da fraude como defesa em ação ou em procedimento de execução cria litispendência relativamente às ações de ineficácia relativa e de revogação. Por isso, oposta em defesa, já não poderá ser proposta qualquer delas.

6. *Eficácia da sentença.* Julgada procedente a ação, a sentença alcança os efeitos do ato impugnado, sendo os bens restituídos à massa, em espécie, ou, não sendo possível, mediante indenização.

A massa deve restituir, se auferiu vantagem, o que houver recebido; caso contrário o figurante será admitido como credor quirografário da massa. No caso de restituição de pagamento, o credor retornará à sua situação anterior perante a massa.

Aos terceiros de boa-fé se defere ação indenizatória para se ressarcirem das perdas e danos que houverem sofrido em decorrência da ineficácia ou revogação do ato.

Mesmo que o ato atingido seja resultado de sentença em outro procedimento (decisão que homologue transação da qual decorra a transmissão de bem ou a quitação de dívida; que homologue a renúncia de herança, por exemplo), a ineficacização ou a revogação o atingirá, desde, naturalmente, que nele não haja sido discutida e julgada a fraude. Se, porém, transitada em julgado sentença de que haja resultado o ato questionado como fraudulento for proferida em procedimento litigioso, decidindo não ter havido fraude contra os credores, o ato estará imune à ineficacização ou à revogação, não se aplicando a regra do art. 138 da LRE. Havendo, pois, coisa julgada material sobre inexistência de fraude, é essencial *ação rescisória* para desconstituí-la. O parágrafo único do art. 138 da LRE, reproduzindo a impropriedade técnica que viciava a terminologia empregada no art. 58 da Lei de Falências, considera a sentença de que decorreu o ato objeto da ação de ineficácia ou da ação revocatória como *rescindida. Rescisão,* embora seja utilizado, equivocadamente, em doutrina, jurisprudência e em textos legais, encambulhando-o com outros, em especial com *resolução*, é vocábulo que, em boa ciência, tem significado específico para designar o ato jurídico cuja eficácia consiste na desconstituição de negócio jurídico ou de sentença por vício de seu objeto. Rompe-se o negócio, não apenas se desfaz (*rescindir* vem do latim *rescindo, is, scidi, scissum, scindere,* quer dizer "separar (rasgando ou cortando), abrir, cortar" (Saraiva, *Dicionário latino-português*). Em relação a contratos, por exemplo, até mesmo por força da linguagem inadequada do Código Civil de 1916 (arts. 1.092, parágrafo único, e 1.097, *e. g.*), é comum falar em *rescisão* (rescindir o contrato, contrato rescindido) para mencionar o seu desfazimento por inadimplemento de obrigações contratuais. Em sentido próprio e terminologicamente preciso, porém, somente cabe o uso da expressão *rescisão contratual* quando o desfazimento se dá por haver defeito que atinge o seu objeto, como ocorre nos casos de vícios redibitórios e na evicção, *e. g.* Por descumprimento de obrigação contratual (Código Civil, arts. 474, 475 e 478, *v. g.*) ou por impossibilidade de execução sem culpa de qualquer dos figurantes (Código Civil, arts. 234, 235, p. ex.), o termo correto é *resolução* (*lato sensu*)[365]. Quando se refere a sentença,

---

365. *Resolução* (*lato sensu*) é o termo correto para designar o ato jurídico por meio do qual pode ser desconstituído um negócio jurídico por inadimplemento de obrigações ou por impossibilidade superveniente de execução, sem culpa. Há duas espécies: *resolução "stricto sensu"* e *resilição.* A distinção entre as duas espécies consiste, em última análise, no alcance da eficácia, que na primeira é sempre *ex tunc* e na segunda, *ex nunc.* Há negócios jurídicos em que é possível haver desfazimento do negócio jurídico com deseficacização retroativa à sua origem; desfaz-se o negócio e cassam-se os seus efeitos (uma compra e venda em que o vendedor transmitiu o imóvel, mas não recebeu o preço, por exemplo). Há outros, diferentemente, cujos efeitos são impossíveis de desfazer, em razão mesmo de sua natureza (negócio de trato sucessivo, *v. g.*, como um contrato para fornecimento por uma empresa de alimentação em que, em seu curso, o fornecedor decide resolver o contrato por falta de pagamento; os efeitos que o contrato produziu até aquele momento não podem ser desfeitos — não é possível restituir os alimentos comidos, nem o dinheiro pago por eles), ou mesmo em face de disposição negocial. Ali, há resolução *stricto sensu*; aqui, *resilição.*

O atual Código Civil, em mais uma de suas impropriedades conceptuais, terminológicas e linguísticas, emprega, no art. 473, a expressão *resilição unilateral,* dizendo ainda que *opera mediante denúncia notificada à outra parte.* Em primeiro lugar, não há *resilição bilateral* ou *plurilateral.* Toda *resolução "lato sensu"* é sempre unilateral, portanto, as suas duas espécies. *Resilição unilateral,* pois, constitui uma expressão pleonástica e tecnicamente inadmissível. O único meio de desfazer um negócio jurídico de modo bilateral é o *distrato. Denúncia*, por sua vez, é meio de interromper a geração de eficácia de negócio jurídico de trato sucessivo, como um contrato de empreitada, um contrato de locação de serviço, por exemplo, nunca instrumento para promover uma resilição ou resolução. A *denúncia*, como a *resilição*, tem sempre eficácia *ex nunc.* A *denúncia* não desfaz o negócio jurídico, mas sim a relação jurídica que dele decorre, interrompendo, por isso, o curso da eficácia do contrato, impedindo que seus efeitos continuem a ser produzidos. Toda a eficácia que for gerada depois não mais será da relação contratual em si, mas de fatos jurídicos outros, principalmente ilícitos, mas não só. Exemplificando: o locador de imóvel (em espécie em que a denúncia seja permitida) notifica o locatário para que deixe o imóvel dentro do prazo de 60 dias (denúncia), por não mais convir a locação; o locatário resiste e não devolve o bem no prazo estipulado. A partir daí o locatário continua obrigado ao pagamento pelo uso do imóvel até sua efetiva devolução, porém não mais se poderá considerar esse pagamento como aluguel, mas, sim, como indenização pelo uso indevido. A *resilição*, diferentemente, desfaz o negócio jurídico e, consequentemente, impede a geração de sua eficácia daí para frente.

rescisão, também, está relacionada a vício que atinge seu objeto. Basta analisar os pressupostos de admissibilidade da *ação rescisória* para ver que dizem respeito a dados que, direta ou indiretamente, viciam a idoneidade do objeto da sentença, que é a *prestação jurisdicional* (CPC, art. 966). Para desconstituir sentença por defeito invalidante comum aos atos jurídicos em geral, o meio adequado é a ação de nulidade ou a ação anulatória, conforme o caso, nunca a ação rescisória (CPC, art. 966, § 4º). No caso do parágrafo único do art. 138 da LRE, não há, evidentemente, *rescisão da sentença que deu origem ao ato impugnado*, porque não existe, em verdade, coisa julgada alguma sobre a fraude, de que tenha decorrido a ineficacidade ou a revogabilidade, que necessite ser rescindida. E é isto que a lei parece ter querido dizer: *a sentença proferida em juízo de execução ou em outro qualquer em razão da qual tenha sido praticado o ato impugnado não constitui coisa julgada material em relação à fraude, precisamente por não a haver julgado.* A decisão sobre a fraude tem outro fundamento não apreciado no juízo anterior. Em rigor científico, estamos diante de um caso de ineficácia da sentença em relação à massa falida, consoante a crítica de Pontes de Miranda, cujo acerto Ricardo Tepedino considera *indisputável*[366].

Pode parecer que há uma grande semelhança entre a *resilição* e a *denúncia*, porque ambas têm eficácia *ex nunc.* Entretanto, assim não é, porque enquanto a *denúncia* apenas se refere ao plano da eficácia, extinguindo a relação jurídica *ex nunc*, a *resilição* desfaz o próprio negócio. Sobre a confusão conceptual que existe, em doutrina e jurisprudência, em torno das figuras da revogação, rescisão, resolução, resilição, denúncia ou outras formas de extinção dos atos jurídicos e de sua eficácia, vale reproduzir a observação de Pontes de Miranda (*Tratado de direito privado,* t. XXV, § 3.078, 1): "Se há matéria, no direito das obrigações, em que se faz urgente limpar-se a linguagem de erros e ambiguidades lastimáveis, é a respeito dos modos de desconstituição das dívidas. Às línguas latinas tem faltado o rigor necessário e os tradutores de livros alemães chegam a verdadeiros atentados. No fundo, são professores e juristas que não sabem distinguir revogar, resolver, resilir, denunciar, rescindir e distratar".

Finalmente, a impropriedade do Código Civil ainda se revela quando se refere a que a resilição *opera mediante denúncia notificada à outra parte*, porque o ato de comunicar a manifestação de vontade de resilir o negócio jurídico não é denúncia. Tanto a resilição como a denúncia são manifestações receptícias de vontade, donde, para serem eficazes, precisam chegar ao conhecimento do outro. Notificação e interpelação são *meios, instrumentos*, para que um dos figurantes do negócio dê conhecimento ao outro de sua vontade.

366. Ricardo Tepedino, *Comentários à Lei de Recuperação de Empresas e Falência,* p. 138.

Como observa Pontes de Miranda[367], se já estava aberto o concurso de credores, ou a falência, terão os credores concursais ou o administrador judicial ou os credores da falência, tendo ciência da execução, de opor embargos de executado com alegação de fraude, sob pena de não mais o poderem fazer.

Em outros tipos de procedimento que se refiram ao bem cabem os embargos de terceiros.

367. *Tratado de direito privado*, t. IV, § 499, 1.

CAPÍTULO X

Anulabilidade por Imposição Legal

§ 61. Espécies de anulabilidade por imposição legal

Afora as causas até agora estudadas, o sistema jurídico brasileiro impõe, especificamente, a anulabilidade como sanção a certos negócios jurídicos.

Assim, por exemplo, o Código Civil tem por anulável: (*a*) a doação feita pelo cônjuge adúltero ao seu cúmplice (art. 550); (*b*) o negócio concluído pelo representante consigo mesmo, em seu interesse ou por conta de outrem (art. 117), ou em conflito de interesse com o representado (art. 119); (*c*) a venda de ascendente a descendente (art. 496), bem assim a troca entre eles em valores desiguais (art. 533, II), sem o consentimento dos demais descendentes e do cônjuge do alienante, exceto, quanto a este, quando o regime matrimonial de bens for o da separação obrigatória; (*d*) o casamento, nos casos enumerados no art. 1.550.

TÍTULO V

Características e Consequências da Invalidade

CAPÍTULO I

Introdução

§ 62. Considerações gerais

Rigorosamente, não nos parece correto falar de "características da nulidade", uma vez que aquelas que lhe são atribuídas, como a inconvalibilidade, a imprescritibilidade, a alegabilidade por qualquer interessado e pelo Ministério Público, a decretabilidade de ofício pelo juiz e a ineficácia do ato por ela vitimado, não se encontram em todas as espécies. Para atender situações especiais, particularizadas, algumas vezes resultantes da própria natureza do ato ou de suas consequências e interesses de ordem pública, os sistemas jurídicos criam exceções que impedem se possam fazer enunciados genéricos, com absoluto rigor científico, como, por exemplo, dizer-se que *nulidade é o defeito insanável, imprescritível, alegável por qualquer interessado e pelo Ministério Público, decretável de ofício pelo juiz, que torna o ato jurídico ineficaz*. Se considerarmos a generalidade dos casos esse enunciado é correto, mas não se aplica a toda a espécie, uma vez que há casos, excepcionais, é verdade, em que a nulidade: (*a*) convalesce, (*b*) extingue-se (= decadência) ou tem sua eficácia encoberta (= prescriçao) pelo decurso do tempo, (*c*) não pode ser alegada por qualquer interessado, muito menos pelo Ministério Público, (*d*) depende de impugnação, não podendo ser decretada de ofício pelo juiz, e, finalmente, (*e*) o negócio jurídico é eficaz.

Por isso é necessário destacar, bem claramente, que nenhuma daquelas características integra essencialmente, de modo absoluto, o conceito de nulidade, em face das exceções. Daí não ser cientificamente correto afirmar-se que sejam características essenciais da nulidade, mas, sim, que em geral lhe são pertinentes.

O estudo sistemático dessas características tem relevância, no entanto, para servir como elemento de distinção entre o ato nulo e o ato anulável, pois, e isto é o mais importante, jamais são encontráveis nos casos de anulabilidade, embora em alguns casos de nulidade se encontrem características que são próprias da anulabilidade.

Por essa razão as analisaremos com o fim de compará-las, considerando os casos de nulidade e anulabilidade, como o faremos adiante sob os aspectos, a saber: (*a*) da eficácia; (*b*) da convalibilidade em face da (*b.a*) sanabilidade e da (*b.b*) caducidade ou prescritibilidade; (*c*) da legitimação para argui-las; (*d*) da desconstitutividade; e (*e*) da decretabilidade.

(*Vide*, no final da obra, Quadro Comparativo das Principais Características da Nulidade e da Anulabilidade.)

§ 63. Princípio da conservação

Vige, nos sistemas jurídicos, *o princípio da conservação* dos atos jurídicos, segundo o qual "deve-se aproveitar, ao máximo possível, o negócio, em atenção, principalmente, à intenção negocial manifestada pelas partes"[368]. Na verdade, encontra-se na orientação imprimida pelo legislador moderno aos principais sistemas jurídicos a preocupação de salvar da invalidade, ao máximo, os atos jurídicos, evitando-se, sempre que possível, que se percam as consequências práticas que os figurantes dos negócios pretenderam alcançar. Os doutrinadores buscam justificar essa tendência em princípio geral de direito, a que dão diversas denominações[369], cujo sentido, em suma, é o de ressaltar a necessidade prática de evitar o desperdício da atividade jurídica, tanto no plano do direito público como no campo do direito privado.

Aplicações práticas desse princípio se encontram, por exemplo:

---

368. Raquel Campani Schmiedel, *Negócio jurídico. Nulidades e medidas sanatórias*, p. 45.

369. Para Criscuoli (*La nullità parziale del negozio giuridico, Teoria generale*, p. 115) seria *principio della economia giuridica*; para Diogo Figueiredo Moreira Neto (*Curso de direito administrativo*, p. 155), princípio *da economia dos valores jurídicos*.

(*a*) na regra *pas de nullité sans grief*, segundo a qual não se deve pronunciar a invalidade se não há prejuízo a alguém ou à ordem pública;

(*b*) no princípio da economia processual, que não permite, entre outros efeitos, que se anulem e repitam atos processuais que alcançaram a sua finalidade, sem prejuízo das partes;

(*c*) em regras como as dos arts. 144, 157, 167, 170, 177, 2ª parte, 183 e 184, todos do Código Civil;

(*d*) na sanabilidade e convalibilidade do ato anulável;

(*e*) na substituição legalmente determinada de um negócio jurídico que seria inválido por outro que é válido, com finalidades práticas semelhantes;

(*f*) no instituto da conversão (art. 170 do Código Civil).

CAPÍTULO II
Invalidade e Eficácia

§ 64. Ato nulo e ineficácia jurídica

1. Precisões conceptuais

Antes já deixamos claro que o trato científico do direito não permite que sejam confundidas nulidade e eficácia do ato jurídico. É verdade que, de ordinário, o ato deve ser válido para que possa produzir sua eficácia. Mas a realidade do direito mostra que o ato jurídico pode ser válido e não produzir seus efeitos finais próprios, como ser eficaz sendo nulo. São situações distintas em que se podem encontrar os atos jurídicos.

2. Eficácia excepcional do ato nulo

É comum, porém, em doutrina e em julgados, a afirmativa de que *o ato jurídico nulo é ineficaz*, ou seja, o ato jurídico nulo não produz os efeitos jurídicos que lhe são próprios. Essa afirmativa, no entanto, não é de todo verdadeira. Os casos em que o ato nulo produz sua eficácia própria a desmentem.

Realmente:

(*a*) No campo do direito material, há situações em que o ato nulo produz, plenamente, a sua eficácia própria.

O matrimônio nulo em que os cônjuges estavam de boa-fé quanto à existência de impedimento dirimente absoluto para casar (= casamento putativo), por exemplo, produz sua eficácia plena até a desconstituição do registro através do registro da sentença que decretar a nulidade, em face do princípio segundo o qual persistem os efeitos do ato jurídico enquanto permanece o seu registro[370]. Se apenas um dos cônjuges esta-

370. O Código Civil, art. 1.561, se refere aos efeitos da putatividade também

va de boa-fé, tão só em relação a este se produz a eficácia jurídica plena do casamento (Código Civil, art. 1.561, § 1º). Ainda no direito civil, o ato simulado, embora nulo, produz seus efeitos em relação aos terceiros de boa-fé em face dos figurantes (= contraentes) do negócio jurídico simulado (Código Civil, art. 167, § 2º).

No direito eleitoral brasileiro, é nulo o voto dado a pessoa inelegível ou não registrada. Quando se trata, porém, de eleições pelo sistema proporcional (para vereador, deputado), o voto é computável (= válido) para a legenda pela qual concorreu o candidato inelegível, se a decisão judicial de inelegibilidade ou de cancelamento de registro for proferida após a realização da votação, desde que a candidatura não esteja *sub iudice* no momento da votação, o que pode ocorrer se a arguição da inelegibilidade ou que conduza ao cancelamento do registro não houver sido formulada antes da votação, o que é possível quando o seu fundamento consistir em matéria constitucional, que não está sujeita à preclusão, podendo ser alegada em qualquer oportunidade durante o processo eleitoral (por ocasião da diplomação, *e. g.*). Se a impugnação de que resultar a decretação da inelegibilidade for anterior à votação, o voto será nulo e não poderá ser contado nem para o candidato inelegível, nem para o partido ou coligação a que pertencer, cessando a putatividade[371].

A lei inconstitucional, que é considerada nula, até que seja desconstituída produz os seus efeitos, incidindo sobre os fatos que compõem o seu suporte fáctico e criando os fatos jurídicos correspondentes.

---

em relação aos filhos. Essa regra foi derrogada desde a Lei n. 6.515/77 (Lei do Divórcio), por força de seu art. 14, parágrafo único, que determinou que se produzissem todos os efeitos do matrimônio nulo, mesmo quando não houvesse putatividade. Atualmente, já não há qualquer limitação, em decorrência da norma do art. 227, § 6º, da Constituição Federal de 1988, donde ser tautológica a disposição do Código Civil.

371. Cf. Código Eleitoral (Lei n. 4.737, de 15-7-1965), art. 175, §§ 3º e 4º. Essa norma foi alterada pela Lei n. 12.034, de 29-9-2009, que, em seu art. 4º, incluiu na Lei n. 9.504, de 30-9-1997, o seguinte dispositivo: "Art. 16-A. O candidato cujo registro esteja *sub judice* poderá efetuar todos os atos relativos à campanha eleitoral, inclusive utilizar o horário eleitoral gratuito no rádio e na televisão e ter seu nome mantido na urna eletrônica enquanto estiver sob essa condição, ficando a validade dos votos a ele atribuídos condicionada ao deferimento de seu registro por instância superior. Parágrafo único. O cômputo, para o respectivo partido ou coligação, dos votos atribuídos ao candidato cujo registro esteja *sub judice* no dia da eleição fica condicionado ao deferimento do registro do candidato".

Embora haja controvérsia doutrinária[372], há quem entenda que os efeitos resultantes dos fatos jurídicos produzidos pela incidência da lei inconstitucional não se desfazem, plenamente, só pela sua desconstituição; desconstituída a lei, os fatos jurídicos por ela produzidos continuariam a existir eficazmente[373]. Seria necessária a específica desconstituição dos efeitos. A maioria, no entanto, se posiciona no sentido de que a eficácia da decretação da inconstitucionalidade teria eficácia *ex tunc*. A prática constitucional, porém, demonstra que, em face da natureza das coisas, bem assim por força do princípio de razoabilidade e até mesmo por critérios de justiça, às vezes é impossível ocorrer eficácia *ex tunc*, impondo-se que se atribua eficácia *ex nunc,* totalmente ou em parte, à decisão. Por isso, mesmo aqueles doutrinadores que atribuem eficácia *ex tunc* à decisão que a desconstitui a lei inconstitucional admitem a permanência no mundo jurídico de certos efeitos decorrentes de sua incidência[374]. Em face disso, o sistema jurídico nacional adotou regras que permitem ao Supremo Tribunal Federal, pelo voto de 2/3 de seus membros, tendo em vista razões de segurança jurídica ou de excepcional interesse social, aprovar norma jurídica transitória para regular as situações criadas com a decretação da inconstitucionalidade, restringindo a sua eficácia ou estabelecer que somente venha a tê-la a partir de seu trânsito em julgado ou outro momento que fixar (Leis n. 9.868/99 e 9.882/99).

(*b*) Há efeitos jurídicos mínimos que decorrem do ato nulo, mesmo em caso de ineficácia quanto aos seus efeitos finais próprios. Esses efeitos mínimos são diferentes dos específicos do ato jurídico, mas dele resultam, como se verifica, por exemplo, em relação ao comprador em contrato de compra e venda nulo (exceto se a nulidade decorre de ilici-

---

372. *Vide*, sobre isto, Paulo Luiz Neto Lobo, O controle da constitucionalidade das leis e o direito adquirido, *Revista de Informação Legislativa*, *106*:37, e Regina Maria Macedo Nery Ferrari, *Efeitos da declaração de inconstitucionalidade*.

373. Por exemplo: o funcionário nomeado, após aprovação em concurso público regular, para cargo criado por lei inconstitucional não perderia a sua situação de funcionário, ou, ao menos, não restituiria a remuneração que recebera até a decretação da inconstitucionalidade.

374. Por exemplo, considerar como *funcionário de fato* aquele que foi nomeado em virtude de lei posteriormente declarada inconstitucional, como o fez o STF no Ac. 78.533/SP, jun. 1982, *RTJ*, *100*:1086.

tude do objeto) que é considerado possuidor de boa-fé quanto aos bens "comprados"[375].

(*c*) Em alguns sistemas jurídicos, inclusive, em certos casos, no direito brasileiro[376], somente se decretará a nulidade se houver demonstração de prejuízo, segundo o princípio *pas de nullité sans grief*, de modo que nos parece correto afirmar que o ato nulo, *somente em geral* (portanto, nem sempre), é ineficaz.

A atribuição pelo ordenamento jurídico de eficácia jurídica ao ato jurídico nulo, como se pode concluir, constitui sempre exceção à regra geral da ineficácia, que se justifica porque visa a atender situações que envolvem interesses de proteção da família, da ordem pública e da boa-fé. É questão que se põe no campo da Política Jurislativa, portanto, na dimensão axiológica, política, do direito.

A excepcionalidade contida na imputação de eficácia ao ato jurídico nulo impõe que as espécies sejam interpretadas restritivamente, admitindo-se a eficácia, apenas, nos estritos limites definidos pela lei. Não é possível, por isso, atribuir-se (*a*) efeito jurídico a ato jurídico nulo quando a lei não haja explicitamente previsto, (*b*) nem efeitos outros senão aqueles taxativamente indicados pela lei.

É preciso deixar claro que a eficácia produzida pelo ato putativo é sempre definitiva e irreversível. A sua desconstituição, porque somente tem eficácia *ex nunc*, importa a cessação da produção dos efeitos a partir do momento em que transita em julgado a sentença, mas não desfaz nem afeta os efeitos já produzidos até aquele momento, que permanecem incólumes.

3. Ineficácia do ato nulo

Afora essas excepcionais situações, o ato jurídico nulo é sempre ineficaz. A "eficácia" que ele apresenta é apenas aparente. Passa-se no

---

375. Nosso *Teoria do fato jurídico*: plano da eficácia, 1ª Parte, § 18, *b*. Em caso como o exemplificado, decretada a nulidade da compra e venda, exceto, naturalmente, a hipótese de ilicitude do objeto, o comprador terá direito de retenção e os demais compatíveis com a situação de possuidor de boa-fé, que lhe é, presuntivamente, atribuída.

376. *Vide* CPC, arts. 282, §§ 1º e 2º, e 283, parágrafo único; Código Eleitoral (Lei n. 4.737/65), art. 219.

mundo dos fatos, não no mundo do direito. Aquele que "adquiriu" um imóvel através de contrato de compra e venda nulo e o utilizou, na verdade, juridicamente não lhe adquiriu o domínio. A sua posse no bem é de ser presumida de boa-fé, como efeito mínimo do negócio jurídico nulo, mas sem justo título[377]. Decretada a nulidade do ato jurídico, geralmente, não há necessidade de *desconstituir* os seus "efeitos", porque a aparência simplesmente se desfaz. Há hipóteses, porém, em que é preciso *declarar quais os efeitos que se apagam*, como veremos minudentemente adiante (§ 74, 1.2).

4. Cumprimento de obrigação decorrente de ato nulo

Ato jurídidco nulo não produz eficácia jurídica, salvo em casos especiais, conforme vimos. Como direitos, deveres, pretensões, obrigações, ações e exceções são consequências de fato jurídico perfeito, em havendo nulidade não se produzem tais efeitos[378]. Por isso, o cumprimento pelos figurantes de obrigações, sabendo nulo o ato, se dá no mundo fáctico e não no mundo jurídico, porque nesse nenhum efeito existe. A confirmação de obrigações nessas espécies é confirmação de dado inexistente. Se alguém, sabendo nulo o ato jurídico, quer "cumpri-lo" e, conscientemente, "cumpre a obrigação", não se dá a validação do ato nulo, como ocorreria se o caso fosse de anulabilidade, mas pode dar ensejo à alegação da *condictio indebiti* (Código Civil, art. 877) por aquele que recebeu a prestação[379]. No entanto, a alegação da *condictio indebiti* somente é possível se a nulidade não decorre de ilicitude, imoralidade, impossibilidade jurídica do objeto ou de violação de norma jurídica cogente, isto é, se o ato é *repetível*. Se a *repetição* é inadmissí-

---

377. A posse, por ser um fato, não pode ter sua existência desconsiderada, em face do princípio da irreversibilidade dos fatos no tempo (Pontes de Miranda, *Tratado de direito privado*, t. IV, § 367, 5). O contrato de compra e venda nulo, no entanto, não constitui justo título para a aquisição pela usucapião. Por isso, a aquisição do bem somente será possível pela via da usucapião extraordinária, porque independe de justo título e boa-fé, embora esta, no caso, exista.

378. Pontes de Miranda, *Tratado de direito privado*, t. IV, § 367, 5; Llambías, *Efectos de la nulidad y de la anulación de los actos jurídicos*, p. 44; Orozimbo Nonato, *Curso de obrigações*, 2ª Parte, v. 2, p. 144-145; Lloveras de Resk, *Tratado teórico-práctico de las nulidades*, p. 115.

379. Pontes de Miranda, *Tratado de direito privado*, t. IV, § 367, 5.

vel não há como manter-se o "cumprimento da obrigação", porque equivaleria, na prática, a uma validação do ato nulo.

Cabe, portanto, a repetição do que se adimpliu em decorrência de ato nulo[380], porque só excepcionalmente se poderá invocar o art. 877 do Código Civil, mesmo em caso de cumprimento espontâneo e consciente das "obrigações" nele previstas.

§ 65. Ato anulável e eficácia jurídica

Diferentemente do ato nulo, o ato jurídico anulável gera, desde logo, toda a sua eficácia jurídica, perdurando até que seja desconstituído por sentença, ou tornando-se definitiva se decorrido o prazo decadencial sem que a ação de anulação seja proposta, ou por outro meio judicial seja a anulabilidade arguida. Pontes de Miranda a denomina eficácia *interimística*[381], em razão dessa sua característica de ser interina (= provisória), mas com a possibilidade de tornar-se definitiva.

Desconstituído o ato, desconstituem-se os efeitos que produziu. A desconstituição do ato tem efeitos *ex tunc*, quanto à sua eficácia própria. Por esse motivo, as partes são restituídas ao estado anterior ao ato, e não sendo possível serão indenizadas pelo equivalente (Código Civil, art. 182).

Ocorre a sanação do ato, se foi espontaneamente cumprido, havendo ciência do defeito invalidante.

380. M. I. Carvalho de Mendonça, *Doutrina e práctica das obrigações*, v. 1, p. 513; Von Tuhr, *Teoría general del derecho civil alemán*, v. II, t. 2, p. 28.

381. O vocábulo "interimístico", empregado por Pontes de Miranda em sua obra para definir efeitos que são, em geral, provisórios, mas que se podem tornar definitivos (*Tratado de direito privado*, t. IV, § 364, 3 *et passim*), parece ser criação sua, pois não o encontrei, até hoje, em qualquer dicionário ou texto de qualquer autor. Para nomear os efeitos do negócio jurídico *pendente conditione*, por exemplo, em geral a doutrina se refere a *efeitos preliminares* (Enneccerus, Kipp e Wolff, Rubino, Von Tuhr), *efeitos interinos* (Passarelli) ou *efeitos prodômicos* (Betti), expressões que, no entanto, não exprimem o verdadeiro significado da eficácia a que se referem, uma vez que se limitam a expressar apenas um de seus aspectos, a provisoriedade ou o caráter inicial da eficácia. O vocábulo *interimístico*, no sentido que se extrai da obra de Pontes de Miranda, expressa a provisoriedade (interinidade) da eficácia, mas, com possibilidade de se tornar definitiva. Por isso o adoto.

CAPÍTULO III
Extinção da Invalidade

§ 66. Considerações gerais

Embora, geralmente, sejam confundidas, porque têm o mesmo resultado prático de extinguir o defeito invalidante, consideramos figuras diferentes a *convalidação* e a *sanação* da invalidade.

Temos por *convalidação*[382] a extinção do defeito invalidante dos atos jurídicos por consequência do ato-fato jurídico da prescrição e da decadência, isto é, o aperfeiçoamento do ato jurídico nulo ou anulável *sem atuação volitiva juridicamente relevante*, expressa ou tácita, do interessado. Os suportes fácticos da prescrição e da decadência se compõem da *omissão do titular da pretensão + decurso do prazo*. Na prescrição, como na decadência, a vontade determinante da omissão que possa haver no caso concreto é absolutamente irrelevante à concreção do suporte fáctico. Não importa, portanto, se o titular da pretensão e da ação quis ou não a prescrição, ou a preclusão, ou mesmo se dela tinha ciência. Tratando-se de ato-fato jurídico, embora haja conduta e mesmo que haja vontade consciente, a norma jurídica a recebe sempre como avolitiva. Por isso, a invalidade se extingue sem ato volitivo do interessado, inclusive, mesmo contra a sua vontade[383].

A *sanação*, ao contrário, ocorre como resultado de ato de vontade relevante (= negócio jurídico) praticado com o fim de remover o defeito invalidante, o que depende, portanto, de que haja manifestação expressa ou tácita do elemento volitivo. Na sanação há a consciência e a vontade

---

382. Essa nossa concepção, sustentada desde a primeira edição deste livro, vê-se apoiada pela regra do art. 169, parte final, do Código Civil de 2002. O Código Civil italiano, art. 1.444, diferentemente de nossa terminologia, denomina de convalidação a confirmação do ato anulável; assim também os doutrinadores italianos (Stolfi, *Teoría del negocio jurídico*, p. 103, por exemplo).

383. Por exemplo: o interessado desejava propor a ação de anulação, mas por algum motivo não o fez dentro do prazo.

de considerar o ato como válido, sabendo-se de sua invalidade. Por isso, trataremos separadamente das duas espécies.

§ 67. Convalidação e invalidade

1. Nulidade e inconvalidação

Em princípio o ato jurídico nulo não se convalida porque a nulidade é imprescritível[384]. Há, porém, no direito brasileiro, norma excepcional, como a do art. 48, parágrafo único, do Código Civil, em decorrência da qual decai (= extingue-se) em três anos a pretensão para anular as decisões tomadas pelos órgãos coletivos das pessoas jurídicas, mesmo quando eivados de nulidade por violação da lei, simulação ou fraude (Código Civil, arts. 166, II e VI, e 167). Mas, não apenas essa. O inciso VII do § 3º do art. 206 constitui outro exemplo de convalidação de nulidade por violação da lei por força da prescrição. Ainda há outros casos de prescrição ou decadência da nulidade em alguns sistemas jurídicos (*vide*, antes, nota 10). Porque pode haver hipóteses em que a nulidade é sanável pelo decurso de tempo, a imprescritibilidade não constitui uma característica própria da nulidade.

Parece conflitante com a regra geral do art. 205 do Código Civil, segundo a qual prescrevem em dez anos as ações, a afirmação da imprescritibilidade da nulidade, uma vez que, sendo prescritíveis todas as ações (salvo algumas espécies excepcionais), também o seria a ação de nulidade. Beviláqua[385], por exemplo, diz que a ação de nulidade prescreve no prazo máximo e assevera que as nulidades prescrevem em vinte anos "porque nenhuma ação pessoal tem duração maior".

---

384. O vocábulo *imprescritível* está aqui empregado em sentido genérico para significar a situação em que o direito, pretensão, ação ou exceção não perde sua força vinculativa pelo decurso do tempo com inação do seu titular em exercitá-lo, por conseguinte, que não está sujeito a ter sua eficácia encoberta (= prescrição), nem extinta (= decadência ou caducidade). Com a afirmativa de que a nulidade é imprescritível, queremos dizer que em qualquer tempo pode ser alegada por quem tenha legitimidade e decretada pelo juiz. Portanto, o que não prescreve, nem decai, é a possibilidade de ser arguida e, quando admissível, decretada *ex officio*.

385. *Código Civil comentado*, v. 1, p. 449, referindo-se, o texto, a trinta anos, que era, à época, o prazo máximo de prescrição.

Conflito, porém, não existe. Senão vejamos.

(*a*) Em primeiro lugar, é preciso considerar que o art. 205 do Código Civil contém enunciado geral, apenas aplicável quando não há normas expressas (Código Civil, art. 206, *v. g.*) que estabeleçam prazos específicos.

(*b*) No que diz respeito à prescrição das pretensões e ações é necessário considerar, antes de tudo, que há delas imprescritíveis, como as que se referem aos direitos da personalidade e aos concernentes aos estados pessoais. Se a nulidade é de negócio jurídico relativo a direito imprescritível, a ação para decretar-lhe a nulidade não prescreve jamais[386].

(*c*) Quando a nulidade é de negócio jurídico que se refere a direitos pessoais prescritíveis, embora a ação de nulidade, em geral, prescreva em dez anos, mesmo depois de vencido esse prazo a nulidade *em si* continua a existir e pode ser alegada como defesa, se alguém pretende fazer valer o ato nulo ou os seus efeitos, ou ser decretada de ofício pelo juiz ao tomar conhecimento do ato ou de seus efeitos[387]. Como ensina Pontes de Miranda[388], "*O princípio da alegabilidade do nulo por aquele contra quem se querem os efeitos* é o que domina essa matéria".

Afora as exceções, nem ao juiz é permitido deixar de decretar a nulidade, mesmo a requerimento dos interessados[389].

No direito processual, a convalidação das nulidades se dá:

---

386. Se, por exemplo, pessoa já casada se casa com outra e somente depois de mais de dez anos vem a ser conhecida a existência do impedimento, que é dirimente absoluto (Código Civil, art. 1.542, II, c/c o art. 1.521), a ação de nulidade não somente poderá como deverá ser proposta por qualquer interessado legitimado, inclusive o Ministério Público (em edições anteriores admitíamos a possibilidade de ser decretada pelo juiz de ofício. Revimos nossa posição).

387. Exemplifiquemos. Tem-se como nula, por fraude ao art. 1.428 do Código Civil, a procuração dada ao credor para que transmita, para si próprio ou para terceiro, bem do devedor se este não pagar sua dívida. O devedor não pagou a dívida, e o credor, para tentar furtar-se à alegação da nulidade, somente depois de dez anos utiliza a procuração e transfere o bem para a sua propriedade ou para terceiro. O adquirente, para haver o bem que se encontra em poder do devedor, promove contra ele ação. Na contestação o devedor poderá alegar a nulidade da procuração e o juiz terá de decretá-la.

388. *Tratado de direito privado*, t. IV, § 408, 5.

389. Código Civil, art. 168.

(*a*) Pela preclusão, quando, dependentes de alegação das partes, não são arguidas no momento processual próprio (CPC, art. 278; CPP, art. 572).

(*b*) De regra, pelo trânsito em julgado da sentença proferida em processo contencioso, mesmo em relação às nulidades que não dependem da alegação das partes, ou seja, aquelas que devem ser decretadas de ofício pelo juiz. Embora esta constitua a regra geral, não tem caráter absoluto. Há exceção quanto à nulidade da citação na fase de cumprimento da sentença, a qual pode ser alegada na impugnação (CPC, art. 525, § 1º).

As nulidades da própria sentença, em processo contencioso civil, após o seu trânsito em julgado, somente podem ser alegadas por meio de ação rescisória.

Se a sentença é meramente homologatória, sujeita-se ao sistema de invalidades do direito comum, sendo atacável por meio de ação de nulidade ou de ação anulatória, conforme o caso.

2. Convalidação do ato anulável

Diferente do que ocorre, em princípio, com a nulidade, o ato jurídico anulável, por depender sempre de impugnação, poderá convalidar-se pelo decurso do tempo se não for proposta a ação anulatória.

Pelo decurso do tempo, conforme a espécie, prescreve a pretensão a anular o ato e a ação correspondente (= anulatória), ou preclui o direito à anulação[390]. Não é o defeito, a anulabilidade, que prescreve

390. A prescrição difere da decadência (denominada caducidade por Pontes de Miranda) e da preclusão, quanto aos efeitos, porque a prescrição encobre o direito, a pretensão e a ação, bem assim a exceção, deixando vivo o direito de que aquelas decorrem, enquanto a decadência e a preclusão (termo empregado para definir a decadência no direito processual) atingem o próprio direito, extinguindo-o, e, por consequência, também, a pretensão, a ação e a exceção. Em essência, tecnicamente, porque inerente à espécie desde quando construída pelos romanos, a prescrição, como toda exceção, precisa ser alegada em face de quem exerce pretensão, ação ou exceção prescritas. O *princípio da alegabilidade necessária da prescrição*, porém, foi alijado do direito nacional com o advento da Lei n. 11.280, de 16-2-2006, que determina o dever do juiz de decretá-la *ex officio*. A decadência desde sempre não precisa ser alegada, cabendo ao juiz decretá-la de ofício. Nesse ponto, prescrição e decadência passaram a assemelhar-se. Mas há ainda peculiaridades que as fazem

ou preclui, mas a pretensão e a ação anulatória, ou o próprio direito à anulação.

Prescrita a ação, encobre-se a pretensão e a ação anulatória, nascendo em favor do outro figurante (= aquele contra quem se pode alegar a anulabilidade) a exceção de prescrição. Por isso, decorrido o prazo prescricional, se a ação de anulação for proposta, o juiz tem o dever de decretar a anulabilidade do ato (CPC, art. 332, § 1º). Em geral, ressalvados os casos excepcionais de anulabilidade de matrimônio, a ação de anulação por vício de vontade caduca (= decai), no direito brasileiro, em quatro anos.

Se se trata de prazo de caducidade (= decadencial), o seu transcurso sem a propositura da ação de anulação ou a alegação da anulabilidade como defesa em ação contra o legitimado para pedi-la convalida, simplesmente, o defeito anulante. A caducidade (= decadência) atinge, extinguindo, o próprio direito e por isso opera *de pleno iure*.

---

diferentes, como, por exemplo, dentre outras: *a*) a decadência pode ser convencional e, nessa espécie, a sua alegação é indispensável, não podendo o juiz supri-la de ofício; a prescrição, não; *b*) a possibilidade de renúncia aos efeitos da prescrição, inexistente na decadência legalmente estabelecida.

O Legislador Civil nacional de 2002, nessa matéria, como em muitas outras, cometeu lamentáveis equívocos científicos, como o de afirmar no art. 189: "Violado o direito, nasce para o titular a pretensão, a qual se extingue, pela prescrição...". O primeiro deles consiste em vincular o nascimento da pretensão à violação do direito. Em verdade, a pretensão nasce no momento em que o direito passa a ser exigível (no vencimento da obrigação, por exemplo), nunca quando é violado. Quem pode ser violada é a pretensão, porque contém exigibilidade, nascendo daí a ação (de direito material, como a pretensão). O segundo equívoco consiste em afirmar que a pretensão se extingue pela prescrição, porque esta apenas a encobre, como ocorre também com a ação e a exceção. Para comprovar a afirmativa basta lembrar a renunciabilidade dos efeitos da prescrição (*vide* Enunciado 295 do CEJ) e a irrepetibilidade do pagamento de dívida prescrita (art. 882 do Código Civil), que não são afetadas pela decretação de ofício pelo juiz (esse assunto será tratado com mais minúcias na 2ª parte do nosso *Teoria do fato jurídico*: plano da eficácia, em elaboração). Se a prescrição extinguisse o direito ou a pretensão, o pagamento de dívida prescrita seria indevido, cabendo a restituição (Código Civil, art. 876). Sobre direito, pretensão, ação e exceção de direito material, *vide* nosso *Teoria do fato jurídico*: plano da eficácia, 1ª parte, § 37,1, e o artigo Da ação de direito material como objeto litigioso no processo civil, publicado na coletânea *Teoria quinária da ação*. Estudos em homenagem a Pontes de Miranda nos 30 anos do seu falecimento. Coords. Eduardo José da Fonseca Costa, Luiz Eduardo Ribeiro Mourão e Pedro Henrique Pedrosa Nogueira. Salvador, Juspodivm, 2010, p. 367-404.

Se o prazo é de prescrição, é possível a sua interrupção, agora somente por uma vez (Código Civil, art. 202), de modo que o segundo prazo tem caráter e efeito de decadência. O prazo prescricional também pode ser impedido de iniciar seu transcurso (Código Civil, arts. 197 a 199) assim como interromper o seu curso nas hipóteses previstas no art. 202 do Código Civil. Somente após o vencimento do prazo prescricional se pode dar o encobrimento da pretensão à decretação da anulabilidade.

O prazo de decadência (caducidade) não está sujeito a suspensão, nem há possibilidade de interrupção (embora não transcorra em relação a absolutamente incapaz). Em face de sua peremptoriedade, decorre inexoravelmente e ao seu vencimento cessa a anulabilidade *ipso facto*. O direito à anulação há de ser exercido dentro do prazo decadencial, sob pena de perecimento (Código Civil, art. 207).

A propositura da ação de anulação está sujeita a prazos diversos indicados no Código Civil; exemplos: arts. 45, parágrafo único, 48, parágrafo único, 178, 179 e 2.027.

Mesmo prescrita ou caduca a ação de anulação é possível, ainda, a alegação da anulabilidade *ope exceptionis*, apesar da regra geral do art. 190 do Código Civil, segundo a qual a exceção prescreve no mesmo prazo em que a pretensão. Não em qualquer caso, como permite o art. 1.442 do Código Civil italiano[391], mas, consoante entendemos, apenas em hipóteses em que o legitimado a alegá-la, sendo terceiro prejudicado (= não seja figurante no negócio jurídico), como em caso de fraude contra credores, somente venha a tomar ciência da existência do ato jurídico quando exigido o seu cumprimento, o que pode acontecer somente depois do prazo de quatro anos contado do dia de sua realização. É possível que o ato tenha sido praticado e mantido em sigilo pelos figurantes. Não se trata de uma perpetuação da anulabilidade, mas de não se permitir que a malícia dos fraudadores possa prejudicar terceiros. Em qualquer outro caso, a nosso ver, a pretensão a alegar a invalidade como exceção tem o mesmo destino da ação, prescrevendo ou caducando no mesmo prazo.

---

391. Como observa Pontes de Miranda (*Tratado de direito privado*, t. IV, § 423, 2), a solução do art. 1.442, 4ª alínea, do Código Civil italiano, segundo a qual a anulabilidade pode ser arguida pela parte acionada para a execução do contrato, "ainda se prescrita a ação...", tem enormes inconvenientes práticos, porque torna perpétua a anulabilidade.

§ 68. Sanação e invalidade

1. Insanabilidade e repetibilidade do ato nulo

A nulidade é insanável (Código Civil, art. 169). Apesar disto, é possível *repetir-se* o negócio jurídico eliminando-se a causa da nulidade. O negócio jurídico nulo por questão de forma (*v. g.* documentado por escritura particular, quando deveria ser formalizado em escritura pública) pode ser repetido pela forma adequada, removendo-se a nulidade. Exclui-se, no entanto, dessa possibilidade quando a nulidade do negócio jurídico nulo tiver por causa (*a*) a ilicitude, imoralidade ou impossibilidade jurídica do objeto, (*b*) violação, direta ou indireta, de norma jurídica cogente, (*c*) motivo determinante, comum aos figurantes, ilícito, uma vez que, nessas espécies, *a insanabilidade é absoluta*. Nem o cumprimento espontâneo das "obrigações" decorrentes do ato nulo o pode sanar.

A repetição do negócio nulo, removendo-se o defeito invalidante, constitui negócio jurídico *novo*, que não guarda relação com o anterior nulo. Não há, a rigor, sanação da nulidade. Não há *confirmação* do negócio jurídico nulo. O novo negócio jurídico deve conter todos os elementos necessários à sua existência e validade, como se o negócio jurídico nulo que se repete jamais houvesse existido. Se no novo negócio jurídico faz-se referência a que se estaria confirmando o ato anterior nulo, confirmação, na verdade, não há. É cláusula que se deve considerar não escrita, porque absolutamente inútil.

Se, diferentemente, os figurantes declaram confirmar obrigações já adimplidas em decorrência do negócio nulo, deve-se ter tal declaração como se referida à ratificação de obrigações cumpridas *antes do negócio jurídico, as quais se integram à eficácia do novo negócio.* Tudo se passa como se antes da conclusão do negócio jurídico obrigações que dele resultariam fossem executadas pelos figurantes (por exemplo, o comprador que paga o preço, ou parte dele, antes do negócio concluído). Não é possível, no entanto, tê-las como provenientes do negócio nulo, confirmadas pelo negócio jurídico válido. O nulo, como se viu, salvo os casos excepcionais de putatividade, não produz eficácia jurídica alguma. Há aparência de efeitos, somente. Daí, os efeitos jurídicos porventura "*confirmados*" no novo negócio jurídico devem ser considerados efeitos seus próprios, porque isto é o que, na verdade, o são. Há *pseudoconfirmação*, apenas.

O negócio nulo somente é sanável, quando possível, pela *repetição*. *Confirmação* é modo de sanação de anulabilidade, nunca de nulidade.

No direito processual as nulidades são sempre sanáveis pela repetição do ato, naquilo que não possa ser aproveitado.

2. Sanação da anulabilidade

Se a nulidade é insanável, não o é a anulabilidade. Conforme vimos antes, a anulabilidade decorre de defeito que torna deficiente o suporte fáctico do negócio jurídico. Pela *sanação*, supre-se, por ato de vontade, esse defeito, tornando-se eficiente o suporte fáctico e aperfeiçoando-se o negócio jurídico.

É sempre possível *sanar-se* o negócio jurídico anulável pela (*a*) *confirmação* e pelo (*b*) *assentimento posterior*, eliminando-se a causa da invalidade. Não há necessidade de repetir-se o ato, como é essencial em caso de nulidade, quando possível a sua sanação.

2.1. Confirmação

Incorretamente doutrinadores e legislações empregam como sinônimas as expressões *confirmação* e *ratificação* para definir o meio apropriado de sanar-se a anulabilidade. Na linguagem comum têm conotação semelhante. No entanto, como observou com propriedade José Paulo Cavalcanti[392], não é possível, com rigor terminológico, usarem-se indiferentemente as duas expressões, uma vez que confirmação constitui o meio próprio para a sanação do ato anulável, enquanto ratificação se refere à integração de ato dito incompleto[393], como na espécie do art. 873 do Código Civil.

---

392. *Direito civil (escritos diversos)*, p. 410. No mesmo sentido, Stolfi, *Teoría del negocio jurídico*, p. 105, nota 5; Cariota Ferrara, *Il negozio giuridico nel diritto privato italiano*, p. 353, por exemplo. *Vide*, também, Serpa Lopes, *Curso de direito civil*, v. 1, p. 318; Orlando Gomes, *Introdução ao direito civil*, p. 406, nota 8; Raquel Campani Schmiedel, *Negócio jurídico. Nulidades e medidas sanatórias*, p. 62.

393. Cifuentes, *Negocio jurídico*, p. 671; Raquel Campani Schmiedel, *Negócio jurídico. Nulidades e medidas sanatórias*, p. 62. Exemplos desses negócios: o realizado pelo procurador, dependente de ratificação do mandatário (Código Civil, art. 662), ou do gestor de negócio dependente da aprovação (ratificação) do dono do negócio (Código Civil, art. 876).

O legislador brasileiro, impropriamente, não fazia a distinção, denominando *ratificação* tanto a sanação do ato anulável como a complementação do negócio jurídico dito incompleto. Por isso Pontes de Miranda observava que, no sistema jurídico brasileiro, o vocábulo *ratificação* tinha um sentido lato, que abrangia as duas espécies acima referidas, e um estrito, que se referia, apenas, à confirmação do ato anulável[394]. O novo Código Civil (arts. 172 a 176) emprega, corretamente, o termo *confirmação* para referir-se à sanação do negócio anulável. Por isso, não nos parece mais admissível o uso como sinônimas, como fazia grande parte da doutrina construída com base no art. 1.008 do Código de 1916, das expressões *ratificação e confirmação*[395], mesmo porque, repetindo a opinião antes citada de José Paulo Cavalcanti, o rigor científico não permite a ambiguidade terminológica, motivo pelo qual se deve apenas usar o termo *confirmação* para definir o ato pelo qual se sana a anulabilidade, dando ao vocábulo *ratificação* o seu sentido específico de integração do negócio incompleto (Código Civil, arts. 308, 589, I, 662 e 873, *e. g.*).

A confirmação do ato anulável constitui, em essência, negócio jurídico unilateral[396]. Basta a manifestação de vontade, expressa ou tácita (arts. 173 e 174 do Código Civil, respectivamente) daquele que tem a legitimação para alegar a anulabilidade no sentido de confirmar o negócio jurídico anulável, independentemente da aceitação do outro figurante do negócio, salvo direito de terceiro. Trata-se, portanto, de manifestação *não receptícia* de vontade[397]. Nada impede, no entanto, que seja

394. No *Tratado de direito privado*, t. IV, § 419, 2, Pontes de Miranda se refere aos dois sentidos da palavra, mas ao explicá-los dá o mesmo conteúdo tanto para o sentido lato como para o estrito.

395. Assim também o Code de Napoleón, que nos arts. 1.338 e 1.340 se refere a *confirmation* ou *ratification*.

396. Pontes de Miranda, *Tratado de direito privado*, t. IV, § 420, 1; Serpa Lopes, *Curso de direito civil*, v. 1, p. 318; Stolfi, *Teoría del negocio jurídico*, p. 103-104; Santoro-Passarelli, *Doctrinas generales del derecho civil*, p. 315; Cifuentes, *Negocio jurídico*, p. 675.

397. Pontes de Miranda, *Tratado de direito privado*, t. IV, § 420, 2; Stolfi, *Teoría del negocio jurídico*, p. 103-104; Von Tuhr, *Teoría general del derecho civil alemán*, v. II, t. 1, p. 353; Cifuentes, *Negocio jurídico*, p. 675. O Código Civil e Comercial argentino de 2014 (art. 393, *in fine*) tem expressa disposição nesse sentido: "O ato de confirmação não requer a concordância da outra parte". Sem razão Barbero (*Sistema del derecho privado*, v. 1, p. 640) e Orlando Gomes (*Introdução ao direito civil*, p. 407), que se referem a manifestação receptícia de vontade.

realizada por meio de negócio jurídico bilateral. No entanto, se é expressa, o negócio jurídico da *confirmação deve conter a substância do negócio celebrado e vontade expressa de mantê-lo* (Código Civil, art. 173).

Costuma a doutrina configurar a confirmação como uma *renúncia* à ação de anulação[398]. No entanto, conforme mostra com muita perspicácia Pontes de Miranda[399], não é possível confundir confirmação com renúncia, porque:

(*a*) O negócio jurídico é anulável em consequência de um defeito em elemento de seu suporte fáctico. A confirmação é ato jurídico de características próprias cuja eficácia consiste, precisamente, em retirar esse defeito, tornando-o perfeito[400]. A confirmação vai diretamente ao negócio jurídico anulável; nada tem que ver com os efeitos produzidos pelo negócio jurídico anulável, porque esses já existem por força do próprio negócio jurídico. A confirmação não se refere aos efeitos[401],

---

398. Beviláqua, *Código Civil comentado*, v. 1, p. 456; Serpa Lopes, *Curso de direito civil*, v. 1, p. 319; Caio Mário da Silva Pereira, *Instituições de direito civil*, v. 1, p. 554; Orlando Gomes, *Introdução ao direito civil*, p. 409; Washington de Barros Monteiro, *Curso de direito civil*, v. 1, p. 269; Von Tuhr, *Teoría general del derecho civil alemán*, v. II, t. 1, p. 353, e Larenz, *Derecho civil*: parte general, p. 659; Cifuentes, *Negocio jurídico*, p. 675, entre outros. Essa opinião está refletida na referência feita no art. 151 do Código Civil de 1916 de que a ratificação, expressa ou tácita, "importa renúncia a todas as ações, ou exceções, de que dispusesse" contra o outro figurante. Essa linguagem inadequada foi corrigida pelo Legislador Civil de 2002, substituindo, no art. 175, o vocábulo renúncia por extinção.

399. *Tratado de direito privado*, t. IV, § 420, 2. *Vide*, também, Raquel Campani Schmiedel, *Negócio jurídico. Nulidades e medidas sanatórias*, p. 63.

400. O Código Civil argentino de 1896, seguindo a orientação do *Esboço*, de Teixeira de Freitas, define: "Art. 1.059. A confirmação é o ato jurídico pelo qual uma pessoa faz desaparecer os vícios de outro ato sujeito a uma ação de nulidade". Apesar de tão clara e correta disposição, doutrinadores argentinos insistiam em falar em renúncia, como o faz Cifuentes, *Negocio jurídico*, p. 671, citando vários outros autores, por influência de observação feita ao dispositivo pelo codificador Vélez Sarsfield. O atual Código Civil e Comercial argentino, de 2014, assim dispõe sobre a matéria: "Art. 393. Requisitos. Há confirmação quando a parte que pode alegar a nulidade relativa manifesta expressa ou tacitamente sua vontade de ter o ato por válido, depois de haver desaparecido a causa da nulidade. O ato de confirmação não requer a concordância da outra parte".

401. Diferentemente, mas com evidente impropriedade, há autores como Cifuentes, *Negocio jurídico*, p. 672; Stolfi, *Teoría del negocio jurídico*, p. 105; Barbero, *Sistema del derecho privado*, v. 1, p. 640, que se referem à extinção dos efeitos.

pois, isso sim, atua nos planos da existência e da validade, não no plano da eficácia.

A renúncia é também negócio jurídico, mas de modo algum tem como resultado a eliminação de defeito de negócio jurídico, exatamente porque diz respeito à eficácia produzida pelos negócios jurídicos; renunciam-se a direitos, pretensões, ações e exceções que resultam dos fatos jurídicos, não a eles próprios. A renúncia opera no plano da eficácia, exclusivamente.

É verdade, como corretamente dispõe o art. 175 do Código Civil, que pela confirmação *extingue-se* a pretensão anulatória (= "direito" a pedir a anulação do negócio), não, porém, como efeito próprio seu, mas como irremovível consequência lógica da *eliminação do defeito invalidante*. A conclusão é evidente: se a ação de anulação existe em razão da anulabilidade do negócio; se a anulabilidade não mais existe por força da confirmação; então, deixa de haver ação por não mais haver anulabilidade.

(*b*) Enquanto a confirmação de ato anulável é negócio jurídico unilateral, cuja manifestação de vontade é *não receptícia*, na renúncia, que também é negócio jurídico unilateral, a manifestação de vontade que preenche o seu suporte fáctico é *receptícia*. A renúncia necessita de aceitação do outro figurante, o que não ocorre na confirmação[402], salvo direito de terceiro. Por isso, enquanto não é possível ao outro figurante recusar-se, ou opor-se, à confirmação do ato anulável, se se tratasse de renúncia isto seria possível.

(*c*) A confirmação tem eficácia *ex tunc*, no sentido de que se considera o negócio como se jamais tivesse o caráter de ato anulável, enquanto são *ex nunc* os efeitos da renúncia.

A confirmação pode ser *expressa* ou *tácita*.

Para a confirmação expressa, como mencionado acima, exige o Código Civil, art. 173, que o ato contenha a substância do negócio confirmado (= identificação do negócio que se confirma e de seu conteúdo) e a expressa declaração da vontade de confirmar o negócio anulável.

---

402. Cifuentes, *Negocio jurídico*, p. 676. Esse autor, embora reconheça e aponte as diferenças entre renúncia e confirmação, afirma, paradoxalmente, que esta constitui uma renúncia.

Não há necessidade, como o exigem outras legislações[403], de que seja também declarado o motivo da anulabilidade, cujo conhecimento se deve considerar implícito na declaração de querer confirmar.

Por se tratar de negócio jurídico unilateral, a confirmação está sujeita aos pressupostos de validade dos negócios jurídicos em geral. Por isso, pode também ser inválida.

A confirmação não requer capacidade especial para praticá-la. Exige-se, porém, a ciência do defeito e que esse tenha cessado.

A faculdade de confirmar cabe àquele que esteja legitimado a propor a ação de anulação. Quando se trata de pessoa relativamente incapaz, ao tornar-se capaz compete-lhe a legitimação para confirmar o ato anulável que houver praticado sem o assentimento de quem o deveria assistir (pais, tutor ou curador).

Não há exigência de forma especial, basta que do instrumento escolhido constem a identificação do ato jurídico que se está a confirmar e a declaração de querer fazê-lo. Não há, no sistema jurídico brasileiro, norma explícita a respeito, donde se deve entender que rege a matéria o princípio da liberdade de forma[404].

A confirmação tácita resulta do cumprimento espontâneo do ato jurídico, *ciente*, o confirmante, do defeito que o inquina (Código Civil, art. 174). Por isso, o cumprimento das obrigações decorrentes do negócio anulável não importa confirmação, se o figurante não tinha conhecimento do defeito ou o fez com a ressalva de poder propor a ação de anulação.

A faculdade de confirmar não tem caráter absoluto, uma vez que não poderá ser exercida em prejuízo de terceiros (Código Civil, art. 162, 2ª parte).

A confirmação é irrevogável e não pode ser feita sob condição ou a termo.

---

403. Código Civil italiano, art. 1.444, *caput*; Código Civil e Comercial argentino de 2014, art. 394, *caput*.

404. O § 144 do BGB tem norma explícita: "... A confirmação não necessita da forma estabelecida para o negócio jurídico". O Código Civil argentino de 2014, repetindo o art. 1.062 Código de 1896, contém norma diferente a respeito: "Art. 394. Forma. Se a confirmação é expressa, o instrumento em que ela conste deve reunir as formas exigidas para o ato que se sana e conter a menção precisa da causa da nulidade, de seu desaparecimento e da vontade de confirmar o ato".

2.2. Assentimento posterior

A falta de assentimento, tanto protectivo (= dos pais, tutor e curador) como resguardativo, neste quando previsto em lei (= do marido ou da mulher na alienação de bem imóvel), pode ser suprida posteriormente, validando-se o negócio jurídico anulável. Com o assentimento posterior elimina-se o defeito do negócio jurídico que decorria de sua ausência (art. 176)[405].

A concessão posterior do assentimento se parece com a confirmação apenas porque tem o mesmo efeito de remover a anulabilidade que inquina o negócio jurídico. São substancialmente diferentes porque a confirmação é ato próprio do figurante do negócio, que é titular do direito, enquanto aquele que dá o assentimento apenas integra o negócio, sem praticá-lo.

Quando se trata de assentimento posterior é necessária a observância da forma que for exigida para o negócio a que se refere.

---

405. Quando se refere ao assentimento posterior, Pontes de Miranda o considera uma renúncia à ação de anulação, o que nos parece sem razão, pelos mesmos motivos que expendemos quanto à ratificação.

CAPÍTULO IV

Legitimação para Alegar a Invalidade

§ 69. Legitimação para arguir a nulidade

1. Generalidades

No que se refere à necessidade de alegação da nulidade, como já dissemos, há (*a*) nulidades *de pleno iure*, que podem ser arguidas por qualquer interessado e pelo Ministério Público, quando lhe couber intervir, e são decretáveis de ofício pelo juiz quando as encontrar provadas, e (*b*) nulidades dependentes de alegação do interessado.

1.1. Nas nulidades "de pleno iure"

Às nulidades *de pleno iure* aplica-se, integralmente, a regra do art. 168 do Código Civil.

(*a*) A expressão *qualquer interessado* diz respeito àqueles a quem o ato jurídico nulo afeta. O conceito de interesse está ligado à utilidade que alguém possa tirar da decretação da nulidade. Ser interessado é ser legitimado para pedir que seja pronunciada a nulidade e desconstituído o ato nulo. Por isso, a locução "qualquer interessado" não quer dizer *qualquer um*, *qualquer pessoa*, mas apenas quem esteja legitimado para tanto. Embora posto em norma de direito material, é conceito de direito processual que se há de conformar com o de interesse para propor ou contestar ação[406].

A nulidade *de pleno iure* não alcança, apenas, determinados interesses pessoais e privados, certas pessoas interessadas, direta ou indiretamente, no ato jurídico e suas consequências; afeta a todos. Por isso, a decisão que desconstitui o ato jurídico nulo tem eficácia *erga omnes*. Por essa razão, se há vários *interessados* na decretação da nulidade,

---

406. CPC, art. 17.

qualquer deles estará legitimado para argui-la, e a desconstituição do ato nulo terá eficácia em relação a todos.

Isto é o que diferencia os *interessados* mencionados no art. 168 (legitimados para arguição de nulidade) dos *interessados* a que se refere o art. 177 do Código Civil (legitimados para arguição de anulabilidade). No caso de anulabilidade o interesse se restringe, exclusivamente, àqueles em favor dos quais a lei a estabeleceu, não a qualquer um[407].

(*b*) O Ministério Público tem legitimação para arguir a nulidade em todos os casos em que lhe caiba intervir no processo, tanto como parte como na qualidade de fiscal da lei (*custos legis*). Não somente em procedimentos judiciais, mas, também, naqueles administrativos de que deva participar[408].

1.2. Nas nulidades dependentes de alegação

Quando se trata de nulidade dependente de alegação, a legitimação é deferida apenas a quem tenha seu interesse diretamente violado.

---

407. Exemplifiquemos: se homem, casado pelo regime da comunhão universal, com filhos, deixa testamento em que institui herdeiros da parte disponível outras pessoas, dentre estas sua concubina, por exemplo, tanto a esposa (meeira) como os filhos e qualquer dos outros herdeiros instituídos poderão, isoladamente, demandar a nulidade da disposição feita em favor da concubina (Código Civil, art. 1.802 c/c o art. 1.801, III), e a parte que lhe for destinada virá integrar o monte, beneficiando a todos, a alguns ou algum, especificamente, conforme o caso. Qualquer herdeiro é interessado e, portanto, legitimado. Diferentemente, se se trata de *doação* à concubina, que é anulável (Código Civil, art. 550), somente pela esposa, ou seus herdeiros necessários, pode ser anulada e somente a estes aproveita. Por isso, se há herdeiros necessários e herdeiros ou legatários instituídos, a anulação da doação à concubina promovida pelos herdeiros necessários somente a estes aproveita, isto é, o bem virá acrescer a parte dos herdeiros necessários, não aumentando a parte disponível. Se a esposa falece sem deixar herdeiros necessários, os outros herdeiros não têm legitimação para a ação de anulação.

Se em condomínio *pro diviso* os cinco condôminos vendem o imóvel por escritura particular, qualquer deles poderá arguir a nulidade, e sua decretação alcançará a todos. Se, diferentemente, a venda foi formalmente correta, mas um dos vendedores concluiu o negócio jurídico sob coação, somente este, e nenhum dos outros, poderá alegá-la, e a *anulação* do ato jurídico somente a ele aproveita.

408. No caso de instituição de fundação em que lhe cabe aprovar os estatutos (Código Civil, art. 66 c/c o art. 65) ou quando deva funcionar em negócios jurídicos como curador de menores, por exemplo.

Não tem legitimação o Ministério Público, nem cabe a sua decretação de ofício pelo juiz. Nessa espécie, não fossem os inconvenientes terminológicos já apontados, caberia falar-se de nulidade relativa. É o caso da nulidade a que se refere o parágrafo único do art. 48, cuja decretação depende de que seja arguida pelos sócios ou por pessoas afetadas pelos atos.

No direito alemão, a simulação é causa de nulidade, mas depende de impugnação.

2. Alegação de nulidade por quem lhe deu causa

Aquele que deu causa à nulidade pode alegá-la, desde que tenha interesse[409].

No direito processual há a regra segundo a qual nas nulidades de forma não as podem alegar aqueles que as causaram. Mas essa regra é específica e limitada às nulidades processuais, não se estendendo aos outros ramos do direito.

Não cabe, na espécie, a invocação da regra *neminem cum alterius detrimento et iniuria fieri locupletationem* (L. 206, *D. diversis regulis iuris antiqui,* 50, 17), precisamente porque o interesse de ordem pública que norteia o legislador na criação da sanção da nulidade deve prevalecer sobre quaisquer interesses privados. Ademais, tomando conhecimento da nulidade, não na pode desconhecer o juiz, tendo o dever de decretá-la.

§ 70. Legitimação para arguir a anulabilidade

No estudo de cada uma das causas de anulabilidade, examinamos, como peculiaridade, a legitimação para alegá-la, seja em propositura de ação de anulação, como exceção ou, em geral, como defesa.

Sem voltarmos às particularidades, analisaremos a matéria em seus aspectos gerais.

Diferentemente da nulidade *de pleno iure*, que pode ser arguida

---

409. Não assim no direito argentino, em que o Código Civil e Comercial de 2014, reproduzindo o art. 1.047, 2ª e 3ª partes, do anterior (de 1896) não o permite no art. 387, quando se trata de nulidade que denomina absoluta.

por qualquer interessado ou pelo Ministério Público e decretada de ofício pelo juiz, quando a encontrar provada, a anulabilidade somente pode ser alegada pelos interessados diretos, ou seja, exclusivamente por aqueles em favor dos quais a lei a estabeleceu, não a qualquer um.

Em geral são legitimados a alegar a anulabilidade:

(*a*) o figurante do ato vítima de erro, dolo ou coação;

(*b*) o credor anterior ao ato de disposição, no caso de fraude contra credores;

(*c*) o relativamente incapaz, ao cessar a incapacidade;

(*d*) aquele que deveria assentir, nos casos de necessidade de assentimento protectivo (pais, tutor e curador) ou resguardativo (do marido, em relação aos atos da mulher, e da mulher, em relação aos atos do marido, *e. g.*);

(*e*) aqueles a quem a lei atribui a legitimação para a ação de anulação, nas espécies em que a anulabilidade é imposta pela própria lei.

A legitimação se transmite aos sucessores hereditários a título universal. Aos legatários, somente quanto a ato jurídico anulável que se referir, especificamente, ao objeto do legado; nunca, porém, em caso de erro.

Aos sucessores a título negocial, como o cessionário, somente em caso de fraude contra credores.

CAPÍTULO V
Da Desconstituição do Negócio Inválido

§ 71. Desconstituição do negócio jurídico nulo

1. Do negócio jurídico

1.1. Por decisão judicial

A desconstituição judicial do ato jurídico nulo pode ser obtida por meio de remédio jurídico processual ("ação") próprio ou incidentalmente quando arguida pelo interessado, como defesa, ou pelo Ministério Público, em "ação" que tenha por fundamento o ato jurídico nulo.

Ainda *incidenter*, o ato jurídico pode ser desconstituído pelo juiz, de ofício, quando encontrar provada a nulidade, não lhe sendo permitido supri-la, mesmo a requerimento das partes[410].

---

410. Código Civil, art. 168, parágrafo único.

No plano do direito privado, o remédio jurídico processual próprio ("ação") denomina-se *ação de nulidade* e tem rito ordinário.

No direito público, os remédios jurídicos processuais ("ações") utilizáveis variam conforme a espécie do ato e a natureza de suas consequências. Tanto se pode empregar (*a*) a *ação de nulidade*, *ordinária*, se o objeto é contrato da administração ou contrato administrativo e as partes na relação jurídica processual, no processo, são o ente público e o outro contratante, como (*b*) a *ação popular*, quando intentada por cidadão contra ato lesivo ao patrimônio público e à moralidade administrativa, (*c*) a *ação civil pública*, quando o ato afeta o meio ambiente, o patrimônio histórico, cultural, turístico ou, ainda, direitos transindividuais nas relações de consumo, e (*d*) o *mandado de segurança*, quando o ato infringe direito individual líquido e certo não amparável por *habeas corpus*. Exceto a *ação de nulidade* nas outras espécies processuais é possível atacar o simples ato administrativo. A lei ou o ato normativo nulos por inconstitucionalidade são desconstituíveis pela *ação direta de inconstitucionalidade* (ADIn), cuja competência cabe ao STF, se a inconstitucionalidade resulta de conflito com a Constituição Federal, e aos Tribunais de Justiça em relação às leis e atos estaduais e municipais que conflitem com a Constituição Estadual.

A *ação de nulidade de ato jurídico* é *desconstitutiva* (= *constitutiva-negativa*, como a denomina Pontes de Miranda), uma vez que a sentença que a decreta tem o efeito preponderante de desfazer, desconstituir o ato jurídico, excluindo-o do mundo jurídico. Por isso, é impróprio falar-se em *ação declaratória de nulidade*, como também em *declaração de nulidade*, precisamente porque a *declaratividade* da sentença apenas diz respeito à existência ou inexistência de ato ou de relação jurídica e seus efeitos, ou à falsidade documental, nunca à invalidade[411]. A rigor, o vocábulo *declarar*, na locução *declarar a nulidade*, somente pode ser considerado corretamente empregado quando tiver o sentido de *pronunciar a nulidade*, *reconhecer que ela existe,* nunca, porém, quando usado para expressar a consequência da sentença que, na verdade, *desconstitui* o negócio.

É *declaratória*, no entanto, a sentença que reconhece *ser válido* (= *não nulo*) *o ato jurídico*, porque nesse caso há simples constatação da existência de uma situação, de uma qualidade, do ato jurídico que permanece intacto[412]. É certo que na sentença que *decreta a nulidade* há carga declarativa (= pronúncia da invalidade), mas secundária, sendo preponderante a carga eficacial desconstitutiva, pois o ato jurídico é desconstituído, desfeito por eficácia da sentença[413].

---

411. CPC, arts. 19 e 20.

412. A distinção fundamental entre (*a*) ação constitutiva e (*b*) ação declaratória consiste em que (*a*) na ação constitutiva a sentença tem por efeito *criar* (simplesmente constitutiva) ou *desfazer, desconstituir* (desconstitutiva ou constitutiva-negativa, na terminologia ponteana) o ato jurídico e/ou os seus efeitos, enquanto (*b*) na ação declaratória a sentença se limita a *declarar*, *reconhecer* a existência ou a inexistência de uma relação jurídica ou a falsidade ou a autenticidade de documento.

413. Esses conceitos estão baseados no critério de classificação das ações pela carga eficacial preponderante das sentenças, magistralmente criado e desenvolvido por Pontes de Miranda, que constitui, talvez, a mais original de suas contribuições à Ciência Jurídica, em especial à Ciência do Processo. Essa sua classificação se encontra sistematizada no seu *Tratado das ações*, embora já exposta nos seus *Comentários*, tanto ao CPC de 1939 como ao de 1973, e referida no *Tratado de direito privado* e nos *Comentários* às Constituições de 1946 e de 1967/69. Muito sucintamente procuraremos explicá-la. A classificação tem como pressupostos: I — primeiro, a constatação de que no mundo do direito cinco são os efeitos que têm as sentenças, a saber: (*a*) constituir; (*b*) declarar; (*c*) condenar; (*d*) executar; (*e*) mandar; II — segundo, que em toda sentença, com maior ou menor intensidade, estão presentes todas estas cinco cargas eficaciais, ou seja, toda sentença tem certa dose (*a*) constitutiva (positiva ou negativa), (*b*) declarativa, (*c*) condenatória, (*d*) executi-

1.2. Dos efeitos

Quanto aos "efeitos" do negócio jurídico nulo, sendo apenas aparentes, não é preciso desconstituí-los, porque não existem e quando existem (eficácia putativa) são definitivos.

Se, porém, algum dos figurantes pretende o cumprimento de obrigações ou impõe pretensões que seriam decorrentes de negócio nulo, há necessidade de *ação declaratória de inexistência* de tais "efeitos", para furtar-se à exigência descabida. Se a imposição for feita judicialmente, o interessado poderá, como exceção, opor a nulidade do negócio jurídico e propor *ação declaratória incidental* para que seja *declarada a inexistência das obrigações*[414].

Se houve cumprimento das "obrigações", sendo decretada a nulidade, deverá haver repetição do que foi adimplido[415], salvo se, excepcionalmente, couber a alegação da *condictio indebiti* prevista no art. 877 do Código Civil (*vide*, antes, § 67.4).

2. Por ato administrativo

Não somente por ato judicial se desconstitui o negócio jurídico nulo. Administrativamente é possível a sua desconstituição, segundo a espécie.

---

va e (*e*) mandamental. As ações, como as sentenças, são classificadas conforme seja mais intensa uma determinada carga eficacial. Assim, são classificadas como ações: (*a*) *constitutivas* aquelas cujo efeito principal seja a constituição ou desconstituição de um ato jurídico ou de um efeito jurídico (por exemplo, ação de nulidade, ação direta de inconstitucionalidade); (*b*) *declarativas* as que não criam nem extinguem relações jurídicas ou efeitos jurídicos, mas se limitam a reconhecer-lhes ou não a existência ou a falsidade de documento (por exemplo, ação de reconhecimento de paternidade, ação de usucapião); (*c*) *condenatórias* as que primordialmente condenam alguém em alguma coisa (por exemplo, ação que condena o devedor a pagar a dívida, ação que condena o marido a pagar alimentos à esposa); (*d*) *executivas* as que têm por efeito expropriar bens do devedor para pagamento do credor (por exemplo, ação de execução); (*e*) *mandamentais* aquelas em que há ordem (mandamento) para que se pratique algum ato (por exemplo, mandado de segurança para reintegrar em cargo público funcionário ilegalmente demitido, ação para que seja fechado vão aberto a menos de metro e meio do prédio vizinho).

414. Pontes de Miranda, *Tratado de direito privado*, t. IV, § 367, 5; Llambías, *Efectos de la nulidad y de la anulación de los actos jurídicos*, p. 44.

415. Pontes de Miranda, *Tratado de direito privado*, t. XXIV, § 2.901, 4; M. I. Carvalho de Mendonça, *Doutrina e práctica das obrigações*, v. 1, p. 513; Lloveras de Resk, *Tratado teórico-práctico de las nulidades*, p. 115.

O oficial público, por exemplo, a quem se apresenta para instrumentalizar negócio jurídico nulo, deve corrigi-lo, eliminando a nulidade, ou recusar-se a lavrar a escritura pública se há insistência dos figurantes em mantê-lo. Da mesma forma deve proceder o oficial de registro público, deparando-se com negócio jurídico nulo que lhe é apresentado a registro. Nesse caso, se há insistência dos interessados, cabe suscitação de dúvida que será resolvida pelo juiz em decisão que tem caráter administrativo.

Na área do direito administrativo, reconhece-se ao poder público, quando se trata de atos administrativos unilaterais, competência para decretar-lhes a nulidade se for manifesta a sua desconformidade com normas jurídicas cogentes[416]. Se, porém, se trata de negócios jurídicos bilaterais, sejam contratos administrativos ou contratos da administração, há necessidade de desconstituição por via judicial, não cabendo à administração desconstituí-los por poder próprio. A exigência constitucional do devido processo legal constitui obstáculo ao desfazimento de negócios jurídicos bilaterais por ato unilateral da administração.

3. Alcance da desconstituição

O que se desconstitui, no caso de nulidade, é apenas o ato jurídico. Conforme vimos antes, não há efeitos a desfazer, porque:

(*a*) Quando a lei atribui eficácia ao ato nulo (casamento putativo, por exemplo), os efeitos produzidos são definitivos. Não há como desconstituí-los. O ato deixa de produzir os seus efeitos a partir do trânsito em julgado da sentença que decreta a nulidade, mas os que já ocorreram permanecem.

(*b*) Se não há putatividade, não há o que desconstituir. São apenas aparentes os efeitos do ato nulo.

4. Necessidade de desconstituição

Não há unanimidade quanto a ser sempre necessária, ou não, a desconstituição do ato nulo. Há opiniões no sentido de que nenhuma

416. Súmula 473 do STF. Pontes de Miranda, *Tratado de direito privado*, t. IV, § 408, 1, e *Comentários à Constituição de 1946*, t. 1, p. 296. A Lei n. 9.784/99 dispõe que esse direito da administração de rever, administrativamente, seus próprios atos, de que decorram efeitos favoráveis para os beneficiários, decai em cinco anos, salvo comprovada má-fé.

nulidade opera *ipso iure*, sendo sempre indispensável a sua decretação[417]. Tal assertiva é verdadeira no campo do direito processual, uma vez que o ato nulo precisa sempre ser desconstituído por decisão judicial.

No plano do direito comum, porém, nem sempre há necessidade de desconstituição do ato jurídico nulo e/ou de seus "efeitos". Basta, *e. g.*, que os figurantes não cumpram as obrigações, nem pretendam impor as pretensões que dele, *aparentemente*, decorrem, ou, simplesmente, reconhecendo a nulidade, repitam o ato jurídico, corrigindo os defeitos.

Nos negócios jurídicos não sujeitos a registro ou que, quando sujeitos, não tenham, ainda, sido registrados, somente há necessidade de desconstituição judicial se algum dos figurantes exige cumprimento de obrigações ou impõe pretensões.

Há, porém, atos jurídicos cuja desconstituição é essencial, pela sua natureza. É o caso, por exemplo, dos atos jurídicos sujeitos a registro e registrados, como os casamentos e outros na área do direito de família, os constitutivos ou translativos de direitos reais, os constitutivos de pessoas jurídicas, porque necessitam de que haja a desconstituição do registro. O mesmo ocorre com os contratos reais, se há recusa em devolver a coisa transmitida pela tradição.

No plano do direito público, conforme vimos antes, a própria administração pode rever os seus atos quando inquinados de nulidade. Se, no entanto, afetam direitos de terceiros, pode haver necessidade de ação própria para a sua desconstituição. Se a administração não os desfaz ou não os pode desfazer *motu proprio*, cabem os procedimentos judiciais que visam a proteger o interesse público contra os atos nulos.

Os "efeitos" do negócio nulo, não há necessidade de desconstituí-los, precisamente porque não existem (*vide*, acima, n. 1).

---

417. Valle Ferreira, Subsídios para o estudo das nulidades, *Revista da Faculdade de Direito da UFMG, 3:*31, por exemplo. Conforme referimos antes, no direito francês predomina a opinião de que a desconstituição do ato nulo por sentença seria uma necessidade absoluta, ao argumento de que ninguém pode fazer justiça a si próprio (Guggenheim, *L'invalidité des actes juridiques en droit suisse et comparé*, p. 17; Colin e Capitant, *Cours élémentaire de droit civil français*, v. 1, n. 66; Aubry e Rau, *Cours de droit civil français*, v. 1, p. 184). Aliás, consideram que a essencialidade de sentença seria o elemento de distinção entre o ato nulo e o chamado *ato inexistente*, uma vez que para este a sentença seria dispensável, porquanto inútil (Guggenheim, *L'invalidité des actes juridiques en droit suisse et comparé*, p. 17).

§ 72. Desconstituição do negócio jurídico anulável

1. Do ato jurídico

A desconstituição do ato jurídico anulável somente pode dar-se por sentença judicial. Não importa se obtida por meio da propositura da ação de anulação (ação anulatória)[418] ou incidentalmente quando arguida como defesa em "ação" que tenha por fundamento o ato jurídico inválido.

A *ação de anulação de ato jurídico* é *desconstitutiva* (= *constitutiva-negativa*, como a denomina Pontes de Miranda), uma vez que a sentença que a decreta tem o efeito preponderante de desfazer, desconstituir o ato jurídico e seus efeitos, excluindo-os do mundo jurídico. Por isso, é impróprio falar-se em *ação declaratória de anulabilidade*, como também em *declaração de anulabilidade*, precisamente porque a *declaratividade* da sentença apenas diz respeito à existência ou inexistência do ato ou da relação jurídica e seus efeitos, ou à falsidade documental, nunca à invalidade (*vide* antes notas 412 e 413).

É declaratória, no entanto, a sentença que reconhece *ser válido* (= *não anulável*) *o ato jurídico*, porque nesse caso há simples constatação da existência de uma situação, de uma qualidade, do ato jurídico que permanece intacto.

A sentença anulatória tem eficácia *ex tunc*: desconstitui o negócio e seus efeitos desde o momento de sua prática.

Embora o art. 177, 2ª parte, declare que a alegação da anulabilidade aproveita exclusivamente aos que a alegarem, a desconstituição do ato tem eficácia *erga omnes*. Não se pode desfazer o negócio apenas para quem alega o defeito. Essa disposição há de ser entendida em caso de que haja mais de um figurante no negócio em que todos, alguns ou só algum têm pretensão a alegar a anulabilidade, e apenas um ou alguns deles, mas não todos, promovem a ação de anulação. Em tal hipótese o ato continuará existindo eficaz em relação aos que não intentaram a ação, exceto se há solidariedade ou indivisibilidade.

---

418. A ação anulatória é denominada por alguns ação rescisória, ou ação de rescisão, por influência da doutrina francesa, que se refere à nulidade dependente de rescisão para mencionar a anulabilidade. Essa terminologia era empregada, por exemplo, por Beviláqua no seu comentário ao art. 148 do Código Civil de 1916.

A desconstituição do ato jurídico implica a de outros que lhe sejam acessórios e dependentes. Assim, a hipoteca, o penhor, a anticrese, a fiança, por exemplo, também se desconstituem se desconstituído o negócio a que se refiram (= sirvam de garantia). Não importa se se contratou no mesmo instrumento ou em instrumentos distintos. Interessa se há acessoriedade e, principalmente, dependência. Se a fiança é dada com a cláusula de valer mesmo que o contrato cujas obrigações se afiançam seja inválido, subsiste à anulação, porque se há de entender que a anulabilidade era conhecida e, apesar dela, se queria afiançar a obrigação. O fiador passará a ser principal devedor.

2. Da eficácia

Quanto aos efeitos, as partes devem ser restituídas ao estado anterior. Caso haja impossibilidade dessa restauração, haverá indenização pelo equivalente. Assim, devem ser devolvidas todas as importâncias recebidas, os créditos cedidos, por exemplo. Quando se trata de bens móveis, devem ser devolvidos. Se é de bem imóvel que se cuida e houve registro, é necessário promover-se o seu cancelamento (Código Civil, art. 1.245, § 2º). Diferentemente da opinião de Beviláqua[419], os frutos percebidos em decorrência da execução do ato anulado também devem ser, integralmente, devolvidos, ou ressarcidos, independentemente de boa-fé, matéria que, como anota Pontes de Miranda[420], é estranha e impertinente em relação à restituição resultante do art. 182 do Código Civil. Boa-fé ou má-fé em sede de restituição de frutos diz respeito, exclusivamente, ao direito das coisas (Código Civil, arts. 1.214 e s.).

Quando se trata de anulabilidade resultante da falta de assentimento protectivo, a restituição do que se pagou ao incapaz depende de prova de que reverteu em seu proveito. Rege a matéria a regra do art. 181 do Código Civil.

A desconstituição é definitiva.

---

419. *Código civil comentado*, v. 1, p. 464.

420. *Tratado de direito privado*, t. IV, § 424, 13.

CAPÍTULO VI
Da Conversão

§ 73. Conceituação

1. Conversão do ato jurídico

A *conversão* do ato jurídico constitui uma das aplicações do princípio da conservação[421] que consiste no expediente técnico de aproveitar-se como outro negócio jurídico válido aquele inválido, nulo, para o fim a que foi realizado. Assim, por exemplo, a emissão de uma nota promissória nula por não conter os requisitos formais previstos em lei pode ser *convertida* em uma confissão de dívida plenamente válida.

Para que se dê a conversão há vários pressupostos essenciais a considerar:

I — De natureza ***objetiva***:

(*a*) O ato jurídico em que se converte deve ter suporte fáctico que esteja contido no suporte fáctico do ato inválido; portanto, o suporte fáctico do ato em que se converte há de ser menor do que o do ato convertido. Não há possibilidade de conversão se o suporte fáctico do ato inválido contiver menos elementos, porque é essencial que o suporte fáctico do ato resultante da conversão esteja suficientemente concretizado no ato inválido. É preciso, portanto, que o suporte fáctico do ato inválido atenda a mais de um negócio jurídico, pelo menos aos dois a que se refere a conversão. O princípio é o da suficiência do suporte fáctico. Na conversão não se *cria* suporte fáctico *novo* de ato jurídico; ele já deve estar concretizado no ato inválido. Os elementos do suporte

421. Santoro-Passarelli, *Doctrinas generales del derecho civil*, p. 308; Antonio Junqueira de Azevedo, *Negócio jurídico*, p. 78; Raquel Campani Schmiedel, *Negócio Jurídico. Nulidades e medidas sanatórias*, p. 74; Criscuoli, *La nullità parziale del negozio giuridico. Teoria generale*, p. 104; Teresa Luso Soares, *A conversão do negócio jurídico*, p. 15; Galetovic, *La conversión del negocio jurídico en el derecho mercantil*, p. 38.

fáctico do ato inválido é que serão aproveitados para a configuração do ato em que será convertido. Pela conversão, tomam-se os elementos fácticos que compõem o ato inválido e, através deles, *revela-se* o ato jurídico que seria *querido* pelos figurantes se tivessem sabido da invalidade. O que se converte é o ato jurídico inválido, atendendo-se à vontade dos figurantes.

(*b*) A *invalidade do ato* que se converte: o ato deve ser nulo ou anulável. O instituto da conversão nada tem que ver com o problema da ineficácia do ato jurídico[422]. Não se eficaciza ato jurídico ineficaz por meio de conversão[423]; aproveita-se suporte fáctico de certo ato jurídico, que seria inválido, para concretizar outro ato jurídico que é valido para fim que atenda a vontade das partes. Não se tiram efeitos do ato inválido que sofreu a conversão, mas produzem-se os efeitos próprios do ato em que aquele foi convertido. É verdade que se persegue realizar pelo outro ato os efeitos práticos do ato inválido, mas não os mesmos efeitos jurídicos, nem os seus próprios.

II — De caráter ***subjetivo***:

(*a*) A vontade dos figurantes quanto ao resultado prático que se obtém pela conversão. É essencial para a conversão que as partes queiram o efeito prático resultante do ato em que se converte o ato inválido. Rigorosamente, a conversão se constitui em um "processo de interpretação e de classificação dos atos jurídicos"[424]. Interpretando-se o suporte fáctico e a vontade hipotética dos figurantes, classifica-se o ato jurídico em outra categoria jurídica, em relação à qual não haveria deficiência invalidante, abandonando-se a qualificação que lhe deram, ori-

422. No que se enganaram, dentre outros doutrinadores, Betti, *Teoria geral do negócio jurídico*, v. 3, p. 78; Teresa Luso Soares, *A conversão do negócio jurídico*, p. 65; Mozos, *La conversión del negocio jurídico*, p. 128.

423. Scognamiglio, *Contributo alla teoria del negozio giuridico*, p. 404; Pontes de Miranda, *Tratado de direito privado*, t. IV, § 374, 1.

424. Pontes de Miranda, *Tratado de direito privado*, t. IV, § 476, 2. Nesse mesmo sentido, porém, referindo-se à *valoração* ou *qualificação* da categoria negocial, Antonio Junqueira de Azevedo (*Negócio jurídico*, p. 78), Raquel Campani Schmiedel (*Negócio jurídico. Nulidades e medidas sanatórias*, p. 75), Betti (*Teoria geral do negócio jurídico*, v. 3, p. 79) e Von Tuhr, *Teoría general del derecho civil alemán*, v. II, t. 1, p. 318; Simler, *La nullité partielle des actes juridiques*, p. 12-13; Galetovic, *La conversión del negocio jurídico en el derecho mercantil*, p. 19 e 34; Teresa Luso Soares, *A conversão do negócio jurídico*, p. 21.

ginariamente, os figurantes e para a qual seria inválido. Para a conversão, a interpretação vai mais à vontade do que ao ato jurídico propriamente dito. Não a vontade real, empírica, porque esta consubstanciou o ato inválido, mas a vontade hipotética[425] que se refere aos resultados práticos do ato em que se converte. Se dessa interpretação se conclui que os figurantes não quereriam o outro ato (= aquele em que se converte o ato inválido), não é possível a conversão, porque em tal hipótese estaria havendo substituição da vontade dos figurantes pela vontade do intérprete. É essencial que não se modifiquem os elementos do suporte fáctico, especialmente a vontade, porque, caso contrário, não haveria conversão, mas ato novo.

(*b*) A *ignorância da invalidade* do ato a ser convertido, por parte dos figurantes. Se ao realizar o ato jurídico os figurantes conheciam o defeito invalidante, não é possível a conversão, porque era o ato, não apenas os seus efeitos práticos, que queriam. É preciso que o *querer* que enche o suporte fáctico se refira, predominantemente, à obtenção dos efeitos práticos do ato jurídico.

2. Conversão e nulidade

Hoje é pacífica a aceitação doutrinária da conversão como instrumento a serviço do princípio da conservação dos atos jurídicos quando se trata de nulidade[426]. Se a nulidade, no entanto, é irremovível, como nos casos, por exemplo, de ilicitude, imoralidade ou impossibilidade do objeto, não se poderá fazer a conversão, evidentemente. Só é admissível a conversão, portanto, em casos de incapacidade do agente ou de forma.

3. Conversão e anulabilidade

Não há unanimidade doutrinária, porém, quanto à possibilidade de conversão de negócio jurídico anulável. O argumento contrário se

425. Pontes de Miranda, *Tratado de direito privado*, t. IV, p. 69; Teresa Luso Soares, *A conversão do negócio jurídico*, p. 18; Stolfi, *Teoría del negocio jurídico*, p. 94; Mota Pinto, *Teoria geral do direito civil*, p. 486; Domingues de Andrade, *Teoria geral da relação jurídica*, v. 2, p. 434; Cifuentes, *Negocio jurídico*, p. 689.

426. Apesar de opiniões em contrário, como a de Galetovic, *La conversión del negocio jurídico en el derecho mercantil*, p. 37.

funda no fato de que, sendo confirmável o negócio anulável, caberia sanar a invalidade, donde ser sem sentido falar-se em conversão. No entanto, há hipóteses em que não é possível a ratificação por parte do próprio figurante do negócio jurídico (casos de incapacidade relativa). Em tais situações, se pela conversão se pode fazer desaparecer a anulabilidade com o negócio em que se converte, parece-nos admissível a conversão do negócio anulável.

Anote-se que não existe conversão quando, em caso de erro, o destinatário da manifestação de vontade admite executar o negócio jurídico segundo a vontade real do manifestante (= correção do erro), bem assim quando, nas hipóteses de lesão ou de estado de perigo, o que se aproveitou aceita rever o valor da prestação, tornando-a condizente com a realidade.

§ 74. Espécies de conversão

1. Conversão substancial

Diz-se *substancial* a conversão quando se refere ao conteúdo do ato jurídico em si, à sua qualificação categorial. Exemplificando: (*a*) negócio jurídico de compra e venda que seria nulo por haver sido feito por instrumento particular se converte em promessa de compra e venda; (*b*) constituição de sociedade que seria nula para o fim específico por falta de solenidade essencial, que se converte em outro tipo de sociedade para cuja constituição tal solenidade não seria exigível; (*c*) título de crédito que seria nulo por falta de elementos essenciais que se converte em confissão de dívida.

Para que haja conversão substancial é necessário que ocorra modificação qualitativa em relação à categoria do ato jurídico inválido. Se o ato jurídico permanece com a mesma categoria jurídica, não há que falar em conversão.

2. Conversão formal

Certas categorias jurídicas se podem concretizar por várias espécies que têm o mesmo conteúdo e natureza, mas que são formalmente diferentes. É o caso do testamento, *e. g.*, em que há várias formas (testamento público, ológrafo, cerrado, militar etc.), cuja categoria jurídica, porém, é a mesma. Em casos como esses, admite-se que um ato jurídico inválido para a espécie escolhida pelo figurante para sua realização, por lhe faltar algum elemento formal essencial, seja aproveitado para outra espécie da mesma categoria em relação à qual não haveria invalidade. Ter-se como testamento ológrafo testamento cerrado a que falta algum elemento a ele essencial, mas dispensável em relação ao outro, *e. g.* A essa técnica alguns doutrinadores denominam *conversão formal*.

A melhor doutrina, no entanto, recusa se possa considerar conversão propriamente dita esse tipo de aproveitamento de ato dentro da mesma categoria jurídica, apenas com mudança de forma, pois que não se dá, por ele, nova qualificação ao ato jurídico e isto constitui a característica irremovível da conversão[427]. Como observa, com propriedade, Raquel Campani Schmiedel[428], não se deve confundir a mera "conversão formal" com as espécies em que há conversão de ato jurídico nulo por defeito de forma em outro ato que seja aformal, ou ao qual a forma realizada seja bastante (hipótese já referida da conversão de nota promissória nula em confissão de dívida). E não se pode confundir porque há nova qualificação do ato jurídico, com aproveitamento de elementos fácticos e intencionais comuns às duas categorias.

3. Conversão legal (?)

As leis em geral, por motivos de segurança do tráfico social, algumas vezes determinam que certos atos praticados com um certo sentido sejam aproveitados em outro, se lhes falta algum elemento essencial. A hipótese dessa natureza a doutrina denomina *conversão legal*.

Como exemplos dessa espécie são apontados: (*a*) o art. 46 da Lei n. 2.044, de 1908, sobre títulos cambiais ("Aquele que assina a declaração cambial, como mandatário ou representante legal de outrem, sem estar devidamente autorizado, fica por ela pessoalmente obrigado"); (*b*)

---

427. Galetovic, *La conversión del negocio jurídico en el derecho mercantil*, p. 35; Mozos, *La conversión del negocio jurídico*, p. 19; Teresa Luso Soares, *A conversão do negócio jurídico*, p. 21; Stolfi, *Teoría del negocio jurídico*, p. 94; Santoro-Passarelli, *Doctrinas generales del derecho civil*, p. 310; Mota Pinto, *Teoria geral do direito civil*, p. 488; Domingues de Andrade, *Teoria geral da relação jurídica*, v. 2, p. 436, dentre outros.

428. *Negócio jurídico. Nulidades e medidas sanatórias*, p. 76.

o art. 431 do Código Civil ("A aceitação fora do prazo, com adições, restrições, ou modificações, importará nova proposta"); (*c*) no Código Civil português, (*c.a*) o art. 946º, n. 2, que dispõe que será havida como disposição testamentária a doação que houver de produzir os seus efeitos por morte do doador (doação *mortis causa*), se tiverem sido observadas as formalidades dos testamentos, e também (*c.b*) o art. 2.251º, n. 2, que determina considerar-se legado cujo conteúdo consiste na obrigação de adquirir e transmitir o legado de coisa alheia que consista na transmissão de propriedade daquela coisa; (*d*) o art. 515 do Código de Comércio do Chile, que estipula valer como promessa o seguro contratado verbalmente.

Diferentemente da maioria da doutrina[429], para Pontes de Miranda[430] a conversão legal não existiria; as hipóteses apontadas seriam casos de mera *substituição* de um negócio por outro determinada pela lei. Se considerarmos estritamente a natureza do instituto da conversão é de se concordar com a conclusão do mestre. Na verdade, a conversão se baseia na vontade presumida dos figurantes quanto aos resultados práticos do ato jurídico que realizaram; nisto reside a sua substância[431]. Se da interpretação do ato jurídico se constata que as partes não quereriam o ato em que se converte o ato nulo, temos que é impossível a conversão. Portanto, a chamada conversão legal, por ser imperativa, por não levar em consideração a vontade dos figurantes, desconsidera o fundamento da conversão. Por outro lado, a lei não *muda*, não *transforma* um negócio jurídico em outro, mas, apanhando o suporte fáctico tal qual se formou, deficientemente, lhe atribui uma categoria jurídica própria que pode, até, não ter sido querida pelos figurantes.

Senão, vejamos:

(*a*) No exemplo do art. 46 da Lei n. 2.044, de 1908, o suporte fáctico que se forma é *incompleto* para considerar-se como vinculan-

---

429. Betti, *Teoria geral do negócio jurídico*, v. 3, p. 91; Santoro-Passarelli, *Doctrinas generales del derecho civil*, p. 309; Mota Pinto, *Teoria geral do direito civil*, p. 487; Cifuentes, *Negocio jurídico*, p. 691; Galetovic, *La conversión del negocio jurídico en el derecho mercantil*, p. 49, por exemplo.

430. *Tratado de direito privado*, t. IV, p. 69. No mesmo sentido de não admitir como conversão a chamada conversão legal, Mozos, *La conversión del negocio jurídico*, p. 135; Teresa Luso Soares, *A conversão do negócio jurídico*, p. 22.

431. Domingues de Andrade, *Teoria geral da relação jurídica*, v. 2, p. 434.

te do mandante ou representado (= feita por ele através de seu mandatário ou representante) a emissão de declaração cambial, uma vez que lhe *falta a autorização*. Se aquele em nome de quem se emitiu a declaração cambial a *ratifica*, *completa-se o suporte fáctico* e não terá incidência, nem aplicação, o art. 46, ficando obrigado aquele em nome de quem foi emitida a declaração. Não há, portanto, se falta a autorização, uma declaração nula, mas sim um título que é *ineficaz, apenas, em relação ao mandante ou representado*. Por isso, o que a lei faz, ao considerar *pessoalmente obrigado* por ela aquele que assina a declaração cambial em nome de outro, sem poderes, é atribuir eficácia própria a um ato específico (= emissão de declaração cambial em nome de outrem, sem poderes), que não configura, inteiramente, a emissão de declaração cambial pelo mandante ou representado, mas, sim, ato de alguém sem poderes para tanto. Desse modo, não se converte um ato em outro, mas define-se a eficácia do ato enquanto incompleto.

(*b*) No caso do art. 431 do Código Civil, na verdade define-se a natureza própria do ato, dando-lhe o nome que lhe cabe, uma vez que a hipótese descrita no artigo é de contraproposta, nunca de aceitação. Depois, não há nulidade alguma em alguém manifestar sua aceitação de uma proposta fora de prazo ou alterando-a em seus termos.

(*c*) A hipótese do art. 946º, n. 2, do Código Civil português leva em consideração o fato de que na doação *mortis causa* há, em essência, um legado feito fora do testamento. Nele atribui-se caráter testamentário a ato a que se deu a forma de doação. É, em substância, aplicação da regra de que na interpretação dos negócios jurídicos o *nomen iuris* não prevalece sobre a natureza própria do ato. Basta ver-se que a exigência para efetuar-se a substituição consiste, precisamente, em terem sido observadas as formalidades dos testamentos.

(*d*) A espécie do art. 2.251º, n. 2, do Código Civil português é de norma interpretativa. Em matéria de testamento, em que é impossível a interpretação autêntica, as leis estabelecem em que sentido devem ser entendidas as disposições formuladas de modo ambíguo[432], em observância ao princípio da conservação dos atos jurídicos, não especificamente de conversão.

432. Código Civil, arts. 1.902 e 1.903, por exemplo.

(*e*) O art. 515 do Código de Comércio do Chile[433], que estipula valer como promessa o seguro contratado verbalmente, cria uma espécie de pré-contrato (promessa de seguro), definindo-lhe as características e a eficácia. Nada se converte.

§ 75. Admissibilidade de conversão nos sistemas jurídicos

Poucos são os sistemas legislativos, dentre os quais hoje se inclui o brasileiro, que contêm norma jurídica expressa sobre a conversão (Código Civil, art. 170)[434]. Por construção doutrinária, cujo embrião se encontra no direito romano, no entanto, a vemos admitida nos sistemas jurídicos mais importantes.

§ 76. Conversão e sanação

A conversão não é forma de sanação de invalidade, nem com ela se confunde por duas razões principais:

(*a*) A sanação constitui negócio novo que preenche deficiência do negócio inválido. Na conversão não há ato novo; há aproveitamento de elementos de suporte fáctico destinado a um negócio na concretização de outro.

(*b*) Pela sanação desaparece a invalidade do negócio jurídico; torna-se válido o que era inválido. Na conversão a invalidade do ato continua a existir. O negócio em que se converte é que é válido.

---

433. Esse dispositivo tem a seguinte redação: "O seguro ajustado verbalmente vale como promessa, desde que os contratantes hajam acordado formalmente sobre a coisa, o risco e o prêmio. A promessa pode ser justificada por quaisquer meios probatórios admitidos em matéria mercantil, e autoriza a cada uma das partes a demandar a outra pela outorga da apólice".

434. BGB, § 140; Código Civil italiano, art. 1.424, e Código Civil português, art. 293.

QUADRO COMPARATIVO DAS PRINCIPAIS CARACTERÍSTICAS DA NULIDADE E DA ANULABILIDADE

QUANTO À	NULIDADE	ANULABILIDADE
DECRETABILIDADE	DECRETÁVEL DE OFÍCIO PELO JUIZ (E.G.) Exceção: hipótese em que o juiz somente poderá decretar a nulidade mediante alegação de sócios ou associados, ou interessados diretos (CC, art. 48, parágrafo único).	SOMENTE MEDIANTE ALEGAÇÃO DO INTERESSADO
ALEGABILIDADE	QUALQUER INTERESSADO E MP (E.G.), porque há casos em que somente interessado direto pode arguir a nulidade (CC, art. 48, parágrafo único).	SOMENTE INTERESSADOS DIRETOS
SANABILIDADE	INSANÁVEL (E.G.). REPETÍVEL, QUANDO POSSÍVEL. Exceção: a nulidade de atos de constituição de pessoas jurídicas, bem assim de sua administração colegiada, que são sanáveis pela caducidade (CC, arts. 45, parágrafo único, e 48, parágrafo único).	SEMPRE SANÁVEL POR CONFIRMAÇÃO
PRESCRITIBILIDADE	IMPRESCRITÍVEL (E.G.) Exceção: as espécies de caducidade previstas no CC, arts. 45, parágrafo único, e 48, parágrafo único.	SEMPRE PRESCRITÍVEL EM PRAZOS DIVERSOS PREVISTOS EM LEI
DESCONSTITUIÇÃO DO ATO	DESNECESSÁRIA (E.G.), salvo quando há registro ou em razão da natureza do ato. Exemplos de necessárias: nulidades no direito público, em geral; nulidade de casamento; de constituição de pessoa jurídica; de acordo de transmissão em compra e venda etc.	SEMPRE NECESSÁRIA

DESCONSTITUIÇÃO DOS EFEITOS (DESEFICACI-ZAÇÃO)	DESNECESSÁRIA, uma vez que a eficácia do nulo é apenas aparente, pois, em geral, não produz efeitos jurídicos, de modo que não há o que desconstituir, e quando produz (casos de putatividade), são irremovíveis	SEMPRE NECESSÁRIA, PORQUE O ATO ANULÁVEL PRODUZ TODOS OS SEUS EFEITOS ATÉ SER ANU-LADO
EFICÁCIA	INEFICAZ, salvo em caso de putatividade	SEMPRE EFICAZ ATÉ SER DESCONSTITUÍDO
NATUREZA DA DECISÃO	DESCONSTITUTIVA DO ATO (constitutiva negativa)	DESCONSTITUTIVA DO ATO E DE SEUS EFEITOS

Convenção: A abreviatura E.G. significa *em geral, de modo que há exceções*

BIBLIOGRAFIA

ABREU FILHO, José. *O negócio jurídico e sua teoria geral.* 1. ed. São Paulo, Saraiva, 1983; 5. ed., 2003.

AFTALION, Enrique R.; OLANO, Fernando Garcia & VILANOVA, José. *Introducción al derecho.* 8. ed. Buenos Aires, La Ley, 1967.

AGUILA, Ramón Domingues. *Teoría general del negocio jurídico.* Santiago, Ed. Jurídica de Chile, 1977.

ALESSI, Renato. *Instituciones de derecho administrativo.* 3. ed. Barcelona, Bosch, 1970.

ALLARA, Mario. *Le nozione fondamentali del diritto civile.* 5. ed. Torino, Giappichelli, 1958.

_______. *La teoria generali del contrato.* 2. ed. Reimpr. Torino, Giappichelli, s.d.

ALMEIDA, Carlos Ferreira de. *Texto e enunciado na teoria do negócio jurídico.* Coimbra, Livr. Almedina, 1992. v. 1.

ALPA, Guido. *Istituzioni di diritto privato.* 2. ed. Torino, UTET, 1997.

ALPA, Guido e ANSALDO, Anna. *Le persone fisiche.* Il Codice Civile comentário, Milano, Giuffrè, 1996.

ALVES, José Carlos Moreira (*vide* MOREIRA ALVES).

AMORIM, Edgar Carlos dc. *Direito internacional privado.* 2. ed. Rio de Janeiro, 1992.

ANDRADE, Manuel A. Domingues. *Teoria geral da relação jurídica.* Coimbra, Livr. Almedina, 1974. v. 2.

ANDRÉ, Vicente O. P. PH. I. *Génesis y desarollo del voluntarismo jurídico.* Trad. Carlos R. Sanz. Buenos Aires, Ghersi Ed., 1978.

ÁNGELIS, Barrios de. *Teoría del processo.* Buenos Aires, Depalma, 1979.

ARAGÃO, Egas Dirceu Moniz de. *Comentários ao Código de Processo Civil.* Rio de Janeiro-São Paulo, Forense, 1974.

ARAÚJO, Edmir Netto de. *Direito administrativo.* São Paulo, Revista dos Tribunais, 1992.

ARIAS, Lino Rodrigues. *El abuso del derecho.* Buenos Aires, EJEA, 1971.

ASCENÇÃO, José de Oliveira. *O direito. Introdução e teoria geral.* Lisboa, Fundação Calouste Gulbenkian, 1978.

AUBRY & RAU. *Cours de droit civil français.* Paris, LGDJ, 1897.

AUDIT, Bernard. *La fraude à la loi.* Paris, Dalloz, 1974.

AURICCHIO, Alberto. *A simulação no negócio jurídico.* Coimbra, Coimbra Ed., 1964.

AZEVEDO, Antonio Junqueira de. *Negócio jurídico. Existência. Validade e eficácia.* São Paulo, Saraiva, 1974.

BACRE, Aldo. *Teoría general del proceso.* Buenos Aires, Abeledo-Perrot, 1986.

BARASSI, Lodovico. *La teoria generale delle obbligazioni.* Milano, Giuffrè, 1964.

BARBERO, Domenico. *Sistema del derecho privado.* Trad. Santiago Sentís Melendo. Buenos Aires, EJEA, 1967. v. 1.

BARCELONA, Prieto. *Intervento statale e autonomia privata nella disciplina dei rapporti economici.* Milano, Giuffrè, 1969.

_______. *Profili della teoria dell'errore nel negozio giuridico.* Milano, Giuffrè, 1962.

BARROS, Ramón Meza. *Manual de derecho civil. De las fuentes de obligaciones.* Santiago, Ed. Jurídica de Chile, 1966.

BATALHA, Wilson de Souza Campos. *Defeitos dos negócios jurídicos.* Rio de Janeiro, Forense, 1988.

_______. *Comentários à Lei das Sociedades Anônimas.* Rio de Janeiro, Forense, 1977.

_______. *Sociedades anônimas e mercado de capitais.* Rio de Janeiro, Forense, 1973.

BAUDRY-LACANTINERIE, G. & BARDE. *Trattato de diritto civile.* Trad. P. Bonfante, G. Pachione e A. Saffa. Milano, Francesco Vallardi, s.d.

BEMMELEN, P. von. *Nociones fundamentales del derecho civil.* Trad. José Maria Navarro de Palencia. Madrid, Ed. Reus, 1923.

BETTI, Emílio. *Teoria geral do negócio jurídico.* Trad. Fernando Miranda. Coimbra, Coimbra Ed., 1969. v. 3.

BEVILÁQUA, Clóvis. *Código Civil comentado.* Rio de Janeiro, Francisco Alves, 1916. v. 1.

BLOCH, Leo. *Instituciones romanas*. Trad. Guilhermo Zatter. 2. ed. Barcelona, Labor, 1942.

BOBBIO, Norberto. *Teoria della norma giuridica*. Torino, Giappichelli, 1958.

______. *Contribución a la teoría del derecho*. 2. ed. Trad. Alfonso Ruiz Miguel. Madrid, Editorial Debate, 1990.

______. Sanzione. In*: Novissimo Digesto Italiano*. Torino, UTET, 1957. v. 16.

BONNECASE, Julien. *Elementos de derecho civil*. Trad. José M. Cajica Jr. Puebla. Ed. José M. Cajica Jr., 1945.

BORJA, Ramiro. *Teoría general del derecho administrativo*. Buenos Aires, Depalma, 1985.

BOYER, Georges. *Recherches historiques sur la résolution des contrats*. Paris, PUF, 1924.

BRAVO, Frederico Castro y. *El negocio jurídico* (reimpressão). Madrid, Ed. Civitas, 1991.

BREBBIA, Roberto H. *Hechos y actos jurídicos*. Buenos Aires, Ed. Astrea, 1979.

BRETONE, Mario. *Historia do direito romano*. Trad. Isabel Teresa Santos e Hossein S. Shooya. Lisboa, Ed. Estampa, 1990.

BRISEÑO (SIERRA), Humberto. *Categorias institucionales del proceso*. Puebla, Ed. José M. Cajica Jr., 1956.

CAETANO, Marcelo. *Princípios fundamentais do direito administrativo*. 2. ed. Rio de Janeiro, Forense, 1989.

CAMMARATTA, Angelo Ermanno. *Formalismo e sapere giuridico*. Studi (reimpressão). Milano, Giuffrè, 1963.

CAMPOS FILHO, Paulo Barbosa de. *O problema da causa no Código Civil brasileiro*. São Paulo, Max Limonad, s.d.

CANARIS, Claus-Wilhelm. *Pensamento sistemático e conceito de sistema na ciência do direito*. Trad. A. Menezes Cordeiro. Lisboa, Fundação Calouste Gulbenkian, 1989.

CAPITANT, Henri. *De la cause des obligations*. 3. ed. Paris, Dalloz, 1927.

CAPPELLETTI, Mauro. *O controle judicial de constitucionalidade das leis no direito comparado*. Trad. Aroldo Gonçalves. Rev. José Carlos Barbosa Moreira. Porto Alegre, Sérgio A. Fabris, Editor, 1984.

CARNELLI, Lorenzo. *Tiempo y derecho.* Buenos Aires, Libr. Jurídica, 1952.

CARNELUTTI, Francesco. *Estudios del derecho procesal.* Trad. S. Sentís Melendo. Buenos Aires, EJEA, 1952.

______. *Teoría general del derecho.* Trad. Francisco Javier Osset. Madrid, Revista de Derecho Privado, 1955.

______. *Instituciones del proceso civil.* Trad. S. Sentís Melendo. Buenos Aires, EJEA, 1973.

______. *Sistema del diritto processuale civile.* Padova, CEDAM, 1938. v. 2.

CARVALHO, Francisco Pereira de Bulhões. *Sistemas de nulidades dos atos jurídicos.* 2. ed. Rio de Janeiro, Forense, 1981.

CARVALHO, Orlando de. *A teoria geral da relação jurídica. Seu sentido e limite.* 2. ed. Coimbra, Ed. Centelha, 1981.

CARVALHOSA, Modesto. *Acordo de acionistas.* São Paulo, Saraiva, 1984.

CASTRO, Torquato. O fato jurídico. *Anuário do Mestrado em Direito, da Fac. Direito de Recife,* n. 3, Recife, 1984, ano 2.

______. *Teoria da situação jurídica em direito privado nacional.* São Paulo, Saraiva, 1985.

______. *Da causa no contrato.* Recife, Imp. Universitária, 1966.

CAVALCANTI, José Paulo. *Direito civil (escritos diversos).* Rio de Janeiro, Forense, 1983.

______. *O penhor chamado alienação fiduciária em garantia.* Recife, 1989.

CAVALCANTI, Themístocles Brandão. *Do controle da constitucionalidade.* Rio de Janeiro, Forense, 1966.

CÉLICE, Bruno. *Les réserves et le non vouloir dans les actes juridiques.* Paris, LGDJ, 1968.

CENTRE NATIONAL DE RECHERCHES DE LOGIQUE. *Les présomptions et les fictions en droit.* Études publiées par Ch. Perelman et P. Foriers, Bruxeles, Émile Bruylant, 1974.

CERQUINHO, Maria Cuervo Silva e Paz. *O desvio de poder no ato administrativo.* São Paulo, Revista dos Tribunais, 1979.

CICALA, Francesco Bernardino. *Il rapporto giuridico.* 4. ed. Milano, Giuffrè, 1959.

CIEN, Giorgio. *Antigiuridicità e colpevolezza.* Padova, CEDAM, 1966.

CIFUENTES, Santos. *Negocio jurídico.* Buenos Aires, Ed. Astrea, 1986.

CIMBALI, Eurico. *A nova fase do direito civil.* Trad. Aderbal de Carvalho. Porto-Rio de Janeiro, Liv. Chardron/Livr. Clássica Ed., 1900.

CINTRA, Antonio Carlos de Araújo. *Motivo e motivação do ato administrativo.* São Paulo, Revista dos Tribunais, 1979.

CINTRA, Antonio Carlos de Araújo; GRINOVER, Ada Pellegrini & DINAMARCO, Cândido R. *Teoria geral do processo.* 9. ed. São Paulo, Ed. Malheiros, 1992.

COELHO, A. Ferreira. *Código Civil dos Estados Unidos do Brasil. Comparado, commentado e analysado.* Rio de Janeiro, Officinas Graphicas do "Jornal do Brasil", 1922.

COELHO, Fábio Ulhoa, *Curso de direito civil.* São Paulo, Saraiva, 2003. v. 1.

COLIN, Ambroise & CAPITANT, Henri. *Cours élémentaire de droit civil français.* 7. ed. Paris, Dalloz, 1931. v. 1.

COSSIO, Carlos. *La causa y la comprensión en el derecho.* 4. ed. Buenos Aires, Juarez Editor, 1969.

COSTANZA, Maria. *Profili dell'interpretazione del contrato secondo buona fede.* Milano, Giuffrè, 1989.

COVIELLO, Nicolla. *Manuale di diritto civile italiano.* Milano, SEL, 1929.

CRETELLA JR., José. *Anulação do ato administrativo por desvio de poder.* Rio de Janeiro, Forense, 1978.

_______. *Curso de direito romano.* 15. ed. Rio de Janeiro, Forense, 1993.

_______. *Do ato administrativo.* 2. ed. São Paulo, Bushatsky, 1977.

CRISCUOLI, Giovanni. *La nullità parziale del negozio giuridico. Teoria generale.* Milano, Giuffrè, 1969.

CROME, Karl. *Diritto privato francese moderno.* Trad. c/ notas de A. Ascoli e F. Cammero. Milano, SEL, 1906.

DABIN, J. *La teoría de la causa.* Trad. Francisco de Pelsmaeker. Madrid, Revista de Derecho Privado, 1929.

DAIBERT, Jefferson. *Introdução ao direito civil.* Rio de Janeiro, Forense, 1971.

DALL'AGNOL JR., Antonio Jarcyr. *Invalidades processuais*. Porto Alegre, Letras Jurídicas Ed., 1989.

_______. *Comentários ao Código de Processo Civil*. Porto Alegre, Letras Jurídicas Ed., 1985.

DANTAS, San Tiago. *Programa de direito civil*: parte geral (edição histórica). Rio de Janeiro, Ed. Rio, 1979.

DANZ, Erich. *La interpretación de los negocios jurídicos*. Trad. Francisco Bonet Ramon. 3. ed. Madrid, Revista de Derecho Privado, 1955.

DAVID, René. *Tratado de derecho civil comparado*. Trad. Javier Osset. Madrid, Revista de Derecho Privado, 1953.

_______. *Les grands systèmes de droit contemporains*. 5. ed. Paris, Dalloz, 1973.

DE GASPERI, Luis. *Tratado de las obligaciones*. Buenos Aires, Depalma, 1945.

DEL VECCHIO, Giorgio. *Lições de filosofia do direito*. Trad. Antônio José Brandão. 3. ed. Coimbra, Arménio Amado Ed., 1959.

_______. *Los principios generales del derecho*. 3. ed. Trad. Juan Ossorio Morales. Barcelona, Bosch, 1978.

DE MORELLO, Augusto M. *Tratado de derecho civil*. Buenos Aires, TEA, 1964.

DE PAGE, Henri. *Traité élémentaire de droit civil belge*. 2. ed. Bruxeles, Émile Bruylant, 1942.

DERNBURG, Heinrich. *Pandette*. Trad. Francesco Bernardino Cicala. Torino, Fratelli Bocca, 1906.

DIAS, Adahyl Lourenço. *Venda a descendente*. 3. ed. Rio de Janeiro, Forense, 1985.

DINAMARCO, Cândido R. (*vide* CINTRA).

DISTASO, Nicola. *La simulazione del negocio giuridico*. Torino, UTET, 1960.

DOBSON, Juan M. *El abuso de la personalidad jurídica*. Buenos Aires, Depalma, 1985.

DOMAT, Jean. *Oeuvres completes*. Paris, Alex-Gobelet, 1835.

DONISI, Carmine. *Il problema dei negozi giuridici unilaterali*. Napoli, Jovene, 1972.

DROMI, José Roberto. *El acto administrativo.* Madrid, Inst. de Estudios de Administración Local, 1985.

DUGUIT, Leon. *Las transformaciones generales del derecho privado desde el Código de Napoleón.* Trad. Carlos G. Posada. 2. ed. Madrid, Libr. Española y Extranjera, s.d.

DUMONT-KISLIAKOFF, Nadia, *La simulation en droit romain.* Paris, Éditions Cujas, 1970

EHRHARDT JR., Marcos. *Direito civil. LINDB e parte geral.* 2. ed. rev., ampl. e atual. Salvador, Podium, 2011, v. I.

ENNECCERUS, Ludwig; KIPP, Theodor & WOLFF, Martin. *Tratado de derecho civil.* Trad. Bals Pérez Gonzáles e José Alguer. 2. ed. Barcelona, Bosch, 1953.

ESPÍNOLA, Eduardo. *Sistema do direito civil brasileiro* (edição histórica). Ed. Rio, 1977.

______. *Manual do Código Civil brasileiro.* Parte Geral. Dos factos jurídicos. Rio de Janeiro, Ed. Jacintho Ribeiro dos Santos, 1920. v. 3.

ESTRADA, Felix Pichardo. *La autonomía de la voluntad en el orden jurídico.* México (D.F.), Porrúa, 1958.

FERRARA, Francesco. *La simulación de los negocios jurídicos.* Trad. Rafael Atárd e Juan A. de la Puente. 3. ed. Madrid, Revista de Derecho Privado, 1953.

FERRARA, Luigi Cariota. *I negozi sul patrimonio altrui.* Padova, A. Milani, 1936.

FERRARI, Regina Maria Macedo Nery. *Efeitos da declaração de inconstitucionalidade.* 2. ed. São Paulo, 1990.

FERRAZ JUNIOR, Tercio Sampaio et al. *Constituição de 1988 — Vigência e Eficácia — Supremacia.* São Paulo, Atlas, 1989.

FERREIRA, José G. do Valle. Subsídios para o estudo das nulidades. *Revista da Faculdade de Direito da UFMG,* Belo Horizonte, *3:*29 e s., out. 1963, ano XIV.

FERREIRA, Vasco Taborda. *Do conceito de causa dos actos jurídicos.* Dissertação de doutoramento. Lisboa, 1946.

FERREIRA, Waldemar Martins. *Instituições de direito comercial.* 4. ed. São Paulo, Max Limonad, 1954.

FERRI, Luigi. *L'autonomia privata.* Milano, Giuffrè, 1959.

FIGUEIREDO, Lucia Valle. *Extinção dos contratos administrativos.* São Paulo, Revista dos Tribunais, 1986.

FILANTI, Giancarlo. *Inesistenza e nullità del negozio giuridico.* Napoli, Jovene, 1983.

FIORINI, Bartolomeu A. *Teoría jurídica del acto administrativo.* Buenos Aires, Abeledo-Perrot, 1969.

FLOUR, Jacques & AUBERT, Jean-Luc. *Droit civil. Les obligations.* Paris, Ed. A. Colin, 1975. v. 1.

FLUME, Werner. *El negocio jurídico*: parte geral del derecho civil, t. 2. 4. ed., não modificada. Trad. José Maria Miquel Gonzáles e Esther Gomes Calle. Madri, Fundación Cultural del Notariado, 1998.

FRANÇA, Rubens Limongi et al. *Instituições de direito civil.* São Paulo, Saraiva, 1988.

FRANCO, Ary Azevedo. *A prescrição extintiva no Código Civil brasileiro (Doutrina e jurisprudência).* 3. ed. Rio de Janeiro, Forense, 1956.

GAGLIANO, Pablo Stolze & PAMPLONA FILHO, Rodolfo. *Novo curso de direito* civil, parte geral. São Paulo, Saraiva, 2002. v. 1.

GAIUS. *Institutas.* Trad. Alfredo di Pietro. La Plata, Libr. Jurídica, 1967.

GALETOVIC, Maria Dora Martinic. *La conversión del negocio jurídico en el derecho mercantil.* Santiago, Ed. Jurídica de Chile, 1968.

GALGANO, Francesco. *Diritto privato.* 10. ed., Padova, CEDAM, 1999.

_______. *El negocio jurídico.*Trad. Francisco de P. Blasco Gascó e Lorenzo Prats Albentosa. Valencia, Tirant lo Blanch, 1991.

GALLI, Gianni. *Il problema dell'erede apparente.* Milano, Giuffrè, 1971.

GAMA, Affonso Dionysio. *Dos actos jurídicos.* São Paulo, Saraiva e Cia., 1922.

GARCEZ, Martinho. *Nullidades dos actos jurídicos.* Rio de Janeiro, Cunha e Irmão, 1896.

GASPARINI, Diogenes. *Poder regulamentar.* 2. ed. São Paulo, Revista dos Tribunais, 1982.

GASPERI, Luis de. *Tratado de las obligaciones.* Buenos Aires, Depalma, 1946. v. 3.

GAUDEMET, Eugene. *Théorie générale des obligations.* Paris, Sirey, 1937.

GAUZZI, Giacomo. *Norme primarie e norme secondarie.* Torino, Giappichelli, 1977.

GHIGLIANI, Alejandro E. *Del control jurisdicional de constitucionalidad.* Buenos Aires, Roque Depalma Editor, 1952.

GIACOBBE, Giovanni. *La frode alla legge.* Milano, Giuffrè, 1968.

GIORDANI, Mario Antis. *Iniciação ao direito romano.* 2. ed. Lumen Juris, 1991.

GIORGIANNI, Michele. *La causa del negozio giuridico.* Milano, Giuffrè, 1974.

GIOVANNI, Biaggio de. *La nullità nella logica del diritto.* Napoli, Morano, 1964.

GIOVENE, Achile. *Negozio giuridico rispetto ai terzi.* 2. ed., Torino, UTET, 1917.

GOBBET, Renata Helena Petri. *Aspectos doutrinários da invalidade de negócio jurídico no direito privado.* Dissertação de Mestrado. São Paulo, 1985 (reprodução xerográfica).

GOMES, Orlando. *Direito privado (Novos aspectos).* Rio de Janeiro-São Paulo, Freitas Bastos, 1961.

_______. *Transformações gerais do direito das obrigações.* 1. ed. São Paulo, Revista dos Tribunais, 1967; 2. ed., 1980.

_______. *Introdução ao direito civil.* 10. ed. Rio de Janeiro, Forense, 1993.

_______. *Obrigações.* 6. ed. Rio de Janeiro, Forense, 1981.

_______. *Direito civil. Família.* 2. ed. Rio de Janeiro, Forense, 1976.

GONDIM FILHO. Nullidade relativa. *Rev. Acadêmica* (da Fac. de Direito do Recife), p. 3, 1939, ano XLVII.

GORLA, Gino. *El contrato.* Barcelona, Bosch, 1959.

GOROSTIAGA, Norberto. *La causa en las obligaciones.* Buenos Aires, Ed. Ideias, 1944.

GRINOVER, Ada Pellegrini et al. *Código Brasileiro de Defesa do Consumidor.* Rio de Janeiro, Forense.

GRINOVER, Ada Pellegrini; FERNANDES, Antonio Scarandi & GOMES FILHO, Antonio Magalhães. *As nulidades no processo penal.* 2. ed. São Paulo, Ed. Malheiros, 1992.

GUALAZZI, Eduardo Lobo Botelho. *Ato administrativo inexistente.* São Paulo, Revista dos Tribunais, 1980.

GUIMARÃES, Carlos da Rocha. *Prescrição e decadência.* 2. ed. Forense, 1984.

HART, Herbert L. A. *O conceito de direito.* Trad. A. Ribeiro Mendes. Lisboa, Fundação Calouste Gulbenkian, 1986.

HAUSER, Jean. *Objetivisme et subjectivisme dans l'acte juridique.* Paris, LGDJ, 1971.

HENKEL, Heinrich. *Introducción a la filosofía del derecho.* Trad. Enrique Gimbernat Ordeig. Madrid, Ed. Taurus, 1968.

HUC, Theóphile. *Commentaire théorique & pratique du Code Civil.* Paris, F. Pichon, Sucesseur, 1894.

HURTADO, Avelino Léon. *El objeto en los actos jurídicos.* Santiago, Ed. Jurídica de Chile, 1958.

IHERING, Rudolf von. *A evolução do direito (Zweck im Recht).* Salvador, Progresso, 1953 (sem indicação de tradutor).

IRTI, Natalino. *Introduzione allo studio del diritto privato.* 3. ed., Torino, Giappichelli, 1976.

JÖRS, Paulo & KUNKEL, Wolfgang. *Derecho privado romano.* Trad. L. Pietro Castro. Barcelona, Labor, 1965.

JOSSERAND, Louis. *Les mobiles dans les actes juridiques du droit privé.* Paris, Dalloz, 1928.

_______. *Cours de droit civil positif français.* 2. ed. Paris, Sirey, 1932. v. 1.

JUSTEN FILHO, Marçal. *Desconsideração da personalidade societária no direito brasileiro.* São Paulo, Revista dos Tribunais, 1987.

KAUFMANN, Armin. *Teoría de las normas.* Trad. Enrique Bacigalupo e Ernesto Garzón Valdés. Buenos Aires, Depalma, 1977.

KELSEN, Hans. *Teoría general del Estado.* Trad. L. Legaz y Lacambra. México, Ed. Nacional, 1957.

_______. *Teoria pura do direito.* Trad. João Batista Machado. 2. ed., Coimbra, Arménio Amado Ed., 1962.

_______. *La idea del derecho natural y otros ensaios* (vários tradutores). Buenos Aires, Ed. Losada, 1946.

KOMATSU, Roque. *Da invalidade no processo civil.* São Paulo, Revista dos Tribunais, 1991.

KORKOUNOV, N. M. *Cours de théorie générale du droit.* Trad. M. J. Tchernoff. Paris, Giard E. Brière, 1903.

LACAMBRA, Luiz Legaz y. *Filosofía del derecho.* 3. ed. Barcelona, Bosch, 1972.

LACERDA, Galeno de. *Despacho saneador.* Porto Alegre, Sulina, 1953.

LARENZ, Karl. *Derecho civil*: parte general. Trad. Miguel Izqierdo y Macias-Picabea. Madrid, Revista de Derecho Privado/Editoriales de Derecho Reunidas, 1978.

_______. *Derecho de obligaciones.* Trad. Jaime Santos Briz. Madrid, Revista de Derecho Privado, 1958.

LAURANT, F. *Cours élémentaire de droit civil.* Paris-Bruxelles, Bruylant Christophe & Comp./Libr. A. Marescq, Ainé, 1878.

LEAL, Antonio Luiz da Camara. *Da prescrição e da decadência.* 2. ed. Rio de Janeiro, Forense, 1959.

LEHMANN, Heinrich. *Tratado de derecho civil.* Trad. José Maria Navas. Madrid, Revista de Derecho Privado, 1956.

LEITE, Armando Roberto Holanda. *Dos fatos e atos jurídicos.* São Paulo, Cortes, 1980.

LIGEROPOULO, Alexandre. *Le problème de la fraude à la loi.* Paris, Sirey, 1928.

LIMA, Alvino. *A fraude no direito civil.* São Paulo, Saraiva, 1965.

LLAMBÍAS, Jorge Joaquim. *Efectos de la nulidad y de la anulación de los actos jurídicos.* Buenos Aires, Ed. Arayú, 1953.

LOBO, Paulo (Luiz Neto). *Do contrato no Estado social.* Maceió, EDUFAL, 1983.

_______. *Condições gerais dos contratos e cláusulas abusivas.* São Paulo, Saraiva, 1991.

_______. O controle da constitucionalidade das leis e o direito adquirido. *Revista de Informação Legislativa, 106:*37.

_______. *Direito civil.* Parte geral. 3. ed. São Paulo, Saraiva, 2012.

LOMONACO, Giovanni. *Delle obbligazioni e del contratti in genere.* 2. ed. Reimpr. Eugenio Marghieri/UTET, 1924.

LOPES DA COSTA, Alfredo Araújo. *Direito processual civil brasileiro.* Rio de Janeiro, Forense, 1959.

LOPES, Maurício Antonio Ribeiro. *Ética e administração pública.* São Paulo, Revista dos Tribunais, 1993.

LOPES, Miguel Maria de Serpa. *O silêncio como manifestação da vontade.* Rio de Janeiro, Coelho Branco, 1935.

______. *Curso de direito civil.* Rio de Janeiro, Freitas Bastos, 1953.

LOTUFO, Renan. *Código civil comentado*: parte geral. São Paulo, Saraiva, 2003. v. I.

LUMIA, Giuseppe. *Lineamenti di teoria e ideologia del diritto.* 2. ed. Milano, Guiffrè, 1978.

LUNA, Everardo da Cunha. *Abuso de direito.* 2. ed. Rio de Janeiro, Forense, 1988.

LYONS, David. *As regras morais e a ética.* Campinas, Papirus, 1990.

MACHADO, Marcelo Lavénere. *Da parte geral do projeto do Código Civil*, 1973. Edição do Autor.

MACHADO NETO, Antonio Luiz. *Sociologia jurídica.* 5. ed. São Paulo, Saraiva, 1984.

MAGALHÃES, Roberto Barcelos de. *Prática do processo falencial.* 3. ed. Rio de Janeiro, Freitas Bastos, 1977.

MAIERINI, Angelo. *Della revoca degli atti fraudolenti.* 4. ed. Firenze, Fratelli Cammelli, 1919.

MAIRAL, Hector A. *Control judicial de la administración.* Buenos Aires, Depalma, 1984.

MARTINS, Pedro Batista. *Comentários ao Código de Processo Civil.* Rio de Janeiro, Forense, 1942. v. 3.

MARTY, G. *Derecho civil.* Trad. José M. Cajica Jr. Puebla, Ed. José M. Cajica Jr., 1952.

MAY, Gaston. *Éléments de droit romain.* 18. ed. Paris, Sirey, 1952.

MÁYNEZ, Eduardo García. *Introducción al estudo del derecho.* 21. ed. México, Porrúa, 1973.

______. *Filosofía del derecho.* 2. ed. México, Porrúa, 1977.

MAYNZ, Charles. *Cours de droit romain.* Bruxelles, Émile Bruylant, 1877.

MAZEAUD, Henri, Léon et Jean. *Lecciones de derecho civil.* Trad. Luiz Alcalà-Zamora y Castillo. Buenos Aires, EJEA, 1959.

MEIRA, Silvio A. B. *História e fontes do direito romano.* São Paulo, Saraiva, 1966.

MELLO, Celso Antônio Bandeira de. *Elementos de direito administrativo.* 2. ed. São Paulo, Revista dos Tribunais, 1991.

______. *Direito administrativo.* 4. ed. São Paulo, Ed. Malheiros, 1993.

MELLO, Marcos Bernardes de. *Teoria do fato jurídico*: plano da existência. 21. ed. São Paulo, Saraiva, 2017.

______. *Teoria do fato jurídico*: plano da eficácia. 10. ed. São Paulo, Saraiva, 2015.

_______. Breve estudo sobre a eficácia do negócio jurídico sob condição suspensiva. *Anuário do Mestrado em Direito*, n. 213, Recife, 1984.

_______. *Sobre a natureza jurídica da legitimidade "ad causam"*. Maceió, Imprensa Oficial, 1973.

_______. *Direito. Uma concepção de sua validade.* Maceió, Imprensa Oficial, 1973.

_______. Contribuição ao estudo da incidência da norma jurídica tributária. In: *Direito tributário moderno.* Coletânea coordenada por José Souto Maior Borges. São Paulo, Bushatsky, 1977.

_______. A lei complementar sob a perspectiva da validade. In: *Direito tributário moderno.* São Paulo, Bushatsky, 1977.

_______. *Teoria do fato jurídico*: plano da eficácia. 1ª Parte. 9. ed. São Paulo, Saraiva, 2003.

_______. Da ação de direito material como objeto litigioso no processo civil. In: *Teoria quinária da ação.* Estudos em homenagem a Pontes de Miranda nos 30 anos do seu falecimento. Coords. COSTA, Eduardo José da Fonseca; MOURÃO, Luiz Eduardo Ribeiro; NOGUEIRA, Pedro Henrique Pedrosa. Salvador, Juspodivm, 2010.

MENDONÇA, Manoel Ignácio Carvalho de. *Doutrina e práctica das obrigações.* 2. ed. Rio de Janeiro, Francisco Alves. v. 1.

MERKEL, Adolfo. *Enciclopédia jurídica.* Trad. W. Roces, Madrid, Ed. Reus, 1924.

MESSINEO, Francesco. *Manual de derecho civil y comercial.* Trad. S. Sentís Machado. Buenos Aires, EJEA, 1971. v. 2

MIGUENS, Nino Ponssa de la Vega. *Reglas de Ulpiano.* Buenos Aires, Ed. Lerner, 1970.

MIRABELLI, Giuseppe. *L'atto non negociale nel diritto privato italiano.* Napoli, Jovene, 1955.

_______. *Dei contratti in generale.* 2. ed. Torino, UTET, 1967.

_______. *La rescissione del contrato.* Napoli, Jovene, 1951.

MIRANDA, Custódio da Piedade Ubaldino. *Teoria geral do negócio jurídico.* São Paulo, Atlas, 1991.

MONTEIRO, Washington de Barros. *Curso de direito civil*: parte geral. 39. ed. atualizada por Ana Cristina de Barros Monteiro França Pinto, São Paulo, Saraiva, 2003.

MOREIRA ALVES, José Carlos. *A retrovenda.* 2. ed. São Paulo, Revista dos Tribunais, 1987.

_______. *Direito romano.* 8. ed. Rio de Janeiro, Forense, 1992. v. 1.

MOREIRA NETO, Diogo de Figueiredo. *Curso de direito administrativo.* 3. ed. Rio de Janeiro, Forense, 1976.

MORELO, Umberto. *Frode alla legge.* Milano, Giuffrè, 1969.

MOTTA, Antonio. *La causa delle obbligazionne nel diritto civile italiano.* Torino, D. Bocca, 1929.

MOZOS, José Luiz de los. *La conversión del negocio jurídico.* Barcelona, Bosch, 1959.

NADER, Paulo. *Curso de direito civil*: parte geral. Rio de Janeiro, Forense, 2003

NASCIMENTO, Tupinambá Miguel Castro do. *Comentários ao Código do Consumidor.* 3. ed. Rio de Janeiro, Aide, 1991.

_______. *Responsabilidade civil no Código do Consumidor.* Rio de Janeiro, Aide, 1991.

NEGRI, Hector. *El Negocio Jurídico (en la Doctrina Germano Italiana). Separata de la Enciclopédia Jurídica Omeba.* Buenos Aires, 1965.

NEVES, Marcelo. *Teoria da inconstitucionalidade das leis.* São Paulo, Saraiva, 1988.

NÓBREGA, Vandick Londres da. *Compêndio do direito civil.* Rio de Janeiro, Freitas Bastos, 1971.

OERTMANN, Paul. *Introducción al derecho civil.* Trad. Luiz Sancho Seral. Barcelona, Labor, 1933.

OLIVEIRA, Antonio de Almeida. *A prescripção em direito comercial e civil.* Rio de Janeiro, Ed. Jacintho Ribeiro dos Santos, 1896.

OLIVEIRA, J. M. Leoni Lopes de. *Direito civil*: introdução ao direito civil. Rio de Janeiro, Lumen Juris, 1998

_______. *Direito civil*: teoria geral do direito civil. 2. ed., Rio de Janeiro, Lumen Juris, 2000.

OLIVEIRA, José Lopes de. *Curso de direito civil.* 3. ed. São Paulo, Sugestões Literárias, 1991.

ORGAZ, Alfredo. *Hechos y actos o negocios jurídicos.* Buenos Aires, Victor O. de Zavala, 1963.

ORTEGA R., José Ramón. *Nulidades civiles en el derecho colombiano.* Bogotá, Ed. Temis, 1981.

ORTOLAN, M. *Compendio del derecho romano.* Trad. Francisco Perez de Anaya y Melquiades Perez Rivas. Buenos Aires, Atalaya, 1947.

OSPINA F., Guillermo & OSPINA A., Eduardo. *Teoría general de los actos o negocios jurídicos.* Bogotá, Ed. Temis, 1980.

PAES, P. R. Tavares. *Fraude contra credores.* 2. ed. São Paulo, Saraiva, 1986.

PAIVA, Gleno de. *O negócio jurídico em direito internacional privado.* Tese. Petrópolis, 1979.

PASSARELLI, F. Santoro. *Teoria geral do direito civil.* Trad. Manoel Alarcão. Coimbra, Atlântida Ed., S.A.R.L., 1967.

_______. *Doctrinas generales del derecho civil.* Trad. Agustin Luna Serrano. Madrid, Revista de Derecho Privado, 1964.

PAVÓN, Cirilo. *Teoría general de los contratos en el derecho civil argentino.* Buenos Aires, Valério Abeledo, Ed., 1929.

PELLAT. *Institutes de Gaius. Traduites et commentées.* Paris, Fain et Thunot, s.d.

PEREIRA, Caio Mário da Silva. *Lesão nos contratos.* 3. ed. Rio de Janeiro, Forense, 1993.

_______. *Instituições de direito civil.* 4. ed. Rio de Janeiro, Forense, 1974. v. 1

PERLINGIERI, Pietro. *Il fenomeno dell'estinzione nelle obbligazioni.* Napoli, Jovene, 1971.

PESCATORE, Pierre. *Introduction à la science du droit.* Luxemburgo, Office des Imprimés de l'État, 1960.

PINTO, Carlos Alberto Mota. *Teoria geral do direito civil.* Coimbra, Coimbra Ed., 1976.

PINTO, Teresa Arruda Alvim. *Nulidades da sentença.* 2. ed. São Paulo, Revista dos Tribunais, 1990.

PLANIOL, Marcel. *Traité élémentaire de droit civil.* 10. ed. Paris, LGDJ, 1927. v. 1.

PLANITZ, Hans. *Principios de derecho privado germánico*. Trad. Carlos Melon Infante. Barcelona, Bosch, 1957.

PLINER, Adolfo. *Inconstitucionalidad de las leyes*. Buenos Aires, Abeledo-Perrot, 1961.

PONTES DE MIRANDA, Francisco Cavalcante. *Tratado de direito privado*. Qualquer edição. t. IV, XXV e XXIV.

______. *Comentários ao Código de Processo Civil*. Rio de Janeiro-São Paulo, Forense, 1973.

______. *Comentários à Constituição de 1946*. 3. ed. Rio de Janeiro, Borsoi, 1960. t. 1.

______. *Comentários à Constituição de 1967, com a Emenda n. 1/69*. 2. ed. São Paulo, Revista dos Tribunais, 1970.

______. *Interpretação e integração dos negócios jurídicos*. São Paulo, Revista dos Tribunais, 1989.

______. *Sistema de ciência positiva do direito*. 2. ed. Rio de Janeiro, Borsoi, 1972.

______. *Tratado das ações*. São Paulo, Revista dos Tribunais, 1970.

______. *Conceito e importância da Unitas Actus no direito brasileiro*. Rio de Janeiro, Coelho Branco, 1939.

______. *Comentários ao Código de Processo Civil*. Rio de Janeiro, Forense, 1974.

POTHIER, Robert Joseph. *Tratado dos contratos*. Buenos Aires, Atalaya, 1948 (sem indicação de tradutor).

______. *Tratado das obrigações*. Trad. Adrian Sotero de Witt Batista e Douglas Dias Ferreira. Campinas, Servanda, 2001.

PRATES, Homero. *Atos simulados e atos em fraude da lei*. Rio de Janeiro, Freitas Bastos, 1958.

PROSPERETTI, Marco. *Contributo alla teoria dell'annullabilità*. Milano, Giuffrè, 1973.

PUGLIATTI, Salvatore. *Diritto civile*: metodo, teoria, pratica, saggi. Milano, Giuffrè, 1951.

______. *Istituzioni di diritto civile*. Milano, Giuffrè, 1935. v. 3.

PUIGARNAU, Jaime M. Mans. *Lógica para juristas*. Barcelona, Bosch, 1969.

______. *Principios generales del derecho*. Barcelona, Bosch, 1947.

RADBRUCH, Gustav. *Filosofia do direito*. Trad. Cabral de Moncada. Coimbra, Arménio Amado Ed., 1961.

RANOUIL, Véronique. *L'autonomie de la volonté. Naissance et évolution d'un concept*. Paris, PUF, 1980.

RÁO, Vicente. *Ato jurídico*. São Paulo, Max Limonad, 1961.

_______. *O direito e a vida dos direitos*. 2. ed. São Paulo, Resenha Universitária, 1976.

REALE, Miguel. *Filosofia do direito*. 6. ed. São Paulo, Saraiva, 1972.

_______. *O direito como experiência*. São Paulo, Saraiva, 1968.

_______. *Lições preliminares de direito*. 10. ed. São Paulo, Saraiva, 1983.

REQUIÃO, Rubens. *Curso de direito comercial*. 11. ed. São Paulo, Saraiva, 1981.

RESK, Lloveras de. *Tratado teórico-práctico de las nulidades*. Buenos Aires, Depalma, 1985.

RIBAS, Antonio Joaquim. *Direito administrativo brasileiro*. Serviço de Documentação — Ministério da Justiça, 1968.

RIEG, Alfred. Le contrat dans les doctrines allemandes du XIX Siècle. *Archives de Philosophie du Droit,* nº 13, "Sur les Notions du Contrat", Paris, Sirey, 1968.

RIZZARDO, Arnaldo. *Da ineficácia dos atos jurídicos e da lesão do direito*. Rio de Janeiro, Forense, 1993.

_______. *Parte geral do Código Civil*. 2. ed. Rio de Janeiro, Forense, 2003.

ROCCO, Ugo. *Tratado de derecho procesal civil*. Buenos Aires, Depalma, 1969. v. 1.

ROCHA, Antonio Manuel da & CORDEIRO, Menezes. *A boa-fé no direito civil*. Coimbra, Livr. Almedina, 1984.

ROCHA, José Albuquerque. *Teoria geral do processo*. 2. ed. São Paulo, Saraiva, 1991.

ROCHA, M. A. Coelho da. *Instituições de direito civil português*. 8. ed. Lisboa, Livr. Clássica Ed., 1917.

RODIERE, René (Coordenador). *Object, cause et lesion du contrat*. Paris, Ed. A. Pedone, 1980.

RODRIGUES, Silvio. *Direito civil*. 5. ed. São Paulo, Saraiva, 1974.

ROMANO, Santi. *Fragmentos de un diccionario jurídico.* Trad. S. Sentís Melendo e Mariano Ayerra Redin. Buenos Aires, EJEA, 1964.

ROPPO, Enzo. *O contrato.* Coimbra, Livr. Almedina, 1988.

ROUBIER, Paul. *Droits subjetifs et situations juridiques.* Paris, Dalloz, 1963.

RUBINO, Domenico. *La fattispecie e gli efetti giuridici preliminari.* Milano, Giuffrè, 1939.

_______. *El negocio indirecto.* Trad. L. Rodriguez-Arias. Madrid, Revista de Derecho Privado, 1953.

SALEILLES, Raymond. *De la déclaration de volonté.* 3. ed. Paris, LGDJ, 1914.

SALERNO, Marcelo Urbano. *Nulidad absoluta y prescripción.* Buenos Aires, Abeledo-Perrot, 1978.

SANTOS, José Beleza dos. *A simulação em direito civil.* São Paulo, LEJUS, 1999.

SARACINI, Eugenio. *Nullità e sostituzione di Clausale Contratual.* Milano, Giuffrè, 1971.

SAVATIER, René. *La théorie des obligations.* 3. ed. Paris, Dalloz, 1974.

SAVIGNY, M. F. C. von. *Sistema del derecho romano actual.* 2. ed. Trad. Jacinto Messia y Manoel Poley Centro. Madrid, Editorial de Góngora, s.d. v. 2.

SCHMIEDEL, Raquel Campani. *Negócio jurídico. Nulidades e medidas sanatórias.* São Paulo, Saraiva, 1981.

SCHREIER, Fritz. *Conceptos y formas fundamentales del derecho.* Trad. E. G. Máynez. México, D.F., Ed. Nacional, 1975.

SCHUPPER, Francesco. *Il diritto delle obbligazioni in Italia.* Torino, Fratelli Bocca, 1921. v. 3.

SCOGNAMIGLIO, Renato. *Contributo alla teoria del negozio giuridico.* 2. ed. Napoli, Jovene, 1969.

SERPA LOPES (*vide* LOPES).

SERRAMALERA, Ricardo Ruiz. *Derecho civil.* Madrid, Universidad Completense, Facultad de Derecho, 1980.

SICHES, Luis Recaséns. *Filosofía del derecho.* 4. ed. México, D.F., Porrúa, 1970.

SILVA, De Plácido e. *Noções práticas de direito comercial.* 9. ed. Curitiba, Ed. Guaíra.

SILVA, Paulo Napoleão Nogueira da. *A evolução do controle da constitucionalidade e a competência do Senado Federal.* São Paulo, Revista dos Tribunais, 1992.

SILVEIRA, Alípio. *A boa-fé no Código Civil.* São Paulo, Ed. Universitária de Direito, 1973.

SILVEIRA, V. Cesar da. *Dicionário de direito romano.* São Paulo, Bushatsky, 1957.

SIMLER, Philippe. *La nullité partielle des actes juridiques.* Paris, LGDJ, 1969.

SOHM, Rudolf. *Historia y instituciones del derecho privado romano.* Trad. P. Dorado. Madrid, La España Moderna, s.d.

SOUZA, Teresa Luso. *A conversão do negócio jurídico.* Coimbra, Livr. Almedina, 1986.

SPIEGEL, Ludwig. *Derecho administrativo.* Barcelona, Labor, 1933.

STARCK, Boris. *Droit civil*: introduction. Paris, Libr. Techniques, 1972.

_______. *Droit civil*: obligations. Paris, Libr. Techniques, 1972.

STOLFI, Giuseppe. *Teoría del negocio jurídico.* Trad. Jaime Santos Briz. Madrid, Revista de Derecho Privado, 1959.

STRENGER, Irineu. *Curso de direito internacional privado.* Rio de Janeiro, Forense, 1978.

TEIXEIRA DE FREITAS, Augusto. *Consolidação das Leis Civis (Introdução).* 3. ed. Rio de Janeiro, B. L. Garnier, 1876.

_______. *Esboço de Código Civil.* Ministério da Justiça, Serviço de Documentação, 1952.

TEPEDINO, Ricardo et al. *Comentários à Lei de Recuperação de Empresas e Falência.* Coordenadores Paulo F. C. Sales de Toledo e Carlos Henrique Abrão. São Paulo, Saraiva, 2005.

TESHEINER, José Maria. *Pressupostos processuais e nulidades no processo civil.* São Paulo, Saraiva, 2000.

THEODORO JÚNIOR., Humberto, *Comentários ao novo Código Civil.* Coordenador Sálvio de Figueiredo Teixeira. Rio de Janeiro, Forense, 2003. v. III, t. I.

THON, August. *Norma giuridica e diritto soggettivo* (sem indicação do tradutor). Padova, A. Milani, 1939.

TORRENTE, Andréa e SCHLESINGER, Piero. *Manuale di diritto privato*, 16. ed., Milano, Giuffrè, 1999.

TROPLONG, M. *De la prescription.* 4. ed. Paris, Charles Hingray, 1857.

______. *De l'influence du Christianisme sur le droit civil des romains.* Paris, Charles Hingray, 1855.

TUHR, Andreas von. *Teoría general del derecho civil alemán.* Trad. Tito Rava. Buenos Aires, Depalma, 1946.

______. *Tratado de las obligaciones.* Trad. W. Roces. Madrid, Ed. Reus, 1934.

VALLE, Numa P. do. *Da prescripção extinctiva no direito civil e commercial.* São Paulo, Bushatsky, 1918.

VALVERDE, Trajano de Miranda. *Sociedades por ações.* 3. ed. Rio de Janeiro, Forense, 1959.

VARELA, João de Matos Antunes. *Das obrigações em geral.* 7. ed. Coimbra, Livr. Almedina, 1991.

______. *Direito das obrigações.* Rio de Janeiro, Forense, 1978.

VARRONE, Cláudio. *Ideologia e dogmatica nella teoria del negozio giuridico.* Napoli, Jovene, 1972.

VÉLEZ SÁRSFIELD, Dalmacio. *Nulidades absolutas y relativas.* Buenos Aires, Ed. Arayú, 1953.

VELOSO, Zeno. *Testamentos.* 2. ed. Belém, Cejup, 1993.

______. *Invalidade do negócio jurídico*: nulidade e anulabilidade. Belo Horizonte, Del Rey, 2002.

VENOSA, Silvio de Salvo. *Direito civil*: parte geral. 2. ed., São Paulo, Atlas, 2002.

VIANNA, Aldyr Dias. *Da prescrição no direito civil brasileiro.* Rio de Janeiro, Forense, 1983.

VIGARAY, Rafael Alvarez. *La resolución de los contratos bilaterales por incumplimiento.* Granada, Universidade de Granada.

VILANOVA, Lourival. *As estruturas lógicas e o sistema do direito positivo.* São Paulo, Revista dos Tribunais, 1977.

______. *Lógica jurídica.* São Paulo, Bushatsky, 1976.

______. *Causalidade e relação no direito*. Recife, ed. da OAB-PE, 1984.

VIVES, Álvaro Perez. *Teoría general de las obligaciones*. Bogotá, Ed. Temis, 1953.

WALD, Arnoldo. *Direito civil*: introdução e parte geral. 9. ed., São Paulo, Saraiva, 2002.

WEILL, Alex. *Droit civil. Introduction générale*. 12. ed. Paris, Dalloz, 1970.

WENDY, Gurfinkel. *Classificación de las nulidades*. Buenos Aires, Depalma, 1976.

WESTERMANN, Harry. *Código Civil alemão*: parte geral. Trad. Luiz Doria Furquim. Porto Alegre, Sérgio A. Fabris, Editor, 1991.

WIEACKER, Franz. *Historia del derecho privado de la Edad Moderna*. Trad. Francisco Fernandes Jardón. Madrid, Aguilar, 1957.

______. *El principio general de la buena fe*. Trad. Fadda e Bensa. Madrid, Ed. Civitas, 1977.

WINDSHEID, Bernard. *Diritto delle Pandette*. Trad. Fadda e Bensa. Torino, UTET, 1902.

WOLTER, Aleksander. *Diritto civile polaco*: parte generale. Trad. da Scuola di Perfezionamento in Diritto Civile dell'Università di Camerino, sob a orientação de Pietro Perlingieri. Camerino, Jovene, 1976.

ZANCANER, Weida. *Da convalidação e da invalidação dos atos administrativos*. Biblioteca de Estudos de Direito Administrativo. São Paulo, Revista dos Tribunais, 1990. v. 19.

ZANNONI, Eduardo. *Ineficacia y nulidad de los actos jurídicos*. Buenos Aires, Ed. Astrea, 1986.

ÍNDICE ALFABÉTICO-REMISSIVO